黄尚明◇著

U1059470

◎ 本书为华中师范大学历史文化学院一流学科建设经费
和省级示范实习基地经费资助成果

荆楚文化探研

华中师范大学出版社

新出图证(鄂)字 10 号

图书在版编目(CIP)数据

荆楚文化探研/黄尚明著. —武汉:华中师范大学出版社,2020.12
ISBN 978-7-5622-9266-1

Ⅰ.①荆… Ⅱ.①黄… Ⅲ.①楚文化—文集
Ⅳ.①K871.34-53

中国版本图书馆 CIP 数据核字(2020)第 006507 号

荆楚文化探研

©黄尚明 著

责任编辑:张建英 **责任校对:**骆 宏 **封面设计:**罗明波

编 辑 室:综合编辑室 **电 话:**027-67867370

出版发行:华中师范大学出版社

社址:湖北省武汉市洪山区珞喻路 152 号

电话:027-67863040(发行部) 027-67861321(邮购)

网址:http://press.ccnu.edu.cn **电子信箱:**press@mail.ccnu.edu.cn

印刷:武汉市洪林印务有限公司 **督印:**刘 敏

字数:378 千字

开本:710mm×1000mm 1/16 **印张:**25.75

版次:2021 年 2 月第 1 版 **印次:**2021 年 2 月第 1 次印刷

定价:98.00 元

欢迎上网查询、购书

敬告读者:欢迎举报盗版,请打举报电话 027-67867353

目录

001 荆山与丹阳
009 论先秦时期长江中游文明中心的转移及其原因
016 论石家河古城崛起的背景
028 汉代以前有关灵魂升天的艺术作品研究
039 人面鸟喙雕像意义的探索
045 楚、秦东周墓葬葬俗的比较
053 湖北襄樊真武山遗址西周时期遗存族属试探
058 曾侯世系考辨
074 城固、洋县商代青铜器群族属再探
085 从考古学看先秦时期濮人的迁徙
096 楚文化的西渐历程
——兼论楚文化的“峡区类型”
114 峡江地区环境对楚人生计的影响
128 楚公族婚姻考
138 从青铜器铭文看曾国贵族的婚姻关系
152 湖北襄樊市区附近的秦移民遗存探讨
164 大事纪年法并非始于楚人
170 从楚简疑“《诗》、《书》、执礼”的“执”应读为“埶”
173 楚简筮数易卦再探
182 楚简中祭祀用玉问题探索
194 楚人信奉的天神及其通天工具
205 商周面具初探
212 关于商代青铜面具的几个问题
219 从考古学看汉水在文化交流中的作用

229 从考古新材料看鄂国的历史变迁
241 考古学反映的先秦时期长江文化成就
255 吴、越与楚的文化交流
265 论楚文化对巴文化的影响
275 试论楚文化对晚期蜀文化的影响
289 关于川渝地区船棺葬的族属问题
295 新石器时代黄河流域的气候变迁
309 论老牛坡商文化的分期及其文化特征
333 对儒家思想历史地位的认识
339 封建时代儒家地位变化的特点及其原因
343 国民阶级的晚出及其影响
349 论秦汉文化整合的历史进程
357 从中国文化发展的历史看文化自信
364 诸葛亮成才的社会背景和个人素质
370 蜀汉政治思想探索
379 习凿齿的生卒年月
383 《汉晋春秋》的写作背景、史学思想及其影响
401 鄂西北抗日战场取胜的原因
407 后记

荆山与丹阳

楚文化研究已进入综合性研究阶段，随着考古、历史、古文字等多学科的齐头并进，光辉灿烂的楚文化得以再现于世。但因年代久远，文献记载疏漏，有关楚文化的一些基本问题，至今仍无定论，丹阳问题即是其一。本文试图从荆山及其相关的地名入手，对丹阳的地望提一点初步看法，不妥之处，望多指正。

一、荆山

古籍中关于荆山的记载，大致有四：

（一）北条荆山

陕西关中北部北山一带古代确有荆山存在，而且得名甚早。《尚书·禹贡》："荆岐既旅，终南惇物。"孔传云："此荆在岐东，非荆州之荆。"又："导岍及岐，至于荆山。"更知荆山在岍、岐之东。此荆山班固称为"北条荆山"，以与"南条荆山"相别。

《汉书·地理志》左冯翊怀德县下班固注："《禹贡》北条荆山在南，下有强梁原。"汉代怀德县在富平县境，班固的这一说法，得到了历代学者的承认。《史记·夏本纪》"荆岐既旅"条正义引《括地志》云："荆山在雍州富平县，今名掘陵原。"《隋书·地理志》、《元和郡县图志》、《元丰九域志》、《舆地广记》、《文献通考》、光绪《大清一统志》诸书，都认为荆山在富平县。按此荆山在雍州，当属鄂尔多斯台地南沿突起山脉，今俗称北山。目前对于汉唐人所说富平县南"强梁原""掘陵原"，虽不知所指。但《后汉书·郡国志》"云阳"条下注"有荆山"。云阳今属泾阳县，县北五十里有嵯峨山，亦名荆山，正当富平县西南，疑北条荆山应指嵯峨山而言。

但也有人反对这种看法，如清人毕沅在校正《山海经》时说："故《淮南子》云'沮出荆山'，高诱注云'荆山在左冯翊怀德县'，斯谬证耳。"显然，这是毕沅把北、南荆山混二为一所致。

（二）商洛地区的楚（荆）山

陕西商县有楚山。如《水经注》“丹水”条记载“丹水出京兆上洛县西北冢岭山，东南过其县南”，注云：“楚水注之，水源出上洛县西南楚山，昔四皓隐于楚山，即此山也。”按荆、楚二字义同，在金文中往往称楚为荆①，荆就是楚。《诗·小雅·采芑》说：“蠢尔蛮荆，大邦为雠。”《春秋》庄公十年：“秋九月，荆败蔡师于莘。”在文献中亦称楚为“荆”或“荆蛮”。如此，则楚山亦可称为荆山。

（三）内乡、邓州之间的荆山

该荆山见于《山海经·中山经·中次十一经》：“荆山之首曰翼望之山，湍水出焉。”毕注曰：“山在今河南内乡县，《水经注》云湍水出宏（弘）农界翼望山，《元和郡县志》云临湍县翼望山在县西北二十里。案临湍治在今淅川西北，则山当在内乡也，内乡与卢氏接界，故《水经注》云在宏（弘）农界。”② 又有学者认为翼望山在今邓州西北九十里，与内乡县交界处的山区，这一带诸山中必有一座称为荆山。此说甚是③。

（四）南条荆山

南条荆山在今湖北南漳县西，古文献记载颇详。《尚书·禹贡》记载：“荆及衡阳惟荆州，江汉朝宗于海。”“荆河惟豫州，伊洛瀍涧既入于河。”“导嶓冢，至于荆山。”这里所说的荆山，均指南条荆山而言。按荆山在今湖北南漳县西北八十里。山北系豫州，南系荆州。

《山海经·中次八经》载：“荆山之首曰景山。”“东北百里曰荆山。”郭璞注曰：“（荆山）今在新城沶乡县南。”毕沅曰：“山在今湖北南漳县西北……《荆州记》云，临沮西北三十里有青溪，溪北即荆山，首曰景山。”

《汉书·地理志》南郡临沮县下注曰：“《禹贡》南条荆山在东北。”

《水经注》卷三十二“漳水”条：“漳水出临沮县东荆山。”注云：“荆山在景山东百余里，新城沶乡县界。”郦说与郭说同。

---

① 𫲨驭簋：“𫲨驭从王南征，伐楚荆”。过伯簋：“过伯从王伐反荆”。𤔲簋：“𤔲从王伐荆。”荆即楚，又称“楚荆”或“荆楚”。俱见《三代吉金文存》《两周金文辞大系图录考释》等书。

② 郭璞注，毕沅校：《山海经》，上海古籍出版社，1989 年，第 72 页。

③ 石泉：《楚都丹阳及古荆山在丹、淅附近补正》，《江汉论坛》1985 年第 12 期。

《后汉书·郡国志》："临沮，侯国，有荆山。"汉临沮即今之湖北南漳县。

《史记·夏本纪》"导嶓冢至于荆山"条正义引《括地志》云："荆山在襄州荆山县西八十里也。"又云："荆山县本汉临沮地也。"

此外，杜佑《通典》《元和郡县图志》《元丰九域志》《舆地广记》《文献通考》《读史方舆纪要》等，均有相同的记载。至清代纂修《襄阳府志》时，始将荆山定位于今湖北保康县，也就是现在荆山所在。

二、沮水

沮水是与荆山有关的一条河流，有北、南二水之说。

（一）北条荆山之沮水

该沮水位于今耀县境内，源于今耀县与旬邑交界地带，在耀县县城附近与漆水会合后名石川河，流经富平县境，在临潼地界内入渭。《尚书·禹贡》记载："漆沮既从，沣水攸同。""导渭自鸟鼠同穴，东会于沣，又东会于泾，又东过漆沮，入于河。"按陕西关中地区漆沮二水并称者有二：一为上述所说的漆沮，二为在今武功、扶风境内的漆沮二水之漆沮，《诗经》中屡有记载。前者说渭水"东会于沣，又会于泾，又东过漆沮"，是漆沮在泾水之东，与后者地理方位不合，应是《水经》卷十六"沮水"条所说"沮水出北地直路县，东过冯翊县北，东入于洛"之沮水。《史记·夏本纪》"漆沮既从"条正义引《括地志》云："沮水一名（石）川水，源出雍州富平县，东入栎阳县南，汉高帝于栎阳置万年县。"我们认为这条沮水与北条荆山相近。

（二）南条荆山之沮水

南条荆山之沮水，最早见于《山海经·中次八经》："荆山之首，曰景山，其上多金玉，其木多杼檀。睢水出焉，东南流注于江。"郭璞注曰："睢音痈疽之疽。"按睢与沮通，郝懿行疏谓"睢作沮"，其说甚是。《汉书·地理志》南郡属下有临沮县，所治自当临近沮水。《说文》曰："沮，水出汉中房陵，东入江。"其他文献也有记述，《初学记》卷三十引《荆州图记》曰："（临）沮县西北半（案此字有误）里有雁浮山，是《山海经》所谓景山，沮水之所出。"《水经注》卷三十二"沮水"条云："沮水出汉中房陵县淮水（案二字舛误，据《汉书》当作东山），东南过临沮县界。"注云："沮水出东汶阳郡沮阳县西北景山，即荆山首也。”故《淮南子》云：“沮出荆山。”据学者考证，齐梁以前的古雎（沮）、漳，即今之汉水支流，流经南漳、宜城的蛮河，沮水所入之江，只能是汉水，而非长江①。

三、荆山及其相关地名的南移与楚都丹阳的变迁

我们认为荆山可能有一个地名逐渐南移的过程，即由今日陕西富平县境，移名于商县，再移名于河南邓县、内乡间，最后移名于今湖北南漳县西。沮水一名也由关中北部移到南条荆山附近，若此推测成立，就为我们探索楚都丹阳的地望找到了一条线索。

从文献记载可知，荆山与丹阳是相距很近的两个地名。据《史记·楚世家》，楚之先世是鬻熊，与文王同时，其曾孙熊绎“当周成王之时，举文武勤劳之后嗣，而封熊绎于楚蛮，封以子男之田，姓芈氏，居丹阳”。所以《左传》昭公十二年右尹子革说：“昔我先王熊绎辟在荆山，筚路蓝缕，以处草莽，跋涉山林，以事天子，唯是桃弧棘矢，以共御王事。”荆山的位置，已如上述。丹阳的地望在什么地方？古文献记载下来的材料并不一致，总括言之，共有五种说法：

（一）当涂说

《汉书·地理志》丹阳郡丹阳县下班固自注曰：“楚之先熊绎所封。”汉丹阳县即今之安徽当涂。

（二）枝江说

《左传》桓公二年“始楚也”条孔颖达疏引东汉末三国时人宋衷注《世本·居篇》云：“丹阳在南郡枝江县。”《史记·楚世家》“居丹阳”条下正义引东汉末年人颖容《左传释例》云：“楚居丹阳，今枝江县故城是。”又集解引徐广曰：丹阳“在南郡枝江县”。《后汉书·郡国志》也说：南郡枝江“有丹阳聚”。枝江即今湖北当阳。

（三）秭归说

此说见于下列记载。《山海经·海内南经》：“夏后启之臣曰孟涂，是司神于巴……居山上，在丹山西。”郭璞注曰：“丹山在丹阳南，丹阳，巴属也。今建平郡丹阳城秭归县东七里，即孟涂所居也。”《水经注》卷三十四

---

① 石泉：《古代荆楚地理新探》，武汉大学出版社，1988年。

“江水”条注云：“故《宜都记》（东晋末年袁崧著）曰：‘秭归，盖楚子熊绎之始国……’（秭归）北对丹阳城，城据山跨阜，周八里二百八十步，东北两面，悉临绝涧，西带亭下溪，南枕大江，险峭壁立，信天固也。楚子熊绎始封丹阳之所都也……又楚之先王陵墓在其间，盖为征矣。”《括地志》《元和郡县图志》《后汉书・南蛮传》李贤注，均主此说。

（四）淅川说

战国时代，称丹淅之会为丹阳。如《史记・韩世家》载：“（韩宣惠王）二十一年，与秦共攻楚，败楚将屈丐，斩首八万于丹阳。”《史记・楚世家》：“（楚怀王）十七年春，与秦战丹阳，秦大败我军。”《史记・屈原列传》：“怀王怒，大兴师伐秦，秦发兵击之，大破楚师于丹、淅。”均是。清人宋翔凤力倡鬻熊时的楚都丹阳即在今丹、淅二水交汇处，他认为“战国丹阳在商州之东、南阳之西，当丹水、淅水入汉之处，故亦称丹淅，鬻子所封，正在于此”①。并且进一步推论，“鬻熊先封丹水之阳，熊绎始迁荆山之麓”，即今之南漳县蛮河上游。

（五）商县说

此说主要证据有二：一是丹阳应在丹水之阳，丹水主要流经其境；二是《水经注》“丹水”条记载商县一带有楚山、楚水之名。今商县境内尚有熊耳山、紫荆、大荆等山川地名，可能与楚人在商丹盆地活动有关，这些名称还见于《括地志》、《史记・苏秦列传》正义、《太平寰宇记》、乾隆《大清一统志》、乾隆《商州志》等书。

上述当涂说，学术界已证明班固所注是错误的。枝江说与春秋早期楚国拓疆的历史状况不相符合。秭归说也不可靠，秭归是夔国的地盘，丹阳不可能首建于此。至于淅川说、商州说则是值得重视的，这两说与荆山的逐渐南移正相吻合。故将丹阳地望蠡测于下：

楚之先世鬻熊所居应在北条荆山一带。鬻熊在商代末年投奔西伯文王，史籍记载甚详，如《史记・周本纪》：“伯夷，叔齐在孤竹，闻西伯善养老，盍往归之。太颠、闳夭、散宜生、鬻子、辛甲大夫之徒，皆往归之。”《史记・楚世家》：“周文王之时，季连之苗裔曰鬻熊，鬻熊子事文王，蚤卒。”

---

① 宋翔凤：《楚鬻熊居丹阳、武王徙郢考》，《过庭录》卷九，中华书局，1986 年，第 156—162 页。

“（楚武王）三十七年，楚熊通怒曰：‘吾先鬻熊，文王之师也，蚤终。’”《汉书·艺文志》载有《鬻子》二十二篇，班固注曰：“名熊，为周师，自文王以下问焉，周封为楚祖。”西周甲骨文亦有记载，如周原 F1H2：83 号刻辞：“曰今秋，楚子来，告（部）父后哉。”[①] 徐锡台先生认为楚子即鬻熊。当时文王伐崇作丰，鬻熊被封于北条荆山一带，与丰京俱处于关中，往来甚便，宋翔凤认为“鬻熊为周师，以功德受封，当与周京稍近”[②]。其说甚是。

周初大规模分封诸侯，鬻熊又是文王之师，属功臣之列，但他既非周人同姓，又非周人姻亲，故受封不会太重。成王之时，楚虽受封，但熊绎的地位还是很低的，仅封以子男之田，辟在荆山。《国语·晋语八》也说：“昔成王盟诸侯于岐阳，楚为荆蛮，置茅蕝，设望表，与鲜卑守燎，故不与盟。”关于熊绎所辟之荆山何在？杜预认为“在新城沶乡县南”，即今南漳县西之南条荆山，此说不确。我们认为应是《水经注》所说商县之楚（荆）山，熊绎所都之丹阳，就在丹水经过的今商州至丹凤县的商丹盆地。从后世文献中亦可知丹江流域确为楚国故土。如《史记·楚世家》载楚怀王听到张仪说秦国将割让商於之地给楚国，非常高兴，宣告“吾将得吾商於之地”。《左传》文公十年：楚成王使“（子西）为商公”，杜预注曰“商，楚邑，今上雒商县”，即今之丹凤县。皆可佐证。

商县说的几条证据是有一定说服力的。熊绎建都于此，还可与西周初年的历史事件相印证。《左传》昭公四年：“成有岐阳之搜。”前面提到《国语·晋语八》说，成王这次大会诸侯，熊绎也到会，但因地位太低，没有写到盟书上去，楚与周只有一岭之隔，翻过秦岭即到关中盆地，比较方便。

上述历史事实证明，西周时期的楚族是中原华夏族的一个分支。它虽然地处蛮夷之地，但却一直和西周奴隶制国家保持着密切的“臣服”关系。从丹水流域楚文化遗存出土遗物来看，虽具有典型的楚文化的地方色彩，但是它和中原地区出土的同时期的同类器物还有许多相同之处。近年来，商丹盆地出土了多批周代文物。我们在调查中得知，商南县姚家楼出土楚

① 徐锡台：《周原甲骨文综述》，三秦出版社，1989 年。

② 宋翔凤：《楚鬻熊居丹阳、武王徙郢考》，《过庭录》卷九，中华书局，1986 年，第 158 页。

式陶鼎、陶敦各1件，时代属战国中期；另有西周晚期陶鬲1件。丹凤县博物馆藏有战国铜敦1件，仅存器物的半身。商州市杨峪河王家涧出土西周早期陶鬲、陶罐各1件，鬲、罐的特征与关中西周早期同类器形的特征接近，这些器物可能与楚人有关，或许是楚人在丹江流域活动时遗留下来的。1977年，西安半坡博物馆等单位对商州紫荆遗址进行了发掘，出土西周晚期的鬲、豆、尊、盂、罐等陶器①，也可能是楚人的遗物。从地理环境方面来讲，商丹盆地河谷开阔，地势平坦，丘陵低矮，号称“百里州川”，适于农业耕作，楚国选择此地建都是具备条件的。

楚都丹阳，最初应在商丹盆地的丹水之阳，后来迁到了丹淅之会。荆山之名也从商县搬到内乡、邓县一带。迁都的时间，似在楚熊䵣（黮）以前。因为昭王时曾大规模伐楚，这是西周历史上的一件大事。因此，屡见于西周铜器铭文，如㝬驭簋、过伯簋、䍙簋、墙盘等；《左传》《竹书纪年》《楚辞·天问》《吕氏春秋》等书亦有记载。《史记·周本记》：“昭王南巡狩不返。其卒不赴告，讳之也。”“卒于江上”之“江”即汉水。周王朝到汉水附近挞伐楚国，正说明楚人已经走出丹江河谷，定都于丹淅之会，在丹水入汉一带发展势力，巩固了自己的地位。昭王南征不返，反映了楚人已拥有相当强大的军事势力。楚人如果安分守已地待在丹江上游地区，周王朝不至于如此兴师动众进行征伐。楚人大规模地开疆拓土，势必尾大不掉，直接危及周天子和江汉诸姬的利益。所以，昭王以后，屡有伐楚战争的发生，周王朝除直接出兵外，还加强申、吕等国的势力作为周王朝在南方的屏障②。楚国面对周围对抗势力的威胁，为了进一步发展自己的势力，躲避周王室和诸侯国的兵锋，到楚武王时遂离开丹阳南下，定都于郢③。荆山之名也随楚都的南迁而搬到南漳县西。

---

① 商县图书馆、半坡博物馆：《陕西商县紫荆遗址发掘简报》，《考古与文物》1981年第1期。

② 《诗·大雅·崧高》：“崧高维岳，骏极于天。维岳降神，生甫及申。维申及甫，维周之翰。”“往近王舅，南土是保。”

③ 《左传》桓公二年“始惟楚也”条孔颖达疏引《世本》云：“楚鬻熊居丹阳，武王徙郢。”但《史记·楚世家》称：“（武王）子文王熊赀立，始都郢。”正义曰：“《括地志》云纪南故城在荆州江陵县北五十里。杜预云：国都于郢，今南郡江陵县北纪南城是。”又有人认为初都郢在今宜城楚皇城一带。

四、结语

综上所述，北条荆山得名最早，鬻熊之所居，荆山附近有沮水，即在今陕西富平县境。至熊绎时，荆山之名移到商县，此时丹阳在商丹盆地之丹水流域。自熊黮至楚武王早期，荆山之名移至内乡、邓县之间，丹阳在丹淅之会，至楚武王时离开丹阳，定都于郢，荆山之名又移到南漳县西，沮水之名也随着荆山而南移，丹阳由丹淅之会南迁后改名曰郢。

（本文原载楚文化研究会编：《楚文化研究论集》第4集，河南人民出版社，1994年）

论先秦时期长江中游文明中心的转移及其原因

先秦时期长江中游文明中心的转移，是长江中游文明进程研究的一个重要问题。探讨这一问题，有助于我们加深对长江中游文明进程的理解。

一、最早的原生准文明中心位于汉水下游

长江中游已经发现19座史前古城，如始建于大溪文化时期的城头山古城、谭家岭古城、龙嘴古城，始建于屈家岭文化时期的古城有湖南澧县鸡叫城，襄阳襄州区凤凰咀[①]，湖北天门石家河，荆门笑城，石首走马岭，公安鸡鸣城、青河，荆门马家院、城河，荆州阴湘城，安陆王古溜，应城陶家湖、门板湾，孝感叶家庙，大悟土城，黄陂张西湾[②]。

从古城的始建年代看，湖南澧县城头山古城始建于大溪文化一期，是我国目前发现的一座最早的史前古城。与城头山古城相同时期的城址还有龙嘴、谭家岭古城。到屈家岭文化时期，长江中游地区独领风骚，率先迈入古城时代，现已发现始建于屈家岭文化时期的古城16座，而同时期的黄河中游地区目前仅发现一座郑州西山古城，时代为仰韶文化晚期。长江中游史前古城一般延续至石家河文化时期。

从古城规模来看，各城大小彼此相差悬殊，大溪文化时期有城头山、龙嘴、谭家岭三座古城，面积都比较小。屈家岭文化到石家河文化时期，从大到小依次为石家河→陶家湖→城河→叶家庙→凤凰咀→马家院→阴湘城、门板湾→鸡鸣城、鸡叫城→走马岭→张西湾、笑城→龙城→青河→王古溜、土城，存在着明显的等级结构。石家河古城长1200米，宽1100米，城垣内面积达120万平方米，城垣外的护城河周长4800米，一般宽约80～

① http://www.xf.gov.cn/zt/gcxy/tzhw/201802/t20180227_981373.shtml。

② 刘辉：《长江中游史前城址的聚落结构与社会形态》，《江汉考古》2017年第5期。

100 米，最窄处也在 60 米以上，护城河围住的面积达 180 万平方米，城垣现存高度 6～8 米。石家河古城是屈家岭文化时期中国境内最大的古城，据推测石家河聚落居民可能有 15000～20000 人之众[①]。石家河古城规模居于十九城之首，比陶家湖古城大约一倍，比其他古城大六倍、十二倍甚至二十四倍，可以肯定，石家河古城是屈家岭文化和石家河文化区内的中心城市，其他各城则是次中心城市。十九座古城均分布于同一文化区内，差距又如此之大，它们之间是否有隶属关系或贡纳关系，考古工作者还未给出圆满的答案。

屈家岭文化和石家河文化时期，长江中游突然兴起众多古城，其社会性质成为关注的焦点。有的学者认为“屈家岭文化古城的社会属性为军事民主制”[②]。有的学者认为“长江中游地区早期的城址，在文明的进程中处在‘部落军事联盟’制阶段”[③]。有的学者更进一步，认为屈家岭文化古城是由多级城址构成的复杂体系，屈家岭文化社会与“酋邦社会”的诸多特征相似，可作为中国早期国家文明的典型代表[④]。前两说观点相似，因为在雅典的英雄时代，政治形式为部落联盟，政治制度为军事民主制，属于原始社会的高级阶段，在恩格斯看来，军事民主制已处于国家的前夜，已经走到文明时代的门槛了。第三说把屈家岭文化社会属性提到早期国家文明的高度。但据我的理解，恩格斯所讲的军事民主制内包含了美国学者塞维斯所谓的酋邦阶段。我认为把屈家岭文化、石家河文化社会属性定位在军事民主制阶段，是符合客观实际的。在雅典的英雄时代，人们已使用铁器，社会组织为部落联盟，军事首长为“巴赛勒斯”，也有众多设防的城市。有鉴于此，我们似乎不可对屈家岭文化、石家河文化的社会属性做过高的估计，但可以说它们是正在形成中的文明。这一正在形成中的文明中心就在汉水下游的石家河古城，在其周围分布着一群次中心城市。何以形成这种分布格局呢？

---

① 北京大学考古系等：《石家河遗址群调查报告》，《南方民族考古》第 5 辑，四川科学技术出版社，1993 年。

② 张绪球：《屈家岭文化古城的发现和初步研究》，《考古》1994 年第 7 期。

③ 王红星：《长江中游地区早期城址管窥》，见于《长江中游史前文化暨第二届亚洲文明学术讨论会论文集》，岳麓书社，1996 年。

④ 孟华平：《试论长江中游古城的兴起》，《青果集》，知识出版社，1998 年。

首先，经济因素起了决定作用。长江中游一万多年来逐渐形成了稻作农业区，水稻栽培需要一定的地形、气温、水分、光照等条件。江汉平原和洞庭湖周边，地势平坦，河湖密布，温暖湿润，是适宜稻作农业的理想地区。江汉平原和洞庭湖周边的文化区就是在稻作农业的基础上形成的，其文化序列为城背溪文化→大溪文化→屈家岭文化→石家河文化，创造该系列文化的部族就是苗蛮集团。经济中心在江汉平原腹地，文明中心自然也就位于这个范围内了。

其次，从当时的文化格局来看，在大溪文化时期，钟祥以北的鄂北地区属于仰韶文化庙底沟类型控制的地盘；到屈家岭文化时期，屈家岭文化向北推进到丹江上游、南阳盆地；鄂北、豫西南属于新征服地区，在这一带还没发现史前古城，换言之，文明中心不会马上转移到这里。

到石家河文化晚期，以石家河古城为代表的长江中游史前古城大多衰落，长江中游原生准文明突然中断，其原因与尧、舜、禹南征三苗有关。如《吕氏春秋·召类》载："尧战于丹水之浦以服南蛮。舜却苗民，更易其俗。"《战国策·魏策二》载吴起说："昔者，三苗之居，左彭蠡之波，右有洞庭之水，文山在其南，而衡山在其北。恃此险也，为政不善，而禹放逐之。"禹征三苗还见于《史记·吴起列传》《墨子·非攻下》《韩非子·五蠹》《吕氏春秋·上德》等文献。尧、舜、禹征服三苗以后，三苗受到沉重打击，有一部还被迁到西北敦煌一带，《尚书·尧典》："窜三苗于三危。"《孟子·万章上》："杀三苗于三危。"《后汉书·西羌传》注曰："三危山在今沙州敦煌县东南，山有三峰，故曰三危也。"

目前在长江中游宜都石板巷子、天门肖家屋脊、淅川下王岗、郧县大寺、襄阳王树岗、钟祥六合、乱葬岗、枣阳墓子岗、宜昌白庙、下岸、秭归官庄坪、柳林溪、江陵荆南寺、黄陂盘龙城等遗址，发现了河南煤山类型或二里头文化遗存，但在长江中游尚未发现夏代城址，可能三苗分崩离析以后，长江中游原居民或逃或迁，数量大减，很可能没有形成文明中心。

二、商代长江中游次生文明中心转移到涢水下游黄陂盘龙城

盘龙城位于武汉市黄陂区滠口镇野店村境内，地处涢水下游（府河）北岸二级台地上，水陆交通便利。1954 年，武汉市文物管理委员会调查发现了盘龙城遗址，1963 年以后，湖北省博物馆、湖北省文物考古研究所、北京大学等单位进行多次对盘龙城发掘，取得了重大成就。盘龙城平面近

方形，南北约 290 米，东西约 260 米，面积 75400 平方米，城墙四周有城壕设施。在城内发现三座大型宫殿建筑基址，已发掘其中两座。在盘龙城还发掘了数十座贵族墓葬，其中以李家嘴 M1、M2，杨家湾 M11 墓主人身份最高，是迄今所见二里岗时期规格最高的墓葬，属于盘龙城的显贵阶层。盘龙城始建于二里岗上层一期偏晚，废弃于二里岗上层二期晚段①。

盘龙城所出土的青铜器、玉器、陶器特征表明，其文化性质“是以一支南下的中原商文化为主体，融合本地域石家河文化，吸收了江南印纹陶及湖熟文化因素，而形成一个商文化边缘地区的新类型，即商文化盘龙城类型”②。有学者认为盘龙城“是商朝南土的一处重要都邑”③。

当时与盘龙城类型并存的土著文化遗存有江汉平原西部的荆南寺文化、三峡地区的路家河文化、澧水流域的石门皂市商代遗存、赣水流域的吴城文化④，这些土著遗存受到盘龙城类型商文化不同程度的影响，但文明水平均低于商文化，盘龙城是当时长江中游的文明中心。因为盘龙城类型是以中原商文化为主体的文化，不是本地自然发展而形成的文明，所以它属于次生文明。商代长江中游次生文明中心为什么转移到了涢水下游？

次生文明中心的地理位置与文明传播地存在着直接的联系。在盘龙城的兴盛时期，商朝政治中心在郑州商城，盘龙城与郑州商城几乎在一条直线上，商文明向南传播的途径是从郑州经过信阳，直达黄陂一带。考古调查与发掘表明，二里岗上层时期，商人向南扩张的路线即越过桐柏山，沿澴水、滠水南下，到达盘龙城等地。考古工作者在盘龙城以北地区发现二里岗时期文化遗存 40 余处，以盘龙城为中心，形成了分布密集的部落群，商人经营的重点区域主要在长江以北的鄂东北地区⑤。

盘龙城之所以成为文明中心，还有一个重要原因，就是与商朝开采鄂

---

① 湖北省文物考古研究所：《盘龙城——一九六三年——一九九四年考古发掘报告》，文物出版社，2001 年。

② 湖北省文物考古研究所：《盘龙城——一九六三年——一九九四年考古发掘报告》，文物出版社，2001 年。

③ 江鸿：《盘龙城与商朝的南土》，《文物》1976 年第 2 期。

④ 中国社会科学院考古研究所：《中国考古学夏商卷》，中国社会科学出版社，2003 年，第 472—491 页。

⑤ 张昌平：《夏商时期中原与长江中游地区的文化联系》，《华夏考古》2006 年第 3 期。

东、赣北等地的铜资源有关。鄂东、赣北、皖南蕴藏着丰富的铜矿资源，成为商朝铜来源的重要地区之一。湖北大冶铜绿山古矿冶遗址位于大冶西北3公里处，南北长约2公里，东西宽约1公里，是我国重要的铜矿产区。铜绿山遗址开采的年代始于西周早、中期，以春秋、战国至西汉时期的遗存最为丰富，很可能商朝已经开始采炼这里的铜矿了。1988年江西瑞昌铜岭发现的古铜矿遗址，面积约1平方公里，开采年代始于商代中期，西周时期规模有所扩大，春秋战国时期大规模开采，前后延续一千余年。为使铜锭顺利运到中原，必须确保运输线畅通无阻，盘龙城是运输线上的一个重要环节，因此具有重要的战略地位。可以说，盘龙城兴起的原因之一，就是保证铜锭安全运输的需要。

作为商代二里岗上层时期长江中游文明中心的盘龙城，到商代晚期就衰落了。其原因是商代晚期都城迁到了安阳殷墟，商朝势力基本退出了长江中游地区，土著文化又活跃起来，江汉平原一带分布着周梁玉桥文化，湘北地区分布着费家河文化。

三、两周时期长江中游文明中心转移到汉水中游和长江之滨

西周时期，长江中游文明发达地区转移到了汉水中游一带，该时期楚国迅速崛起，成为南方一个大国。楚国早期都城在丹阳。关于丹阳地望，石泉先生认为最早在丹江上游陕西商县，至迟在周夷王时，熊渠称王前后，已迁至今淅川境内[①]。另外还有秭归说、枝江说。从目前考古发现情况来看，石先生的看法得到了更多的考古学证据的支持[②]。《史记·楚世家》载："当周夷王之时，王室微，诸侯或不朝，相伐。熊渠甚得江汉间民和，乃兴兵伐庸、杨粤，至于鄂。"这时楚在江汉间已具有很强的凝聚力，丹阳已成为长江中游一带的重要城市，但还不能说它已成为长江中游的文明中心，因为《左传》昭公九年载詹桓伯说："巴、濮、楚、邓，吾南土也。"巴位于汉水上游，濮位于汉水以南，邓国都城在今攀城区邓城。随枣走廊分布着汉阳诸姬，《左传》桓公六年载："汉东之国，随为大。"此时汉水中游小国林立，力量分散，多个小中心并存。因此，还不能说楚都丹阳已成

① 石泉：《楚都丹阳地望新探》，见于《古代荆楚地理新探》，武汉大学出版社，1988年。

② 王红星：《楚都探索的考古学观察》，《文物》2006年第8期。

为长江中游的文明中心。

楚郢都是长江中游乃至南半个中国当之无愧的文明中心。始都郢的时间有两说，一说武王始都郢，据《左传》桓公二年孔颖达疏引《世本》曰："楚鬻熊居丹阳，武王徙郢。"石泉先生认为楚武王晚年已自丹阳迁郢①。另一说认为文王始都郢，如《史记·楚世家》说："子文王熊赀立，始都郢。"

郢都的地望问题，学术界主要有三说。第一说认为郢都始终在今江陵纪南城②。第二说认为郢都始终在今宜城的楚皇城，纪南城是楚国的陪都③。第三说认为春秋时期的郢都在宜城楚皇城，公元前505年，楚昭王将郢都迁往纪南城④。根据考古学发掘的成果，第三说更符合客观实际⑤。春秋战国时期，诸侯争霸，群雄并立，为楚国的发展提供了契机。楚国都郢以后，消灭众多国家，总数多达60余国。为了开拓南疆，春秋战国之际楚国将郢都从汉水中游迁到长江之滨的纪南城，文明中心沿汉水从中游迁到下游，进入江汉平原的腹心地带。

两周时期长江中游文明中心发生的转移，与周王朝有密切的联系。西周都于镐京，东周迁都洛阳，均距汉水中游较近。周文化向南辐射，汉水中游正当其冲，周的封国势力主要在汉水中游一带，如汉阳诸姬位于汉东地区，邓在襄阳北部，南阳盆地有申、吕等国，楚则在丹江流域。而汉水以南则是周朝盟友濮人的地盘，商末、西周时期江汉平原的周梁玉桥文化，湘北地区的费家河文化，均是以釜、鼎为代表的土著文化，其族属可能正是濮人，濮文化与周文化有显著的差别。从考古发现来看，周文化主要有两条传播路线，一条是沿丹江南下，另一条是从洛阳经方城而达南阳盆地等地。西周文化分布区主要在鄂北、豫西南及汉水以东至大别山的弧形地

---

① 石泉：《楚都何时迁郢》，见于《古代荆楚地理新探》，武汉大学出版社，1988年。

② 李学勤：《东周与秦代文明》，文物出版社，1984年，第129—130页；白寿彝主编：《中国通史》第3册《上古时代》上册，上海人民出版社，1994年，第70—71页。

③ 石泉：《楚郢都、秦汉至齐梁江陵城故址新探》，见于《古代荆楚地理新探》，武汉大学出版社，1988年；王光镐：《楚文化源流新证》，武汉大学出版社，1988年，第456页。

④ 张正明.《楚史》，湖北教育出版社，1995年，第238、247页。

⑤ 王红星：《楚都探索的考古学观察》，《文物》2006年第8期。

带。楚文化就是在楚公族文化、楚蛮文化的基础上，吸收周文化的先进成果而形成的一支亦蛮亦夏富有地方特色的文化。

四、结语

长江中游文明进程走了一条曲折的道路，苗蛮集团在稻作农业的基础上，创造了一支颇具南方特色的准文明，中心位于天门石家河古城；石家河晚期到夏代早期，苗蛮集团所创造的准文明被迫中断，从此以后长江中游文明进程与中原华夏文明保持着基本一致的节奏，及时吸纳中原文明成就。文明中心的地理位置与中原王朝的都城位置密切相关，长江中游商代文明中心位于黄陂盘龙城，西周时期多个小中心并立于汉水中游一带，春秋时期，位于汉水中游今宜城楚皇城的楚郢都真正成为长江中游等地的文明中心，到春秋末期楚郢都迁到长江之滨的今江陵纪南城，文明中心再一次迁移到江汉平原腹地。

（本文原载《文博之友》2012年第1期）

论石家河古城崛起的背景

天门石家河古城的崛起，是长江中游地区历史上的一个重大事件，标志着长江中游即将独立地跨入文明的门槛。为什么当时最大的古城恰巧位于汉水下游东岸的天门石家河一带？这是一个非常有趣的问题，本文试图从自然和人文两个方面加以解释。何介均、王红星、何驽等先生的文章，涉及这一问题，提出了富有启发性的观点①。本文在此基础上，对石家河古城的崛起及其背景进行探讨。

一、石家河古城在长江中游史前古城中的中心地位

长江中游已经发现19座史前古城，如始建于大溪文化时期的城头山古城②、谭家岭古城（位于石家河古城内，属石家河古城的前身，据孟华平教授讲座信息），始建于屈家岭文化时期的古城有湖南澧县鸡叫城③，

---

① 何介均的《长江中游新石器时代考古学文化结构研究》（北京大学考古文博学院编：《考古学研究（五）》上册，科学出版社，2003年）一文认为长江中游原始文化的中心彭头山文化时期中心在洞庭湖西北岸，到大溪文化第二期江汉平原西南部后来居上，到大溪文化晚期汉水以东地区成为长江中游史前文化的中心，文化中心的转移既有自然方面的因素，也有人文因素，人文因素更为重要。王红星的《长江中游地区新石器时代遗址分布规律、文化中心的转移与环境变迁的关系》（《江汉考古》1998年第1期）一文认为史前时期有四次洪水期和相继的枯水期，自然环境的变化与文化中心的转移有密切的联系。何驽在宋豫秦等著的《中国文明起源的人地关系简论》（科学出版社，2002年）一书中，对江汉地区文明起源的机制进行了详尽的探讨。

② 湖南省文物考古研究所等：《澧县城头山屈家岭文化城址调查于试掘》，《文物》1993年第12期；湖南省文物考古研究所：《澧县城头山古城址1997—1998年度发掘简报》，《文物》1999年第6期。

③ 湖南省文物考古研究所：《澧县鸡叫城古城址发掘简报》，《文物》2002年第5期。

襄阳襄州区凤凰咀[①]，湖北天门石家河[②]、龙嘴[③]、笑城[④]，石首走马岭[⑤]，公安鸡鸣城[⑥]、青河[⑦]，荆门马家院[⑧]，荆门城河[⑨]，荆州阴湘城[⑩]、安陆王古溜[⑪]，应城陶家湖[⑫]、门板湾[⑬]，孝感叶家庙[⑭]，大悟土城[⑮]，黄陂张西湾[⑯]。

---

① http://www.xf.gov.cn/zt/gcxy/tzhw/201802/t20180227_981373.shtml。

② 石河考古队：《湖北省石河遗址群1987年发掘简报》，《文物》1990年第8期；北京大学考古系等：《石家河遗址群调查报告》，《南方民族考古》第5辑，四川科学技术出版社，1993年；石河考古队：《湖北天门市邓家湾遗址1992年发掘简报》，《文物》1994年第4期。

③ 湖北省文物考古研究所：《湖北省天门市龙嘴遗址2005年发掘简报》，《江汉考古》2008年第4期。

④ 湖北省文物考古研究所、天门市博物馆：《湖北天门笑城遗址发掘报告》，《考古学报》2007年第4期。

⑤ 荆州市博物馆等：《湖北石首市走马岭新石器时代发掘简报》，《考古》1998年第4期。

⑥ 贾汉清：《湖北公安鸡鸣城遗址的调查》，《文物》1998年第6期。

⑦ 荆州市文物考古研究所等：《湖北公安、石首三座古城勘探报告》，见《古代文明》第4卷，文物出版社，2006年。

⑧ 湖北省荆门市博物馆：《荆门马家院屈家岭文化城址调查》，《文物》1997年第7期。

⑨ 荆门市文物考古研究所：《湖北荆门市后港城河城址调查报告》，《江汉考古》2008年第2期；中国社会科学院考古研究所等：《湖北沙洋县城河新石器时代城址发掘简报》，《考古》2018年第9期。

⑩ 荆州市博物馆等：《湖北荆州市阴湘城遗址东城墙发掘简报》，《考古》1997年第5期；荆州市博物馆：《湖北荆州市阴湘城遗址1995年发掘简报》，《考古》1998年第1期。

⑪ 湖北省文物考古研究所等：《湖北安陆王古溜城址2015年调查简报》，见湖北省文物考古研究所：《湖北史前城址》，科学出版社，2015年，第366—376页。

⑫ 李桃元、夏丰：《湖北应城陶家湖古城址调查》，《文物》2001年第4期。

⑬ 陈树祥、李桃元：《应城门板湾遗址发掘获重要成果》，《中国文物报》1994年4月4日；李桃元：《应城门板湾遗址大型房屋建筑》，《江汉考古》2000年第1期。

⑭ 湖北省文物考古研究所等：《湖北孝感市叶家庙新石器时代城址发掘简报》，《考古》2012年第8期。

⑮ 孝感地区博物馆等：《大悟县土城古遗址探掘简报》，《江汉考古》1986年第2期；湖北省文物考古研究所：《湖北史前城址》，科学出版社，2015年，第365页编者按。

⑯ 湖北省文物考古研究所等：《武汉市黄陂区张西湾新石器时代城址发掘简报》，《考古》2012年第8期；刘辉：《江汉平原东北发现两座新石器时代城址》，《江汉考古》2009年第1期；刘辉：《长江中游史前城址的聚落结构与社会形态》，《江汉考古》2017年第5期。

现将19座史前古城的概况列表如下：

名称	位置	面积（平方米）	始建年代	延用年代	形状	城内堆积文化性质
石家河	湖北天门石家河镇	120万	屈家岭文化晚期	石家河文化早期	近方形	大溪文化、屈家岭文化、石家河文化
马家院	湖北荆门市五里镇	24万	屈家岭文化时期		梯形	大溪文化、屈家岭文化、石家河文化
城河	荆门市后港镇	50万	屈家岭文化时期	石家河文化时期	不规则椭圆形	屈家岭文化、石家河文化
阴湘城	湖北荆州市荆州区马山镇	20万	屈家岭文化早期	石家河文化早期、西周时期	圆角方形	大溪文化、屈家岭文化、石家河文化及夏商、西周、东周遗存
门板湾	湖北省应城市城北办事处	20万	屈家岭文化晚期	石家河文化中期	长方形	大溪文化、屈家岭文化、石家河文化
陶家湖	湖北应城市汤池镇	67万	屈家岭文化晚期	石家河文化中期	椭圆形	屈家岭文化、石家河文化
走马岭	湖北石首市焦山河乡	7.8万	屈家岭文化早期	屈家岭文化晚期	不规则椭圆形	大溪文化、屈家岭文化、石家河文化
鸡鸣城	湖北公安县三洲乡	15万	屈家岭文化时期		不规则椭圆形	大溪文化、屈家岭文化、石家河文化
青河	公安县甘厂镇青河村五组	6万	屈家岭文化时期	石家河文化时期	圆角梯形	屈家岭文化、石家河文化
城头山	湖南澧县车溪乡	8万	大溪文化一期	屈家岭文化、石家河文化时期	圆形	大溪文化、屈家岭文化、石家河文化

续表

名称	位置	面积（平方米）	始建年代	延用年代	形状	城内堆积文化性质
鸡叫城	湖南澧县涔南乡	15万	屈家岭文化中期	石家河文化时期	近方形	屈家岭文化、石家河文化
叶家庙	孝感市孝南区朋兴乡	30.8万	屈家岭文化时期		长方形	
张西湾	武汉市黄陂区祁家湾镇	9.8万	石家河文化早期	石家河文化中期	近圆形	石家河文化早、中期
凤凰咀	襄阳市襄州区龙王镇阎营村	25万	屈家岭文化晚期	石家河文化时期	近椭方形	屈家岭文化、石家河文化
王古溜	安陆市烟店镇双庙村四组	5万	屈家岭文化晚期	石家河文化早期	圆角方形	屈家岭文化、石家河文化
土城	大悟县三里镇土城湾	5万	屈家岭文化晚期	龙山文化时期	圆角方形	屈家岭文化、龙山文化
龙嘴	天门市石河镇吴刘村三组与张港村一组	8.2万	油子岭文化早期	油子岭文化早期二段	近圆形	油子岭文化
笑城	天门市皂市镇笑城村二、四组	9.8万	屈家岭文化晚期	石家河文化早期或稍晚	曲尺形	屈家岭文化、石家河文化
谭家岭	湖北天门石家河镇	17万	油子岭文化时期	油子岭文化时期	圆角方形	油子岭文化、屈家岭文化

据上表可知，湖南澧县城头山古城始建于大溪文化一期，是我国目前发现的一座最早的史前古城。龙嘴、谭家岭古城也处于这一时期。到屈家岭文化时期，长江中游地区独领风骚，率先迈入古城时代，现已发掘16座，而同时期的黄河中游地区目前仅发现1座郑州西山古城，时代为仰韶文化晚期。

从古城规模来看，各城大小彼此相差悬殊，大溪文化时期有城头山、龙嘴、谭家岭3座古城，面积都比较小。屈家岭文化到石家河文化时期，从大到小依次为石家河→陶家湖→城河→叶家庙→凤凰咀→马家院→阴湘城、门板湾→谭家岭→鸡鸣城、鸡叫城→走马岭→张西湾、笑城→青河→王古溜、土城，存在着明显的等级结构。石家河古城长1200米，宽1100米，城垣内面积达120万平方米，城垣外的护城河周长4800米，一般宽约80～100米，最窄处也在60米以上，护城河围住的面积达180万平方米，城垣现存高度6～8米。石家河古城是屈家岭文化时期中国境内最大的古城，据推测石家河聚落居民可能有15000～20000人之众①。石家河古城规模居于19城之首，比陶家湖古城大约1倍，比其他古城大6倍、12倍甚至24倍。可以肯定，石家河古城是屈家岭文化和石家河文化区内的中心城市，其他各城则是次中心城市。城头山、龙嘴、谭家岭3座古城较早，另外16座古城时代相同，均分布于同一文化区内，差距如此之大，它们之间是否有隶属关系或贡纳关系，考古工作者还未给出圆满的答案。

屈家岭文化和石家河文化时期，长江中游突然兴起众多古城，其社会性质成为关注的焦点。有的学者认为“屈家岭文化古城的社会属性为军事民主制”②。有的学者认为“长江中游地区早期的城址，在文明的进程中处在‘部落军事联盟’制阶段”③。有的学者更进一步，认为屈家岭文化古城是由多级城址构成的复杂体系，屈家岭文化社会与“酋邦社会”的诸多特征相似，可作为中国早期国家文明的典型代表④。三说观点基本近似。前

---

① 北京大学考古系等：《石家河遗址群调查报告》，《南方民族考古》第5辑，四川科学技术出版社，1993年。

② 张绪球：《屈家岭文化古城的发现和初步研究》，《考古》1994年第7期。

③ 王红星：《长江中游地区早期城址管窥》，见于《长江中游史前文化暨第二届亚洲文明学术讨论会论文集》，岳麓书社，1996年。

④ 孟华平：《试论长江中游古城的兴起》，《青果集》，知识出版社，1998年。

两说的理论依据是恩格斯的《家庭、私有制和国家的起源》。在雅典的英雄时代，人们已使用铁器，也有众多设防的城市，政治形式为部落联盟，政治制度为军事民主制，军事首长为“巴赛勒斯”，属于原始社会的高级阶段，在恩格斯看来，军事民主制已处于国家的前夜，已经走到文明时代的门槛了。第三说按照美国学者塞维斯的酋邦学说，把屈家岭文化社会属性定位为酋邦社会。据我的理解，恩格斯所讲的军事民主制内包含了美国学者塞维斯所谓的酋邦阶段。我认为把屈家岭文化、石家河文化社会属性定位在酋邦阶段，结论更加明确一些，是符合客观实际的。以雅典为参照，我们似乎不可对屈家岭文化、石家河文化的社会属性再做更高的估计。根据古文献记载，如《战国策·魏策二》载吴起说：“昔者，三苗之居，左彭蠡之波，右有洞庭之水，文山在其南，而衡山在其北。恃此险也，为政不善，而禹放逐之。”屈家岭文化和石家河文化的族属应当是三苗族，所以我们可以称之为“三苗酋邦”。“三苗酋邦”的中心为什么恰恰出现在汉水下游东岸的石家河古城？下面我们从自然环境和人文环境两大方面，试图找到这一问题的答案。

二、石家河古城崛起的自然环境

（一）地貌、气温与降水

石家河古城的崛起，与自然环境关系密切。江汉平原地区主要包括江汉平原、澧阳平原（今洞庭湖平原）和周围海拔100米以下的低山丘陵。该地区是一个相对独立的地理单元，是人类生存的理想之地，三苗族很早就生活在这里，他们创造了城背溪文化、大溪文化、屈家岭文化和石家河文化。

据蔡述明先生的研究，江汉平原——洞庭湖盆地是燕山运动晚期，白垩纪初期开始形成的断陷盆地，虽说是一个断陷盆地，但从未形成一个“跨江南北”的云梦泽，自第三纪以来，长江就按照目前的大致流向自西向东穿过江汉平原，而汉、湘、资、沅、澧诸水也与此同时或稍后相继汇入长江。江汉——洞庭之间存在着一个古老的华容隆起区，该区自寒武纪以后一直出露地表不接受沉积，白垩纪以后，尽管江汉—洞庭坳陷不断扩大，但它一直成为江汉和洞庭两坳陷地区的屏障，不可能形成跨江南北古湖。江汉平原的湖泊，主要是壅塞湖和河间洼地湖，江汉—洞庭湖平原的第四纪地层是河流相沉积旋回的多次重复，河流的堆积起着主导作用。江汉平原并不是由荆江三角洲和汉江三角洲发育而成的，而是由长江和汉水等河流泛滥堆积而成的典型的泛滥平原①。蔡先生的研究成果为我们提供了观察问题的宏观背景，我们由此知道不存在一个“跨江南北”的古云梦泽：江汉平原腹地一直有人类居住，在温暖期，人们可以居住在海拔较高的地方；在枯水期，人们可以居住在海拔更低的地方。考古发现也证实了这一观点：江汉平原是一个典型的泛滥平原，江汉平原腹地主要是河流的堆积砂土，对稻作农业的发展存在着很大的影响。

近万年来，江汉平原自然环境的各要素一直不断地发生着变化。

8000—2500aB. P. 是历史上的大暖期②。在大暖期内，气候仍然有波动。王红星将长江中游末次冰期以后至 3200 aB. P. 的气候变化划分为四个周期，末次冰期以后至 10000 aB. P. 为升温期，年均气温为 10℃；10000—8200 aB. P. 为温暖期，年均气温 18℃；8200—7800 aB. P. 为降温期，年均气温 10℃左右；7800—5600 aB. P. 为温暖期，年均气温为 18—19℃；5600—5400 aB. P. 为降温期，年均气温为 10 ℃；5400—4700 aB. P. 为温暖期，年均气温为 18 ℃；4700—4200 aB. P. 为降温期，年均气温为 10℃；4200—3200 aB. P. 为温暖期，年均气温 18℃。现在江汉平原地区年平均气温为 15—16℃，年降水量约 1200—1300 mm。温暖期年平均气温比现在高 2—3℃，降温期年均气温比现在低 5—6℃③。江汉平原温暖期的年降水量在 1300 mm 以上④。

在温暖期，洪水泛滥的次数必然更加频繁。王红星根据江汉地区的古代遗址地层堆积情况，认为江汉地区全新世早中期曾发生四次较大的洪水期，第一次洪水期时间为彭头山文化晚期，约 7500—7000 aB. P.；第二次为大溪文化关庙山类型三期阶段，约 5800—5500 aB. P.；第三次为屈家岭

① 蔡述明：《跨江南北的古云梦泽说是不能成立的》，见石泉、蔡述明：《古云梦泽研究》，湖北教育出版社，1996 年，第 115—135 页。

② 文焕然、文榕生：《中国历史时期冬半年气候冷暖变迁》，科学出版社，1996 年，第 110 页。

③ 王红星：《长江中游地区新石器时代人地关系研究》，《环境考古研究》第 2 辑，北京大学出版社，2006 年，第 192 页。

④ 闾国年：《长江中游湖盆三角洲的形成与演变及地貌的再现与模拟》，测绘出版社，1991 年，第 164 页。

类型三期阶段，约 5000—4800 aB. P.；第四次为石家河文化晚期后段至相当于中原二里头文化二期阶段，约 4100—3800 aB. P.[①]。

洪水对江汉地区的人类生存状况有至关重要的影响。洪水期来临，海拔较低的聚落被淹没，人们被迫迁徙到海拔较高的地区。例如属彭头山文化的八十垱遗址，是我国目前发现最早的带土围墙的环壕聚落，总面积超过 3 万平方米，环壕与围墙曾被两次修筑，其主要功能是防御洪水灾害。由于八十垱遗址今地表高程为 33 米，仅高出周围地面 1—2 米，因此该遗址在彭头山文化晚期被洪水淹没，其上覆盖一层厚达 1 米的淤积的黄褐色的网纹土，其成因属洪水淤积[②]。即使海拔较高的遗址本身没有被洪水淹没，但人们赖以生存的稻作农业区却被洪水吞噬，人们无法继续生存下去，不得不向海拔更高的地区迁徙。例如彭头山遗址，海拔高程 45 米，相对高度 4.5 米，在遗址上没有发现洪水遗迹，但该遗址所依赖的稻田已被淹没，彭头山遗址的居民仍然要离开该居址迁往高海拔地区。

洪水期和枯水期的交替变化是导致江汉平原地区文化中心转移的重要原因之一。在彭头山文化早、中期，江汉地区的文化中心在澧阳平原，到大溪文化关庙山二期，文化中心似在今枝江一带。到大溪文化关庙山类型三、四期，逐步确立了汉水中下游为文化中心区的地位，到屈家岭类型三期阶段，汉水中下游地区作为长江中游文化中心的地位更加巩固[③]。长江沿岸地区由于地势低下，在洪水期不适于人类居住，所以人们就向海拔稍高、洪水威胁较小的汉水中下游聚集。

从以上气候变化对人类生活的影响来看，为了避开洪水的威胁，人们在不断地适应环境，由南而北，最终选择了汉水中下游这个最为理想的地方。石家河古城崛起于汉水下游东岸，正是在这种自然背景下诞生的。

（二）土壤

江汉地区以稻作农业为生业基础，影响稻作农业的因素除了气温、降

---

① 王红星：《长江中游地区新石器时代人地关系研究》，《环境考古研究》第 2 辑，北京大学出版社，2006 年，第 192 页。

② 裴安平：《澧县发现我国最早聚落围壕与围墙》，《中国文物报》1994 年 12 月 4 日第 1 版；何介均：《洞庭湖区的早期农业文化》，《华夏考古》1997 年第 1 期。

③ 王红星的《长江中游地区新石器时代遗址分布规律、文化中心的转移与环境变迁的关系》，《江汉考古》1998 年第 1 期。

水等外，土壤是一个重要因素。今天门、京山地区，为山地前缘与平原衔接地带，分布着第四纪棕黄土，经人类开发而成为营养丰富的棕黄壤水稻土。而江汉平原腹地土壤母质主要是第四纪洪积、湖积砂土，在新石器时代生产水平低下的情况下，不易开发为水稻土。在现代条件下，平原腹地的水稻田也仍然是以低温冷浸低产田为主①。《禹贡》记载了九州土壤的情况，兹列表如下：

州	雍州	徐州	青州	豫州	冀州	兖州	梁州	荆州	扬州
土	黄壤	赤埴坟	白坟	壤	白壤	黑坟	青黎	涂泥	涂泥
田	上上	上中	上下	中上	中中	中下	下上	下中	下下

荆州“厥土惟涂泥，厥田惟下中”。荆州田列第八，仅高于扬州。《禹贡》所记载的荆州土壤主要是指江汉平原腹地的洪积、湖积砂土。而天门、京山地区的第四纪棕黄土，则易开发为肥沃的水稻土。稻作农业的发展，为石家河古城的兴起奠定了经济基础。

（三）生态过渡带的边缘效应

景观生态学所讲的“边缘效应”“生态过渡带”等理论，颇具启发性。1942 年，植物学家 Beechar 发现：不同地貌单元及生物群落的界面地带，结构往往比较复杂，不同生境的物种于此共生，种群密度大，生产力水平也相应较高。他称这种现象为“边缘效应”。“界面地带”也就是“生态过渡带”②。早期人类往往选择具有边缘效应的生存环境，因为这种生境更能与其多元的经济文化类型相适应。例如天门、京山地区就处在我国第二阶梯向第三阶梯即山地平原的过渡带上，生态过渡带地貌类型多样，既有山地、丘陵、岗地，又有广阔无垠的平原，景观异质性强，生物多样性增加，种群密度提高。既适宜于发展稻作农业，又可渔可狩，食物链得以延长，是三苗族群最为理想的生境。

裴安平在研究稻作农业时，注意到山前平原的重要性。“有迹象表明，在广袤平原的边缘地带即山前平原，那里对稻作农业的起源与早期发展拥

① 宋豫秦等：《中国文明起源的人地关系简论》，科学出版社，2002 年，第 136、137 页。

② 宋豫秦等.《中国文明起源的人地关系简论》，科学出版社，2002 年，第 14—16 页。

有最特殊的意义。在稻作起源之初，无论是稻作还是人类的本身都对自然资源拥有极大的依赖，而山前平原却综合了各种地貌类型的全部优势，汇集了各种地貌类型所拥有的各种自然资源。事实表明，在原始生产力比较低下的条件下，山前平原的天然优势对于一个地区稻作农业的起源及其初期的发展具有决定性的意义，而这也正是我国的早期稻作地点多见于山前地带的根本原因"①。

石家河古城之所以崛起于天门，因为它正处于生态过渡带上。

三、石家河古城崛起的人文环境

（一）稻作农业经济的发展与石家河古城的崛起

江汉地区的稻作农业是本地区历史发展的根本基础。湖南道县玉蟾岩遗址发现的四粒水稻标本，是世界上发现的最早水稻标本，地层木炭标本碳 14 测年距今 14490±230 年，陶片脂肪酸测年为 12320±120 年②。江西万年仙人洞和吊桶环发现栽培稻植硅石时间距今约 12000 年③，说明长江中游是栽培稻的起源地之一。

彭头山文化时期，澧阳平原成为稻作农业的区域中心。澧县八十垱、彭头山等遗址发现了大量水稻标本，距今 9000—8000 年。这种中心的地位一直延续到距今 7000 年左右的石门皂市下层文化和距今 6500 年的汤家岗文化。随着稻作农业的推广，因洪水、土壤等多因素的综合作用，稻作农业中心不断北移，大溪文化关庙山类型二期，稻作中心在今枝江一带。到大溪文化关庙山类型三、四期，稻作中心转移到了汉水下游京山、天门一带，政治文化中心也随之转移到这里，为石家河古城的崛起创造了条件。洞庭湖地区反而处于从属地位。

稻作农业的兴起与早期发展，为聚落的新建与拓展创造了条件；聚落的扩大，人口数量的增多，又促进了稻作农业的发展。距今约 14000—12000 年，为稻作的起源期，定居聚落初步形成；距今约 9000—6500 年，

---

① 裴安平、熊建华：《长江流域的稻作文化》，湖北教育出版社，2004 年，第 211 页。

② 张文绪、袁家荣：《湖南道县玉蟾岩古栽培稻的初步研究》，《作物学报》1998 年第 4 期。

③ 姜钦华：《江西万年旧石器晚期至新石器时期遗址的孢粉与植硅石分析初步报告》，《环境考古研究》第二辑，科学出版社，2000 年。

为稻作的兴盛期，长期性的定居聚落成为了人类的基本组织单位和生产单位，甚至还修建了如彭头山遗址这样带围墙的环壕聚落。距今 6500—4000 年，聚落规模和聚落结构发生了质的变化，就目前江汉地区的发现而言，城头山古城率先崛起于大溪文化一期，至屈家岭文化时期，除城头山古城继续沿用外，又兴建了 18 座古城①。石家河古城是屈家岭文化时期我国境内最大的史前古城。

（二）石家河古城是文化交流的核心

何介均先生在解释江汉地区文化中心转移的原因时，认为气候和环境变化不是决定性原因，不可过分强调。决定文化中心转移的原因有二：“内在的是由于人类利用自然手段的改进，从而促使了作为古代社会基础的农业地区的扩大，在长江中游地区则是稻作农业区域向纬度更高的地区扩展。外部因素是得到相邻地区有较高发展水平文化影响的条件不同。”② 大溪文化时期，钟祥以北的鄂北地区属于仰韶文化庙底沟类型控制的地盘，大溪文化与发达的仰韶文化直接交流，吸收了仰韶文化的先进成果，不断地丰富自身。在东部地区，大溪文化与薛家岗文化关系密切，交流频繁。在这种文化交流格局中，汉水东部地区地位日益突出，到大溪文化晚期，成为文化的中心。到屈家岭文化时期，屈家岭文化向北推进到丹江上游、南阳盆地，鄂北、豫西南属于新征服地区。到石家河文化时期，北境格局未变。在北方，屈家岭文化与仰韶文化、石家河文化和河南龙山文化的交流更加频繁，更加突出了汉水东部地区的重要地位。在东部，石家河文化与长江下游地区的良渚文化等发生密切交流。在交流中，三苗酋邦对邻邦的农业生产技术、手工业制作如治玉、制陶技术、社会制度等方面都有所吸取。汉水东部地区是当时文化交流的前沿地带，石家河古城则是文化交流的核心。

四、结语

长江中游文明进程走了一条曲折的道路，三苗族群在稻作农业的基础

---

① 裴安平、熊建华：《长江流域的稻作文化》，湖北教育出版社，2004 年，第 101—135 页。

② 何介均的《长江中游新石器时代考古学文化结构研究》，载北京大学考古文博学院编：《考古学研究（五）》上册，科学出版社，2003 年，第 111—120 页。

上，创造了一支颇具南方特色的文明，建立了三苗酋邦，中心位于天门石家河古城。石家河古城之所以崛起于今天门一带，我们认为这是三苗族群不断适应环境的结果。究其原因，既有如气候、洪水、土壤、生态等自然环境方面的原因，也有稻作农业中心的转移、文化交流格局的变迁等方面的人文环境原因。各种原因交织在一起，互相制约，都起了一定的作用，但稻作农业中心的北移是诸多原因中最根本的原因。

（本文原载《江汉考古》2010 年第 3 期，收入本文集时根据新的考古发现资料略做修改）

汉代以前有关灵魂升天的艺术作品研究

根据最新考古发现的资料可知，在欧洲和西亚尼安德特人（距今13万—3万年）的洞穴遗址中发掘出了世界上最早的墓葬。中国自山顶洞人以后，人们就形成了埋葬死者的风俗，并在死者墓中放置各种随葬品。这时可能产生了灵魂观念。在墓葬里放置随葬品，主要原因是人们相信人死后还有灵魂，所以对待死者就像对待其生前一样，对于丧礼就特别重视，除了厚葬之外，还要按时祭祀。《荀子·礼论》载："礼者，谨于治生死者也。生，人之始也；死，人之终也；终始俱善，人道毕矣。故君子敬始而慎终。终始如一，是君子之道，礼仪之文也。""丧礼者，以生者饰死者也，大象其生以送其死也。"

人们幻想死亡以后灵魂要升天，天界是人们追求的理想境界，是人类的归宿。《礼记·郊特牲》载："魂气归于天，形魄归于地。"由于人的能力有限，灵魂升天必须要借助具有神性动物的帮助。生者在为死者准备随葬品时，要准备一种供死者灵魂升天的艺术作品，这类艺术作品带有巫术的性质。各时期的艺术作品从材料到形式都在发生着变化。本文就汉代以前灵魂升天的艺术作品进行考察，探索其艺术形式的演变过程。

一、仰韶文化的蚌塑龙、虎、鹿图案

早在仰韶文化时期就有了关于灵魂升天方面的艺术作品。1987年5月，河南濮阳西水坡M45及其附近发现了三组蚌壳摆塑图案。第一组在M45墓主人左右两侧摆塑龙、虎图案。虎图案西侧有一片不规则的蚌壳，北部另有一片摆成三角形的蚌壳[①]（第3—4页）。第二组位于M45南面20

① 濮阳市文物管理委员会等.《河南濮阳西水坡遗址发掘简报》,《文物》1988年第3期。

米处，其图案有龙、虎、鹿等。第三组北距第二组 25 米。图案有虎、人骑龙等[①]（第 1059—1060 页）。M45 及摆塑图案时代属于仰韶文化时期。张光直先生为了解释这个现象，首先引用了两条文献资料，即：

葛洪《抱朴子》内十五："若能乘蹻者，可以周流天下，不拘山河。凡乘蹻道有三法，一曰龙蹻，二曰虎蹻，三曰鹿蹻……乘蹻须长斋绝荤菜，断血食，一年之后乃可乘此三蹻耳。虽复服符，思五龙蹻行最远，其余者，不过千里也。"

《道藏》之《太上登真三矫灵应经》："三矫经者，上则龙矫，中则虎矫，下则鹿矫……大凡学仙之道，用龙矫者，龙能上天入地，穿山入水，不出此术，鬼神莫能测，能助奉道之士，混合杳冥通大道也……龙矫者，奉道之士，欲游洞天福地，一切邪魔精怪不敢近，每去山川江洞州府，到处自有神祇来朝现。"

他还列举了关于人兽母题的考古材料，如良渚文化玉琮上的神人兽面像，商代的乳虎食人卣、安徽阜南龙虎尊腹部虎衔人纹饰，日本京都太田贞造氏收藏的战国时期铜卣上有一人左手挥鞭驱赶一只龙形动物的形象。洛阳战国墓中出土了两件"伏兽玉人"，人裸体骑在虎上[②]（第 37—38 页）。同类纹饰还见于：

司母戊鼎鼎耳外侧有两只老虎，在它们张开的口部中间夹着一个人头。

妇好墓铜钺（M5：799）靠肩处铸两只老虎张开大口，中间夹着一个人头[③]（第 105—106 页）。

三星堆一号祭祀坑出土的龙虎尊（K1：158、258）腹部纹饰与安徽阜阳龙虎尊的纹饰相同，但没有后者精美[④]（第 33、36 页）。

张光直先生根据以上材料认为："濮阳 M45 的墓主是个仰韶文化社会中的原始道士或是巫师，而用蚌壳摆塑的龙、虎、鹿乃是他能召唤使用的三蹻的艺术形象，是助他上天入地的三蹻的形象。"[⑤]（第 36 页）

---

① 濮阳西水坡遗址考古队：《1988 年河南濮阳西水坡遗址发掘简报》，《考古》1989 年第 12 期。

② 张光直：《濮阳三蹻与中国古代美术上的人兽母题》，《文物》1988 年第 11 期。

③ 中国社会科学院考古研究所：《殷墟妇好墓》，文物出版社，1980 年。

④ 四川省文物考古研究所：《三星堆祭祀坑》，文物出版社，1999 年。

⑤ 张光直：《濮阳三蹻与中国古代美术上的人兽母题》，《文物》1988 年第 11 期。

龙、虎、鹿是M45墓主人的升天助手，笔者认为蚌塑龙、虎、鹿图案表现的是墓主人死后灵魂升天的主题，墓主人的灵魂升天需要得到龙、虎、鹿的帮助，这个作品应该更关注墓主人死后的问题，而不仅指墓主人生前的身份是原始道士或巫师。如果我的推测不误，那么濮阳西水坡M45的蚌塑龙、虎、鹿图案就是目前所知的最早的灵魂升天图了。

二、两周时期人物龙凤合体玉雕作品

(一) 人物龙凤合体玉雕作品的出土情况

人物龙凤合体玉雕作品是两周时期表现灵魂升天主题的艺术作品。1984年冬季，中国社会科学院考古研究所沣西队在张家坡墓地发掘了157号墓葬，墓室为土坑竖穴，长5.5米，宽4米，深8.24米，南北各有一条斜坡墓道，墓全长32.35米。龙凤人物玉雕就出在棺外椁室的西南角[①]。

该玉雕高6.8厘米、宽2.8厘米、厚0.5厘米。玉雕由三龙一凤和两个人物图像构成，分为上中下三层。下层左下方为一龙，右上方为一凤；中层为一龙；上层为一龙和两个人物图像。张长寿先生曾撰文专门研究这件作品，M157时代为西周中期，墓主人很可能是曶鼎中提到的井叔，曶鼎属周懿王元年铜器。墓葬规格高，属于侯伯。该玉雕就是周懿王时期井叔所拥有的器物，价值弥足珍贵（图一）[②]。张先生没有研究该玉雕的题材意义。

1990年，河南省三门峡市上村岭虢国墓地虢季墓（M2001）出土了一件人龙合纹佩（M2001：591），青白玉。间有褐色斑点。玉质细腻，晶莹润泽，半透明。正背面纹样相同，为一个呈蹲坐状且后有长尾的侧视人形，头部与臀部以下各饰一俯视龙首。龙首头上有角，鼻部上卷，菱形眼。在人形纹样间镂孔。在人身中部龙首的鼻端有一小孔，可以系绳佩戴。长7.7厘米、宽1.5厘米、厚0.2厘米。该墓葬具为一椁重棺，人龙合纹佩被放置于内棺盖上。M2001的墓主人名为虢季，身份为国君，时代为西周晚期晚段，即宣、幽时期[③]。

---

① 中国社会科学院考古研究所：《张家坡西周玉器》，文物出版社，2007年，第14页。

② 张长寿：《西周的龙凤人物玉雕》，《文物天地》1993年第4期。

③ 河南省文物考古研究所、三门峡市文物工作队：《三门峡虢国墓》，文物出版社，1999年，第157—158页。

1991年至1992年，河南省三门峡市上村岭虢国墓地虢太子墓（M2011）出土了一件人形玉佩（M2011：452），青玉，局部受沁呈灰白色与黄白色。半透明。玉人呈蹲踞状，人首似猴形，头部盘有一龙，龙尾屈于人头之上。颈下雕有一龙。臀部饰一龙首。高5.9厘米、宽1.9厘米、厚0.25厘米。该墓葬具为一椁重棺，人形玉佩放置于内棺中部墓主人臀部附近。时代属西周晚期晚段，即宣、幽时期（图二）①。

1993年，山西天马——曲村遗址北赵晋侯墓地I11M31出土一件镂空玉佩饰（I11M31：68），放置于墓主人腹部，前部为一玉羽人，面向前方，背后为一龙，作回首状。长4.5厘米、厚0.3厘米。该墓时代属西周晚期②。

1993年，山西天马——曲村遗址北赵晋侯墓地I11M63出土5件玉龙人，造型大致相同。如标本I11M63：187，片状透雕，白色泛青。作蹲踞姿态，侧面，有尾。胸、背、尾阴线双钩龙纹。高8.7厘米、宽3厘米、厚0.4厘米。该墓时代属西周末年③。

吉琨璋先生在论文中还提到北赵晋侯墓地出土的三件人龙合体玉雕作品。其中M62出土两件玉雕，分别高1.1厘米，宽4.8厘米。青玉，片状透雕。人为正面形象，左右两手各操一猴。猴顶与人顶是五条缠绕撕咬的龙，其中两条头朝下与猴头相接，另三条凌空飞舞。M63出土的一套组佩中的一件玉璜，双面雕琢双龙纹，相互交连。每条龙一端为龙首，另一端为人首。人首侧视。龙大眼阔嘴，圆鼻巨耳，腮下有须，伸出利爪④。

2006年，湖北省荆州院墙湾一号楚墓出土了一件神人操两龙形佩（M1：36），黄白色，有黑色沁斑，半透明，色泽温润有光泽。整体由一人两龙、两鸟组成，其中龙、鸟左右对称。中部为一神人，直立，身穿右衽上衣、网格纹下裳，腰束带，脚着方履，头顶一个绹纹圆环，双臂张开向下，双手各操一龙。龙身虬曲，昂首卷尾，两龙首相对，鼻拱神人头上的圆环。龙身的脊背上各栖一鸟，鸟首朝向龙首。龙身雕刻多组“人”字形

---

① 河南省文物考古研究所、三门峡市文物工作队：《三门峡虢国墓》，文物出版社，1999年，第361—362页。

② 山西省考古研究所、北京大学考古系：《天马——曲村北赵晋侯墓地第三次发掘》，《文物》1994年第8期。

③ 山西省考古研究所、北京大学考古系：《天马——曲村北赵晋侯墓地第四次发掘》，《文物》1994年第8期。

④ 吉琨璋：《晋侯墓地出土的人龙合体玉器研究》，载杨伯达主编：《中国玉文化玉学论丛》（三编）下，紫禁城出版社，2005年，第489页。

纹，鸟身刻羽毛。长 7.05 厘米、宽 3.95 厘米、厚 0.4 厘米。该墓葬具为一椁重棺，神人操两龙形佩放置于内棺中部墓主人臀部中间。墓葬时代属战国中期晚段（图三）[①]。

图一　龙凤人物玉雕

图二　人形玉佩

图三　神人操两龙形佩

① 荆州博物馆：《湖北荆州院墙湾一号楚墓》，《文物》2008 年第 4 期。

目前所见的人物龙凤合体玉雕作品，从时代上看以西周时期为主，战国时期少见。从地域上看，主要分布在西周首都镐京和虢国、晋国、楚国。

（二）人物、龙、凤在玉雕作品中扮演的角色

吉琨璋先生首先对山西北赵晋侯墓地出土的人龙合体玉器进行了研究，提出两个观点，其一认为人龙合体玉器中人为巫师，龙为巫师的助手。其二认为晋国历来重视龙，《左传》中有关于御龙氏、豢龙氏的历史传说，北赵晋侯墓地I11M31出土的镂空玉佩饰、M62出土的两件玉雕作品中人的身份应该是豢龙氏、御龙氏，北赵晋侯墓地I11M63出土的五件玉龙人、M63出土的玉璜人龙共体，显然是在昭示一种超人的力量[①]。吉先生的观点颇具启发性，但论证过于简略，也没有解释清楚该类玉雕作品的意义。

依据构图要素，可将人物龙凤合体玉雕作品分为两类：第一类为人、龙合体，如虢国墓地虢季墓（M2001）出土的人龙合纹佩（M2001：591）、虢太子墓（M2011）出土的一件人形玉佩（M2011：452）、北赵晋侯墓地I11M31出土的一件镂空玉佩饰（I11M31：68）、北赵晋侯墓地I11M63出土的五件玉龙人、M62出土的两件玉雕、M63出土的一件玉璜。第二类为人物与龙、凤（鸟）合体，如张家坡第157号墓葬出土的龙凤人物玉雕、荆州院墙湾一号楚墓出土的神人操两龙形佩（M1：36）。为方便起见，本文统称为人物龙凤合体玉雕作品。

人们在制作任何一件器物时，必有一定的意图，表达人们一定的意愿，碾琢珍贵的玉器更是如此。这几件雕塑作品的用途是什么？人与龙或龙与凤组合在一起，它们在作品中分别扮演什么角色？要回答这个问题，还要从中国古代的巫术谈起。

张光直先生的研究成果给我许多启示。中国自仰韶文化至魏晋时期一直存在“人兽母题”或“巫跷母题”的艺术形式，也是环太平洋地区美术中常见的所谓的alter ego或“亲密伙伴”的母题。他对濮阳西水坡蚌塑龙、虎、鹿图案的解释，对我们理解人物龙凤合体玉雕作品的主题很有启发。

张光直先生在研究青铜器的动物纹样时，认为青铜器上的动物纹样是

---

① 吉琨璋：《晋侯墓地出土的人龙合体玉器研究》，载杨伯达主编：《中国玉文化玉学论丛》（三编）下，紫禁城出版社，2005年，第490—491页。

当时巫觋通天的工具[①]。

我们根据张光直先生的结论推测，人物龙凤合体玉雕是用于进行巫术活动的作品，人物是该类作品的主体，是巫师，很可能就是墓主人的雕像，龙、凤则是巫师或墓主人升天的助手。

我们先看看凤或鸟在巫术中充当巫师助手的有关记载。甲骨文中记载凤是上帝的使者。如郭沫若《卜辞通纂》398片："于帝史凤，二犬。"郭沫若注释说："卜辞以凤为风。《说文》：凤，神鸟也……此言'于帝史凤'者，盖视凤为天帝之使，而祀之以二犬。《荀子·解惑篇》引《诗》曰：'有凤有凰，乐帝之心。'盖言凤凰在帝之左右。"[②]

《山海经》中有"操鸟""使鸟"的记载：

《大荒东经》："有招摇山，融水出焉。有国曰玄股，黍食，使四鸟。有困民国，勾姓，而食。有人曰王亥，两手操鸟，方食其头。"

《大荒北经》："有毛民之国，依姓，食黍，使四鸟。"

"操鸟""使鸟"就是利用鸟为升天的助手。《山海经》中关于人鸟复合动物的记载很多，如人面鸟身、人面鸟喙、人手鸟身、人舌鸟身、人身鸟首、人身鸟足等，说明古人对鸟非常崇拜，希望人类能够借鸟之力升天与神沟通。

类似的记载见于《楚辞》：

《离骚》："吾令凤鸟飞腾兮，继之以日夜。"

《远游》："祝融戒而跸御兮，腾告鸾鸟迎宓妃。""雌蜺便娟以增挠兮，鸾鸟轩翥而翔飞。"

《九辩》："左朱雀之茇茇兮，右苍龙之跃跃。"

龙和蛇是神圣的动物，也是巫师升天的得力助手。《山海经》中有许多"乘龙""操蛇""践蛇""珥蛇"的记载，如祝融、夏后启、蓐收、句芒等神"乘两龙"；博父国的人右手操青蛇，左手操黄蛇；东海之神禺豸虎，人面鸟身，珥两黄蛇，践两黄蛇；北海之神禺强人面鸟身，珥两青蛇，践两赤蛇。

《楚辞》中关于驾龙的记载也有几条，如：

---

① 张光直：《中国青铜时代》，生活·读书·新知三联书店，1999年，第397—467页。

② 《郭沫若全集》（考古编）第二卷，科学出版社，1983年，第29、376—378页。

《离骚》:“为余驾飞龙兮，杂瑶象以为车。”“驾八龙之婉婉兮，载云旗之委蛇。”

《河伯》:“乘水车兮荷盖，驾两龙兮骖螭。”“乘龙”“驾龙”的记载还见于《云中君》《湘君》《大司命》《东君》《涉江》等篇。

甲骨文、《山海经》和《楚辞》的有关记载，进一步说明人物龙凤合体玉雕作品中龙、凤是人升大的助手。

龙、凤在人们心目中能够升天入地，具有很大的法力。《说文解字》载:“龙，鳞虫之长。能幽能明，能细能巨，能短能长，春分而登天，秋分而潜渊。”“凤，神鸟也。天老曰:‘凤之像也，麟前鹿后，蛇颈鱼尾，龙文龟背，燕颔鸡喙，五色备举，出于东方君子之国，翱翔四海之外，过昆仑，饮砥柱，濯羽弱水，暮宿风穴，见则天下大安宁。’”

目前所见人物龙凤合体玉雕作品均出自墓葬，一般放置于墓主人尸体附近。人物龙凤合体玉雕作品可能就是供死者灵魂升天的随葬品。

三、战国、西汉时期的帛画

战国、西汉时期的帛画是表现灵魂升天主题的艺术作品。

1949 年 2 月出土于长沙陈家大山一座楚墓的人物龙凤帛画，画面分上中下三层，中层为一雍容华贵的女性，双手合于胸前，头后挽有发髻，广袖束腰，长裙曳地。上层右侧女性头上为一展翅腾飞的凤鸟，凤鸟的前方为一条飞龙，正昂首升向天空。该帛画表现了女性墓主人以龙、凤为助手引导灵魂升天的主题 (图四)①。

1973 年 5 月出土于长沙子弹库 1 号楚墓的人物御龙帛画，画面正中为头戴高冠、身着长袍的男性，手执缰绳，驾驭着一条巨龙，龙尾立着一只鹤，昂首仰天。人头上方为舆盖，三条飘带随风拂动，画面左下角为一条鲤鱼。这是一幅反映男性墓主人以龙、鹤为助手引导灵魂升天的绘画作品(图五)②。

人物龙凤帛画的构图要素为人、龙、凤，人物御龙帛画的构图要素为人、龙、鹤。两件绘画作品与人物龙凤合体玉雕作品的构图要素相同或相似，只不过前者为绘画作品，后者为雕塑作品，仅仅是艺术形式不同罢了，

---

① 熊传新:《对照新旧摹本谈楚国人物龙凤帛画》,《江汉论坛》1981 年第 1 期。

② 湖南省博物馆:《新发现的长沙战国楚墓帛画》,《文物》1973 年第 7 期。

但反映的主题是相同的，也就是灵魂借助龙、凤等动物的帮助，从而升到天界。同样是反映灵魂升天的作品，张家坡墓地出土的人物龙凤合体玉雕比楚国两幅帛画要早约 600 年。

图四　人物龙凤帛画

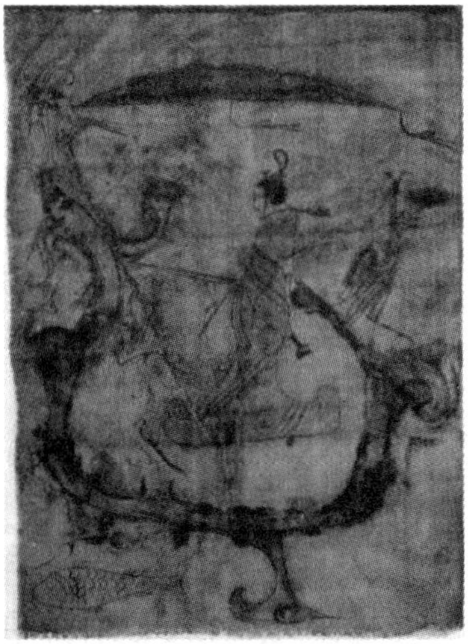

图五　人物御龙帛画

长沙马王堆 1 号墓墓主人是长沙王丞相利苍的夫人辛追，下葬时间约公元前 150 年，时代为西汉初期。该墓出土了一幅彩绘帛画，呈 T 字形，当时称之为“非衣”，也是一件表现灵魂升天的作品。非衣上所绘的内容可分为上天、人间、地下三个世界。上天正中为一人面蛇身的天神，天神左右分别为日、月，其下为一对展翅飞翔的巨龙。巨龙之下为两位天使把守着天门。人间画面的下部为盛大的祭祀场景，上部有一老妪在平台上拄杖徐行，前有两位男子举案跪迎，后有三位侍者拱手相随，此老妪当是墓主人。墓主人的灵魂由双豹和穿璧两龙承载着飞向天界。地下有一赤身力士头顶大地，足践着两蛇和一对相交的青躯红鳞巨鱼①。类似的“非衣”帛画还发现于西汉早期的马王堆 3 号墓②和山东临沂金雀山 9 号汉墓③。“非

① 湖南省博物馆等：《长沙马王堆一号汉墓》，文物出版社，1973 年，第 39—45 页。

② 湖南省博物馆、中国科学院考古研究所：《马王堆二、三号汉墓发掘简报》，《文物》1974 年第 7 期。

③ 临沂金雀山汉墓发掘组.《山东临沂金雀山九号汉墓发掘简报》，《文物》1977 年第 11 期。

衣”上墓主人灵魂升天的画面构图要素为人、龙、豹，与人物龙凤合体玉雕作品的构图要素人、龙或人、龙、凤（鸟）相似。学者们一般认为这件“非衣”帛画是表现墓主人灵魂升天的作品。

四、汉代墓葬的壁画和雕刻画像

随着时代的发展，墓葬的建筑材料随之变化，表现墓主人灵魂升天的方式也与时俱进。洛阳烧沟村卜千秋夫妻合葬墓为空心砖室墓，时代属西汉晚期。该墓由前室、后室和左、右耳室构成，左右耳室分别附有一长方形侧室。墓室顶部有一幅长卷壁画，长 451 厘米，宽 32 厘米。描绘的中心内容是墓主人灵魂升天的画面，上边的女墓主人乘立在一只三头凤鸟的背上，下边的男墓主人乘立在一条巨龙的身上，旁有蟾蜍和九尾狐伴行，前有持巨大仙草的玉兔为先导。其他还有人首蛇身的伏羲和女娲，内有三足乌的日轮，内有蟾蜍的月轮、西王母、青龙、白虎等画面①（第 8—9 页）。卜千秋墓顶壁画与“非衣”帛画相比，增加了一些构图要素如西王母、伏羲、女娲等，但墓主人灵魂升天的主要助手还是龙、凤，因此这幅灵魂升天壁画的主要构图要素仍然是人、龙、凤，继承了人物龙凤合体玉雕作品、“非衣”帛画的思想内容，并有所发展。

汉代画像石墓、画像砖墓等继承了这一传统，有大量反映墓主人灵魂升天的内容。黄晓芬把汉墓的绘画、雕刻等装饰题材分成五大类：“(1) 天象图：玄室的顶部描绘日月星辰及朱雀、玉兔、银河等，主要是模拟和表现天体穹窿之场面。(2) 祥瑞图：玄室顶部下侧边缘部、门扉、侧壁、角柱上的装饰图案，主要有龟、鱼、鹤、鹿、羊等，还包括玉璧、云气、连花纹、忍冬纹等在内，象征吉祥、辟邪类的动植物图案花纹。(3) 升天成仙图：在玄室顶部或侧壁的上方描绘双龙穿璧、灵禽异兽、西王母、人物乘龙御虎、过天门等，表现祈愿升天成仙之构图。(4) 生前图：在玄室侧壁描绘官吏晋级、庭院宅第、厨房料理、宴享娱乐、夫妇和睦，以及农耕畜牧、手工作坊等，再现社会生活中所见各种场面。(5) 故事图：玄室侧壁描绘历史上得圣贤、忠臣、孝子、烈女形象等，表现以儒教思想为特点的人物故事图。”② 可见灵魂升天是汉画像石墓、画像砖墓装饰的主要内容

① 洛阳博物馆：《洛阳西汉卜千秋壁画墓发掘简报》，《文物》1977 年第 6 期。

② 黄晓芬：《汉墓的考古学研究》，岳麓书社，2003 年，第 236—237 页。

之一。

综上所述，汉代以前人们对于死后的问题非常重视，在墓葬中堆塑艺术作品或制作其他形式的艺术品，以帮助死者的灵魂升天。人们精心挑选材料，如贝壳、美玉、丝绸、砖石等。在制作的过程中，艺术家根据当时的宗教信仰，充分发挥艺术想象力，生动形象地表达了人们渴望灵魂升天的愿望。仰韶文化濮阳西水坡蚌塑龙、虎、鹿图案、两周时期的人物龙凤合体玉雕、战国西汉的帛画、汉代的壁画和画像，都堪称当时的艺术杰作。虽然艺术形式不断变化，但是人类对于死后灵魂升天的美好憧憬则一如既往。

（本文原载《武汉大学学报（人文科学版）》2010 年第 4 期）

人面鸟喙雕像意义的探索

截至目前，共出土两件人面鸟喙雕像，第一件为玉器，第二件为漆器。第一件出自新干大洋洲商代大墓，一棺一椁，呈东西向，棺室271°，棺位于椁室中部偏西，275°。从出土的项链、腰带等器物来判断，墓主人头东脚西。人面鸟喙雕像报告命名为“侧身羽人佩饰”，编号为XDM：628，出自墓主人头顶部位，位于玉项链北侧，由叶蜡石雕成，硬度为摩氏硬度2以下，棕褐色，有蜡状光泽。人面鸟喙有高冠，冠后部用掏雕技法琢出三个相套的连环，双臂拳屈于胸前，双膝弯曲上耸，腰背至臀部阴刻鳞片纹，两侧各琢有羽翼。大腿外侧琢出羽毛，通高11.5厘米。报告推测该墓年代为商代后期早段，相当于殷墟中期（见图一）[①]。

第二件出自2000年2月发掘的荆州天星观二号墓，葬具为二椁二棺。椁分为五室，即东室、主室、西室、南室、东南室。人面鸟啄雕像出自东室第二层，报告称之为“羽人”，为木胎漆器，上部为羽人，下部为凤鸟。羽人和凤鸟身躯用整木雕制，羽人的双臂、鸟尾及凤鸟的双翅和后尾为分件雕刻。羽人人面鸟喙，双肘内屈，双手伸于胸前。臀后中部插一鸟尾，足为鸟爪，踏于凤鸟头上。凤鸟足踏一方形木座，方木座下做出方形长榫头，当初应是插在某一器座上的。全器通体髹黑漆为地，羽人的喙唇、下肢的鳞片纹和凤鸟的喙唇、眼圈、双翅的底部及趾节、方木座等饰红彩。羽人的鸟尾和凤鸟的周身绘羽鳞纹和羽纹。通高65.6厘米。天星观二号墓墓主人为女性，下葬年代可能在公元前350至前330年之间（见图二）[②]。

新干商代大墓年代属殷墟中期，天星观二号墓年代属战国中期，时代跨度长达八九百年。耐人寻味的是，相隔如此之久，在长江中游一带却出

① 江西省文物考古研究所等：《新干商代大墓》，文物出版社，1997年，第159、192页。

② 湖北省荆州博物馆：《荆州天星观二号楚墓》，文物出版社，2003年，第181—184、208—211页。

现了主题相同、一脉相承的艺术作品。人面鸟喙雕像到底反映了制作者怎样的观念？寄托了制作者怎样的情感呢？

图一

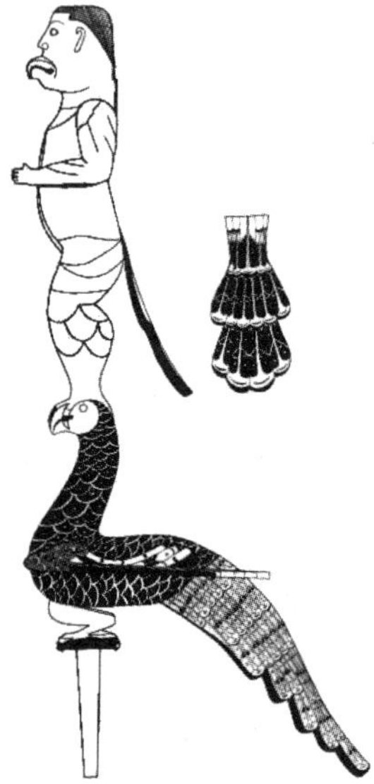
图二

解读人面鸟喙雕像的真实意义，首先还应从中国古代文献着手，古代文献中尤以《山海经》资料最为丰富。《山海经》中关于人鸟同构的复合动物是可以分为不同类型的，经仔细排比，初步分为7类：

1. **人面鸟身**

《中山经》："中次二经……凡济山之首……其神皆人面而鸟身。"

《中山经》："中次八经……凡荆山之首……其神状皆鸟身而人面。"

《海外北经》："北方禺疆，人面鸟身，珥两青蛇，践两青蛇。"

《海外东经》："东方勾芒，鸟身人面，乘两龙。"

《大荒东经》："东海之渚中，有神，人面鸟身，珥两黄蛇，践两黄蛇，名曰禺虢。"

《大荒西经》："西海陼中，有神，人面鸟身，珥两青蛇，践两赤蛇，名曰弇兹。"

《大荒北经》："北海之渚中，有神，人面鸟身，珥两青蛇，践两赤蛇，名曰禺彊。大荒之中，有山名曰北极天柜。海水北注焉，有神，九首，人面鸟身，名曰九凤。"

《南山经》："南次三经之首，曰天虞之山……有鸟焉，其状如鸡，而白首三足，人面，其名曰瞿如。”

《南山经》：“南次三经……又东四百里，曰令丘之山……有鸟焉，其状如枭，人面四目有耳，名曰颙。”

《西山经》：“又西七十里，曰羭次之山……有鸟焉，其状如枭，人面而一足，曰橐𩇯。”

《西山经》：“又西二百里，曰鹿台之山……有鸟焉，其状如雄鸡而人面，名曰凫徯。”

《西山经》：“西南三百六十里，曰崦嵫之山……有鸟焉，其状如枭而人面，身犬尾。”

《北山经》：“又北三百二十里，曰灌题之山……有鸟焉，其状如雌雉而人面，见人则跃，名曰竦斯。”

《北山经》：“北次二经……又北三百里，曰北嚣之山……有鸟焉，其状如乌，人面，名曰鷩鹛。”

《海外南经》：“毕方鸟在其东，青水西，其为鸟人面一脚。”

《大荒西经》：“有元丹之山，有五色之鸟，人面有发。”

2. **人面鸟喙**

《海外南经》：“讙头国，其为人人面有翼，鸟喙，方捕鱼。”郭璞注曰：“讙兜，尧臣，有罪自投南海而死，帝怜之，使其子居南海而祠之，画亦似仙人也。”

《大荒南经》：“有人名曰张宏，在海上捕鱼，海中有张宏之国，食鱼，使四鸟。有鸟焉，鸟喙，有翼，方捕鱼于海。大荒之中，有人名曰驩头，鲧妻士敬，士敬子曰炎融，生驩头，驩头人面鸟喙，有翼，食海中鱼，杖翼而行。”

3. **人手鸟身**

《南山经》：“南次二经之首，曰柜山……有鸟焉，其状如鸱而人手，其音如痺，其名曰鴸。”

4. **人足鸟身**

《西山经》：“西南三百八十里，曰皋途之山……有鸟焉，其状如鸱而人足，名曰数斯。”

5. **人舌鸟身**

《西山经》：“又西百八十里，曰黄山……有鸟焉，其状如鸮，青羽赤喙，人舌能言，名曰鸚鹖。”

6. 人身鸟首

《海内经》：“有盐长之国，有人焉，鸟首，名曰鸟氏。”

7. 人身鸟足

《海内经》：“又有黑人，虎首鸟足，两手持蛇，方啖之。”“有嬴民，鸟足。”

我们将人面鸟喙雕像与《山海经》的人鸟复合动物分类对照，人面鸟喙雕像与分类的第二类符合，特征是人面，有翼，鸟喙。由此推测，人面鸟喙雕像很可能是驩头（亦写作“兜”）的雕像。

驩头是苗民的祖先神。《大荒北经》载：“西北海外，黑水之北，有人有翼，名曰苗民。颛顼生驩头，驩头生苗民，苗民釐姓，食肉。”《海外南经》《大荒南经》认为驩头在南方，《大荒北经》认为驩头在西北海外，看似矛盾，其实并无矛盾。因为在尧、舜、禹时期，华夏集团对苗蛮集团进行了持久的征服战争，取得了全面胜利。如《吕氏春秋·召类》载：“尧战于丹水之浦以服南蛮。舜却苗民，更易其俗。”《礼记·檀弓上》：“舜葬于苍梧之野。”郑玄注曰：“舜征有苗而死，因留葬焉。《书》说舜曰：‘陟方乃死。’”《史记·五帝本纪》：“三苗在江淮、荆州数为乱。于是舜归而言于帝……迁三苗于三危，以变西戎。”《战国策·魏策二》载吴起说：“昔者，三苗之居，左彭蠡之波，右有洞庭之水，文山在其南，而衡山在其北。恃此险也，为政不善，而禹放逐之。”类似记载还见于《史记·吴起列传》《韩诗外传》和《说苑》的《君道》《贵德》篇。禹征三苗还见于《墨子·非攻下》《韩非子·五蠹》《吕氏春秋·上德》等文献。

尧、舜、禹征服三苗以后，三苗受到沉重打击，有一部还被迁到西北敦煌一带，《尚书·尧典》：“窜三苗于三危。”《孟子·万章上》：“杀三苗于三危。”《后汉书·西羌传》注曰：“三危山在今沙州敦煌县东南，山有三峰，故曰三危也。”所以《山海经》有苗民位于西北海外一说。

根据《战国策·魏策二》《史记·吴起列传》《韩诗外传》和《说苑》的《君道》《贵德》篇所描述的地理方位，苗蛮集团的分布范围在今湖北、湖南、江西一带。三苗虽在尧舜禹时期遭受沉重打击，但必有大量三苗遗民留在故地，他们仍世代生活繁衍在这片土地上。张胜琳、张正明先生认为，文献上所谓的楚蛮就是江汉地区的土著民族，他们的葬俗自大溪文化至春秋战国一脉相承，如墓主人头向以向南为主。江陵雨台山 558 座墓葬，年代从春秋中期至战国中期前段。头向不明的 32 座，头向清楚的 526 座，东南向 7 座，南向 369 座，西南向 29 座，南向墓占总数 526 座的 70%。若将南向墓与东南向墓、西南向墓相加，则为 405 座，占总数 77%。在这 558 座墓葬中，规格较高的墓仅有 4 座，其他均为规格较低的墓。这些规格较低的墓的墓主，多数应非楚族，而为楚蛮[①]。以上观点，得到考古学越来越多的证实。当阳赵家湖 297 座楚墓，分布于赵家塝墓地、金家山墓地、郑家洼子墓地、李家洼子墓地、杨家山墓地、曹家岗墓地，经综合统计，头向南者 192 座，占 64.6%，头向东者 87 座，占 29.3%，头向西者 16 座，占 5.4%，头向北者 2 座，占 0.7%。南向墓占多数，其次为东向墓，金家山墓地第七区 46 座墓中有 43 座头向南，3 座头向北，这是东向墓葬的集中分布区[②]。江陵九店乙组墓共 578 座，其中长方形土坑竖穴墓 573 座，洞室墓 5 座。土坑竖穴墓中，头向南者 395 座，占 68.9%，头向东者 62 座，占 10.8%，头向西者 40 座，占 7.0%，头向北者 18 座，占 3.1%，头向不明者 58 座，占 10.1%[③]。所发掘的楚公族墓葬一般头向向东，与楚蛮墓葬形成明显的差别，如寿县楚幽王墓，淮阳马鞍冢一、二号墓，下寺令尹子庚墓，长台关一、二、七号墓，临澧九里一号墓，湘乡牛形山一、二号墓，望山一、二号墓，沙冢一号墓等。既然楚蛮的葬俗渊源于大溪文化以来的葬俗，因此楚国的蛮族中就有三苗的后裔。三苗后人为了表达对祖先神驩头的纪念，于是用各种材料雕刻驩头的雕像，大洋洲商代人墓、荆州天星观二号墓出土的人面鸟喙雕像可能是三苗后裔雕刻的驩头神像。

我们还可以找出几条旁证，首先是苗民活动的地区存在驩头的遗迹。《荆州记》载："崇山，《书》云：放驩兜于崇山。崇山在澧县南七十五里。"[④] 罗泌《路史·国名纪》载："驩兜……其后窜之崇山，则今澧之慈利也，有驩兜墓。"苗族分布区的湖南大庸（今张家界）、泸溪、花垣等县有

---

① 张胜琳、张正明：《上古墓葬头向与民族关系》，《湖北省考古学会论文选集》（一），武汉大学学报编辑部，1987 年。

② 湖北省宜昌地区博物馆、北京大学考古系：《当阳赵家湖楚墓》，文物出版社，1992 年。

③ 湖北省文物考古研究所：《江陵九店东周墓》，科学出版社，1995 年。

④ 《太平御览》卷四十九"崇山"条引。

驩兜墓、驩兜庙①。

其次是苗民后裔一直到今天还保留着对驩头的崇拜传统。苗族聚居的重庆彭水苗族民间，还保存有“驩兜”的画像作为神祇来崇拜；湘西自治州、贵州铜仁地区、湖南怀化地区的苗族中，还保留有关于驩兜的姓氏宗支，如湘西苗族五大姓之一的石姓，苗语呼为“仡驩”，石姓有大小之分，苗语呼大石姓为“驩兜”；湘黔边区苗族石姓宗支椎牛祭祖时，祭司要祷念石姓祖先“欢头欢柔”的大名②。

根据以上两条古史材料和现代民族学材料，说明苗民纪念驩头的传统是由来已久的，也为人面鸟喙雕像为驩头的推测提供了旁证。

（本文原载《江汉考古》2009年第1期）

---

① 李廷贵、张山、周光大主编：《苗族历史与文化》，中央民族大学出版社，1996年，第29页。

② 石宗仁：《东夷、苗蛮的共同祖先与族称》，《中央民族大学学报（社会科学版）》1999年第4期。

楚、秦东周墓葬葬俗的比较

楚、秦是东周历史舞台上的两个强大国家，楚、秦文化在中国文明史上占有重要的地位，从考古学角度对秦、楚文化进行比较研究，有助于我们从新的视角，加深我们对楚、秦文化的认识。楚、秦墓葬分布甚广，本文仅选择纪南城周围的楚墓①和关中秦墓②作为比较材料，已有许多学者对

---

① 纪南城周围的楚墓主要见于以下几个报告：湖北省荆州地区博物馆：《江陵雨台山楚墓》，文物出版社，1984 年；湖北宜昌地区博物馆、北京大学考古系：《当阳赵家湖楚墓》，文物出版社，1992 年；湖北省文物考古研究所：《江陵九店东周墓》，科学出版社，1995 年；湖北省文物考古研究所：《江陵望山沙冢楚墓》，文物出版社，1996 年；湖北省荆沙铁路考古队：《包山楚墓》，文物出版社，1991 年；荆州地区博物馆：《江陵天星观 1 号楚墓》，《考古学报》1982 年第 1 期。

② 关中秦墓主要发现于陇县、宝鸡、凤翔、咸阳、西安、铜川、大荔等地：尹盛平、张天恩：《陕西陇县边家庄一号秦墓》，《考古与文物》1986 年第 6 期；刘军社：《陕西陇县边家庄五号秦墓》，《文物》1988 年第 11 期；陕西省考古研究所：《陇县店子秦墓》，三秦出版社，1998 年；王光永：《宝鸡市渭滨区姜城堡东周墓葬》，《考古》1979 年第 5 期；宝鸡市博物馆等：《陕西宝鸡茹家庄东周墓》，《考古》1979 年第 6 期；中国科学院考古研究所宝鸡考古队：《陕西宝鸡福临堡东周墓葬发掘记》，《考古》1963 年第 10 期；宝鸡市博物馆等：《宝鸡县西高泉村春秋秦墓发掘记》，《文物》1980 年第 9 期；苏秉琦：《斗鸡台沟东区墓葬（节选）》，载《苏秉琦考古学论述选集》，文物出版社，1984 年；陕西省文物管理委员会：《陕西宝鸡阳平镇秦家沟村墓葬发掘记》，《考古》1965 年第 7 期；陕西省雍城考古工作队吴镇烽、尚志儒：《陕西凤翔八旗屯秦国墓葬发掘简报》，《文物资料丛刊》第 3 辑，文物出版社，1980 年；雍城考古队吴镇烽、尚志儒：《陕西凤翔高庄秦墓地发掘简报》，《考古与文物》1981 年第 1 期；雍城考古队：《凤翔高庄战国秦墓发掘简报》，《考古与文物》1980 年第 9 期；雍城考古队李自智、尚志儒：《陕西凤翔西村战国墓发掘简报》，《考古与文物》1986 年第 1 期；陕西雍城考古队：《一九八一年凤翔八旗屯墓地发掘简报》，《考古与文物》1986 年第 5 期；田亚岐、王保平：《凤翔南指挥西村两座小型秦墓的清理》，《考古与文物》1987 年第 6 期；尚志儒、赵丛苍：《陕西凤翔八旗屯西沟道秦墓发掘简报》，《文博》1986 年第 3 期；秦都咸阳工作队：《咸阳市黄家沟战国墓发掘简报》，《考古与文物》1982 年第 6 期；咸阳市文物考古研究所：《塔儿坡秦墓》，文物出版社，1997 年；金学山：《西安半坡的战国墓葬》，《考古学报》1957 年第 3 期；中国社会科学院考古研究所：《沣西发掘报告》，文物出版社，1962 年；陕西省文管会秦墓发掘组：《陕西户县宋村春秋秦墓发掘简报》，《文物》1975 年第 10 期；中国社会科学院考古研究所陕西六队：《陕西蓝田泄湖战国墓发掘简报》，《考古》1988 年第 12 期；咸阳市博物馆：《咸阳任家嘴秦墓清理简报》，《考古与文物》1986 年第 6 期；陕西省考古研究所：《陕西铜川枣庙墓地发掘简报》，《考古与文物》1982 年第 2 期；陕西省文管会等：《朝邑战国墓葬发掘简报》，《文物资料丛刊》第 2 辑，文物出版社，1978 年。

墓葬分期作了探讨[①]，为比较研究提供了方便，有学者对楚、秦铜器进行了比较研究[②]，本文仅对楚、秦葬俗及墓葬中出土的陶器作初步探讨。

一、墓葬结构、头向与葬式

纪南城周围的楚高级贵族墓上有高大的封土堆，墓坑为长方形竖穴土坑，都带有多级台阶，如天星观一号墓有台阶十五级，包山二号墓有台阶十四级，望山一号墓有台阶五级，望山二号墓有台阶三级。以上各墓均带一条墓道，墓道方向基本向东。墓葬填土上为五花土，下部为青膏泥。椁室分室，天星观一号墓为七室，包山二号墓为五室，望山一、二号墓均为三室，椁室的多少是衡量墓主人身份高低的标准之一。葬式为仰身直肢，头向东。

经勘探，在凤翔三畤原（秦雍都）发现十四座秦公陵园，陵园大多数坐西朝东，仅十四号陵园坐北朝南。共发现大墓 49 座，其中丰字形大墓 1 座，中字形大墓 18 座，甲字形大墓 5 座[③]。中字形大墓带东西两条墓道，为秦公或秦公夫人墓葬。墓上无封土，均有建筑遗迹，墓中多有积炭。已经发掘的秦公一号大墓，据墓中出土的文字材料推测为秦景公的墓葬，带东西两条墓道，连墓道全长 300 米。坐西朝东。墓坑为长方形竖穴土坑，有三级台阶。椁室分主、副椁室两部分，平面呈曲尺形，主室又分东、西两室。椁室上部及周围填以木炭[④]。

中小型楚墓墓坑为长方形竖穴土坑，战国时期规模较大的墓带一条墓道，有的有壁龛，放置少量随葬品。墓坑方向多为南北向。九店发现 5 座

---

① 有关楚墓分期的论文论著主要有：郭德维：《江陵楚墓论述》，《考古学报》1982 年第 2 期；郭德维：《楚系墓葬研究》，湖北教育出版社，1995 年；高应勤、王光镐：《当阳赵家湖楚墓的分类与分期》，载《中国考古学会第二次年会论文集》，文物出版社，1980 年；杨定爱：《江陵地区东周墓葬日用陶器年代序列》，《江汉考古》2002 年第 2 期；《江陵雨台山楚墓》《当阳赵家湖楚墓》《江陵九店东周墓》等报告的分期成果。有关秦墓分期的主要论文有：韩伟：《略论陕西春秋战国秦墓》，《考古与文物》1981 年第 1 期；叶小燕：《秦墓初探》，《考古》1982 年第 1 期；尚志儒：《秦国小型墓的分析与分期》，载《陕西省考古学会第一届年会论文集》，《考古与文物》编辑部，1983 年；滕铭予：《关中秦墓研究》，《考古学报》1992 年第 3 期。

② 刘彬徽：《秦楚青铜器比较研究》，载《周秦文化研究》，陕西人民出版社，1998 年。

③ 焦南峰、段清波：《陕西秦汉考古四十年纪要》，《考古与文物》1998 年第 5 期。

④ 韩伟、焦南峰：《秦都雍成考古发掘研究综述》，《考古与文物》1988 年第 5、6 期。

洞室墓，时代均在公元前 278 年以后，是受秦文化影响而形成的。葬具为木棺、椁，棺、椁周围填以青膏泥。葬式为仰身直肢，头向多向南，如雨台山墓地 558 座墓葬中头向南者有 369 座。赵家湖楚墓 297 座墓葬中也以向南者为多。九店楚墓乙组中 573 座土坑竖穴墓，头向南者 395 座。

中小型秦墓从春秋早期至战国中期为长方形竖穴土坑墓，墓葬常带有壁龛，墓坑方向多为东西向。战国中期开始出现平行式、垂直式、直线式三个类型的洞室墓，战国晚期流行“直线式”洞室墓。葬具用木棺椁。葬式多屈肢葬，仰身直肢者少，头向一般向西。如沣西客省庄 71 座墓，头向向西者 42 座。葬式为屈肢葬者 60 座，仰身直肢葬 5 座，6 座不明。半坡墓地 112 座墓葬屈肢葬 104 座，仰身直肢葬 5 座，3 座不明。头向西者 79 座。1976 年凤翔八旗屯发掘 40 座墓葬，时代从春秋早期至战国晚期，葬式为屈肢葬者 13 座，直肢葬者 7 座，不明者 20 座。头向均朝西北。1977 年在凤翔高庄发掘 46 座墓葬，时代从春秋晚期至秦代。其中春秋晚期至战国晚期的墓葬 36 座，其中屈肢葬 23 座，直肢葬 4 座，不明者 9 座。头向多向西。1979－1980 年在凤翔南指挥乡西村发掘秦墓 42 座，时代属战国时期，除 8 座葬式不明外，余均为屈肢葬，头向向西者 30 座。

楚墓中较少发现殉葬墓，据统计，湖北、湖南、河南、安徽四省已发掘的 6000 余座楚墓中，有人殉的墓葬仅有 20 余座①。其中当阳曹家岗春秋晚期 5 号楚墓有人殉 2 人②。当阳赵巷 4 号墓，时代为春秋中期，有人殉 5 人③。

从春秋早期到战国早期，秦墓盛行殉葬、从葬之风。户县宋村春秋早期 3 号秦墓及其附葬坑共殉奴 5 人。1976 年凤翔八旗屯 22 座春秋时代的墓葬和车马坑中就有 8 座墓有殉葬奴隶，总计有 20 人之多。春秋晚期秦公一号大墓共发现殉人 186 人，其中填土中发现殉人 20 人，在椁室周围及西墓道与墓室连接处发现殉人 166 人④。1977 年发掘的凤翔高庄 46 座墓葬中，

① 高应勤：《东周楚墓人殉综述》，《考古》1991 年第 12 期。
② 湖北省宜昌地区博物馆：《当阳曹家岗 5 号楚墓》，《考古学报》1988 年第 4 期。
③ 湖北省宜昌地区博物馆：《当阳赵巷四号墓发掘简报》，《文物》1989 年第 12 期。
④ 韩伟、焦南峰：《秦都雍成考古发掘研究综述》，《考古与文物》1988 年第 5、6 期。

有4座墓葬殉葬奴隶，其中春秋晚期M10殉奴2人，战国早期M18殉奴2人，M25、M26各殉奴1人。1980年凤翔南指挥乡西村战国中期墓M163有人殉4人。《史记·秦本纪》载："武公卒，葬雍平阳。初以人从死，从死者六十六人。""缪公卒，葬雍。从死者百七十七人，秦之良臣子舆氏三人名曰奄息、仲行、鍼虎，亦在从死之中。""献公元年，止从死。"到秦献公元年（公元前384年）才从法令上取消殉葬制度。

综上所述，楚、秦高级贵族墓墓坑都是长方形竖穴土坑，都有台阶，关中黄土直立性强，台阶少，秦景公的墓只有三级台阶，南方黄土直立性差，多雨潮湿，地下水位高，容易崩塌，故台阶多。国君以下的高级贵族墓均带一条墓道。目前发现的淅川下寺春秋中晚期楚国高级贵族墓葬无封土，纪南城周围的几座战国中期楚国大墓有高大的封土堆。秦雍都秦公大墓均无封土，遵循墓而不坟的原则，迁都咸阳以后，王墓上开始流行封土，如《前汉纪·孝成帝纪》载："秦惠文、武、昭、庄襄，皆大其丘垄。"楚墓椁室分室，有一定规律。秦国大墓发掘尚少，秦景公大墓的椁室分主副椁室，主椁室又分为东西两室。楚墓椁室周围填青膏泥，秦墓则有积炭。楚贵族墓头向朝东，秦贵族墓头向朝西。

中小型楚墓墓坑为长方形竖穴土坑，有的带有壁龛，至公元前278年以后，受秦文化的影响，开始出现了少量的洞室墓。秦墓从春秋早期至战国中期墓坑亦为长方形竖穴土坑，壁龛较楚墓多见，战国中期开始出现洞室墓，战国晚期盛行洞室墓。中小型楚墓墓坑多南北向，头向以向南为主，葬式为仰身直肢。秦墓多东西向，以头向西为主，葬式以屈肢葬为主。

楚墓少见人殉，秦墓人殉很多，说明秦人尚带有较多的野蛮落后色彩。

二、陶器

（一）仿铜陶礼器

1. 组合的比较

截至目前，最早的仿铜陶礼器出现于西周穆王时期，如沣西张家坡M222出土陶列鼎5、簋、壶、盘各1件①。江陵楚墓仿铜陶礼器最早见于陕家湾2号墓，出土陶鼎、簋、豆、壶各1件，有学者将此墓时代定为春

① 中国社会科学院考古研究所编著：《沣西发掘报告》，文物出版社，1962年。

秋中期①，另有学者则将其时代定为春秋晚期早段②。说明江陵地区楚墓至迟在春秋晚期已开始出现仿铜陶礼器。当阳赵家湖楚墓中春秋早期开始出现仿铜陶礼器，如春秋早期 ZHM1、ZHM2 出土立耳柱足鼎各 2 件，春秋中期 ZHM3 出土附耳蹄足鼎 2 件。到战国时期普遍流行仿铜陶礼器。仿铜陶礼器的组合套数一般为偶数。战国早期墓葬有的出土鼎、敦、缶、豆两套，盘、匜一套，如雨台山 M89，有的出土鼎、簠、缶、豆两套，如雨台山 M157。战国中期组合更加复杂，多种组合同出于一座墓葬，如雨台山 M183 出土鼎、簠、缶两套，鼎、敦、壶、豆两套，鬲、盂、长颈壶一套，盘、匜一套，另有小口鼎、鐎壶、罍各 1 件。战国晚期组合为鼎、敦、缶、盒、钫一至两套，如雨台山 M555 出土鼎、敦、缶、盒、钫两套，另有盘 2 件及小口鼎、鐎壶、罍各 1 件。高级贵族墓除出土大量青铜器、漆器外，也往往出土仿铜陶礼器，如望山 1 号墓出土大型陶鼎（镬鼎）1 件，深腹盆形带盖鼎 8 件，平底升鼎 3 件，无盖鼎和小口鼎各 1 件，鬲、簋各 6 件，甗、敦、簠、豆、盖豆、缶、壶、方壶、高把壶各 2 件。盉、盥缶、匜各 1 件，鉴 4 件。望山 2 号墓、沙冢 1 号墓均出土大量的仿铜陶礼器。

秦墓仿铜陶礼器出现于春秋中期，仿照两周之际至春秋早期的铜器而制成。陶礼器的组合为鼎、簋、壶、甗、盘、匜，这种组合从春秋中期一直延续到战国中期，只是器形发生了变化。春秋中晚期流行彩绘仿铜陶礼器，战国早期彩绘陶礼器减少。与楚国仿铜陶礼器迥然有别。战国晚期簋、盘、匜、甗不见，陶礼器组合受中原仿铜陶礼器的影响，部分墓葬陶礼器的组合为鼎、豆、壶，或鼎、盒、钫、壶，如 1976 年凤翔八旗屯 BM29，1977 年高庄 M1、M31。

2. 器形的比较

楚式鼎三蹄足较高。秦式鼎三蹄足较矮。楚墓中的升鼎、小口鼎、鐎壶、簠、敦、缶、罍不见于秦墓，战国晚期秦墓才出现铺首壶。秦墓的簋、甗、方口壶基本不见于楚墓，少数楚墓如望山 M1 出土的方壶盖顶为莲瓣状，颈腹四面各附一龙。这明显受到郑国莲花方壶的影响，与秦墓的方壶

---

① 郭德维：《江陵楚墓论述》，《考古学报》1982 年第 2 期。

② 湖北省博物馆：《楚都纪南城的勘探与发掘》，《考古学报》1982 年第 4 期；王光镐：《楚文化源流新证》，武汉大学出版社，1988 年；杨定爱：《江陵地区东周墓葬日用陶器年代序列》，《江汉考古》2002 年第 2 期。

有较大的区别。秦墓的仿铜盘、匜出现于春秋中期，沿用至战国中期，战国晚期消失。楚墓的仿铜盘、匜出现于战国早期，至战国晚期仍然流行。到战国晚期两地都出现了盒、钫。

（二）日用陶器

1. 组合的比较

楚墓日用陶器组合为鬲、簠、豆、罐，鬲、盂、豆、罐，鬲、盂、长颈罐。江陵纪南城陕家湾 M1 出土鬲、盂、罐各 1 件，有学者将其时代定为春秋早期①，是江陵楚墓中最早的墓葬。有的学者将其定为春秋早段或晚段②。当阳赵家湖出土的墓葬时代较早，甲类墓春秋早期日用陶器组合关系为鬲、簠、豆、罐，春秋中期组合为鬲、盂、罐或鬲、簠、豆、罐，盂、簠不同出，明器鬲和日用鬲也不同出，组合套数多为奇数。到战国时期被仿铜陶礼器取代。乙 A 类和乙 B 类春秋时期陶器组合为鬲、盂、罐或鬲、盂、豆、罐，到战国时期也多为仿铜陶礼器所取代。但日用陶器延续时间长，除小墓仅出土日用陶器外，还往往与仿铜陶礼器共存，至战国晚期这种现象仍然常见。

秦墓日用陶器春秋早期为鬲、喇叭口罐，春秋中期为鬲、盂、豆、喇叭口罐，这种组合一直延续到战国中期。日用陶器或单出于小墓，或与陶礼器共存。到春秋晚期开始出现釜（这种釜由巴而传播到蜀，又由蜀传播到秦），釜与鬲并存。战国中期以鬲为主，战国晚期以釜为主，釜逐渐取代了鬲的地位，组合变为釜、甑、盂、罐。在秦统一六国的战争中秦又将釜推广到关东各国。战国中期晚段凤翔、西安、铜川、大荔的秦墓中出现了无圈足茧形壶，茧形壶是秦文化的典型器物之一。1977 年凤翔高庄春秋晚期 M10、M12 共出土陶囷 8 件，战国早期 M18 出土陶囷 2 件。1976 年凤翔八旗屯战国中期 BM103 出土陶囷 2 件，牛车模型 2 件。1981 年凤翔八旗屯春秋晚期 M2 出土陶囷 1 件，战国早期 M3、M5、M7、M12 各出土陶囷 1 件。随葬囷、车模型始于秦国，反映秦国社会形态和风俗习惯开始发生变

---

① 郭德维：《江陵楚墓论述》，《考古学报》1982 年第 2 期。

② 湖北省博物馆：《楚都纪南城的勘探与发掘》，《考古学报》1982 年第 4 期；王光镐：《楚文化源流新证》，武汉大学出版社，1988 年；杨定爱：《江陵地区东周墓葬日用陶器年代序列》，《江汉考古》2002 年第 2 期。

革，旧的礼制正在被破坏，开启了汉代随葬囷、灶、井、车、家禽、家畜的先河。

2. 器形的比较

楚式鬲主要有大口鬲和小口鬲两型，无明显的袋足，二次包制的柱状足均较高。秦式鬲为大袋足，裆低而足矮，只战国早、中期裆近平，足跟几乎消失。楚式盂由鼓腹变为折肩，秦式盂由鼓腹变为折腹。江陵楚墓的长颈罐为敞口、长颈、鼓腹，秦墓的喇叭口罐为喇叭形口、束颈、鼓腹。楚墓的豆有高柄、矮柄两类，盘敞口而较浅，秦墓的豆直口或敛口而较深，豆柄多较矮而实足。秦墓出土的釜、囷、牛车模型不见于楚墓。

三、结论

(1) 通过比较可以看出，楚、秦两国葬俗存在较大差别，说明两个民族在不同的环境里形成了各自的民族传统和信仰。

(2) 楚、秦墓葬出土仿铜陶礼器的时间都较早。楚、秦两个国家的早期历史相似，楚熊绎被周成王封于楚蛮之地，楚也以蛮夷自居，如《史记·楚世家》载熊渠说："我蛮夷也，不与中国之号谥。"于是自封长子康为勾亶王，中子红为鄂王，少子执疵为越章王，这是对周礼的僭越。楚武王也说："我蛮夷也。今诸侯皆为叛相侵，或相杀。我有弊甲，欲以观中国之政，请王室尊吾号。"这是对周天子的蔑视与挑战。秦人为游牧民族，为西戎之一。早期居于西垂，善于养马与驾车。《史记·秦本纪》载："非子居犬丘，好马及畜，善养息之。犬丘人言之周孝王，孝王召使主马于汧、渭之间，马大蕃息。……孝王曰：'……今其后世亦为朕息马，朕其分土为附庸。'"秦依附于周，为周王朝提供马匹。楚为蛮夷，秦为西戎，较少受到宗法观念的束缚，在突破周礼方面走在时代的前列，所以楚国在春秋早期已出现仿铜陶礼器，秦国在春秋中期已流行仿铜陶礼器，而中原地区如洛阳中州路墓地仿铜陶礼器至春秋晚期才出现。

(3) 楚、秦墓葬出土的陶器表明楚、秦文化都深受西周文化的影响。楚国虽地处蛮夷，毕竟为周之早期封国，受周文化影响较深。至春秋早期，迁都于郢，陆续征服汉阳诸姬和南阳盆地申、吕等姜姓国家。楚国虽在军事上征服了周之南土诸国，但在文化上却被以南土诸国为代表的周文化征服。楚文化正是在蛮夷文化的基础上，吸收周文化而形成的。秦襄公因护送周平王有功，遂被封为诸侯，赐以岐以西之地。秦国经过自己的多年征战，击败戎族，不仅占有岐以西之地，还逐渐向东迁徙，占领了整个关中平原。秦人原为马背上的英雄，英勇善战，占领岐沣之地以后，“遂收周余民有之”①。秦文化是在戎文化的基础上直接吸收了周文化的成果而形成的。

（4）楚、秦墓葬出土的陶器组合变化节奏的不同反映了楚、秦社会之间的差异。楚国仿铜陶礼器鼎、簠、缶、鼎、敦、壶从战国早期至战国晚期均很流行，呈偶数配置，变化不大，呈现出一定的连续性和稳定性。这从一个侧面反映楚国进入战国以后，基本上只在周礼的大框架内进行局部改造，鼎、簠、缶、鼎、敦、壶的套数多少始终是衡量一个人社会地位高低的标准，旧的宗法色彩比较浓厚。

秦国仿铜陶礼器自春秋中期至战国中期的组合均为鼎、簋、壶、甗、盘、匜，说明秦人该时期也以周礼这一套器物来衡量一个人社会地位的高低。但到战国晚期，传统礼器已退出历史舞台，仅部分墓葬随葬关东式仿铜陶礼器，组合变为鼎、豆、壶或鼎、盒、壶、钫。大部分墓葬仅随葬少量日用陶器，甚至根本无随葬品。如长安客省庄墓地共发掘71座秦墓，个别可早到春秋晚期，多数属战国中、晚期，其中仅M202出土一套微型青铜礼器和一柄铜剑，38座墓随葬日用陶器鬲、盆、罐、壶，有的器类不全，26座墓无任何随葬品。半坡墓地发掘了112座墓葬，时代属战国中、晚期，其中随葬少量日用陶器的墓葬64座，组合为釜、鬲、盂、罐、壶、茧形壶等，许多墓葬随葬品器类不全，48座墓无任何随葬品。秦墓随葬品的急剧变化是秦国社会巨变的一个缩影，一方面反映秦国奖励耕战政策以后，加速了社会的分化；另一方面反映秦国社会变革比较彻底，象征周礼的仿铜陶礼器已基本不用，多用日用陶器随葬，象征财富的囷、牛车模型等新式随葬品逐渐取而代之；再一方面也反映秦国葬俗发生了变化，下层社会盛行薄葬之风，人生追求的目标主要是现世的功利，来世就不像信鬼好祀的楚人那样特别受到重视。

（本文原载《华中师范大学学报（人文社会科学版）》2003年第4期）

① 司马迁：《史记·秦本纪》，中华书局，1995年，第179页。

湖北襄樊真武山遗址西周时期遗存族属试探

1989—1990年，湖北省文物考古研究所、襄樊市博物馆发掘了真武山遗址，该遗址位于襄樊市襄城区檀溪村。报告将周代遗存分为六期，第一至六期分别属西周中、晚期，春秋早、中、晚期，战国早期（或可晚至战国中期）。真武山遗址的发掘，具有非常重要的学术意义，报告作者认为："真武山遗址的发掘，为我们揭示了西周春秋时期较为完整的文化发展系列，填补了这一地区周代文化面貌的空白。通过这次发掘，对于认识这一支文化的社会属性特别是对于早期楚文化的探索有着重要的意义。""真武山遗址因之成为我们探索早期楚文化的重要线索，这是该遗址发掘的最大收获所在。"作者并没有说真武山遗址西周时期遗存为楚文化，仅指出"可将真武山遗址西周时期文化视为周文化的典型变化体"[①]。王力之在《早期楚文化探讨》一文中，将早期楚人活动地域内西周时期文化遗存分为鄂西北区（包括陕东南和豫西南）、荆州区、沮漳河流域区和西陵峡区。鄂西北区西周遗存（包括真武山遗址）就是西周楚人的遗存，即早期楚文化[②]。真武山西周时期遗存果真是早期楚文化吗？

一、真武山遗址西周时期遗存与邓城遗址同期遗存相似

真武山西周中期陶器特点：陶系以夹砂红陶和红褐陶占绝大多数，纹饰以细绳纹为主。器类单调，以鬲居多，另有一定数量的红陶缸和个别甗、罐、豆。鬲均为大口深腹，口均为卷沿圆唇，沿下普遍反贴泥条制法，裆布较高，内瘪程度大，截锥状足。

西周晚期陶器特点：泥质灰陶数量有所增加，但仍以夹砂红陶及红褐

① 湖北省文物考古研究所、襄樊市博物馆：《湖北襄樊真武山周代遗址》，《考古学集刊》第9辑，科学出版社，1995年。

② 王力之：《早期楚文化探讨》，《江汉考古》2003年第3期。

陶居多，纹饰以绳纹为主，绳纹略变粗。器类与中期相比，新出有盆，红陶缸减少，豆的数量增多。鬲的内瘪程度变小，甗腹较鼓，鬲、甗足跟带疙瘩。豆把较细，柄部有凸棱，圈足呈喇叭状。盆宽折沿。

邓城遗址位于襄樊市樊城区西北约 6 公里，过去曾做过调查、试掘和发掘①。现存城垣呈长方形，东、南、西、北城垣长度分别为 600、825、675、800 米，周长约 2900 米，城墙现存高度为 3—5 米。1987 年试掘的西周晚期单位有 H1-4、T3④、T7③。1996 年发掘报告作者将最早的遗存定为春秋中期，但 H17 应比其他单位早，该灰坑开口于 T2572 第 5 层下，打破生土，从出土遗物来看，时代可早到西周晚期。

邓城西周晚期陶器特点：据 1987 年 H1 统计结果，灰陶占 56%，红陶占 44%。夹砂陶占 96.9%，泥质陶占 3.1%。纹饰以绳纹为主，占 86%，其他还有弦纹、附加堆纹。器类有鬲、甗、盂、罐、豆。鬲、甗均为加砂红陶，盂、罐、豆基本上为泥质和夹砂灰陶。鬲多为平折沿，方唇，瘪裆，足有乳头状、柱状和截锥状三种，鬲、甗肩部饰附加堆纹。盂为平折沿，颈部较长，多为折肩，有的肩部有水波状印纹。罐为平折沿，颈部较短，鼓腹。豆为折盘，深腹，矮柄，呈喇叭状，柄中部或起一周凸棱，或有两层台座。

从陶质陶色、器物组合和器物形态来看，真武山遗址西周晚期遗存和邓城同时期遗存的特征相似。

二、邓城西周时期遗存属于邓文化

邓国是周王朝统治南方地区的一个重要战略据点。《左传》昭公九年载："及武王克商……巴、濮、楚、邓，吾南土也。"至公元前 678 年，邓为楚文王所灭。

邓国都城地望越来越明确。在邓城一带曾多次出土邓国或楚国邓县贵族的铜器。1974 年在襄阳县山湾墓地出土 1 件"邓公乘鼎"，时代为春秋中期，为楚国邓县县公之器②。襄樊市博物馆在山湾采集到 1 件"邓尹侯鼎"，时代为春秋晚期③。1979 年襄樊市文物管理处又收集到 2 件"邓公牧簋"，

---

① 参见石泉：《古代荆楚地理新探》，武汉大学出版社，1988 年；叶植：《襄樊市文物古迹普查实录》，今日中国出版社，1995 年；湖北省文物考古研究所、襄樊市博物馆：《湖北襄阳邓城韩岗遗址发掘报告》，《江汉考古》2002 年第 2 期；襄樊市博物馆：《湖北省襄樊市邓城遗址试掘简报》，《江汉考古》2004 年第 2 期。

② 杨权喜：《襄阳山湾出土的鄀国和邓国铜器》，《江汉考古》1983 年第 1 期。

③ 王少泉：《襄樊市博物馆收藏的山湾铜器》，《江汉考古》1988 年第 3 期。

时代为春秋早期，为邓国铜器①。2001 年湖北省文物考古研究所等单位，在邓城西北部王家坡墓地 M1 出土 1 件邓国青铜鼎和铜戈，戈上铭文为“邓子中无期之用戈”，鼎为附耳，兽蹄足，腹部饰窃曲纹和垂鳞纹，时代为西周晚期至春秋早期，为邓国铜器②。据陈千万研究员告知，最近在谷城庙滩又发现 4 件邓国铭文铜器，庙滩位于汉水西岸。

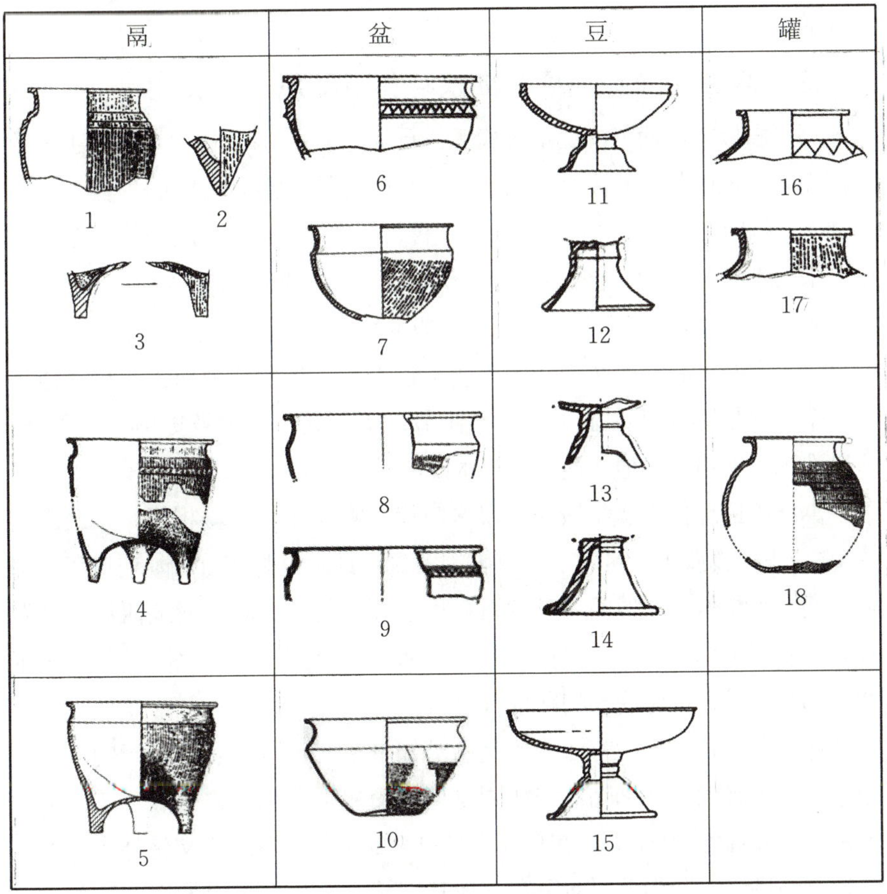

1、2、3、6、7、11、12、16、17（H2：1，H1：3，H2：11，T3④：1，H4：1，T7③：1，H2：7，H2：8，H1：8）1987 年邓城遗址出土；4、8、9、13、14、18（H17：8，5，18，9，11，7）1996 年邓城韩岗遗址 H17 出土；5、10、15（H81：15，19，3）真武山遗址 H81 出土。

---

① 襄樊市文物管理处：《湖北襄樊所拣选的商周青铜器》，《文物》1982 年第 9 期。

② 韩楚文：《湖北襄阳王家坡墓地考古主要收获》，《江汉考古》2002 年第 2 期。

多件邓国或楚国邓县贵族铜器在邓城附近地区出土，说明古代邓国就在今邓城一带。

石泉先生从历史地理角度论证，邓城遗址即古邓国都城及楚、秦、汉、晋、宋、齐邓县县城[①]。这一结论得到了越来越多的考古学上的验证。

1987 年、1996 年发掘的邓城西周时期遗存属于邓文化应该是没有什么问题的。

三、真武山遗址西周时期遗存亦可能属于邓文化

邓国疆域的准确范围已不可确考。石泉先生认为："古代邓国境土大致包括南阳盆地南部今襄阳县境的汉水以北和新野邓县以南地带。"西与谷国相邻[②]。邓国南境是否越过汉水？《左传》桓公九年载："巴子使韩服告于楚，请与邓为好。楚子使道朔将巴客以聘于邓。邓南鄙鄾人攻而夺之币，杀道朔及巴行人。"鄾位于汉水北岸，即今樊城市区一带，是邓国的南鄙边邑之一。因此，石先生认为邓国南境不过汉水。我们认为邓国南境边邑不止一个，只是因为鄾人杀了楚、巴使节，挑起战争，才被史书记载下来。所以邓国南部边境其他边邑到达汉水以南是可能的。

真武山遗址位于襄阳城西部汉水南岸，隔汉江与邓城相望，直线距离约 10 公里，真武山一带可能是邓国的地盘。真武山遗址西周时期遗存与邓城同期遗存相似，邓城西周时期遗存属于邓文化，真武山遗址西周时期遗存亦可能属于邓文化。公元前 678 年，邓被楚所灭，邓文化的下限应止于此，邓文化对楚文化的影响则是深远的。

探索早期楚文化的方法一般是由已知推未知，这无疑是正确的。真武山遗址春秋时期楚文化陶器与西周时期邓文化陶器相比，虽然存在一定的差别，"但真武山文化面貌在总体上是单一的文化，各时期文化特点的变化是循序渐进、一脉相承，而没有出现某一阶段文化面貌突发性的变化，这说明这支文化的发展没有经受外来文化的重大冲击"[③]。有的学者看到真武山遗址春秋时期楚文化遗存与西周时期遗存相似性较多，就得出真武山西

---

① 石泉：《古代荆楚地理新探》，武汉大学出版社，1988 年，第 121—122 页。

② 石泉：《古代荆楚地理新探》，武汉大学出版社，1988 年，第 119 页。

③ 湖北省文物考古研究所、襄樊市博物馆：《湖北襄樊真武山周代遗址》，《考古学集刊》第 9 辑，科学出版社，1995 年。

周时期遗存为早期楚文化的结论。实则不然，这仅仅证明了楚文化在发展的过程中，吸收了较多的邓文化因素，楚文化受了邓文化的较大影响。

鄂西北、陕东南和豫西南是探索早期楚文化的重要地区，楚都丹阳遗址可能在丹江盆地至淅川一带①。我们在探索早期楚文化的时候，应考虑周代南土诸国文化问题。如襄樊辖区内，据文献记载就有邓、谷、绞、卢、罗、随（曾）等诸侯国。西周时期的楚文化不会分布在今襄樊地区，这里是邓国、汉阳诸姬等国的地盘。楚人占据襄樊一带是春秋早期的事情了，这时襄阳成为楚国的北津，也就是东晋人习凿齿所说："襄阳城，本楚之下邑，檀溪带其西，岘山亘其南，为楚国之北津也。"②

（本文原载楚文化研究会编：《楚文化研究论集》第 6 集，湖北教育出版社，2005 年）

---

① 石泉：《古代荆楚地理新探》，武汉大学出版社，1988 年，第 122 页。

② 习凿齿撰，舒焚、张林川校注：《襄阳耆旧记校注》，荆楚书社，1986 年，第 294 页。

曾侯世系考辨

关于曾侯的世系，学者们已经取得了一些成果，张昌平先生在《曾国青铜器研究》一书中论述得十分详细，研究方法和观点都值得借鉴[①]。罗运环先生也发表了论文[②]。方勤先生在《曾国历史的考古学观察》一文中根据随州叶家山、枣阳郭家庙、随州文峰塔等新材料作了进一步研究[③]。我们根据考古新发现的材料，对于曾侯世系的了解，又有了更新的认识。我们在研究曾侯的世系时，先立一个规则，只有铭文中称为“曾侯”的才能称之为曾侯，其他曾国贵族的称呼如“曾伯”“曾子”等，都不能算在曾侯之列，另当别论。王世民先生早就指出，曾国青铜器铭文能够肯定的爵称，也仅有侯一种[④]。

一、周成王始封南宫括于曾国

随州市文峰塔出土的曾侯与编钟 M1:1 铭文记载：“隹（惟）王正月，吉日甲午，曾侯与曰：伯括上庸，左右文武。达（挞）殷之命，抚定天下。王遣命南公，营宅汭土，君此淮夷，临有江夏。”

2013 年在随州叶家山曾侯墓地发掘的 M111 出土的铜簋方座上，铸造铭文为：“犺作剌（烈）考南公宝尊彝。”[⑤] 曾侯犺是 M111 的墓主人，南公是曾侯犺的父亲。

从编钟铭文来看，“伯括上庸，左右文武。达（挞）殷之命，抚定天下。王遣命南公，营宅汭土，君此淮夷，临有江夏”，该句提到了周文王、周武王，那么下句“王遣命南公”的周王就应该是周成王，也就是在周成

---

① 张昌平：《曾国青铜器研究》，文物出版社，2009 年，第 344—359 页。

② 罗运环：《新出金文与西周曾侯》，《陕西师范大学学报（哲学社会科学版）》2015 年第 6 期。

③ 方勤：《曾国历史的考古学观察》，《江汉考古》2014 年第 4 期。

④ 王世民：《西周春秋金文中的诸侯爵称》，《历史研究》1983 年第 3 期。

⑤ 黄凤春，胡刚：《说西周金文中的“南公”——兼论随州叶家山西周曾国墓地的族属》，《江汉考古》2014 年第 2 期。

王时，始封曾国。周成王封南公于汭土，所管辖的对象包括淮夷和江夏，权力很大。南公应是曾国的始受封者。

这位南公是谁？从编钟铭文来看，文意是连贯的，伯括辅佐周文王、周武王，消灭商朝，稳定天下，这几句话是在陈述伯括的功勋，即下文要谈的伯括受封的原因。接下来就说“王遣命南公，营宅汭土，君此淮夷，临有江夏”。那么这个南公应该就是伯括，也就是南宫括，因其为开国元勋，才享有分封南土的资格，南宫括在周成王时期还活着。

伯括在周文王、周武王时期已经是大功臣，辅佐周文王、周武王，消灭了商朝。传世文献有一些记载。

《尚书·君奭》：“惟文王尚克修和我有夏，亦惟有若虢叔，有若闳夭，有若散宜生，有若泰颠，有若南宫括……武王惟兹四人，尚迪有禄。后暨武王，诞降天威，咸刘厥敌，惟兹四人，昭武王惟冒，丕单称德。”《尚书·君奭》为周成王时周公与召公的谈话，辅佐周文王的原为五人，即虢叔、闳夭、散宜生、泰颠、南宫括，到周武王时，虢叔先死，只剩四人。这里所说的南宫括是辅佐周文王和周武王的功臣，周成王时还活着，与曾侯与编钟铭文所说为同一人。

《国语·晋语四》：“及其（文王）即位也，询于八虞而谘于二虢，度于闳夭而谋于南宫，诹于蔡、原而访于辛、尹，重之以周、邵、毕、荣，亿宁百神，而柔和万民。”韦昭注：“南宫，南宫适。”

《史记·周本纪》：“（周武王）命南宫括散鹿台之财，发巨桥之粟，以振贫弱萌隶。命南宫括、史佚展九鼎保玉。”

《论语·微子》：“周有八士：伯达、伯适、仲突、仲忽、叔夜、叔夏、季随、季騧。”其中的伯适就是曾侯与编钟铭文中的伯括。

《墨子·尚贤下》：“是故昔者尧有舜，舜有禹，禹有皋陶，汤有小臣，武王有闳夭、泰颠、南宫括、散宜生，而天下和，庶民阜，是以近者安之，远者归之。”

《尚书大传》卷二记载：“散宜生、南宫适、闳夭三子相与学讼于太公，四子遂见西伯于羑里，献宝以免文王。”

许多学者主张曾国的始封者是南公即南宫括，如李学勤先生、罗运环先生、黄凤春及胡刚先生。李学勤先生认为曾国的始封者是南宫括，但南宫括并未到封地就职①。罗运环先生认为始受封者为南宫适，但第一代曾侯应为曾侯谏②。黄凤春、胡刚先生首先认同唐兰先生的观点，认为南公可能是周武王兄弟中最小者聃季载，后来又发表文章，及时改变了看法，认为南公应是南宫括③。

但沈长云先生对文意有不同的理解，认为“伯括”与“南公”不是同一个人，伯括就是南宫括，是周文王、周武王时期的重臣，而南公在铜器铭文中却是成康时期的人物，就是《尚书·顾命》中的“南宫毛”。《尚书·顾命》载：“翼日乙丑，（成）王崩。太保命仲桓、南宫毛，俾爰齐侯吕伋，以二千戈、虎贲百人，逆子钊于南门之外。”南宫毛时当周成王、周康王之时，南宫括活着时，南宫毛已经担任托孤重臣了。南宫毛与南宫括是什么关系？文献阙如，难以明确。沈先生提出了两点理由，一是伯括与南公并不生活在同一时代，伯括是周文王、周武王时期的重臣，南公在铜器铭文中却是成康时期的人物。叶家山 M111 墓主人为曾侯犺，其父为南公。M111 时代在叶家山曾侯墓中偏晚，多数学者认为犺为康昭时期的人物，则其父南公理应生活在成康时期。二是根据墙盘、逨盘铭文追叙祖先事迹的行文格式，一般都是在每一位祖先的名讳之下记载他主要的事迹，说完一位再提到下一位祖先的名讳、事迹，未见有对同一位祖先使用两种不同的称名，并在此称名下记其不同的事迹的。故曾侯与编钟铭文中的伯括和南公是两个人④。

沈先生提出的证据是值得注意的，但笔者认为如果说南公生活在成康时期，也不能完全否认这位南公就是南宫括，因为从《尚书·君奭》和曾侯与编钟铭文来看，南宫括在周成王时期还活着。第二条理由，也并非绝对，从曾侯与编钟铭文看，上下文意是连贯的，具有因果关系，因为伯括“左右文武”“达殷之命”，周成王才因此之功勋，册封南公。从因果关系来看，伯括

① 李学勤：《试说南公与南宫氏》，《出土文献》第六辑，中西书局，2015 年。

② 罗运环：《新出金文与西周曾侯》，《陕西师范大学学报（哲学社会科学版）》2015 年第 6 期。

③ 黄凤春、胡刚：《说西周金文中的“南公”——兼论随州叶家山西周曾国墓地的族属》，《江汉考古》2014 年第 2 期；《再说西周金文中的南公——二论叶家山西周墓地的族属》，《江汉考古》2014 年第 5 期。

④ 沈长云：《谈曾侯铜器铭文中的“南公”》，《中国史研究》2017 年第 1 期。

没去世，肯定受册封的就是伯括，因此南公和伯括就是一人。而墙盘和逑盘所叙述的列祖功绩，属于并列关系，不可与曾侯与编钟铭文相提并论。

二、叶家山曾侯墓地所见的西周早期曾侯

（一）曾侯谏

叶家山西周早期曾侯墓地中，M65出土曾侯谏铜方鼎1件（M65：47），腹内有“曾侯谏乍（作）宝彝”铭文。曾侯谏铜圆鼎1件（M65：44），腹内壁有“曾侯谏乍（作）宝彝”铭文。曾侯谏铜簋1件（M65：49），器口内壁铸有铭文“曾侯谏乍（作）宝彝”铭文。M65墓主人可能为曾侯谏。报告作者推测此墓的年代为西周早期的康昭之际①。

M2出土曾侯谏铜圆鼎1件，与M65相同。曾侯谏分裆铜鼎2件（M2：3、5），器内壁近口沿处有铭文“曾侯谏乍（作）宝彝”。曾侯谏作媿铜簋2件（M2：8、9），与M28相同。M2墓主人为曾侯谏夫人，墓葬时代约在康昭之世②。

M28出土曾侯谏铜方鼎2件（M28：157、165），与M65所出相同，腹内有“曾侯谏乍（作）宝彝”铭文。曾侯谏铜圆鼎2件（M28：152、164），与M65相同。曾侯谏铜簋1件（M28：162），与M65相同。曾侯谏分裆铜鼎2件（M28：158、181），器内壁近口沿处有铭文“曾侯谏乍（作）宝彝”。曾侯谏铜盘1件（M28：163），腹内底中部有铭文“曾侯谏乍（作）宝彝”。曾侯谏铜盉1件（M28：166），器盖内壁中央、鋬内侧器外壁处有铭文，内容相同，铭文为“曾侯谏乍（作）宝彝。”曾侯谏作媿铜簋2件（M28：153、154），内底铭文为“曾侯谏乍（作）媿宝尊彝”。曾侯谏作媿铜卣1件（M28：167），器盖内壁和及器底有相同的铭文“曾侯谏乍（作）媿宝尊彝”。曾侯谏作媿铜壶1件（M28：178），盖内壁和器颈部有相同的铭文“曾侯谏乍（作）媿肆壶”。M28略晚于M2、M65、M27，时代为昭王前期③。

---

① 湖北省文物考古研究所、随州市博物馆：《湖北随州叶家山M65发掘简报》，《江汉考古》2011年第3期。

② 湖北省文物考古研究所、随州市博物馆：《湖北随州叶家山西周墓地发掘简报》，《文物》2011年第11期。

③ 湖北省文物考古研究所、随州市博物馆：《湖北随州叶家山M28发掘报告》，《江汉考古》2013年第4期。

M3 出土曾侯谏铜圆鼎 1 件，与 M65 相同①。

以上 M65、M2、M28、M3 四座墓葬中出土了铭文为“曾侯谏乍（作）宝彝”和“曾侯谏乍（作）媿宝尊彝”的多件铜器，M65、M2 时代在康昭之世，M28 时代在昭王前期。曾侯谏是我们可以确定的在曾国封地就职的第一个曾侯，死于康昭之世，活动时间则可以早到周成王时期。南宫括是曾国的始受封者，但到曾国就职的第一个曾侯可能是曾侯谏。

（二）曾侯

叶家山 M111 出土两件曾侯犺铜簋（M111：59、60），在 M111：59 盖内和 M111：60 的器盖、内底有相同的铭文“曾侯犺乍（作）宝尊彝”，M111：59 的内底铭文为“乍（作）宝彝”。这个曾侯的名字发掘者释为“犺”，罗运环先生释为“犾（戾）”②。M111 时代在昭王时期。

曾侯谏、曾侯犺都是活动于康昭时期的曾侯，至于二人之间的关系，黄凤春先生认为属于兄弟关系③。

三、枣阳郭家庙曾侯墓地所见的曾伯陭不是曾国国君

枣阳郭家庙曾国墓地的 GM21 就是曾伯陭的墓葬，长方形岩土坑，东端设一条墓道，方向 92°。开口东西长 11 米，南北最大宽度 11 米，墓道长 7.48 米，墓底东西长 6.56 米，南北宽 4.12 米，墓深 6.1 米。葬具为一椁重棺。墓葬被盗，礼器无存，出土各类器物 2355 件。其中一件曾伯陭钺，上有铭文“曾伯陭铸戚戉（钺），用为民刑，非历殹井（刑），用为民政”。报告作者认为 GM21 时代为西周末期，曾伯陭是曾国国君④。张昌平先生也认为曾伯陭是曾国国君⑤。方勤先生也认为曾伯陭可能是一代曾侯，不过他说曾伯陭钺当属曾伯陭称侯之前所铸的器物⑥。曾伯陭之“伯”，只是

---

① 湖北省博物馆、湖北省文物考古研究所、随州市博物馆：《随州叶家山——西周早期曾国墓地》，文物出版社，2013 年。

② 罗运环：《新出金文与西周曾侯》，《陕西师范大学学报（哲学社会科学版）》2015 年第 6 期。

③ 黄凤春、胡刚：《说西周金文中的“南公”——兼论随州叶家山西周曾国墓地的族属》，《江汉考古》2014 年第 2 期。

④ 襄樊市考古队等：《枣阳郭家庙曾国墓地》，科学出版社，2005 年，第 9—58、322—324 页。

⑤ 张昌平：《曾国青铜器研究》，文物出版社，2009 年，第 355—359 页。

⑥ 方勤：《曾国历史的考古学观察》，《江汉考古》2014 年第 4 期。

行辈称呼。如果是曾国国君，应该称为曾侯。因此，仅以曾伯陭钺为证据，证明曾伯陭是国君，证据似嫌不足。不过这个墓规模大，还带一条墓道，至少说明曾伯陭享受了很高的待遇。也可能曾伯陭在特殊的背景下，葬礼等级超越了他的法定地位。

四、枣阳郭家庙曾侯墓地所见的春秋早期曾侯絴伯

1982 年底，枣阳赵湖曹门湾农民翻地时，发现一件铭文铜戈，内之末端有铭文六字："曾侯絴伯秉戈。"戈锋呈三角形，戈援上刃平直，下刃略带弧度。栏左侧三穿，内上一穿①。该戈与枣阳郭家庙 GM21：18-1，GM21：58，GM22：6、7 四件铜戈和曹门湾 M1 出土铜戈形制相似，GM21 时代为西周末期，GM22 时代为春秋早期前段②。曾侯絴伯戈时代与之相同，当为春秋早期。

2014 年 11 月至 2015 年 1 月，湖北省文物考古研究所在曹门湾发掘西周晚期至春秋早期墓葬 29 座，其中 M1 为带斜坡墓道岩坑墓，东西向，一椁二棺，墓室长 11 米、宽 8.5、深 8 米。墓道与墓室同宽，长 10 米。西南面的一号车坑、一号马坑为 M1 的陪葬车、马坑，车坑葬车 28 辆，马坑葬马 49 匹。曾侯絴伯戈就出在 M1 附近。发掘者认为 M1 为春秋早期曾国国君墓，墓主可能为曾侯絴伯③。

五、某收藏家收藏器物所见的“曾侯子”不是曾侯

某收藏家收藏两套曾侯子编钟。第一套共九件，形制、纹饰相同，大小相次，通高 25.6—14.5 厘米。合瓦形钮钟，长环形钮，钲间和篆间以粗线纹作界格，每面有六组低乳钉形枚。舞部饰夔龙纹，篆间饰三角形夔龙，对角放置，鼓部饰一对大夔龙纹。铭文前七件相同，后两件铭文相接，构成一个完整内容。曾侯子钟甲、乙、丙、丁、戊、己、庚铭文为“曾侯子之行钟，其永用之”。曾侯子钟辛的铭文为“曾侯子之行”。曾侯子钟壬的铭文为“钟，其永用之”④。

---

① 田海峰：《湖北枣阳县又发现曾国铜器》，《江汉考古》1983 年第 3 期。

② 襄樊市考古队等：《枣阳郭家庙曾国墓地》，科学出版社，2005 年，第 297—321 页，图版二十、二十一。

③ 方勤、吴宏堂：《穆穆曾侯——枣阳郭家庙曾国墓地》，文物出版社，2015 年，第 187—204 页。

④ 吴镇烽：《商周青铜器铭文暨图像集成》，上海古籍出版社，2012 年，第 27 册第 56—71 页。

第二套曾侯子编钟共八件，形制、纹饰相同，大小相次，通高 24.5—13.7 厘米，铭文略有差异。合瓦形钮钟，椭环形钮，钲间和篆间以凸棱作界格，每面有六组低乳形枚。篆间饰对角夔龙纹，鼓部饰相对的双龙纹，舞部饰变形夔龙纹。曾侯子钟甲、乙铭文为“曾侯子之永用之”。曾侯子钟丙、戊铭文为“曾侯子之其永用之”。曾侯子钟丁铭文为“曾侯子之其用之”。曾侯子钟己铭文为“曾侯子之其永之”。曾侯子钟庚铭文为“曾侯子之行”。曾侯子钟辛铭文为“曾侯子之”①。

某收藏家收藏两套曾侯子编镈。第一套四件，形制、纹饰、铭文相同，大小相次，通高 30.8—27.5 厘米。近椭圆形，于部微有弧度，双夔组成的钮，上部作长环形。钲间和篆间以粗线条作界格，每面有六组低乳钉形枚，中篆及钲间共有六个长条孔，舞部中央有一十字孔。舞部饰夔龙纹，篆间饰三角形夔龙，对角放置，鼓部饰一对大夔龙纹。钲间及鼓部铸铭文十九字：“隹（唯）王正月初吉丁亥，曾侯子择其吉金，自作行镈。”② 时代为春秋早期。

第二套共四件，形制、纹饰、铭文相同，大小相次，通高 29.5—25.8 厘米。合瓦形，双龙形纽，龙口向下接于舞部，尾相连。钲间和篆间以凸棱作界格，每面有六组低乳形枚，于部曲度不大。篆间饰对角夔龙纹，鼓部饰相对的双龙纹，舞部饰夔龙纹。钲间及左鼓部铸铭文十九字：“隹（唯）王正月初吉丁亥，曾侯子择其吉金，自作行镈。”时代为春秋早期③。

吴镇烽先生认为曾侯子的子是曾侯的私名，是用地支的“子”作为名字，曾侯子是春秋早期的一位曾侯，而不是某一曾侯的儿子④。

笔者认为编钟编镈虽各有两套，但体量都比较小，似乎与侯的地位不相称。曾国金文中也有称为曾侯子某的，如曾侯仲子斿父、曾侯子昃剑，因此还不能肯定曾侯子就是曾侯。很有可能就是某位曾侯的儿子，与“曾

① 吴镇烽：《商周青铜器铭文暨图像集成续编》，上海古籍出版社，2016 年，第 3 册第 383—390 页。

② 吴镇烽：《商周青铜器铭文暨图像集成》，上海古籍出版社，2012 年，第 29 册第 186—193 页。

③ 吴镇烽：《商周青铜器铭文暨图像集成》，上海古籍出版社，2012 年，第 29 册第 186—193 页。

④ 吴镇烽：《商周青铜器铭文暨图像集成续编》，上海古籍出版社，2016 年，第 1 册前言第 1 页。

子某”或“曾公子某”相当，只是没有写出私名而已。

六、曾侯宝（宝）

2012年随州警方破获了一起文物案件，缴获一九八件套文物，其中包括一件曾侯宝鼎，据传该鼎出自随州市义地岗墓地。铜鼎为附耳，宽平折沿，方唇，浅半球形腹，圜底，三蹄足。耳饰圆圈纹、重环纹、桃形纹。口沿下饰窃曲纹，腹饰垂鳞纹。器腹内壁铸有铭文五行二十二字：“唯王五月吉日庚申，曾侯宝择其吉金，自作升鼎，永用之。”时代为春秋早期①。

吴镇烽先生在《商周青铜器铭文暨图像集成》一书中公布了某收藏家收藏的5件曾侯宝铜器，包括鼎2、簋2、壶1。据传同坑出土数十件，目前见到曾侯宝的铜器还有14件，包括鼎4、簋5、簠2、方壶2、圆壶1。

两件曾侯宝鼎相同，口微敛，宽平沿，一对附耳，圜底，三蹄足。口沿下饰变形兽体纹，上腹饰一周凸弦纹，下腹饰垂鳞纹。内壁铸铭文二十二字，铭文为：“隹（唯）王五月吉日庚申，曾侯宝择其吉金，自乍（作）升鼎，永用之。”

两件曾侯宝簋相似，敛口鼓腹，有子口，一对兽首珥，无垂珥，盖面隆起，沿斜折，矮圈足沿外撇。盖沿饰大小相间的重环纹，口沿饰窃曲纹，盖面和腹部饰瓦楞纹，圈足饰卷曲夔龙纹。盖内铸铭文二十二字，铭文为：“隹（唯）王五月吉日庚申，曾侯宝择其吉金，自乍（作）飤段，永用之。”

曾侯宝壶，侈口，长颈内束，矮圈足，内插式盖，盖冠作莲瓣形，颈部有一对兽首形衔环耳，盖顶未封。盖沿饰垂冠回首尾下卷作刀形的夔龙纹，颈部饰环带纹，上腹饰蟠螭纹，圈足饰垂鳞纹。曾侯宝鼎、簋、壶时代皆为春秋早期②。

吴镇烽先生在《商周青铜器铭文暨图像集成续编钟》一书中又收录了某收藏家收藏的一件曾侯宝铜盘、国家博物馆收藏的两件曾侯宝鼎及前述随州博物馆收藏的一件曾侯宝鼎。

曾侯宝盘，敞口浅盘，窄沿方唇，腹部有一对乙字形附耳，平底下置三条蹄足，两耳和腹部均饰蟠虺纹。内地铸铭文二十二字：“隹（唯）王五月吉日庚申，曾侯宝择其吉金，自作盥盘，永用之。”同出一匜，铭文相

---

① 项章：《随州博物馆藏曾侯匋鼎》，《文物》2014年第8期。

② 吴镇烽：《商周青铜器铭文暨图像集成》，上海古籍出版社，2012年，第4册第432—435页，第10册第317—320页。

同，资料未公布[①]。

国家博物馆收藏的两件曾侯宙鼎大小略有差别，形制纹饰相似，内壁铭文相同，铭文为："隹（唯）王五月吉日庚申，曾侯宙择其吉金，自乍（作）升鼎，永用之。"[②]

以上均为曾侯宙所铸器物，时代属春秋早期。估计这些器物可能均盗自随州义地岗墓地。

曾侯的名字简报作者释为"匋"，吴镇烽先生释为"宙"，隶定为哪个字比较合适呢？郭店楚简《忠恕之道》中的"匋"字上部也写成"宀"，释为"匋"字，可谓有据可依[③]。但是查《金文编》，"匋"字上部没有一个写成"宀"的[④]，倒是有些"寶"字写为"匋"，假"匋"为"寶"，如畲父盉："畲父作兹女匋（寶）盉"[⑤] 筍伯大父盨："筍伯大父乍（作）嬴妃铸匋（寶）盨，其子子孙孙用匋（寶）用。"（《殷周金文集成》9.4422）青铜铭文中大多数"寶"字偏旁齐全，也有少数"寶"字省作"宙"，如杞伯壶、姞舀母鼎、同窓鼎、仲盘中的寶字均省为"宙"。曾侯的名字从字形看上面是一个"宀"，下部是"缶"，释为"宙"，即"寶"字，似更为准确[⑥]。

曾侯宙即曾侯宝，那么曾侯宝的墓到底在哪里？学术界曾经争论过。据方勤的博士论文，2015 年他在郭家庙主持发掘现场得知一个情况，有盗墓分子在枣阳被抓获，追缴文物中有刻有"曾侯宝"字样的铭文鼎；当地公安因为不了解情况，认为刻有"曾侯"的铭文鼎当是随州所出，于是转给随州公安处理，追缴的文物因此就被认为是随州所出；不过，随州公安在办案过程中，带犯罪分子到枣阳指认过现场，即犯罪分子指认该文物确实是枣阳所出。该曾侯宝铭文鼎笔者见过，是春秋早期器物，目前随州境内尚未见过春秋早期曾侯等级墓地，为此，曾侯宝鼎为枣阳所出不误[⑦]。那么项章报道的曾侯宝鼎就不是出自随州，而是出自枣阳了。其他曾侯宝

---

① 吴镇烽：《商周青铜器铭文暨图像集成续编》，上海古籍出版社，2016 年，第 3 册第 290—291 页。

② 吴镇烽：《商周青铜器铭文暨图像集成续编》，上海古籍出版社，2016 年，第 1 册第 202—207 页。

③ 李守奎：《楚文字编》，华东师范大学出版社，2003 年，第 324 页。

④ 容庚：《金文编》，中华书局，2002 年，第 368 页。

⑤ 容庚：《金文编》，中华书局，2002 年，第 525 页。

⑥ 随县博物馆：《湖北随县城郊发现春秋墓葬和铜器》，《文物》1980 年第 1 期。

⑦ 方勤：《曾国历史与文化研究》，武汉大学 2018 年，博士学位论文。

器也应出自枣阳。

考古发掘的最新成果已经证实曾侯宝墓确实在湖北随州枣树林墓地，该墓地位于随州市曾都区东城办事处文峰塔社区1组、2组、10组，2018年10月由湖北省文物考古研究所等单位联合发掘。随州枣树林墓地M168、M169墓主人分别为曾侯宝及其夫人随仲芈加，均被盗。M168为带1条墓道的甲字形墓葬，东西向，方向119°，总长17.7米。墓道向东，呈斜坡状，坡度15°，长11米，口宽3.9米、底宽3.4米、深1—3.4米，西部距墓底2.46米。墓室位于墓道西部，墓口长6.7米、宽5.7米、深5.6米，墓底长6.44米、宽5.34米。葬具为1椁1棺，未发现人骨痕迹，据玉器放置在东部推测，墓主人头向东。出土编钟15、鼎1、簋2、簠2、鬲1、缶2，另在椁室北部发现1件铜甲，椁室北部放置乐器、兵器，东部摆放礼器及车马器，西部摆放盥洗器及车马器。编钟、簋、缶上均有铭文"曾侯宝"。M169南距M168约11米，也是带1条墓道的甲字形墓。东西向，方向120°，总长14.3米。墓道位于墓室东部，斜坡墓道东部略呈斗拱状，坡度5°—47°，长7.9米、口宽3.6米、底宽3.28—3.44米、深1—3.52米，西部距墓底1.6米。墓室呈长方形，口长6.4米、宽5.4米、深5.12米、墓底长6.36米、宽5.34米。葬具为一椁一棺。亦未发现人骨痕迹，据玉器放置在东部推测，墓主人头向东。出土有铜编钟19、盘1、匜1、缶1、鉶1、匕1。椁室北部东部放置乐器，南部摆放礼器，西部放置盥洗器。匕、缶、编钟上均有铭文"随仲芈加"。简报推断曾侯宝及其夫人墓时代为春秋中期①。但根据前面出土的鼎、簋、壶等器物断定曾侯宝器时代为春秋早期。从随仲芈加编钟铭文可知，曾侯宝㬰（早）死，"余虩小子加嬭曰：呜呼！龏（龚）公早陟，余復（复）其疆啚（鄙）"。夫人随仲芈加死于曾侯宝之后，因此曾侯宝和随仲芈加墓时代一前一后，曾侯宝墓即M168时代为春秋早期，随仲芈加墓即M169时代为春秋中期。

七、随州墓葬所见的春秋战国时期曾侯

（一）曾穆侯

1979年，随州季氏梁墓地出土两件铜戈，一件叫"周王孙戈"，内尾

① 湖北省文物考古研究所等：《湖北随州枣树林墓地2019年发掘收获》，《江汉考古》2019年第3期；郭长江、李晓杨、凡国栋、陈虎：《嬭加编钟铭文的初步释读》，《江汉考古》2019年第3期。

两面各有六字铭文，铭文为“周王孙季怡孔臧元武，元用戈”。另一件叫“穆侯之子戈”，内尾有十六字铭文：“穆侯之子，西宫之孙，曾大攻（工）尹季怡之用。”共存的器物有鼎1、甗1、簠2、编钟5。鼎为平盖，盖中心为桥型钮，周围为曲尺状钮，附耳，敛口弧腹，兽蹄足。甗为分体，索状环形立耳，甑体折沿，敞口弧腹。鬲部呈鼎形，肩部双环耳，下部三蹄足。甑体和鬲体以子母口套合，圆形铜箅有十六个条状气孔。根据器物的特征看，简报推断此墓为春秋中期①。季怡担任曾国的大攻（工）尹，为周王孙，其义为周王的后代。又是曾穆侯之子，曾穆侯当比春秋中秋要早。曾穆侯应晚于曾侯絴伯。

（二）随州汉江东路发现曾侯得墓

2017年湖北省文物考古研究所等在随州市汉东东路发掘春秋墓葬39座，马坑2座。其中M129方向为115°，墓坑平面为甲字形，东部带一条墓道，残通长12.2米，其中墓道残东西长3.5米，南北宽3.4米。墓口东西长8.7米，南北宽7.8米。一椁重棺。被盗，仍出土铜器有缶2、盘1、匜1、编钟一套为镈钟4、甬钟16、编磬2套、铭文铜戈。编钟铭文中多有“曾公”铭文，铜戈上有“曾侯得”的铭文，墓葬时代为春秋中期②。

（三）随州文峰塔M4墓主

2011年9月，湖北省文物考古研究所、随州市博物馆在文峰塔抢救性发掘了M4，工程建设已经破坏殆尽，残存墓口东西长10.05米、南北宽7.6米，墓底长8.2米、宽7.3米，墓口距墓底残深最深处3.5米。追回一件编钟，上有“曾侯”铭文，戟上亦见“曾侯”铭文，但不知私名。简报作者认为此墓时代为春秋晚期早段，推测该墓墓主人为春秋晚期早段曾国的某位曾侯③。

（四）曾侯昃

2003年在襄阳梁家老坟战国墓地M11出土曾侯昃戈一件。墓葬年代为

---

① 湖北省文物考古研究所等：《随州汉东东路墓地2017年考古发掘收获》，《江汉考古》2018年第1期。

② 湖北省文物考古研究所、随州市博物馆：《湖北随州文峰塔墓地M4发掘简报》，《江汉考古》2015年第1期。

③ 湖北省文物考古研究所：《曾国青铜器》，文物出版社，2007年，第388、389页。

战国时期，但戈的年代应在春秋末年，戈长援，有脊，栏侧有三穿，内上有二穿，援及胡部有两行铭文“曾侯昃之用戈”。某私人也收藏曾侯昃戈一件，形制与曾侯昃戈相同，应该是同时为曾侯昃所作①。曾侯昃应晚于曾穆侯。

2010 年夏，浙江绍兴出现一件曾侯子昃剑，现藏湖北长江博物馆，通长 69 厘米，格长 5 厘米，首径 4.1 厘米。剑格正反面铸铭文各 8 字，首有错金银鸟篆铭文 12 字，共 28 字。格正面铭文“曾侯子昃曾侯子昃”。格背面铭文“自作用剑自作用剑”。剑首铭文“昃作自之，吉玄铝，侯曾剑之用”。吴镇烽先生认为应读为“昃自作之，吉［金］玄铝，侯曾剑之用”。并把此剑时代断在战国早期②。此剑应铸于曾侯昃称侯之前，当时仅是曾侯子昃，曾侯昃戈时代为春秋末年，则曾侯子昃剑当早于曾侯昃戈，亦当断为春秋末年。

（五）曾侯与

曾侯乙墓出土的尊盘的盘内底铭文是两次形成的，第一次铸款，原铭文为：“曾侯与之□（隮?）□（盘?）。”第二次为刻款，改刻时将第三、五、六字刮去，但与字未全部刮掉，还能辨认出来，然后改刻“乙作持用终”五字，其中“持”利用原“之”字加刻而成。故此尊盘为曾侯与时铸造的器物。20 件铭文铜戟中有 5 件戟上铸有“曾侯与之行戟”“曾侯与之用戟”铭文③。

2009 年，湖北省文物考古研究所和随州博物馆为配合工程建设，在随州溮水东岸文峰塔发掘了 M1、M2，其中 M1 为长方形岩坑竖穴木椁墓，早期被盗掘，又在本次施工中严重损毁，方向 30°，墓底长 7.1 米、宽 5.9 米。清理和采集的文物有铜器、玉器、石器等，器形有青铜编钟、镬鼎、升鼎、铜鬲、铜缶、铜戈、铜箭镞、铜车马器、石磬、玉器等及残片。铜鬲口沿上有铭文“曾侯与之行鬲”，有多件编钟上有“曾侯与曰”铭文，简报作者认为该墓墓主人就是曾侯与，时代为春秋晚期。

---

① 吴镇烽：《商周青铜器铭文暨图像集成续编》，上海古籍出版社，2016 年，第 4 册第 322—323 页。

② 湖北省博物馆：《曾侯乙墓》，文物出版社，1989 年，第 260—287 页。

③ 湖北省文物考古研究所、随州市博物馆：《随州文峰塔 M1（曾侯与墓）、M2 发掘简报》，《江汉考古》2014 年第 4 期。

M2墓葬亦为长方形岩坑竖穴木椁墓，方向208°，西侧有一条墓道，墓道残长3.5米、残宽2.9米。残存墓口长8.1米、宽7.8米，墓深5.2米，墓底长6.68米、宽6.58米。墓道和墓坑内有积石。墓底有腰坑，椁外有两具殉葬棺。简报作者认为也是一座曾侯墓，M2的时代略晚于M1，所出鼎、鬲、盂、缶、罐具有春战之际的特征，但没有可以确认墓主人名字的文字资料①。

另有曾子与簠、曾子与缶三件青铜器。第一件曾子与簠，1978年陈侃如售于苏州博物馆。仅存器身，直口较高，曲尺形圈足，圈足径接近口径，器形较高。斜腹的两端各设变体龙形耳。气的口部、斜壁、顶、足各饰细密的蟠虺纹。内底铸有铭文二行6字："曾子与之行簠。"（《殷周金文集成》9.4489）

另一件曾子与簠仅存铭文，见于《殷周金文集成》9.4488，铭文行款、字迹与苏州博物馆一件相同，姚晨辰推测其可能为苏州博物馆藏曾子与簠之盖。

曾子与缶，仅存铭文，见于《殷周金文集成》16.9996，铭文为"曾子与之行缶"②。

（六）曾侯邚

曾侯乙墓中48件铭文戈中有"曾侯邚乍時"5件，"曾侯邚之用戈"2件。20件铭文戟中有11件曾侯与之戈，铭文有"曾侯邚""曾侯邚乍時""曾侯邚之戟""曾侯邚之行戟"等。有3件铜殳带有"曾侯邚之用戈"铭文③。

某私人收藏1件曾侯邚簠，体长方形，直口较高，曲尺形圈足，径接近口径，盖口有6个卡口。器、盖两侧斜壁上各安装龙形耳。器口、斜壁饰蟠虺纹。器内壁铸造铭文2行5字："曾侯邚作時。"④

随州东风油库M3出土1件曾侯邚鼎，盖微隆起，盖边沿有3个兽形环钮，中部1环钮。附耳，深腹，三兽蹄足较高外撇。腹部、盖顶饰蟠虺

① 湖北省文物考研究所：《曾国青铜器》，文物出版社，2007年，第373—375页。
② 湖北省博物馆：《曾侯乙墓》，文物出版社，1989年，第260—295页。
③ 湖北省文物考研究所：《曾国青铜器》，文物出版社，2007年，第375、376页。
④ 湖北省文物考研究所：《曾国青铜器》，文物出版社，2007年，第362—372页。

纹，间以凸弦纹，盖顶中部是龙纹、Z形纹、绹纹、重环纹纹各一周。盖、腹各铸相同铭文2行6字："曾侯邚之飤鼎。"M3时代为春战之际到战国早期①。

某收藏家收藏一件曾侯邚戟，援向下弧曲，中脊突起，前锋尖锐，长胡，栏侧二长穿一小穿，内呈长方角刀形，三边开刃，中部一横穿，上戴椭圆筒形柲帽，帽顶作卧鸟形。内部铸铭文9字："曾侯邚之戟，而去亓所。"时代为战国早期②。

（七）曾侯乙

1978年发掘的随州擂鼓墩一号墓，墓口东西长21米，南北最宽处16.5米，总面积220平方米。椁分中、东、北、西四室，木椁共用成材梓木378.633立方米。棺有内外两层。墓中出土各类文物15404件。墓主人为曾侯乙，《曾侯乙墓》报告已经做了详细的论证。墓中所出土的青铜礼器、用器及其附件共125件，其中109件上面共计117处有"曾侯乙"的铭文，几乎都是"曾侯乙乍時（持）甬（用）终"七字，个别件为"曾侯乙乍時（持）"五字。出土的乐器中，45件甬钟的钲部均有"曾侯乙乍時(持)"铭文；编磬座兽伸出的舌头上，也有"曾侯乙乍時（持）甬（用）终"；建鼓座圆柱的口沿上，亦有"曾侯乙乍時（持）"铭文；楚惠王熊章镈是赠送给曾侯乙的。出土的兵器中，66件戈，其中有"曾侯乙之走戈"铭文的35件，有"曾侯乙之用戈"铭文的2件，有"曾侯乙之寝戈"铭文的1件，合计38件，占57.6%。以上证据表明，擂鼓墩一号墓墓主是曾侯乙。

曾侯与、曾侯邚、曾侯乙三位曾侯如何排序呢？曾侯乙肯定排在最后，关键是曾侯与与曾侯邚孰先孰后。李学勤先生曾认为乙、邚、与字义相通，三个曾侯实际上有可能实际是一个曾君③。《曾侯乙墓》报告认为曾侯与、曾侯邚是曾侯乙的先君④。后者的看法是正确的，随州文峰塔曾侯与墓葬

---

① 湖北省文物考研究所：《曾国青铜器》，文物出版社，2007年，第362—372页。

② 吴镇烽：《商周青铜器铭文暨图像集成续编》，上海古籍出版社，2016年，第4册第182页。

③ 李学勤：《曾国之谜》，载《新出青铜器研究》，文物出版社，1990年，第149、150页。

④ 湖北省博物馆：《曾侯乙墓》，文物出版社，1989年，第460页。

的发掘就是一个铁证。

张昌平先生认为有铭文的戟，曾侯与使用的戟没有晚期式样，曾侯邸使用的戟有早期式样，又有晚期式样，而以晚期式样为主，曾侯乙使用的戟只有晚期式样，故三侯的顺序应为：曾侯与→曾侯邸→曾侯乙。从铭文辞例来看，曾侯邸戈与戟有一类铭文为“曾侯邸作时”，曾侯邸簠铭文与此相同。而曾侯乙甬钟和鼓座等青铜器铭文都作“曾侯乙作时”，大部分曾侯乙青铜器铭文“曾侯乙乍时（持）甬（用）终”。说明曾侯邸铜器铭文格式更接近曾侯乙铜器铭文。从铜器铭文字体来看，曾侯与铜器铭文字体有较早时期的字体特征，同时有瘦长的字体，曾侯邸、曾侯乙铜器铭文为瘦长或似鸟虫书美术字体。以上辞例、字体表明曾侯邸时代更接近曾侯乙，可以从另一侧面印证三侯的顺序为曾侯与→曾侯邸→曾侯乙①。

（八）曾侯丙

2012 年在随州文峰塔曾国墓地发掘的 M18 墓主人为曾侯丙。墓坑平面呈亚字形，方向 200°。墓坑南部有一条带 15 级阶梯的墓道，残长 6.6 米。墓口南北长 16.6 米、宽 15.6 米，墓口至墓底深 9 米。椁分为东、西、南、北、中五室。有腰坑和三个陪葬坑。东室未被盗，出土鼎、簋、簠、鬲、鉴、方壶等青铜器七十余件。北部陪葬坑青铜出土方缶两件，两个龙形耳上都有“曾侯辻缶硃以为”铭文，盖内铭文为“曾侯丙之辻（沐）缶硃以为长事”。简报作者认为该墓时代为战国中期偏早，墓主人为曾侯丙②。

（九）擂鼓墩二号墓墓主可能为曾侯夫人

1981 年，发掘擂鼓墩二号墓，东距曾侯乙墓 102 米。二号墓为岩坑竖穴木椁墓，无墓道，方向为正东西向残存墓口近正方形，南北长 6.3 米，东西宽 6.9 米，墓底近正方形，长 6.3 米，宽 6 米，残深 1.4 米。共出土各种随葬品 449 件，其中青铜器 328 件，有 9 件升鼎和 8 件簋，还有 6 件牛形钮盖鼎、4 件簠、2 件方尊缶、2 件元尊缶、2 件方壶、2 件圆壶、36 件甬钟等。关于墓主人身份，学术界有不同看法。简报作者认为擂鼓墩二号墓是曾国墓葬，与楚墓有别，都没有出敦。此墓在曾国陵区的范围之内，随

① 张昌平：《曾国青铜器研究》，文物出版社，2009 年，第 111、246—248 页。

② 湖北省文物考古研究所、随州市博物馆：《随州文峰塔东周墓地》，《考古》2014 年第 7 期。

葬九鼎八簋，使用了诸侯一级的葬礼，墓主的身份属于诸侯国国君。墓葬未出兵器，因此推测墓主是曾国国君夫人的可能性更大①。何浩、刘彬徽、黄建勋、张昌平等先生认为墓主人为曾国国君②。李学勤先生、郭德维先生认为擂鼓墩二号墓墓主人为曾侯夫人③。饶宗颐先生、吴郁芳先生认为擂鼓墩二号墓墓主人为盛君萦④。笔者倾向于二号墓墓主人为曾侯夫人。

八、结语

综上所考，曾国的始封者为南宫括，但南宫括并未赴任，文峰塔编钟铭文中的伯括和南公是同一个人，曾国的始封时间为成王时期。我们不同意把“曾伯陭”当作曾侯，也不同意把“曾侯子”视为一个曾侯，把“子”当作曾侯的私名。认为“曾侯子”意为“曾子”或“曾公子”，只是未写出“曾侯子”的私名。擂鼓墩二号墓墓主人很可能是曾侯夫人。在原知曾侯世系的基础上，本文又增加了曾侯谏、曾侯犺、曾侯宝、曾侯得、文峰塔 M4 墓主人（不知名字的曾侯）、曾侯丙。目前得知的曾侯世系比以前有所增加，但依然不够全面，世系如下：

南宫括→曾侯谏→曾侯犺……曾侯絴伯……曾侯宝……曾穆侯……曾侯得……文峰塔 M4 墓主人（不知名字的曾侯）……曾侯昃……曾侯与→曾侯郕→曾侯乙→曾侯丙

（本文原载《华中师范大学学报（人文社会科学版）》2018 年第 6 期）

---

① 湖北省博物馆、随州市博物馆：《湖北随州擂鼓墩二号墓发掘简报》，《文物》1985 年第 1 期。

② 何浩、宾晖：《盛君萦及擂鼓墩二号墓墓主的国别》，《楚文化研究论集》第 1 集，荆楚书社，1987 年；刘彬徽：《随州擂鼓墩二号墓青铜器初论》，《文物》1985 年第 1 期；随州市博物馆：《随州擂鼓墩二号墓》，文物出版社，2008 年，第 135—143 页；张昌平：《关于擂鼓墩墓群》，《江汉考古》2007 年第 1 期；张昌平：《曾国青铜器研究》，文物出版社，2009 年，第 355—359 页。

③ 李学勤：《东周与秦代文明》，文物出版社，1984 年，第 141 页；郭德维：《楚系墓葬研究》，湖北教育出版社，1995 年，第 307—318 页。

④ 饶宗颐：《谈盛君簠——随州擂鼓墩文物展侧记》，《江汉考古》1985 年第 1 期；吴郁芳：《擂鼓墩二号墓簠铭“盛君萦”小考》，《文物》1986 年第 2 期。

城固、洋县商代青铜器群族属再探

城固、洋县自1955年至1990年多次出土大批商代青铜器（以下所引城固、洋县材料不再加注）[①]，依据历次简报进行统计，1955年至1976年城固出土490件，1980年至1981年城固出土75件，1986年城固又征集了5件商代青铜器，1964年至1990年洋县出土65件，两地商代青铜器总数已达635件。这引起了学术界的广泛关注，许多学者撰文对其进行研究，提出了许多创见，但观点尚有分歧。李伯谦先生认为："以城固铜器群为代表的文化有可能是更早的蜀文化，蜀族最早的活动中心可能不是在其他地区而是在汉水上游，只是在西周时期，才转移到成都平原。"[②] 此说可以称为"蜀文化说"。另一观点即简报作者唐金裕等先生认为城固铜器群应属羌人的遗物[③]，可称为"羌文化说"，唐先生后来改变了观点，转持"巴文化说"[④]。第三说以简报作者王寿芝先生为代表，认为城固铜器群属于巴人的遗存[⑤]，尹盛平先生持相同的观点[⑥]，可称为"巴文化说"。刘士莪先生、赵丛仓先生称之为"早期巴蜀文化"[⑦]。实际上只有"蜀文化说"和"巴文

---

① 段绍嘉：《介绍陕西省博物馆的几件青铜器》，《文物》1963年第3期。祝培章等：《陕西城固、宝鸡、蓝田出土和收集的青铜器》，《文物》1966年第1期。唐金裕等：《陕西城固县出土殷商铜器整理简报》，《考古》1980年第3期。王寿芝：《陕西城固出土的商代青铜器》，《文博》1988年第6期。李烨、张历文：《洋县出土殷商铜器简报》，《文博》1996年第6期。苟保平：《城固县文化馆收藏的青铜器》，《文博》1996年第6期。

② 李伯谦：《城固铜器群与早期蜀文化》，《考古与文物》1983年第2期，后收入徐中舒主编：《巴蜀考古论文集》，文物出版社，1987年，第33—39页。

③ 唐金裕等：《陕西城固县出土殷商铜器整理简报》，《考古》1980年第3期。

④ 唐金裕：《汉水上游巴文化的探讨》，《文博》1984年创刊号。

⑤ 王寿芝：《陕西城固出土的商代青铜器》，《文博》1988年第6期。

⑥ 尹盛平：《巴文化与巴族的迁移》，《文博》1992年第5期。

⑦ 刘士莪、赵丛仓：《论陕南城、洋地区青铜器与早蜀文化的关系》，载《三星堆与巴蜀文化》，巴蜀书社，1993年。赵丛仓：《城固洋县铜器群研究》，《文博》1996年第4期。

化说”两种观点。四川广汉三星堆祭祀坑的材料公布以后①，城固洋县商代铜器群的族属问题还有再讨论的必要。

一、城固、洋县铜器群与广汉三星堆祭祀坑铜器群的比较

（一）时代比较

城固、洋县青铜器的断代工作，赵丛仓先生研究得比较细致，对历次同出器物群进行断代，认为历次出土的青铜器中“殷墟一、二期的器物占大多数，其次为二里岗上层时期的，殷墟三期之后仅属个别”②。断代的结论基本上是准确的。

根据《三星堆祭祀坑》报告分析：“一号祭祀坑出土的有年代特征的器物，早的可至二里岗上层一、二期或更早，晚的则相当于殷墟一期。”“二号祭祀坑的铜礼器虽然早晚期年代相差较大，但从整体来看，属于殷墟二期范围之内，未见晚于殷墟二期的器物。”③

城固洋县青铜器群的一部分与广汉三星堆铜器群在时间上基本是同时的，只是城固出土了几批二里岗上层时期的器物群，时代要早于三星堆祭祀坑铜器群。也就是说，制造这些青铜器的人们，在二里岗上层到殷墟一、二期，分别生活在今汉中地区和川西平原一带。

（二）文化特征的比较

我们根据青铜器的种类、形制特点，将城固、洋县铜器群和三星堆铜器群，各分为甲、乙两组。与中原商文化铜器造型酷似的器物分为甲组，具有典型或一定地方特色的器物，分为乙组，乙组内有些器物受商文化的影响比较明显。

城固、洋县铜器群甲组：属于二里岗上层的有1980年和1981年城固县龙头镇出土的罍、牛首尊、圈足簋、提梁卣、觚、爵、盘等礼器和直内戈等武器。1973年城固五郎遗址高裆空锥足鼎（标本73：9）两件。属于

---

① 四川省文物管理委员会、四川省博物馆、四川广汉县文化馆：《广汉三星堆遗址》，《考古学报》1987年第2期。四川省文物管理委员会、四川省文物考古研究所、四川广汉县文化局：《广汉三星堆一号祭祀坑发掘简报》，《文物》1987年第10期。四川省文物管理委员会、四川广汉县文化局：《广汉三星堆遗址二号祭祀坑发掘简报》，《文物》1989年第5期。四川省文物研究所编：《三星堆祭祀坑》，文物出版社，1999年。

② 赵丛仓：《城固洋县铜器群研究》，《文博》1996年第4期。

③ 四川省文物研究所编：《三星堆祭祀坑》，文物出版社，1999年。

殷墟一至二期的有瓿（75：136）、鼎（73：8、10、11）、尊（64：1，74：2）、簋（75：145）、罍（76：139）、斝、觚等礼器和曲内戈（64：14）、镞等武器。

城固、洋县铜器群乙组：属于二里岗上层的礼器有1980年城固龙头镇出土的三足提梁卣（原名壶），1981年该地出土的颈饰雷纹、腹饰兽面纹的鬲。1975年城固五郎出土的双耳罐（75：137）属于殷墟时期。还有兽面具（原名铺首76：16：3、4）、人面具（76：147）、璋形器（洋馆藏No：172、179）、镰形器、直内等腰三角形援戈、直内对称三角刺援戈、人面纹钺、透雕虎纹钺、直内圆弧刃钺、斜弧刃钺、矛、鸟形饰和尖顶、透顶铜泡等都是颇具地方特色的器物。

广汉三星堆铜器群甲组：尊、罍、瓿、盘、器盖①。

三星堆祭祀坑铜器群乙组：本组器类特别多，有神殿、神树、神坛、铜立人像、跪坐人像、持璋小人像、兽首冠人像、铜人头像、人身形牌饰、铜人面像、铜人面具、兽面具、龙柱形器、铜虎形器、太阳形器、铜眼形饰、铜眼形器、铜眼泡、铜瑗、璋形器、铜戚形方孔璧、铜铃及铃挂架、铜圆形挂饰、龟背形挂饰、扇贝形挂饰、箕形挂饰、直内连弧状锯齿刃援戈、鸟形饰等种类繁多的青铜器。

两地甲组青铜器基本上是商文化的典型器物，如1973年城固出土的高档鼎（标本73：9）与郑州白家庄M3：2鬲②、盘龙城李M1：4鬲③相似，1980年城固龙头镇出土的牛首尊与郑州商城出土的牛首尊④相似，饕餮纹罍、盘、觚、爵与郑州白家庄的M3：9、M2：1罍、M2：3盘、M3：5、8觚、M3：1爵⑤相似，提梁卣、簋、戈分别与盘龙城李M1：9卣、李

① 四川省文物研究所编：《三星堆祭祀坑》，文物出版社，1999年。

② 河南省文物工作队第一队：《郑州白家庄商代墓葬发掘简报》，《文物参考资料》1955年第10期。

③ 湖北省博物馆：《盘龙城商代二里岗期青铜器》，《文物》1972年第2期，第28页图一一。

④ 安金槐：《近年来河南夏商文化考古的新收获》，《文物》1983年第3期，彩色图版（H1：4）。

⑤ 河南省文物工作队第一队：《郑州白家庄商代墓葬发掘简报》，《文物参考资料》1955年第10期，第36页图版十一、第36页图版十二、第38页图版十三、第35页图版九、第38页图版十五、图版十四。

M1：5簋、李M2：1盘、M2：26戈[1]相同。1990年洋县安冢出土的五件瓿与小屯M232出土的瓿[2]相似，1973年城固五郎出土的弦纹鼎（73：10）饕餮纹鼎（73：8）[3] 与殷墟SJM3：2弦纹鼎相似[4]，1975年城固五郎出土的瓿与武官M1：5瓿[5]相似。1964年至1976年城固苏村出土的带盖方罍（76：139）、尊（64：174：2）分别与殷墟妇好墓出土的M5：856、M5：793尊[6]相似，1959年城固苏村出土的龙凤纹斝[7]与殷墟妇好墓M5：752斝[8]相似，1981年洋县张村、1990年洋县安冢出土的铜罍与小屯M18：37罍[9]相似。1975年吕村出土的簋（75：145）与1958年安阳大司空村M5：32簋[10]相似。

三星堆一号祭祀坑出土的瓿（K1：130）与小屯M232出土的瓿[11]相似，羊首牺尊（K1：59）和龙虎尊（K1：158、258）形制与小屯M388的尊[12]相似。盘（K1：53）的器形与郑州回民食品厂窖藏出土的H1：7盘相似，腹饰连珠纹的风格盛行于二里岗上层至殷墟一期早段，如向阳回民食品厂窖藏出土的尊腹部、卣圈足、觚腹部、扁足鼎腹部均饰有连珠纹[13]。

---

① 湖北省博物馆：《盘龙城商代二里岗期青铜器》，《文物》1972年第2期，图版三：2、第29页图一四、第26页图三二：12。

② 李济：《记小屯出土之青铜器》（上篇），《中国考古学报》第三册，1948年，图版六陆：1。

③ 唐金裕等：《陕西城固县出土殷商铜器整理简报》，《考古》1980年第3期。陕西省考古研究所等：《陕西出土商周青铜器》（一），文物出版社，1979年，图版一〇〇、一〇一。

④ 中国社会科学院考古研究所：《殷墟青铜器》，文物出版社，1985年，图版八五。

⑤ 中国社会科学院考古研究所安阳工作队：《安阳武官村北的一座殷墓》，《考古》1979年第3期，图版三：2。

⑥ 中国社会科学院考古研究所：《殷墟妇好墓》，文物出版社，1981年。

⑦ 段绍嘉：《介绍陕西省博物馆的几件青铜器》，《文物》1963年第3期。陕西省考古研究所等：《陕西出土商周青铜器》（一）文物出版社，1979年，图版一〇〇。

⑧ 中国社会科学院考古研究所：《殷墟妇好墓》，文物出版社，1981年。

⑨ 中国社会科学院考古研究所安阳工作队：《安阳小屯北的两座殷代墓》，《考古学报》1981年第4期。

⑩ 河南省文化局文物工作队：《1958年春河南安阳大司空村殷代墓发掘简报》，《考古》1958年第10期。

⑪ 李济：《记小屯出土之青铜器》（上篇），《中国考古学报》第三册，1948年。

⑫ 李济：《记小屯出土之青铜器》（上篇），《中国考古学报》第三册，1948年。

⑬ 河南省文物研究所、郑州市博物馆：《郑州新发现商代窖藏青铜器》，《文物》1983年第3期，图二八、图一〇、图二一、图十四、图十七：1、图二十二、二十三。

二号祭祀坑出土的Ⅲ式铜圆尊（K2②：112）与殷墟小屯 M18：4 尊[①]相似。Ⅳ式铜圆尊（K2②：79、146）、Ⅴ式铜圆尊（K2②：127、129、151）均与殷墟妇好墓 M5：793 尊[②]相似。所出铜罍器形沿用了二里岗上层到殷墟一期罍的形制，但圈足加高，花纹趋繁，在殷墟尚未找到完全相同的器形。Ⅰ式、Ⅱ式圆罍（K2②：70 K2②：88）与湖南岳阳荣湾鲂鱼山[③]、湖北沙市郊区出土的罍[④]相似。Ⅲ式圆罍（K2②：159）、铜方罍（K2：③：205、205-1）肩部有立鸟，圈足加高，与Ⅳ式、Ⅴ式铜圆尊装饰风格相同，均属殷墟二期晚段器物。

我们从以上比较中可以看出，城固、洋县铜器群与三星堆铜器均受到商文化的强烈影响，城固、洋县铜器群包含几批二里岗上层时期的铜器，与三星堆祭祀坑同时期的器物器类远远超过三星堆铜器的种类，所以城固、洋县一带受到的影响比三星堆一带受到的影响更早一些，更大一些，汉中地区可能是商文化入川的主渠道之一。

城固、洋县铜器群和三星堆铜器群乙组铜器可以分为以下两种情况：

第一种情况，两地各出土有器类完全不同的器物，互不见于对方，具有显著的地方特色。城固、洋县出土的三足提梁卣、颈部饰雷纹、腹饰兽面纹的鬲、镰形器、直内圆弧刃钺、人面纹钺、虎纹钺、斜刃钺、矛，不见于三星堆祭祀坑。城固洋县共出土镰形器 49 件，矛 27 件，各种铜钺多达 13 件。在城固洋县铜器群中所占比例分别为（不计铜泡 282 件）13.88%、7.65%、3.68%，总计 25.21%，占四分之一强，镰形器、铜钺、矛是城固洋县铜器群的典型器物。三星堆祭祀坑出土的典型器物，如铜神殿（2 件)、神树（6 件)、神坛（3 件)、太阳形器（1 件)、虎形器（1 件)、龙柱形器（1 件)、铜立人像（2 件)、跪坐人像（5 件)、兽首冠人像（1 件)、铜人头像（61 件)、人身形牌饰（2 件)、铜眼形饰（5 件)、铜眼形器（71 件)、铜瑗（116 件)、铜戚形方孔璧（58 件)、铜铃（43 件)、铃挂

① 中国社会科学院考古研究所安阳工作队：《安阳小屯北的两座殷代墓》，《考古学报》1981 年第 4 期。

② 中国社会科学院考古研究所：《殷墟妇好墓》，文物出版社，1981 年。

③ 岳阳市文物管理所：《岳阳市新出土的商周青铜器》，《湖南考古辑刊》第 2 辑，岳麓书社，1984 年。

④ 彭锦华：《沙市郊区出土的大型铜尊》，《江汉考古》1987 年第 4 期。

架（16件）、铜圆形挂饰（30件）、龟背形挂饰（32件）、扇贝形挂饰（48件）、箕形挂饰（2件）等，均不见于城固洋县铜器群，而这些器物却占三星堆铜器群总数量的绝大多数。

第二种情况，器类相同，器形不同。以人面具、兽面具、铜戈为例加以说明。两地都出土人面具，但是造型不同，三星堆人面具面部呈方形、长方形或者倒梯形，浓眉大眼，高鼻大耳，阔口微闭（图一，1）。而城固的人面具，面部呈椭圆形，圆眼内凹，眼球突出，中有穿孔，张口露齿，耳鼻适中（图一，4）。三星堆兽面具，面部呈长方形，大耳高耸，眼珠呈柱状突出，额部饰夔龙形额饰（图一，2）。而城固的兽面具，形似牛首，中部有一直棱，两角粗大，双眼突起（图一，5）。三星堆的铜戈为直内，援呈连弧刃锯齿形（图一，3），而城固的戈分多种类型，最主要的一种为直内，援呈等腰三角形（图一，6）。人面具、兽面具、铜戈在两个铜器群中，出土数量比较多。三星堆一、二号祭祀坑，共出土人面具21件，兽面具9件，铜戈61件，城固洋县出土人面具23件，兽面具25件，直内等腰三角援戈83件[①]，所以它们在两地铜器群中也是重要的典型器物。

另外，在城固洋县青铜器中，出土少量三星堆铜器群中类似的器物，如1975年城固出土一件铜戈（75：146）为直内，前援刃部两边有对称三角形刺各一[②]，1979年洋县范坝出土璋形器10件，铜铃1件，鸟形饰、夔形饰、鱼形饰各2件[③]。这些器物在城固洋县铜器群中只占极少数，而在三星堆铜器群中却盛行，一、二号祭祀坑出土直内连弧状锯齿刃援铜戈61件，铜璋1件，玉璋57件，显然是受三星堆铜器群影响的结果。

两地乙组器物的比较结果表明，两个铜器群的典型器物或器类根本不同，或类型相同、造型各异，仅有少量相同的器物，那么这两个铜器群是属于同一个考古学文化，还是属于两个不同的考古学文化呢？夏鼐先生认为，一个考古学文化的命名，必须具备三个条件："第一点是：一种文化必须有一群的特征……第二点是：共同伴出的这一群类型，最好是发现不止一

① 赵丛仓：《城固洋县铜器群研究》，《文博》1996年第4期。
② 唐金裕等：《陕西城固县出土殷商铜器整理简报》，《考古》1980年第3期。陕西省考古研究所等：《陕西出土商周青铜器》（一），文物出版社，1979年，图版一一〇。
③ 李烨、张历文：《洋县出土殷商铜器简报》，《文博》1996年第6期。

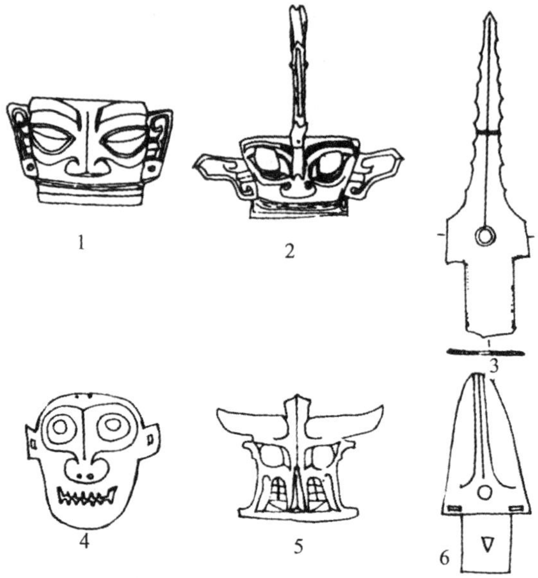

图一　城固、洋县铜器与三星堆铜器的比较

1. 三星堆人面具（K2②：153）　2. 三星堆兽面具（K2②：142）　3. 三星堆戈（K1：127）　4. 城固人面具（76：147）　5. 城固兽面具（76：16：3）　6. 城固戈（《考古》1980年3期图版三：3）

处……第三点是我们必须对这一文化的内容有相当充分的认识。”[①] 城固洋县铜器群与三星堆铜器群是两个各自具有一群典型特征的器物群，各有一定的分布范围，因此它们属于两种考古学文化，应分别予以命名。现在大家将以三星堆遗址为代表的同类遗存命名为“三星堆文化”，认为是“早期蜀文化”[②]，也将三星堆两个祭祀坑推测为蜀人的遗存[③]，基本上得到学术界的认同。城固、洋县的商代铜器群均属偶然出土，该时期的田野发掘工作还不足，文化命名问题尚不成熟，暂名之为城固、洋县商代铜器群。城固、洋县商代铜器群既然与三星堆文化不属于同一种文化，换言之，即创造这一文化的人类共同体不是蜀人。那么他的族属是什么？李伯谦先生认

① 夏鼐：《关于考古学文化的命名问题》，《考古》1959年第4期。

② 四川省文物管理委员会、四川省博物馆、四川广汉县文化馆：《广汉三星堆遗址》，《考古学报》1987年第2期。

③ 四川省文物研究所编：《三星堆祭祀坑》，文物出版社，1999年，第438—440页。

为城固铜器群不能归入商文化系统，虽与先周文化有一定关系，但并不属于先周文化，也与辛店文化、寺洼文化没有太多联系①。当时在汉中和四川、湖北西部一带主要的两个民族就是巴、蜀，既然三星堆文化属于早蜀文化，则城固、洋县商代铜器群的族属很有可能就是巴人。

二、城固、洋县商代铜器群的族属可能为巴人的证据

（一）考古类型学的分析

目前可以确认为晚期巴人遗存的有巴县冬笋坝船棺葬②、涪陵小田溪巴贵族墓③，冬笋坝船棺葬第二期原报告推断为不出秦举巴蜀前后，即公元前 4 世纪末，第二期为秦举巴蜀以后，最晚的可到西汉初年，即不出公元前 3 世纪以外。宋治民先生将第一期断为战国晚期，即秦举巴蜀以后，第二期为秦代墓。涪陵小田溪三座巴人墓原简报推测为战国时期，后定为秦代墓④，时代相当晚，此时巴、蜀考古学文化已经融合得难以辨认。城固、洋县商代铜器群 与冬笋坝、小田溪巴人墓中间缺环相当多，为考古学文化的比较带来一定的困难。但是巴人在长期的发展过程中，还始终保留着早期的一些文化传统，其间的联系显而易见。我们试加分析，1964 年城固五郎出土的透雕虎纹钺（图二，1），相当于殷墟一期，是一件象征特权的武器，所透雕的虎可能具有图腾崇拜的意义。冬笋坝出土的剑身基部及矛骹上常铸或刻有虎纹，小田溪的巴人铜剑上也是如此（图二、6），四川盆地蜀人的剑、戈、矛上也吸收了巴人的这一文化因素。《四川船棺葬发掘报告》作者认为“‘虎’纹最为常见，或与巴人有特殊关系。《后汉书》卷116《巴郡南蛮传》说：‘廪君死，魂魄世为白虎，巴氏以虎饮人血，遂以人祠焉。……’又巴人有‘弜头虎子’（《华阳国志》）、‘巴氏虎子’（《晋

---

① 李伯谦：《城固铜器群与早期蜀文化》，《考古与文物》1983 年第 2 期，后收入徐中舒主编：《巴蜀考古论文集》，文物出版社，1987 年，第 34—35 页。

② 四川省博物馆：《四川船棺葬发掘报告》，文物出版社，1960 年。

③ 四川省博物馆、重庆市博物馆、涪陵县博物馆：《四川涪陵小田溪战国土坑墓清理简报》，《文物》1974 年第 5 期。

④ 宋治民：《略论四川战国秦墓的分期》，载徐中舒主编：《巴蜀考古论文集》，文物出版社，1987 年。于豪亮：《四川涪陵的秦始皇二十六年铜戈》，《考古》1976 年第 1 期。童恩正：《从四川两件铜戈上的铭文看秦灭巴蜀后统一文字的进步措施》，《文物》1976 年第 7 期。

书·载记》)、'白虎夷王'(《东汉浮兰碑》)等称,更证明巴人与'虎'有一定的联系"[①]。城固出土的虎纹钺可能是巴人崇拜虎的较早遗物。1980 年城固龙头出土的相当于二里岗上层时期的柳叶形铜矛(图二,2),在冬笋坝、小田溪巴人墓中也是常见兵器(图二,7)。与上举城固柳叶形铜矛伴出的圆弧刃铜钺(图二 ,3),相似的钺还见于相当于殷墟一期的城固五郎遗址(图二,4),冬笋坝的铜钺有的仍保留这种形制(图二,8)。1979 年洋县范坝出土的相当于殷墟一期的斜刃钺(图二,5),在冬笋坝亦见到相似的铜钺(图二,9)。这种成群器物的相似现象,应该说不是偶然的。汉中地区西乡县文化馆藏有一件虎钮錞于,勉县出土有战国晚期的巴式矛[②],

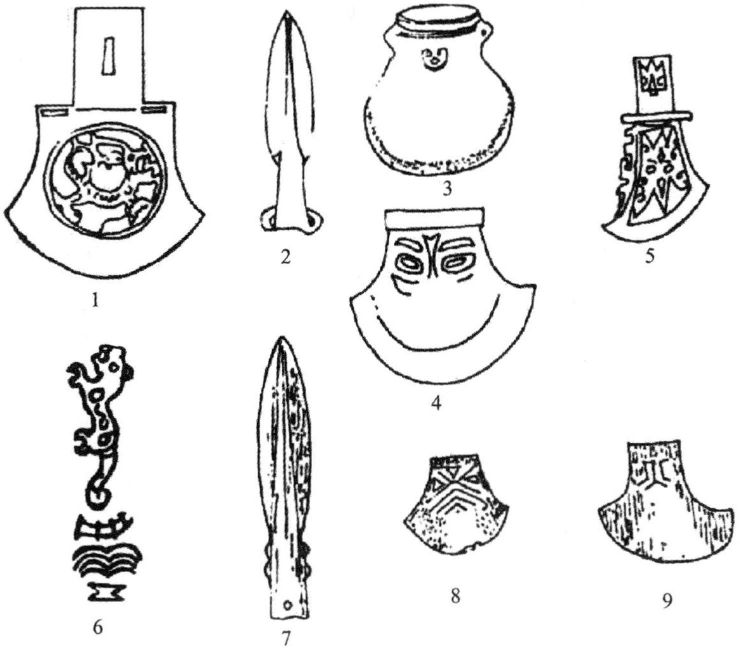

图二 出土铜器

1. 城固钺(64:13) 2. 城固矛(《文博》1988 年 6 期图版贰:7) 3. 城固钺(同 2,图版贰:5) 4. 城固钺(64:56) 5. 洋县钺 6. 矛骹虎纹(图 M6:8) 7. 矛(冬 M65:2) 8. 钺(冬 M65:2) 9. 钺(冬 M77:1)

---

① 四川省博物馆:《四川船棺葬发掘报告》,文物出版社,1960 年,第 36 页。
② 唐金裕:《汉水上游巴文化的探讨》,《文博》1984 年创刊号。

分别与涪陵小田溪 M2：20 虎钮錞于[①]、冬笋坝 M9：1 矛[②]相似。徐中舒先生认为錞于起源于中原，后传入巴地，虎钮錞于属于巴人的创造，与巴人崇拜虎有关，时代自战国延续至汉代[③]。虎钮錞于的虎钮与城固虎纹钺在民族信仰方面或许有一定的关系。以上材料说明，城固、洋县商代铜器群的族属可能属于巴人。

（二）几条文献旁证材料

《左传》桓公九年载："巴子使韩服告于楚，请与邓为好。楚子使道朔将巴客以聘于邓。邓南鄙鄾人攻而夺之币，杀道朔及巴行人。楚子使为薳章让于邓，邓人弗受。夏，楚使斗廉帅师及巴师围鄾。邓养甥、聃甥帅师救鄾。三逐巴师，不克。斗廉横陈其师于巴师之中，以战而北，邓人逐之。背巴师而夹攻之。邓师大败，鄾人宵溃。"

桓公九年为公元前 703 年，时为楚武王三十八年，楚武王死于鲁庄公四年（公元前 690 年）。石泉先生认为上段材料"所记楚、巴与邓的关系，楚国当位于巴、邓之间，与两国都有交往，所以巴国想要与邓国建交，才来请楚国介绍。楚国当时都城尚在丹阳，这是大家公认的。巴国当在今陕西东南部、大巴山以北、汉水上游一带"[④]。我们认为这种看法是正确的，春秋时巴国当在汉水上游一带。

《战国策》卷三十《燕策二》："秦召燕王，燕王欲往。苏代约燕王曰：'……秦取天下，非行义也，暴也。秦之行暴于天下，正告楚曰：蜀地之甲，轻舟浮于汶，乘夏水而下江，五日而至郢；汉中之甲，轻舟出于巴，乘夏水而下汉，四日而至五渚。"[⑤]说明战国时期人们认为汉水上游为巴地。

正因为巴人很早就居于汉水上游，所以留下了许多与巴有关的地名。《水经注》卷二十七《沔水上》载："沔水又东径西乐城北……城东容裘溪注之……水南遵（宋本作'导'）巴岭山……而北流注于汉……又东过郑县南……又廉水出巴岭山……廉水又北注于汉水……汉水出于二水之间，又

---

① 四川省博物馆、重庆市博物馆、涪陵县博物馆：《四川涪陵小田溪战国土坑墓清理简报》，《文物》1974 年第 5 期。

② 四川省博物馆：《四川船棺葬发掘报告》，文物出版社，1960 年。

③ 徐中舒：《四川涪陵小田溪出土的虎钮錞于》，《文物》1974 年第 5 期。

④ 石泉：《古代荆楚地理新探》，武汉大学出版社，1988 年，第 122 页。

⑤ 诸祖耿：《〈战国策〉集注汇考》，江苏古籍出版社，1985 年，第 1573 页。

会槃余水，水出南山巴岭上……汉水又东，合蘧蒢汉口（当作溪口）。水北出就谷，在长安西南，其水南流，径巴溪戍西……汉水又东，又会洋水……洋水导源巴山，东北流……又东径魏兴郡广成县治王谷，谷道南出巴獠。”①

我们提出这几条旁证，虽不能直接证明商代巴人就居于汉水上游，但与考古材料结合起来分析，还是有助于说明城固洋县商代铜器群是属于巴人遗物的。

（本文原载《考古与文物》2002年第5期）

① 王国维：《〈水经注〉校》，上海人民出版社，1984年，第878—891页。

从考古学看先秦时期濮人的迁徙

濮人曾经对中国古代历史发生过重要影响。过去有学者探讨了濮人的迁徙问题，但都局限在古文献材料上，殊难深入[①]。本文在前人的基础上，从考古学入手，以新的视角来探讨濮人在先秦时期的迁徙状况。不当之处，请专家指正。

一、鄂西、湘北地区发现的濮人遗存

考古学工作者已经在鄂西、湘北地区发掘了许多夏、商、西周时期的古代遗存。鄂西到三峡一带的重要遗址有江陵荆南寺、梅槐桥，沙市周梁玉桥，长阳香炉石，宜都红花套，宜昌路家河、中堡岛、杨家嘴、长府沱、三斗坪，秭归朝天嘴等，湘北地区重要的遗址有石门皂市，澧县宝塔、斑竹，岳阳铜鼓山、费家河，望城高砂脊等。以上各遗址的时代跨度不一，分别相当于夏、商、西周时期。为了揭示各地区的客观差别，目前考古学界对这些遗存的考古学文化命名较多。约当夏商时期，西陵峡一带的考古遗存一般被称为“路家河文化”，江陵一带以荆南寺为代表的遗存被称为“荆南寺类型”，澧水流域的遗存被称为“皂市中层文化”，湘东北地区的遗存被命名为“铜鼓山类型”。约当商代晚期，鄂西至西陵峡一带的遗存被称为“周梁玉桥文化”，湘东北的遗存则被命名为“费家河类型”。除铜鼓山类型为典型的商文化外，其他文化均为土著文化。

以上各土著文化分布于紧密相连的地理区域，鄂西与湘北仅隔长江，因此考古学文化特征既具个性，同时又有很大的共性。

路家河文化时代约相当于夏代晚期至殷墟前期。以路家河遗址为例，器物群主要可分为三群。A 群器物以釜、鼓腹尖底杯等为代表，属于土著

---

① 黄盛璋：《朴君述鼎国别、年代及其相关问题》，《江汉考古》1987 年第 1 期；吴永章：《论江汉之濮》，见湖北省考古学会选编：《湖北省考古学会论文选集（二）》，《江汉考古》增刊，1991 年。

文化因素。B群器物包括鬲、假腹豆、鬶、罍、簋、大口缸等，属于典型的中原商文化因素。C群器物包括高柄豆、高柄豆形器座、小平底罐、鸟头形把勺、器盖等，属于三星堆文化因素①。

荆南寺类型时代约相当于二里头四期至殷墟早期。以荆南寺遗址为例，器物群可分为六群。A群器物包括鬲、大口尊、深腹罐，属于二里头文化因素。B群器物包括鬲、甗、大口尊、深腹罐、盆、假腹豆、簋、斝、爵、甑等，属于二里岗商文化因素。C群器物包括釜、鼎、大口缸、鬶（笔者认为后两种器物应属于中原文化因素），在数量上占多数，属于土著文化因素。D群以小平底罐、高柄豆形器座、高柄豆、器盖等为代表，属于三星堆文化因素。E群包括盘口鼎、壶、碗豆等，属于澧水流域早商时期土著文化因素。F群为印纹硬陶和原始瓷器，属于南方印纹硬陶文化因素②。

皂市中层文化时代相当于二里岗下层至殷墟二、三期。以石门皂市遗址为代表，皂市遗址商代陶器可分为两大群。A群包括分裆鬲、大口缸、斝、爵、大口尊、假腹豆、簋、连裆鬲等，属于二里岗上文化因素，其中假腹豆、簋、连裆鬲与典型的商文化器形有别，属于商文化的变体，在数量上约占四分之一。B群器物包括釜、鼎、大圈足盘、碗、细喇叭形柄豆、绳切纹圈足碗、喇叭口罐、扁平足鼎等，属于土著文化因素，在数量上约占四分之三。A群器物主要存在于皂市遗址第一、二期，至第三期少见，最有代表性的鬲几近绝迹。B群器物却在皂市遗址第一至三期中均大量存在，始终占主要地位，至第三期几乎全为B群器物。报告作者认为“皂市商代遗存是一个统一的、单一的考古学文化，其文化性质应是受商文化强烈影响的本地青铜文化。因为商文化因素仅占次要地位，所以不能称其为商文化”③。

周梁玉桥文化时代相当于商代晚期至西周时期。以沙市周梁玉桥遗址为例，陶器可分为三群。A群器物包括鼎、釜、甑、罐、杯、瓮、器盖等，

---

① 长江水利委员会编著：《宜昌路家河——长江三峡考古发掘报告》，科学出版社，2002年。

② 何驽：《荆南寺遗址夏商时期遗存分析》，见北京大学考古系编：《考古研究（二）》，北京大学出版社，1994年，第78—100页。

③ 湖南省文物考古研究所.《湖南石门皂市商代遗存》，《考古学报》1992年第2期。

属土著文化因素，占主导地位。B群器物包括鬲、簋、罐、盆、罍、瓮等，属中原商文化因素，居于次要地位。C群器物包括硬陶、釉陶、印纹陶，器类包括尊、盆、罐，与湘西北地区文化特征相似①。

费家河类型重要遗址有岳阳费家河、铜鼓山、樟树潭、老鸦洲、对门山、易家山等。向桃初先生将该类型分为二期四段，时代约相当于殷墟一期至四期。陶器以夹砂红陶和夹砂红胎黑皮陶为主，灰陶很少。第一期纹饰以绳纹为主，第二期纹饰以方格纹为主。陶器可分为三群。A群包括鬲、大口缸，属于二里岗商文化的遗留因素，其形态与殷墟时期同类器物形态不同。B群器物包括鼎、釜、内环耳釜，属于土著文化因素。C群器物包括高领釜、矮领釜、小釜、甗形器、直口罐等，与江西万年类型陶器特征相似②。

湘江下游地区继费家河类型之后的商末西周遗存，以望城高砂脊遗址为代表。1996、1997年湖南省文物考古研究所对该遗址进行了两次发掘，共发掘墓葬20座，灰坑5个，陶窑1座。陶器以夹砂红陶和红褐陶为主，泥质红陶次之，泥质黄陶和泥质红胎黑皮陶较少。纹饰以方格纹和弦纹为主。器类以釜、鼎为主，还有罐、盆、钵、簋、罍形器、碗、器盖、尊、鬲等。陶器可分为两群，A群器物包括宽折沿釜、宽折沿釜形鼎、高领釜、内环耳釜、夹砂高领罐、硬陶器等，属于土著文化因素。B群器物包括仿铜陶鼎、簋、盆、罐、尊、鬲，属于商、周文化因素。高砂脊出土的铜器无疑借鉴了中原铸铜技术，从器形到纹饰都受到了中原青铜器的强烈影响。其中的大型鼎与中原铜鼎最为接近，小型鼎造型则受到本地区陶釜形鼎的影响，尤其是AM1：7铜鼎与土著釜形鼎非常相似③。

为了揭示鄂西、湘北考古遗存的差异，于是乎有了各种考古学文化或类型的命名。但不能因此而不去追究他们的共性。如果我们从宏观着眼，可发现该地区的陶器共性还是主要的。陶质陶色以夹砂红陶为主，纹饰流

---

① 彭锦华：《沙市周梁玉桥殷商遗址分析》，《江汉考古》1989年第2期。

② 向桃初：《湖南商代晚期青铜文化的性质及其与殷墟商文化的关系》，见《考古耕耘录》，岳麓书社，1999年。

③ 湖南省文物考古研究所：《湖南望城高砂脊西周遗址的发掘》，《考古》2001年第4期；向桃初：《湖南商周考古和青铜器研究的新进展》，见高崇文、安田喜宪主编：《长江流域青铜文化研究》，科学出版社，2002年。

行方格纹和绳纹，器类方面土著炊器均为釜、鼎，可以称之为“釜、鼎文化圈”。

鄂西、湘北以釜、鼎为代表的文化是哪个民族创造的呢？学者们有不同的看法。俞伟超先生认为，三峡地区夏、商、西周时期考古学文化的族属为早期巴人[①]。王然先生持相同的看法[②]。王善才先生在简报中把与香炉石遗址同类的遗存命名为“香炉石文化”，认为香炉石遗址是一处“早期巴文化的典型遗址”，证实了“巴人起源于清江说”[③]。王宏先生认为：“荆南寺类型是商文化与早巴文化相结合的一种混合文化，而商文化逐渐被早巴文化所同化。”“皂市中层文化、周梁玉桥文化即为‘群蛮’或‘百濮’的文化。”“湘江流域商代晚期的费家河类型以及相沿袭的西周春秋时期的遗存，从地域分布、文化面貌分析，都可断定属百越文化的一支。”[④]向桃初先生认为费家河文化的族属应为古代越族的一支[⑤]。

持巴人说者的文献证据主要是《后汉书·南蛮传》引《世本》的一段材料：“巴郡南郡蛮，本有五姓：巴氏，樊氏，瞫氏，相氏，郑氏。皆出于武落钟离山。”一般认为武落钟离山在今湖北长阳境内。因此徐中舒先生、童恩正先生都主张巴人发源于湖北的清江流域[⑥]。

但不少学者不同意巴人起源“清江说”。如潘光旦先生认为巴人起源于甘肃天水地区[⑦]。童书业先生认为巴国在汉水上游[⑧]。石泉先生认为《左

---

① 俞伟超：《楚文化的渊源与三苗文化的考古学推测》，见《先秦两汉考古学论集》，文物出版社，1985年，第228—242页；《古史的考古学探索》，文物出版社，2002年，第268—275、309—316页。

② 王然：《夏商西周至春秋时期的巴人遗存考》，见王光镐主编：《文物考古文集》，武汉大学出版社，1997年。

③ 湖北省清江隔河岩考古队：《湖北清江香炉石遗址的发掘》，《文物》1995年第9期；王善才：《考古发现与早期巴人揭秘》，湖北人民出版社，2003年。

④ 王宏：《试论长江中游地区夏商周时期的文化与族属》，见湖北省考古学会编：《湖北省考古学会论文选集（三）》，《江汉考古》增刊，1998年。

⑤ 向桃初：《湖南商代晚期青铜文化的性质及其与殷墟商文化的关系》，见《考古耕耘录》，岳麓书社，1999年。

⑥ 徐中舒：《论巴蜀文化》，四川人民出版社，1981年；童恩正：《古代的巴蜀》，重庆出版社，1998年。

⑦ 潘光旦：《湘西北的“土家”与古代的巴人》，见潘乃谷等编：《潘光旦选集》，光明日报出版社，1999年。

⑧ 童书业：《春秋左传研究》，上海人民出版社，1980年，第241—243页。

传》桓公九年“所记楚、巴与邓的关系，楚国当位于巴、邓之间，与两国都有交往，所以巴国想要与邓国建交，才来请楚国介绍，楚国当时都城尚在丹阳，这是大家公认的。巴国当在今陕西东南部、大巴山以北、汉水上游一带”①。最近张正明先生撰文认为，早期巴人是一个西部民族，起源于汉水上游与嘉陵江上游，于春秋中期才推进到峡江地区，于春秋战国之际到达清江流域②。

我倾向于巴人起源于汉水上游说，曾认为陕南城固洋县商代青铜器群的族属可能为巴人③。城固宝山遗址发掘之后，表明宝山文化是以陶釜为主的一种考古学文化，与晚期巴人器物具有连续性，报告作者认为宝山文化属于巴人遗存，为巴人起源于汉水上游说又增添了一条力证④。

我们认为鄂西、湘北的釜、鼎文化圈，与古文献上百濮的地理范围相符，则创造这一文化的民族可能属于百濮。《尚书·牧誓》载：“……及庸、蜀、羌、髳、微、卢、彭、濮人。”关于濮之地望，《史记·周本纪》裴骃集解引孔安国曰：“八国皆蛮夷戎狄……庸、濮在江汉之南。”张守节正义引《括地志》曰：“……濮在楚西南。”《史记·楚世家》裴骃集解引杜预曰：“建宁郡南有濮夷。”张守节正义曰：“按：建宁，晋郡，在蜀南，与蛮相近。刘伯庄云：‘濮在楚西南。’孔安国云：‘庸、濮在汉之南。’按：成公元年‘楚地千里’，孔说是也。”综上所述，濮的地望有江汉之南、汉之南、楚西南、建宁郡南四说。前三说意思相近，表述略有差别，最后一说杜预认为濮在建宁郡南，可能因为濮人在楚的压迫下，有一支从汉水之南迁到了建宁郡南。笔者认为前三说的观点与商、周时期的史实相符，第四说则是濮人迁徙的结果了，杜预抓住了流而忽视了源。濮又称为“百濮”，《左传》文公十六年孔颖达疏引杜预《释例》曰：“濮夷无君长总统，各以邑落自聚，故称百濮也。”濮人可分为若干支系。鄂西、湘北夏、商、周时期考古学文化可以分为好几个类型，正是不同支系濮人创造的文化在考古学上的反映。当然考古学文化类型的划分只是粗线条的，与当时濮人的各

---

① 石泉：《古代荆楚地理新探》，武汉大学出版社，1988 年，第 122 页。

② 张正明：《巴人起源地综考》，《华中师范大学学报（人文社会科学版）》2004 年第 6 期。

③ 黄尚明：《城固洋县商代青铜器群族属再探》，《考古与文物》2002 年第 5 期。

④ 西北大学文博学院：《城固宝山——1998 年发掘报告》，文物出版社，2002 年。

支系未必能做到一一对应。

从宝山遗址来看，鄂西、湘北一带的釜、鼎文化圈北部可达汉水上游。若巴人起源于汉水上游，则从物质层面来看，巴、濮在考古学文化上具有较多的共性，至少从考古学来看，他们共同属于“釜、鼎文化圈”。《左传》昭公九年记载周大夫詹桓伯的话说：“及武王克商……巴、濮、楚、邓，吾南土也。”正因为巴、濮在距离上相近，文化上趋同，故巴、濮连称，已成为习惯用语。

二、二里岗时期商人的南下与濮人的大规模迁徙

为了掠夺铜矿资源，商朝在二里岗时期，急剧向南扩张，在武汉黄陂盘龙城建立了军事据点。盘龙城是一座二里岗上层时期的城址，考古学家在这里发现了该时期的城墙、宫殿基址、贵族墓葬和大量青铜器①。商人为了确保铜矿运输路线安全，又继续向南推进，插入长江以南。铜鼓山类型商文化就是这次南征后的考古实物证据。铜鼓山遗址位于岳阳市郊陆城镇，濒临长江东岸，为江边丘陵地带中一个顶部稍平缓的山头，是进入湖南的咽喉，战略地位十分重要。1987 年，湖南省博物馆正式发掘了该遗址，报告作者将商代遗存分为三期，时代相当于二里岗下层至二里岗上层时期，属于典型的商文化遗存②。郭胜斌先生对商代遗存的时代与文化因素进行了详细分析，将商代遗存分为五期，第一至四期时代为二里岗下层至二里岗上层，属于典型的商文化。第五期相当于殷墟前期，与殷墟一期相当，或可延续到殷墟二期，属于商文化退却后，以釜、鼎为代表的土著文化③。

商文化作为当时最先进的文化，具有很强的辐射能力，对鄂西、湘北的濮文化影响很大。在荆南寺、路家河、长府沱、三斗坪等遗址中都发现了一定数量的商文化因素。石门皂市遗址商代遗存中商文化因素占四分之

---

① 湖北省博物馆等：《盘龙城一九七四年度田野考古辑要》《盘龙城商代二里岗期的青铜器》，《文物》1976 年第 2 期；湖北省文物考古研究所：《盘龙城——1963—1994 年考古发掘报告》，文物出版社，2001 年。

② 湖南省文物考古研究所等：《岳阳市郊铜鼓山商代遗址与东周墓发掘报告》，《湖南考古辑刊》第 5 集，岳麓书社，1989 年。

③ 郭胜斌：《铜鼓山商代遗存文化因素分析》，见王光镐主编：《文物考古文集》，武汉大学出版社，1997 年。

一。从现在发掘的情况看，商朝直接控制的地盘西不过江陵，南不过岳阳，江陵以西和岳阳以南仍控制在濮人手中。

濮人不堪商朝的奴役和压迫，一部分向湖南迁徙，另一部分沿长江三峡向西迁徙。在此之前，峡江地区（宜昌至重庆的长江沿岸）以夔门为天然屏障，自新石器时代至商代早期，文化也基本分为两大系统；但至商代晚期，迫于商朝的巨大压力，濮人向西迁徙，随之也带来了以釜、鼎为代表的文化，于是鄂西、渝东文化逐渐趋同①。这次濮人西迁后对成都平原蜀文化影响至大，改变了蜀文化的基本结构，蜀文化逐渐由以尖底器为特征的器物群，演变为以釜为代表的器物群。成都十二桥遗址第十二层最早见到一件陶釜，该层时代约相当于殷墟四期②。新一村遗址出土的陶釜不断增多，变为主要器物，时代约相当于西周后期和春秋前期③。战国时期蜀文化盛行陶釜。

濮人与商朝之间存在着尖锐的民族矛盾，于是就倒向了周人一边，与周人结盟，成为周武王讨伐商朝的友邦之一。

三、商代晚期至西周时期濮人的回归浪潮

商代晚期，商朝都城向北迁徙至安阳殷墟，商朝势力突然退出今湖北、湖南地区。盘龙城的衰落是一个标志性的大事，该城始建于盘龙城文化的第四期偏晚，至盘龙城文化第七期废弃，即该城始建于二里岗上下层之交，毁于二里岗上层二期晚段④。盘龙城的废弃，标志着商朝退出该地区，代之而起的是濮人的迅速回归，填补了商朝退出后的政治真空。

湘江下游典型商文化铜鼓山类型也在二里岗上层晚段退出了岳阳一带，濮文化费家河类型取而代之。澧水流域到商代晚期几乎不见商文化的陶鬲了，流行清一色的鼎、釜类器物。

---

① 黄尚明：《论夏商周时期峡江地区的文化分期及其特征》，见张全民、王玉德等：《生态环境与区域文化史研究》，崇文书局，2005年。

② 四川省管理委员会等：《成都十二桥商代建筑遗址第一期发掘》，《文物》1987年第12期。

③ 成都市文物考古研究所：《成都十二桥遗址新一村发掘简报》，见成都市文物考古研究所编著：《成都考古发现（2002）》，科学出版社，2004年。

④ 湖北省文物考古研究所：《盘龙城——1963—1994年考古发掘报告》，文物出版社，2001年。

鄂西地区从江汉平原西部到西陵峡地区，均是周梁玉桥文化的分布区，也流行鼎、釜类器物，商文化因素大大减少。

商朝对濮人的掠夺与压迫仍然是存在的。从殷墟甲骨文记载来看，商朝与濮人进行了激烈的战争。甲骨文有多处商朝伐濮的记载，夏渌先生认为："以江汉平原为集结中心的濮人，文化落后，尚在氏族社会，性格纯朴，商人利用他们当兵，讨伐敌国舌方。有的被商奴隶主刖足用作阍寺、家务奴隶。""不甘心做奴隶的濮人，经常逃亡，奴隶主派人追捕……商代把他们当作最低下的农业贱隶和祭祀的人牲。"① 用濮人为人牲一次数量可多达五百人，有时一次三百，或一次一百。

到西周时期，因濮人为周的友邦，在伐商战争中有功，所以濮被视为周的南土，即《左传》昭公九年所谓的："及武王克商……巴、濮、楚、邓，吾南土也。"濮人向周朝称臣纳贡，濮、周关系相对缓和。《逸周书·王会解》载："卜人以丹沙。"孔晁注："卜人，西南之蛮，丹沙所出。"同篇又记载伊尹制定的四方献令说："正南，瓯邓、桂国、损子、产里、百濮、九菌，请令以珠玑、玳瑁、象齿、文犀、翠羽、菌鹤、短狗为献。"

周朝不断加强对江汉平原的控制，在汉东地区分封了汉阳诸姬，如随(曾)、唐、赖、贰、轸等。在枣阳毛狗洞、随州庙台子、安陆晒书台、红安金盆、黄陂鲁台山、新洲香炉山等遗址都发现了西周文化遗存。在这一带出土了大量西周青铜器，如北宋时在安陆出土了著名的"安州六器"，在枣阳、随州、京山、新野等地发现大量曾国铜器。2002—2003年，襄樊市考古队在枣阳市东赵湖村郭家庙发掘了曾国墓葬25座，车马坑1座，车坑2座，时代为西周末期至春秋早期。其中二十一号墓为曾国国君墓，出土了一批曾国铜礼器、车马器、玉器、陶器。这是一次重大的考古发现②。1977年在黄陂鲁台山五座西周墓发掘了47件青铜器，其中10件铸有铭文③。张亚初先生认为："黄陂鲁台山西周墓葬的主要意义就在于，它明白无误地告诉我们，西周前期，这一地区是周王朝的直接控制的地盘。"④

---

① 夏渌：《简论商代对先楚濮地的经略》，见张正明主编：《楚学论丛》，《江汉论坛》专刊，1990年9月。

② 襄樊市考古队：《枣阳郭家庙曾国墓地》，科学出版社，2005年。

③ 黄陂文化馆等：《黄陂鲁台山西周遗址与墓葬》，《江汉考古》1982年第2期。

④ 张亚初：《论鲁台山西周墓的年代和族属》，《江汉考古》1984年第2期。

周朝对濮人的发展并非视若无睹，而是精心经营从汉水东岸到大别山以南的弧形地带，构筑周朝的南方屏障，对濮人形成包围之势。周、濮之间并非风平浪静，在周厉王时期，双方也曾兵戎相见。如宗周钟载："王肇遹省文、武，堇疆土。南国𠬝子敢臽虐我土。王𦤎伐其至，戮伐厥都。𠬝子乃遣间来逆卲王，南夷、东夷具见，廿又六邦。"郭沫若断为昭王时器，唐兰先生定为厉王时器①。徐中舒先生认为西周时代在南方最强大的部族是濮国，南国𠬝子是南夷、东夷廿又六邦的联盟酋长，𠬝即濮的对音。宗周钟时代应为厉王时器物②。

四、春秋战国时期濮人的又一次大规模远徙

春秋战国时期，濮人遇到了强劲对手，那就是生气勃勃如日之升的楚国。楚武王前期，楚都丹阳，政治中心在今丹淅之会。楚武王后期，迁都于郢，在今宜城楚皇城（《史记·楚世家》亦说楚文王始都郢），拉开了南进的序幕。《史记·楚世家》载："当周夷王之时，王室微，诸侯或不朝，相伐。熊渠甚得江汉间民和，乃兴兵伐庸、杨粤，至于鄂。"熊渠此时并未同濮人作战，而是得到濮人的信赖，楚人用兵的主要对象为西北的庸，东南的杨粤、鄂。

周宣王时，楚王熊霜死后，三子争立。《史记·楚世家》载："叔堪亡，避难于濮。"《国语·郑语》载史伯说："夫荆子熊严生子四人：伯霜、仲雪、叔熊、季紃。叔熊逃难于濮而蛮，季紃是立，薳氏将启之，祸又不克。"叔熊就是叔堪。濮在楚国政治内争中成为楚国贵族的政治避难地。

到春秋初年，楚、濮相安无事的局面一去不返。《国语·郑语》载："楚蚡冒于是乎始启濮。"《史记·楚世家》载："（楚武王）三十五年，楚伐随……乃自立，为武王，与随人盟而去。于是始开濮地而有之。"蚡冒、武王正当春秋早期。始开濮地就是向鄂西、湘北一带拓展疆域。当阳磨盘山遗址、赵家湖早期楚墓、宜昌曲溪口、小溪口等楚文化遗存，可能就是占据濮人地盘后留下的第一批楚文化遗存。这种征服战争经历了很长时间，

① 郭沫若：《两周金文辞大系图录考释》，上海书店出版社，1999 年，图 209，拓片第 25 页，考释第 51 页。

② 徐中舒：《论巴蜀文化》，四川人民出版社，1981 年，第 93、94 页。

《左传》文公十六年（楚庄王三年，前611年），乘楚国大饥，“麇人率百濮聚于选，将伐楚”。楚国出军，百濮乃罢。《左传》昭公十九年（楚平王六年，前523年），“楚子为舟师以伐濮”。

我们根据三峡最新考古资料研究认为，春秋早期楚文化分布范围可达今宜昌西陵峡地区、秭归一带。春秋中期楚文化遗存发现较少，在空间上没有什么进展。春秋晚期楚人势力急剧向西扩张，战国早期的遗存也比较少。战国中期是楚人西进的又一高潮。最西可达今忠县一带，忠县发现了一批战国中期楚墓。目前还少见战国晚期的楚文化遗存，说明楚文化已基本退出峡区①。楚人沿三峡西进，迫使濮人、巴人不断向西、向南或向嘉陵江流域迁徙。到春秋战国时期，濮人不仅受到西进楚人的压迫，同时又受到南下巴人的压迫，因此濮人或迁徙，或融入楚人和巴人之中。汉晋时期，川东地区出现大量濮人，正是濮人西迁的结果。如扬雄《蜀都赋》载：“东有巴賨，绵亘百濮。”左思《蜀都赋》载：“于东则左绵巴中，百濮所充。”《华阳国志·巴志》载：“其属有濮、賨、苴、共、奴、獽、夷、蜑之蛮。”

关于楚人进入湖南的过程，高至喜先生认为，西周中期晚段楚人已经越过长江到达澧水流域，春秋早期进入湘江下游，春秋晚期进入湘中，春秋末或战国初进入湘南②。楚人南下占领湖南，濮人有的融入楚人之中，有的向湘西、湘南、广东等地迁徙。

五、结论

濮人是汉水以南一个古老的重要民族，该民族中心分布区当在今鄂西、湘北地区，他们创造的考古学文化是以釜、鼎为代表的文化遗存。我们根据考古学文化的分布和演变情况，与古文献和甲骨文资料结合起来研究，认为濮人在先秦时期发生过两次大规模的迁徙，第一次发生在商代二里岗时期，濮人向南方的湖南和西部的重庆、四川等地迁徙。向西迁徙的一支对蜀文化及西南其他地区影响很大。商代晚期和西周时期，商人退出江汉

---

① 黄尚明：《楚文化的西渐历程》，《华中师范大学学报（人文社会科学版）》2004年第6期。

② 高至喜：《楚人入湘的年代和湖南越楚墓葬的分辨》，《江汉考古》1987年第1期；《楚文化的南渐》，湖北教育出版社，1996年，第22、30页。

地区，濮人与周人结盟，于是濮人又迁回到江汉平原南部地区。第二次大迁徙发生在春秋战国时期，在楚人、巴人的逼迫下，除一部分融入楚人、巴人外，濮人被迫向西和向南迁徙。

（本文原载《华中师范大学学报（人文社会科学版）》2008年第1期）

楚文化的西渐历程

——兼论楚文化的“峡区类型”

长江宜昌至重庆段，鄂西地区一般称之为峡区或峡江。峡区是一条重要的文化交流通道，先秦时期楚文化与土著文化在这一带交流频繁，楚文化也对蜀文化影响很大。从考古学上对峡区楚文化的分期、特征与分布进行研究，可以阐明楚文化的西渐历程。

为配合三峡工程建设，国家文物局组织了规模空前的考古发掘。从已发表的资料看，经过发掘的楚文化遗址有湖北宜昌朱家台①、小溪口②、路家河③、覃家沱、白狮湾（黄土包）④、中堡岛⑤、朱其沱⑥、白庙⑦、周家湾⑧、秭

---

① 湖北博物馆三峡考古队第三组：《宜昌朱家台遗址试掘》，《江汉考古》1989 年第 2 期。

② 林春：《长江西陵峡远古文化初探》，见长江流域规划办公室库区规划设计处编：《葛洲坝工程文物考古成果汇编》，武汉大学出版社，1990 年；湖北省文物考古研究所：《宜昌县小溪口遗址发掘简报》，《江汉考古》1985 年第 1 期。

③ 长江水利委员会编：《宜昌路家河——长江三峡考古发掘报告》，科学出版社，2002 年。

④ 湖北省博物馆：《宜昌覃家沱两处周代遗址的发掘》，《江汉考古》1994 年第 1 期；湖北省文物考古研究所：《长江三峡坝区白狮湾遗址发掘简报》，《江汉考古》1999 年第 1 期。

⑤ 宜昌市博物馆：《湖北宜昌市中堡岛遗址西区 1993 年发掘简报》，见国家文物局三峡工程文物保护领导小组湖北工作站：《三峡考古之发现（二）》，湖北科学技术出版社，2000 年。

⑥ 三峡考古队：《宜昌朱其沱遗址发掘简报》，《江汉考古》1994 年第 1 期。

⑦ 宜昌地区博物馆：《白庙子遗址第二次试掘简报》，《中原文物》1988 年第 2 期；三峡考古队：《湖北宜昌白庙遗址 1993 年发掘简报》，见国家文物局三峡工程文物保护领导小组湖北工作站：《三峡考古之发现（二）》，湖北科学技术出版社，2000 年。

⑧ 湖北省文物考古研究所：《西陵峡北岸周家湾山岗遗址》，《江汉考古》1994 年第 1 期。

归柳林溪[①]、龚家大沟[②]、官庄坪[③]、庙坪[④]、沙湾[⑤]、曲溪口[⑥]、下尾子[⑦]、巴东黎家沱[⑧]、茅寨子湾[⑨]、雷家坪[⑩]、重庆巫山跳石[⑪]。受楚文化影响的土著文化遗址有奉节新浦[⑫]、老关庙[⑬]、云阳李家坝[⑭]。发现的楚墓有秭归卜庄河 M4[⑮]、巴东西瀼口 M1[⑯]，云阳李家坝 M33[⑰]、目前发现的最西端的

---

① 湖北省博物馆江陵考古工作站：《1981 年湖北省秭归县柳林溪遗址的发掘》，《考古与文物》1986 年第 6 期；湖北省文物考古研究所：《秭归柳林溪》，科学出版社，2003 年 7 月。

② 湖北省博物馆考古部：《秭归龚家大沟遗址的调查试掘》，《江汉考古》1984 年第 1 期。

③ 湖北省博物馆：《秭归官庄坪遗址试掘简报》，《江汉考古》1984 年第 3 期；湖北省考古研究所：《秭归官庄坪》，科学出版社，2005 年。

④ 湖北省文物考古研究所三峡考古队：《湖北省秭归县庙坪遗址 1995 年试掘简报》，《考古》1999 年第 2 期；湖北省文物考古研究所：《秭归庙坪》，科学出版社，2003 年 5 月。

⑤ 宜昌市博物馆：《秭归县沙湾遗址发掘简报》，见国家文物局三峡工程文物保护领导小组湖北工作站：《三峡考古之发现（二）》，湖北科学技术出版社，2000 年。

⑥ 宜昌市博物馆：《三峡库区曲溪口遗址发掘简报》，《江汉考古》1999 年第 2 期。

⑦ 宜昌市博物馆：《秭归下尾子遗址发掘简报》，见国家文物局三峡工程文物保护领导小组湖北工作站：《三峡考古之发现（二）》，湖北科学技术出版社，2000 年。

⑧ 山东大学考古系等：《湖北省巴东县黎家沱遗址发掘报告》，见国家文物局三峡工程文物保护领导小组湖北工作站：《三峡考古之发现（二）》，湖北科学技术出版社，2000 年。

⑨ 国家文物局三峡文物保护领导小组湖北工作站等：《湖北巴东茅寨子湾遗址发掘报告》，《考古学报》2001 年第 3 期。

⑩ 吉林大学考古系等：《湖北巴东雷家坪遗址发掘简报》，《考古》1999 年第 2 期。

⑪ 南京博物院考古研究所、巫山县文物管理所：《巫山跳石遗址发掘报告》，见重庆市文物局、重庆市移民局编：《重庆库区考古报告集 1997 卷》，科学出版社，2001 年。

⑫ 吉林大学考古系：《四川奉节县新浦遗址发掘报告》，《考古》1999 年第 2 期。

⑬ 吉林大学考古系：《四川奉节老关庙遗址第一和第二次发掘》，《江汉考古》1993 第 3 期；吉林大学考古系、四川省文物考古研究所：《奉节县老关庙遗址第三次发掘》，见四川省文物考古研究所：《四川考古报告集》，文物出版社，1998 年。

⑭ 四川联合大学历史系考古专业：《1994—1995 年四川云阳李家坝遗址的发掘》，见四川大学考古专业：《四川大学考古专业创建三十五周年纪念文集》，四川大学出版社，1998 年。

⑮ 宜昌地区博物馆等：《秭归卜庄河古墓发掘》，《江汉考古》1994 年第 1 期。

⑯ 鄂西自治州博物馆：《巴东西瀼口古墓发掘简况》，见长江流域规划办公室库区规划设计处编：《葛洲坝工程文物考古成果汇编》，武汉大学出版社，1990 年。

⑰ 四川大学历史文化学院考古系等：《重庆云阳李家坝东周墓地 1997 年发掘报告》，《考古学报》2002 年第 1 期。

楚墓有忠县㽏井口遗址群的半边街楚墓群①。本文试对峡区楚文化的分期、特征与分布进行探索，并结合文献资料，探讨楚文化的西渐历程及有关历史问题。

一、典型遗址的时代分析

由于三峡地区地势险峻，平坦的地方少，遗址堆积一般较薄，依靠一个遗址很难把楚文化序列建立起来。故对保存较好的遗址进行个案分析，然后将各遗址串联起来，以期建立一个初步的年代序列。

（一）小溪口遗址

该遗址位于宜昌太平溪镇西湾村，1983年林春曾予试掘，地层可分为五层，她认为“⑤、④层为西周中期偏晚，③层在西周晚期，②①层为春秋早期”。湖北省文物考古研究所于1984年6月和1986年11月又进行了两次发掘，简报发表了T1、T5的部分材料，其中④至②层的资料较多。T1④：40鬲、T1④：72豆、T1④：30罐分别与宜城郭家岗BⅡ式鬲（T7H102：1）② 当阳磨盘山Ⅰ式豆（T1⑤：125）③、郭家岗AⅡ式豆（T19H187：9）、AⅡ式罐（T19H187：7）相似，郭家岗BⅡ式鬲、AⅡ式豆、AⅡ式罐时代属郭家岗第二期即春秋早期，小溪口第四层可初步定为春秋早期。T1③：1盂、T1②：21豆、T1②：1豆分别与当阳磨盘山Ⅲ式盂（T2③：43）、郭家岗BⅢ式盂（T6H78：2）、磨盘山Ⅵ式豆（T2④：76）、郭家岗AⅤ式罐（T6H78：4）相似，郭家岗BⅢ式盂、AⅤ式罐属郭家岗第二期，即春秋中期。故将小溪口③—②层初步定为春秋中期。采集的盖豆（采45—48）可能晚至春秋晚期。

（二）朱家台遗址

朱家台遗址位于宜昌莲花沱区下岸溪，湖北省博物馆1986年10月对该遗址进行了试掘，地层共分四层，其中第二层又分为A、B、C三层，主要报道了T1的材料。第四层出土的Ⅰ、Ⅱ式陶罐与秭归沙湾AⅠ式罐

---

① 孙华：《四川盆地的青铜时代》，科学出版社，2000年。

② 武汉大学历史系考古教研室等：《湖北宜城郭家岗遗址发掘》，《考古学报》1997年第4期，以下所引此材料不再加注。

③ 宜昌地区博物馆：《当阳磨盘山遗址试掘简报》，《江汉考古》1984年第2期，以下所引此材料不再加注。

(G1：6) 相似，属于商代，简报认为这种风格可能与巴文化有较密切的联系。第三层出土的鬲、盂、豆、罐与小溪口③—②层同类器物相似，属春秋中期。第二层出土的甗（T1②C：1）与郭家岗Ⅶ式甗（T6H196：1）相似，郭家岗Ⅶ式甗属战国早期，故朱家台第二层可初步定为战国早期。简报第二层出土物仅甗标明出土于②C层，余未注明，故统称为第二层。

（三）覃家沱、白狮湾（黄土包）遗址

覃家沱和白狮湾（黄土包）遗址位于宜昌太平溪区龙潭坪乡，南与三斗坪隔江相对。湖北省博物馆、湖北省文物考古研究所先后于1984年和1986年对遗址进行了发掘。覃家沱地层分为三层，第三层出土的鬲口沿(图4：3)、盂（图4：1—2）分别与当阳磨盘山Ⅰ式鬲（T1⑤：131)、T2⑤：184盂、郭家岗BⅠ式盂（T19H187：4）相似，郭家岗BⅠ式盂属郭家岗第二期，即春秋早期，故将覃家沱第三层定为春秋早期。白狮湾（黄土包）遗址1984年第二、三层出土陶器简报作者认为“从陶系上看，同覃家沱遗址一样，都是以夹沙褐陶为主，泥质灰黑陶次之。从器类器形及纹饰上看，也同覃家沱遗址的差不多”。属春秋早期。1986年T3④：7豆、T3④：6盆与磨盘山T2⑤：184盂、Ⅰ式豆（T1⑤：125)、郭家岗AⅡ式豆(T19H187：9）相似，故可将1986年白狮湾T3④层定为春秋早期。

（四）柳林溪遗址

中国科学院考古研究所曾于1958年对该遗址做过调查，1960年进行试掘[①]。1981年湖北省博物馆发掘110平方米，地层共分四层，第三层及开口于其下的H1为楚文化遗存。国家文物局三峡湖北工作站于1994—1995年、1997年进行试掘与勘探，1998年进行大规模发掘，发掘面积1325平方米，简报将东周遗存分为早中晚三期，年代从春秋中期至战国早期。正式报告将周代遗存亦分为三期，第一期约西周晚期，第二期为春秋中期，第三期为春秋晚期或战国早期[②]。1981年发掘的AⅡ式鬲（H1：2、3)、AⅢ式鬲（T3③：20)、BⅢ式鬲（T2③：4)、T2③：3、T3③：11

---

① 中国科学院考古研究所长江队三峡工作组：《长江西陵峡考古调查与试掘》，《考古》1961第5期。

② 国家文物局三峡湖北工作站：《柳林溪遗址1998年发掘主要收获》，《江汉考古》2001第4期；湖北省文物考古研究所：《秭归柳林溪》，科学出版社，2003年。

盂、H1：5、T2③：2豆、T3③：1瓮、H1：15盖豆分别与郭家岗CⅢ式鬲（T16H206：2）、AⅤ式鬲（T16H206：1）AⅣ式盂（T22⑥：12）、AⅣ式豆（T2H56下：3、42）AⅢ式瓮、江陵雨台山Ⅰ式盖豆（M24：2）相似①。郭家岗CⅢ式鬲、AⅤ式鬲、AⅣ式盂、AⅣ式豆属郭家岗第四期，属春秋晚期，雨台山M24亦属春秋晚期，故柳林溪第三层及开口于其下的H1亦属春秋晚期遗存。

（五）官庄坪遗址

官庄坪遗址位于秭归县香溪镇北6.5公里，位于香溪西岸。最初发现于1958年，1981年湖北省博物馆对该遗址进行试掘。地层共分为六层，出土楚文化遗存的层位是第4—6层，H1、H2打破第4层，H1又打破H2，H3、H4开口于第五层之下，层位关系可表示为：H1→H2→④→⑤→H3、H4→⑥。胡雅丽、王红星在《秭归官庄坪周代遗址试析》一文中，将该遗址分为四期，第一期即第六层时代为西周晚期，第二期即第五层属两周之际，第三期即第四层，属东周早期（即春秋早期），第四期即H1属东周中期或稍偏早（即春秋晚期或稍偏早）②。最近几年，有关楚文化的断代问题，发表了一些新的观点。如张昌平根据枣阳毛狗洞、襄樊真武山、宜城肖家岭几个遗址的材料，对襄、宜地区的西周至春秋时期考古学文化进行了分期，认为第六段即春秋早期，器口多方唇③。说明楚文化方唇器物从春秋早期才盛行的，若依此去衡量官庄坪遗址的器物，不会早至西周晚期。官庄坪第一、二期器物形态近似，第三、四期器物形态近似，可将第一、二期合并为第一期，第三、四期合并为第二期，官庄坪B型Ⅰ式盂（T3⑥：26）、A型Ⅰ式豆（T4⑥：12、T2⑥：21）、C型豆盘（T1⑥：25）、Aa型Ⅰ式鬲（T1⑥：46）、Aa型Ⅱ式鬲（H3：12）、Ba型Ⅰ式鬲（T1⑥：11）、Ba型Ⅱ式鬲（T4⑤：28）分别与磨盘山T2⑤：184盂、Ⅰ式豆（T1⑤：125）、Ⅳ式豆（T1⑥：257）、Ⅰ、Ⅱ式鬲（T1⑤：131、T1⑥：198）相似，故将第一期初步定为春秋早期较为合适。官庄坪A型Ⅳ式鬲足（T1④：

---

① 荆州地区博物馆：《江陵雨台山楚墓》，文物出版社，1984年。

② 胡雅丽、王红星：《秭归官庄坪周代遗址试析》，《江汉考古》1984年第4期。

③ 张昌平：《襄　宜地区西周　春秋文化序列》，载湖北省考古学会选编：《湖北省考古学会论文选集（三）》，《江汉考古》增刊，1998年。

77)、Ab型Ⅳ式罐（H1：4）分别与江陵雨台山M496：2鬲、郭家岗AⅤ式罐（T6H78：4）AⅥ式罐（T2H56下：34）相似。将官庄坪第二期定为春秋晚期或稍早。

（六）曲溪口遗址

曲溪口遗址位于秭归县茅坪镇曲溪村，地处长江南岸。宜昌市博物馆1997年9—10月发掘557.5平方米。地层共分为8层，第7—8层及G5、H3、H4、G4、G1、G2、G3属楚文化遗存。G5、H3、H4、G4器物形态接近，可归为第一期，G1、G2、G3各单位器物形态相近，可归为第二期。简报称图4①—⑨为罐口沿，可能是鬲口沿。G5：2、H3：1鬲口沿为束颈，侈口，平沿，方唇。Ⅲ式鬲（H3：3）、Ⅳ式鬲（H4：1）为侈口，平沿，这种风格时代较早，将第一期定为春秋早期较为合适。Ⅰ式鬲（G3：5）、盂（G2②：1）、A型豆柄（G2③：6）、B型豆柄（G2③：7）与柳林溪T3H1：2鬲、T3③：17盂、T3H1：5、T2③：2豆相似，故将曲溪口第二期定为春秋晚期。

（七）黎家沱遗址

黎家沱遗址位于巴东县官渡口镇东坡村一组。1994年山东大学考古系正式发掘，总计发掘面积1232平方米。第四区地层共分四层，出土楚文化遗存的为第四层，第四层又分为A、B、C三层，三小层出土遗物又有区别。简报作者将三小层分为三组，三组分别代表三段，第一段为早期，第二、三段合并为晚期，早期约为商西周时期，晚期属春秋时期。简报中报道有鬲足，而无鬲口沿，实际上图12①—⑤A、B型罐的几个口沿，应该是鬲口沿。T0405④B：13、T0407④A、T0114④A：35鬲口沿侈口、方唇，最早可到春秋早期或稍晚，故将4A、4B层定为春秋中期较为合适。

（八）庙坪遗址

1995—1997年，湖北省文物考古研究所在此进行了四次发掘。发掘周代灰坑20个，房址1座，灰沟1条，墓葬43座。报告作者将遗址和墓葬共分为五期，第一期相当于西周早期或稍晚，第二期为西周中期或略晚，第三期约相当于西周晚期或两周之际。四期一、二段分别相当于春秋中、晚期，五期三、四、五段分别相当于战国早、中、晚期。从第二期的器物形态来看，陶鬲似乎早不到西周中期，可能相当于春秋早期，则第二期可能相当于春秋中期比四期一段墓葬略早。第一期不属于楚文化。

二、楚文化遗存的分期序列与特征

在典型遗址分析的基础上，我们将目前峡区已发现的楚文化遗存分期序列制表如下：

期别 遗址	春秋			战国		
	早期	中期	晚期	早期	中期	晚期
小溪口	第④—⑦层	第②、③层	采集盖豆			
朱家台		第③层		第②层		
覃家沱、白狮湾（黄土包）	覃T3③层、黄②、③层、白第④层					
路家河			第三期第二段遗存		第四期遗存	
柳林溪		98第二期	81H1及第③层；98第三期			
官庄坪	第⑤、⑥及H3、H4		第4层及H1、H2			
曲溪口	G5、H3、H4、G4		G1、G2、G3			
黎家沱		第四区第④A、④B				
中堡岛		1993年第④层				
朱其沱		第⑧层（属次生地层）				
白庙		1981年第②层				

续表

遗址＼期别	春秋			战国		
	早期	中期	晚期	早期	中期	晚期
周家湾		第②、③、④层（次生堆积）				
龚家大沟				T3④层		
庙坪	二期	三期及四期一段	四期二段	五期三段	五期四段	五期五段
沙湾	第⑩—⑬层					
下尾子	第②层					
茅寨子湾			T1106—T1402第④层			
雷家坪			第③A层及G1、H1—H3			
跳石			第⑥层及开口于其下的灰坑			
新浦			第③、④层			
老关庙			上层			
李家坝			Ⅰ、Ⅱ区中期		Ⅰ、Ⅱ区晚期	
卜庄河					M4	
西瀼口					M1	

我们依据层位关系及器物的特征，初步将峡区楚文化分为六期，即春秋早、中、晚和战国早、中、晚期。其文化特征如下：

春秋早期：遗迹仅有灰坑和灰沟，灰坑有椭圆形、锅底形和不规则形三种。陶器陶系以夹砂红陶和夹砂褐陶为多，夹砂黑陶与夹砂灰陶较少。泥质陶极少。文饰以绳纹为主，素面次之，还有少量篮纹、附加堆纹、方格纹、弦纹和压印纹。器类主要有鬲、甗、盆、盂、豆、罐、瓮、鼎、釜、缸、深腹罐。鬲、甗、鼎、釜均为炊器。这些陶器明显可以分为两群，甲群包括鬲、甗、盆、盂、豆、罐、瓮。鬲分两型，A型：小口。侈口，方唇，腹饰绳纹，颈部绳纹抹光。连裆，足跟较高，属二次包制，足跟下部绳纹一般抹光。B型：大口。侈口，方唇，鼓腹，弧裆，矮足略外撇。腹饰绳纹，颈部绳纹抹平。甗，数量较少，侈口，卷沿，束腰。盂分两型，A型，仰沿。方唇，或圆唇，口微敛，束颈，溜肩或折肩，肩部一般饰一道弦纹。B型，平沿。溜肩或微折，肩部饰一至二道凹弦纹。豆，折盘较深，柄略粗而高，底部成喇叭状。罐分两型，A型，方唇，小口高领，溜肩，饰绳纹，颈部绳纹抹平。B型，圆唇，矮领广肩，饰绳纹（图一）。甲群器物与鄂西沮漳河流域及襄宜地区器形相似，属于典型的楚文化因素。

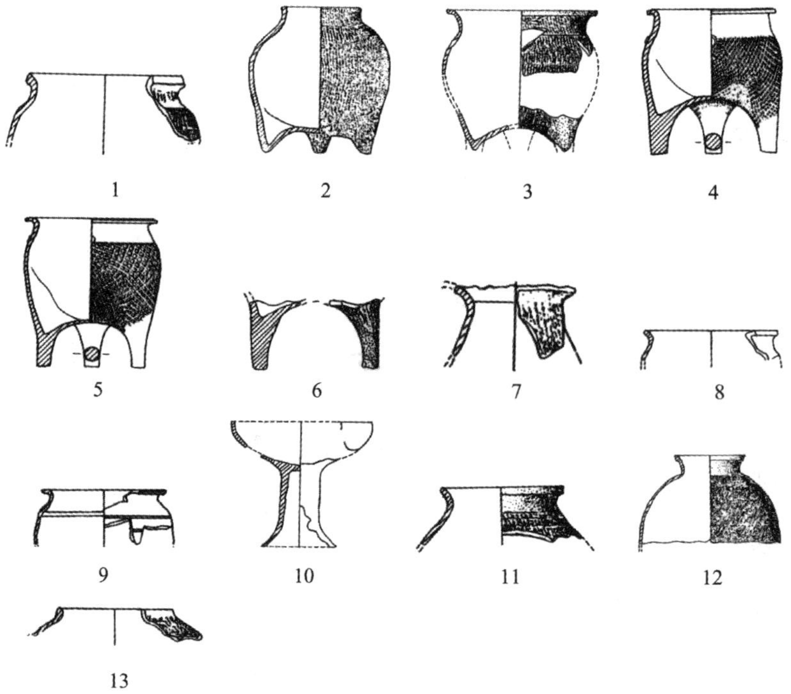

图一　春秋早期甲群陶器

1、2. A型鬲（T1⑥：46，H3：22）　3、4、5. B型鬲（T1⑥：11，H7②：2，H7①：3）　6. 鬲足（T1⑥：17）　7. 甗腰（T1⑥：12）　8. A型盂（T4⑥：38）　9. B型盂（T3⑥：26）10. 豆（T4⑥：12）　11、12. A型罐（T1⑥：35，H3：23）　13. B型罐（T1⑥：47）（4、5. 庙坪遗址出土，其他为官庄坪遗址出土）

乙群器物陶器包括鼎、釜、豆、罐、缸等，青铜器有斜刃铜斧。此群陶器以夹砂红褐陶为主，鼎为釜加三锥状实足而成，口沿外侈，微束颈，鼓腹圜底，饰绳纹。A型罐为侈口，束颈，斜肩，鼓腹，平底。B型罐口沿按成大圆窝状花边。C型罐敛口，深腹，微鼓，小平底，饰方格纹，腹中部饰一周附加堆纹。豆为深盘矮柄。缸为平唇，直领略外折，腹直壁斜收成尖圜底，领外有两道平行凹弦纹，领腹交界处有两个镂孔和一个不透孔，腹部饰两道凸弦纹。斜刃铜斧是颇具特色的铜器，在云阳李家坝、巴县冬笋坝也有发现（图二）。这群陶器中的鼎、釜在杨家嘴、香炉石等遗址中是主要器物，尤其是釜占绝大多数。杨家嘴、香炉石等遗址属于土著民族的遗存。口沿按成花边状的风格盛行于川东地区。那么乙群器物属于土著文化因素在该时期的延续。胡雅丽、王红星认为官庄坪遗址第一期甲、

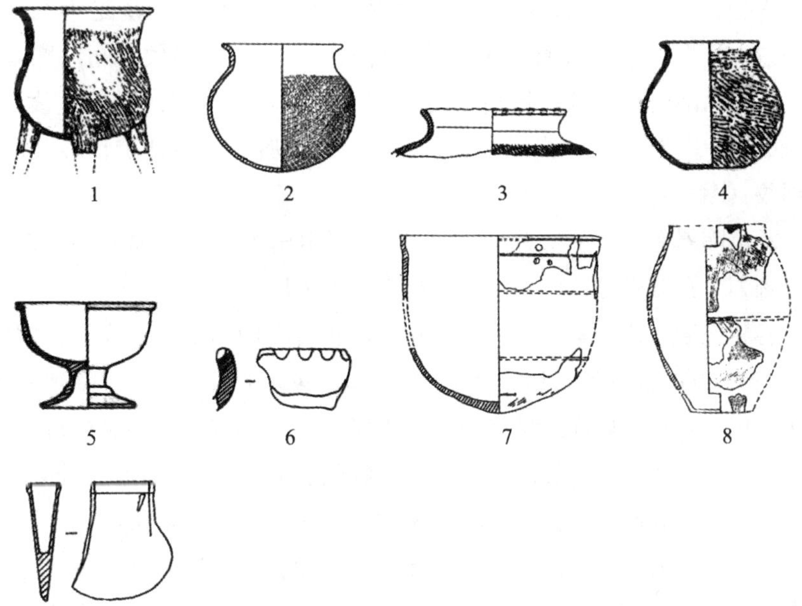

图二　春秋早期乙群器物

1. 釜形鼎（ⅠT3④：1）　2. 釜　3. 花边口釜（T0112④A：43）　4. A型罐（ⅠT3④：4）　5. 矮柄豆（ⅠT3④：5）　6. B型罐（T0114④A：11）　7. 缸（T1⑥：10）　8. C型罐（T3⑤：47）　9. 铜斜刃斧（T4⑥：25）（1、4、5. 白狮湾遗址出土，2. 庙坪遗址出土，3、6. 黎家沱遗址出土，7、8、9. 官庄坪遗址出土，未注明材料者均为陶器。）

乙两群陶器类平分秋色，第二期甲群陶器与乙群陶器之比已是相当悬殊，至第三期甲群陶器彻底占了统治地位，乙群陶器已是凤毛麟角[①]。也就是说该地春秋早期楚文化已占上风。石器种类有石斧、石锛、石凿、石刀、砍砸器等，磨制、打制并行。石器数量较峡区前期遗址同类物大为减少。铜器未发现容器，出土有青铜斜刃斧、刀、鱼钩、箭镞等。还出土有石刀范。陶纺轮有多种形状，如球形、宝塔形、圆饼形等，另外还出有陶网坠。

春秋中期：庙坪出土一座墓葬，为长方形土坑竖穴墓，一椁，底部南北两端置两根枕木。头向南，仰身直肢。从葬制看为楚墓，随葬品中陶罐与赵家湖楚墓A型Ⅳ式罐相似[②]。但随葬的铜剑、矛、镞却是土著文化风格，暂定为楚墓。陶器群以小溪口为例，陶色以灰陶为主，纹饰以绳纹为主。器类也可分为两群，甲群器物有鬲、甑、盂、豆、罐、瓮等。鬲分两型，A型，侈口，尖唇，沿外卷，束颈，折肩，饰绳纹。鬲足为圆柱形，饰绳纹。B型，平沿方唇，矮直颈，折肩，鼓腹，饰绳纹，间以凹弦纹。盂，平沿，圆唇，短颈，折肩，腹斜收。豆，柄部变细，豆盘变浅。罐，矮颈鼓腹，内凹圜底，饰绳纹。瓮，折沿，尖唇，沿面外折，矮颈广肩，饰绳纹（图三）。

乙群陶器有釜、釜形鼎（图四）。地层中出土的青铜器有刀、镞、鱼钩、刻刀。石器少见，朱家台出土石斧一件（T1③：5）。

春秋晚期：遗迹有灰坑、灰沟和灶。灰坑有椭圆形、锅底形，柳林溪H1呈不规则的椭圆形，口长4.7、宽3.5、深3.1米。巴东雷家坪发掘灶一个，仅存椭圆形灶面，呈红色，平坦坚硬，其上陶片均为釜残片。陶器以夹砂灰陶为多，夹砂红陶次之。泥质红陶和泥质灰陶较少。纹饰以绳纹为主，其次为素面。方格纹、暗纹又次之，弦纹和附加堆纹少见。器形有鬲、甑、盆、盂、豆、盖豆、罐、瓮、釜形鼎、釜、花边口沿罐。可分为两群。甲群器类有鬲、甑、盆、盂、豆、盖豆、罐、瓮等，鬲分两型，A型，小口。方唇，直口，鼓腹，最大腹径在中部，圆柱形足，袋足较深，饰绳纹。B型，大口。侈口，卷沿，唇部起棱，最大腹径在上部，口径略小于腹径，裆较平，圆柱形足。饰绳纹腹部有一道凹弦纹。盆分两型，A

---

① 荆州地区博物馆：《江陵雨台山楚墓》，文物出版社，1984年。

② 宜昌地区博物馆、北京大学考古系：《当阳赵家湖》，文物出版社，1992年。

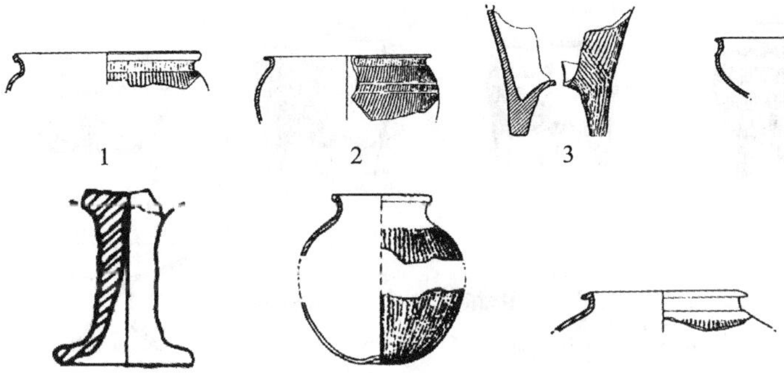

1 2 3 4 5 6 7

图三 春秋中期甲群陶器

1. A型鬲（T5③：2） 2. B型鬲（T1②：9） 3. 鬲足（T1③：14） 4. 盂（T1③：1） 5. 豆（T1③：21） 6. 罐（朱家台第③层） 7. 瓮（T5③：5）（6. 朱家台遗址出土，余均为小溪口遗址出土）

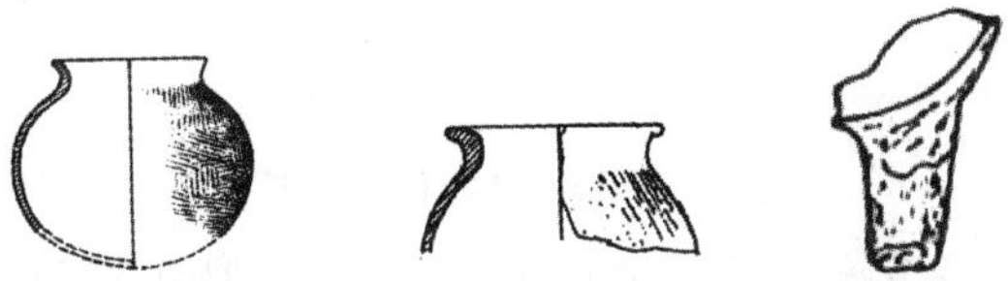

1 2 3

图四 春秋中期乙群陶器

1. 釜（H4：1） 2. 釜（T1③：1） 3. 鼎足（朱家台第③层）（1. 庙坪遗址出土，2. 小溪口遗址出土，3. 朱家台遗址出土。）

型，窄平沿，方唇，束颈，鼓腹，平底，肩腹部饰两道凸弦纹。B型，宽平沿，壁近直，微斜，腹上部饰凸弦纹，下部饰绳纹。盂分两型，A型，侈口，束颈，鼓腹，斜收成内凹圜底，颈饰一周凸弦纹，颈腹部各饰一周褐色彩绘宽带纹，其间为小斜方格暗纹。B型，平沿，方唇，束颈，折肩，上腹近直，腹部饰两道凹弦纹，其间为平行线形暗纹。豆分两型，A型，浅盘，柄细而较高，有的豆盘内有同心圆或放射形暗纹。B型，为盖豆，小溪口遗址采集4件，柳林溪遗址出土1件。子母口，敛口，尖唇，腹微鼓，腹部有平行斜线暗纹，盖上也有网状暗纹。罐，颈部变长，鼓腹，平底，饰绳纹。瓮，多泥质灰陶和泥质红陶，小口高领，鼓腹，内凹圜底，饰绳纹（图五）。

乙群陶器有鼎、釜、罐、瓮。鼎身为釜形，加三实锥状足，饰绳纹。

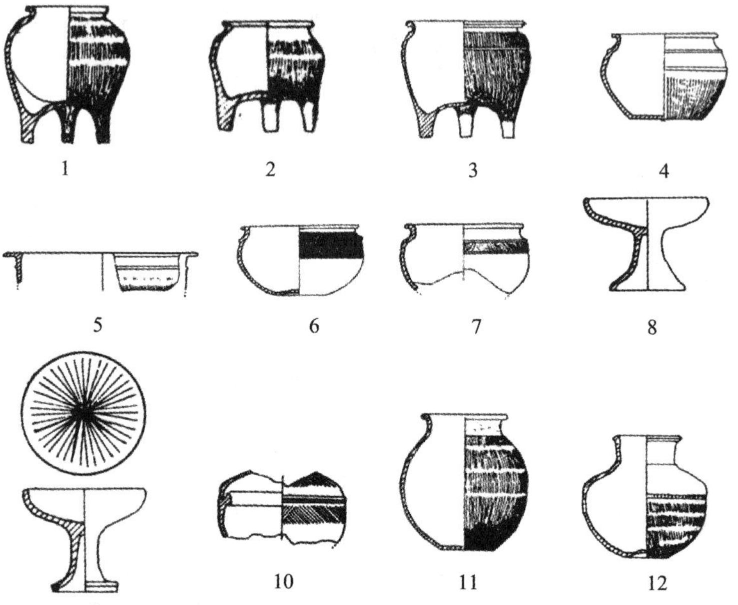

图五　春秋晚期甲群陶器

1、2. A型鬲（H1：2，H1：1）　3. B型鬲（T2③：4）　4. A型盆（H1：7）　5. B型盆（T3③：18）　6. A型盂（T2③：3）　7. B型盂（T3③：18）　8、9. A型豆（H1：5，T2③：2）　10. B型豆（H1：15）　11. 罐（T3③：1）　12. 瓮（T2③：5）（均为柳林溪遗址出土）

釜，侈口，鼓腹，有的口沿捏成花边状。罐、瓮多为夹砂灰陶或夹砂褐陶，比较粗糙，胎较厚，绳纹较杂乱，少数饰方格纹。侈口，束颈，广肩，有的罐口沿也捏成锯齿状花边（图六）。青铜器只发现刀、镞等工具，柳林溪还发现陶范两块，器形不明。铁器，发现两件铁锸，其中一件保存良好，呈凹字型。石器有斧、凿、刮削器、石球、箭镞、网坠等，峡区这一时期金属工具与石器并存。

战国早期：该期典型单位较少，以朱家台第②层为代表。器类有鬲、甗、豆、罐等。鬲口沿为侈口，方唇，矮颈，折肩，腹微鼓，饰绳纹，颈部绳纹抹光。鬲足为高柱状足，绳纹饰至足尖。甗，侈口，方唇，束腰，鬲部最大径在肩部，鬲裆近平，柱足。豆柄变细变高。罐分两型，A型，折沿，方唇，高颈。B型，侈口，圆唇，广肩（图七）。发现青铜器有鱼

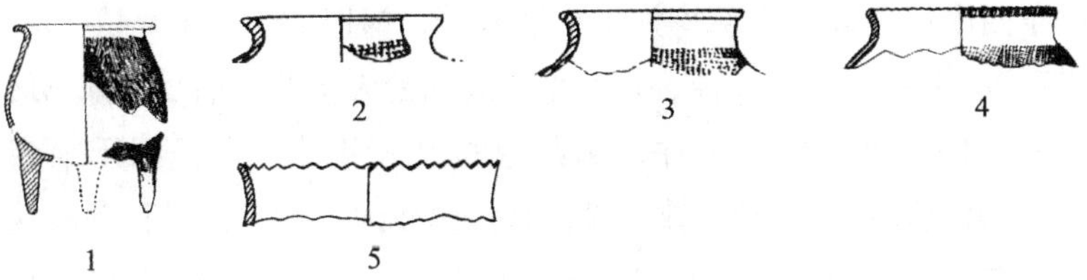

图六　春秋晚期乙群陶器

1. 釜形鼎（T3③：2）　2. 罐（T2③：42）　3. 瓮（T2③：37）　4. 釜（T403③A：18）　5. 花边口罐（T108②：5）（1、2、3. 柳林溪遗址出土，4、5. 雷家坪遗址出土。）

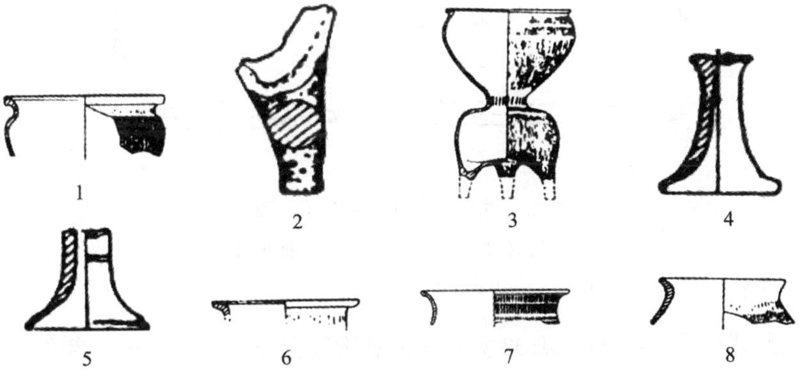

图七　战国早期陶器

1. 鬲　2. 鬲足　3. 甗　4、5. 豆　6. A型罐　7、8. B型罐（均为朱家台遗址第二层出土。）

钩、铁铤铜镞。铁器有凹字形铁锸7件，铁刀1件。

战国中期：以秭归卜庄河、巴东西瀼口、忠县半边街等地发现的楚墓为代表。卜庄河M4为长方形竖穴岩坑墓，残存器物组合为敦、壶、盖豆，时代属战国中期（图八）。

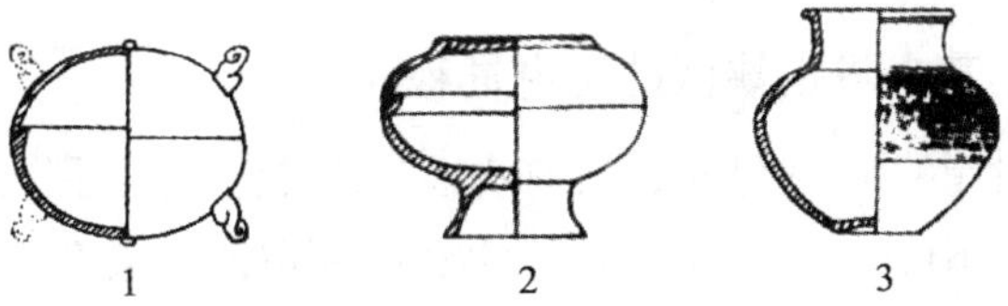

图八　卜庄河M4出土陶器

1. 敦（M4：1）　2. 盒（M4：3）　3. 壶（M4：2）

巴东西瀼口发掘两座墓均为土坑竖穴墓，M1陶器组合为鼎、簠、壶，另有青铜镞14件，铜斩1件，是典型的战国楚人墓葬。而另一座M8出土柳叶形剑2件、鸟嘴形戈1件，属典型的巴人墓葬，时代同于前者（图九）。半边街楚墓组合为鼎、敦、壶，时代属战国中期，这是目前峡区发现的一处分布最西的楚墓群。云阳李家坝墓葬绝大多数为巴人墓葬，极少数为楚墓。

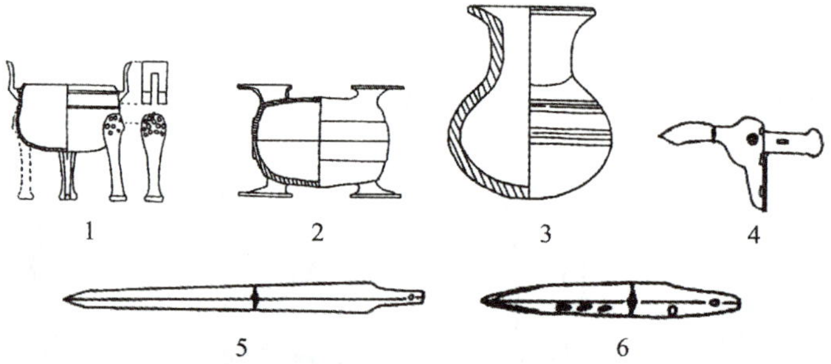

图九　西瀼口M1、M8出土陶器

1. 鼎　2. 簠　3. 长颈壶　4. 戈　5、6. 柳叶形剑（1、2、3. M1出土陶器，4、5、6. M8出土青铜兵器）

战国晚期：以庙坪M102为代表。器物组合为鼎、盒、壶（图十）。

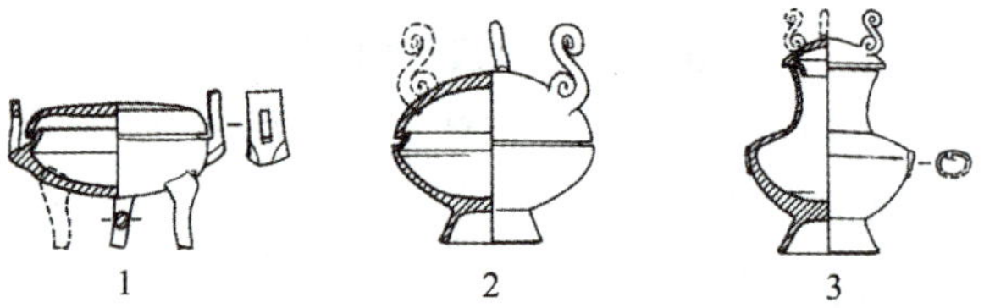

图十　　庙坪M102出土陶器

1. 鼎（M102：1）　2. 盒（M102：2）　3. 壶（M102：3）

三、楚文化的西渐历程

（一）关于楚人进退峡区的历史进程

根据以上考古学断代结果，目前峡区的楚文化遗存可分为春秋早、中、晚期和战国早、中、晚期。从各时期的文化分布范围来看，春秋早期楚文化分布范围可达今宜昌西陵峡地区、秭归一带。春秋中期楚文化遗存发现得较少，在空间上没有什么进展。春秋晚期楚人势力急剧向西扩张，奉节老关庙、新浦、云阳李家坝等遗址均含有楚文化因素。战国早期的遗存也比较少。战国中期是楚人西进的又一高潮。最西可达今忠县一带，忠县发现了一批战国中期楚墓。1958年四川省博物馆在忠县㽏井沟曾采集一件鬲，与江陵雨台山二型Ⅳ式鬲（M483：7）相似[①]，时代属战国中期，也说明战国中期楚人势力已达忠县一带。目前还少见战国晚期的楚文化遗存，说明彼时楚文化已基本退出峡区。这是从考古学角度得出的初步结论。

我们再从文献方面进行考察。文献资料于楚人何时进入峡区无明确记载，但也有线索可寻。夔国的建立者熊挚窜夔的时间当周厉王之世，为公元前847年以前，即西周晚期[②]。周宣王初年，楚熊严之子“叔堪亡，避难于濮”（《史记·楚世家》）。《国语·郑语》载史伯说：“夫荆子熊严生子四人：伯霜、仲雪、叔熊、季紃。叔熊逃难于濮而蛮，季紃是立，薳氏将启之，祸又不克。”叔熊就是叔堪。濮是楚国近邻，是一著名古国，在商末参加了牧野之战，为《尚书·牧誓》所列西土八国之一。关于濮之地望，裴骃集解引杜预曰：“建宁郡南有濮夷。”张守节正义不同意杜预的观点，引孔安国曰：“庸、濮在汉之南。”濮在汉水之南的观点，与当时史实相符。这说明楚人小规模地进入峡区当始于西周晚期。《国语·郑语》载：“楚蚡冒于是乎始启濮。”《史记·楚世家》载：“（楚武王）三十五年，楚伐随……乃自立，为武王，与随人盟而去。于是始开濮地而有之。”蚡冒、武王正当春秋早期。可能就在蚡冒、武王征服濮人的同时，大规模地进入了峡区。当阳磨盘山遗址、赵家湖早期楚墓可能就是占据濮人地盘后留下的第一批楚文化遗存。楚国稳定后方以后，又将战略重心转变为北上中原。

《春秋》僖公二十六年载：“楚人灭夔，以夔子归。”《左传》僖公二十六年载：“夔子不祀祝融与鬻熊，楚人让之。对曰：‘我先王熊挚有疾，鬼神弗赦，而自窜于夔，吾是以失楚，又何祀焉？’秋，楚成得臣、斗宜申帅师灭夔，以夔子归。”（杜预注曰：“成得臣，令尹子玉也。斗宜申，司马子西也。”）《史记·楚世家》载：“（成王）三十九年……灭夔，夔不祀祝融、鬻熊故也。”《史记》多记一年[③]。僖公二十六年即公元前634年，当楚成王三十八年，属春秋中期。楚国此时已完全控制了秭归一带，与春秋中期楚

---

① 荆州地区博物馆：《江陵雨台山楚墓》，文物出版社，1984年。
② 罗运环：《楚国八百年》，武汉大学出版社，1992年。
③ 何浩：《芈姓夔国索隐》，见《楚灭国研究》，武汉出版社，1989年。

文化遗存的分布范围基本相符。

战国中期，楚国已经占据黔中和巫郡。如《史记・秦本纪》载：“孝公元年（公元前 361 年）……楚自汉中，南有巴、黔中。”《史记・苏秦传》载苏代对燕王说：“楚得枳而亡。”《战国策・燕策二》载：“苏代约燕王曰：‘楚得枳而国亡，齐得宋而国亡。’”枳在今涪陵。《战国策・楚一》载：“苏秦为赵合纵，说楚威王曰：‘楚，天下之强国也……楚地西有黔中、巫郡。’”《史记・苏秦列传》的记载与此相似。《史记・西南夷列传》载：“始楚威王时（公元前 339 年—前 329 年在位），使将军庄蹻将兵巡江上，略巴、黔中以西……蹻至滇池。”

巴、蜀、秦与楚在峡区展开了激战。《史记・楚世家》载：“肃王四年（公元前 377 年），蜀伐楚，取兹方，于是楚为扞关以拒之。”张守节正义引《古今地名》说：“荆州松滋县，古鸠兹地，即楚兹方是也。”兹方即今湖北松滋，扞关一般认为在今奉节县。《史记・秦本纪》昭王二十七年（公元前 280 年），“使司马错发陇西，因蜀攻楚黔中，拔之”。从此楚国退出了峡区。楚文化对峡区的影响减弱。文献记载与考古学研究结论基本相符。

（二）关于芈姓夔国遗存性质的蠡测

芈姓夔国为楚贵族熊挚因有疾自窜于夔所建。《汉书・地理志》南郡秭归县下班固自注：“归乡，故归（夔）国。”《春秋》僖公二十六年杜预注：“夔，楚同姓国，今建平秭归县。”《史记・楚世家》裴骃集解云：“夔在巫山之阳，秭归乡是也。”各家均认为夔国地望在今秭归县。楚贵族熊挚建立芈姓夔国，在文化方面多少应对楚文化有所继承，应当在考古学文化上有所反映。可是目前在峡区还没有发现西周晚期楚文化遗存，这是一个矛盾。可能熊挚因疾自窜于夔，势力单薄，在文化取向上不祀祝融与鬻熊，而认同了土著文化，被土著文化同化。因此，在峡区发现西周晚期楚文化遗存的可能性很小，换言之，在秭归一带，西周晚期的遗存特征仍可能是以鼎、釜为主要组合的土著文化。

四、峡区楚文化的峡区类型

根据对考古材料文化因素的分析结果，峡区楚文化器物可分为甲、乙两群，甲群器物具有典型的楚文化特征，乙群器物却是土著文化因素。说明楚文化进入峡区以后，并不是彻底消灭了土著文化，而是吸收了土著文化因素，构成了峡区楚文化的鲜明特征，在楚文化的分区上可以称之为楚文化“峡区类型”。同时土著文化也在不断吸收楚文化因素，如云阳李家坝、奉节新浦、老关庙遗存都吸收了楚文化因素，加快了土著文化发展的历史进程。

（本文原载《华中师范大学学报（人文社会科学版）》2004 年第 6 期。《中国社会科学文摘》2005 年第 2 期转载了该文的摘要部分）

峡江地区环境对楚人生计的影响

峡江地区指重庆至宜昌的长江沿岸地区，其地理环境以山、水最具特色，对于习惯于平原生活的楚人来说，可谓遇到了一个全新的生存环境，必须调整原来的生计方式，才能在峡江地区立足。本文根据文献和考古资料，对楚人在峡江地区的生计情况进行探索。

一、峡江地区环境对楚人聚落分布的影响

笔者曾对峡江地区楚文化遗存做过探讨，对峡江地区楚文化的特征及楚文化的西渐历程得出了如下的看法：峡江地区的楚文化遗存最早可断为春秋早期，最晚的可断为战国晚期。春秋早期楚文化分布范围可达今宜昌西陵峡地区、秭归一带。春秋中期楚文化遗存较少，在空间上没有什么进展。春秋晚期楚人势力急剧向西扩张，奉节老关庙、新浦、云阳李家坝等遗址均含有楚文化因素。战国中期是楚人西进的又一高潮。最西可达今忠县一带，忠县发现了一批战国中期楚墓。1958 年四川省博物馆在忠县㽏井沟曾采集一件鬲，与江陵雨台山二型Ⅳ式鬲（M483：7）相似，时代属战国中期，也说明战国中期楚人势力已达忠县一带。目前还少见战国晚期的楚文化遗存。楚国在占领区设立了巫郡和黔中郡①。以后又做了修正，如巫山跳石遗址 A 区第 6 层及开口于 6 层下的 G1、H6 等遗迹单位出土的遗物，报告作者推断为周代遗存，属楚文化范畴②。江章华等认为巫山跳石 A 区第 6 层及开口于 6 层下的 G1、H6 等遗存年代约在春秋中期前后③。

---

① 黄尚明：《楚文化的西渐历程》，《华中师范大学学报（人文社会科学版）》2004 年第 6 期。

② 南京博物院考古研究所等：《巫山跳石遗址发掘报告》，见重庆市文物局、重庆市移民局编：《重庆库区考古报告集 1997 卷》，科学出版社，2001 年。

③ 江章华、颜劲松：《川东长江沿岸商周时期考古学文化变迁的初步分析》，见湖北省文物事业管理局等、湖北省三峡工程移民局编：《2003 三峡文物保护与考古学研究学术研讨会论文集》，科学出版社，2003 年，第 215 页。

2000 年发掘的巫山蓝家寨遗址早一期遗存时代为春秋中期晚段①。这些材料表明楚人在春秋中期已经向西拓展到今巫山一带②。楚人在逐渐西进的过程中，其聚落布局有何特征？

楚人早期辟在荆山，对于山地生活并不陌生。但是后来楚人主要生活在江汉平原等平原地区，习惯了平原生活，反而不适应山居生活。张正明先生在《楚史》一书中指出："楚人从黄河中游到长江中游，一直生活在平原上，积久成习，只爱平原，不爱山地，只喜原居，不喜山居。因此，对北、东、南三面楚人长期奉行战略进攻的方针；对西面，楚人奉行的方针却始终是战略防御。"③ 楚人到峡江地区以后，既要照顾原来的生活习惯，同时又要适应新的艰苦环境。我们通过研究峡江地区考古调查发掘的 72 处楚人遗址或墓地的地理环境（见附表），发现峡江地区楚人的聚落分布呈现出如下一些特点：

(1) 楚人主要选择长江沿岸的一级阶地、二级阶地作为居址，长江沿岸的平坝台地是楚人比较容易适应的地理环境。

(2) 长江的主要支流也是楚人比较理想的生活之地，如香溪、龙船河、大宁河下游楚人遗址相当密集。香溪流域的楚文化遗址一直分布到兴山新县城古夫镇一带。龙船河流域的楚文化遗址分布到沿渡河镇政府所在地附近。大宁河流域的大昌镇一带发现了楚人的涂家坝、蓝家寨、林家码头等遗址。

(3) 大小支流与长江交汇地带往往有楚人遗址，大的支流下游遗址特别密集，如香溪下游距长江 6.5 公里的范围内沿香溪两岸分布着香溪口遗址、马槽岭遗址、李家坟遗址、乔家坝遗址、张家坪遗址、河坎上遗址、官庄坪遗址七个楚人遗址。

(4) 楚人的居址一般在海拔 70 至 185 米之间，有的楚人墓地海拔略高。楚人一般不到高海拔地区居住，海拔高则生活不便。但居址又不能海拔太低，海拔太低则易受洪水灾害。在宽谷地带如庙南（庙河至南沱）宽谷、香溪宽谷、大宁河宽谷楚人遗址尤为密集。

---

① 重庆市文化局、重庆市博物馆等：《巫山蓝家寨遗址发掘报告》，见重庆市文物局、重庆市移民局编：《重庆库区考古报告集 1999 卷》，科学出版社，2006 年。

② 黄尚明：《论楚文化对巴文化的影响》，《江汉考古》2008 年第 2 期。

③ 张正明：《楚史》，湖北教育出版社，1995 年，第 305 页。

（5）宜昌、秭归、巴东、巫山、奉节等地楚人遗址分布密集，由奉节向西楚人遗址则比较少见，忠县崖脚墓地是目前所知分布最西的一处楚人墓地。

二、峡江地区环境对楚人农业经济的影响

考古资料表明，西周以前峡江地区居民充分利用峡江地区的山水资源，渔猎经济在生活中占有重要地位。巴东楠木园遗址楠木园文化层共采集动物骨骼标本10497块，动物种类主要有草鱼、青鱼、龟、扬子鳄、鸟类、亚洲象、豪猪、狗、獾、熊、猪、麂、麋鹿、其他鹿科、圣水牛、猴等。鱼类占绝对优势，占90%以上。哺乳动物占7%，鹿是人们狩猎的主要对象①。巫山大溪遗址文化层中含有鱼骨渣和兽骨，墓葬中存在用鱼随葬的现象②。宜昌清水滩遗址发现大量的青鱼、白鲢等鱼骨和鹿、野猪等动物骨骸③。秭归庙坪遗址龙山时期和西周时期的动物骨骼中鱼骨占绝大多数，说明当时生活在庙坪遗址的人一直很注重捕鱼。同时，还存在鸟、梅花鹿、小型鹿科动物，说明当时狩猎活动也比较兴盛。当时人们在获取肉食资源时以渔猎为主④。考古工作者在秭归县柳林溪遗址采集到一批动物骨骼，时间距今约7000—6000年，最小个体数为27，其中家畜所占比例仅为3.5%，野生动物则占96.5%。家畜中只有家猪一种。野生动物中水鹿最多，其次是鱼，再其次是野猪、圣水牛、犀牛、巨貘、大角麂、梅花鹿、鸟类等等。说明当时生活在柳林溪遗址的人们获取肉食资源主要依靠野生动物，比较注重猎取森林野生动物，同时也经常在峡江水域捕获较大的鱼类⑤。秭归何光嘴商代遗址出土大量动物遗骸，可统计的最小个体数为261个，家畜有狗、猪、羊、水牛、鸡、鸭，占3.1%。野生动物占96.9%，其中鱼类最多，约占所有动物的80.1%（中华鲟因只存鳞板不便统计最小

---

① 余西云：《巴东楠木园》，科学出版社，2006年，第139—166页。

② 四川长江流域文物保护委员会文物考古队：《四川巫山大溪新石器时代遗址发掘记略》，《文物》1961年第11期。

③ 湖北省宜昌地区博物馆等：《宜昌清水滩新石器时代遗址的发掘》，《考古与文物》1983年第2期。武汉大学历史系考古专业：《清水滩遗址1984年发掘简报》，《江汉考古》1988年第3期。

④ 孟华平、周国平：《秭归庙坪》，科学出版社，2003年，第302—307页。

⑤ 王凤竹、周国平：《秭归柳林溪》，科学出版社，2003年，第268—292页。

个体数，尚未统计在内)，有青鱼、草鱼、鲤鱼、白鲢、鳡鱼、黄颡鱼、圆口铜鱼、三角鲂等，中华鲟的个体数仅次于青玉、草鱼，哺乳动物有猕猴、小麂、獐、水鹿、野猪、黑熊等，还有中华圆田螺、蜗牛、圆顶矛蚌、圆顶珠蚌、三角帆蚌等。生活在何光嘴遗址的人们获取肉食资源以捕鱼为主，狩猎居于次要地位①。

春秋、战国时期楚人逐步向峡江地区发展，在楚人遗址中出土的兽骨、鱼骨数量总体上都比较少，说明渔猎经济虽然存在，但是在楚人经济中所占比例较以前有所下降，与西周以前的遗址大量出土兽骨、鱼骨的情况形成很大的反差。如秭归官庄坪遗址东周时期动物遗骸中有家畜狗、猪最小个体数各1，野生动物有野猪、水鹿最小个体数各1，大角麂最小个体数为2，从最小个体数统计上看，家畜占33%，野生动物占67%，野生动物在当时人们的肉食比例中，占据主要位置。数量比较少②。秭归县柳林溪遗址东周时期的动物骨骼出土较少，有狗、青鱼、牛亚科（属种未定）最小个体数为1，狼、猪（未定种）最小个体数为2③。宜昌覃家沱和黄土包遗址出土了一定数量的动物骨骼，种类有青鱼、草鱼、鹿、野猪等④。以上资料表明生活在峡江地区的楚人在获取肉食资源时虽然仍以捕鱼狩猎为主，以喂养家畜为辅，但家畜所占比例有较大增长，渔猎经济在整个经济中不如西周以前那样重要。

楚人以稻作农业为主，以饲养家畜、捕鱼狩猎为辅。《史记·货殖列传》载："楚越之地，地广人稀，饭稻羹鱼，或火耕而水耨，果隋蠃蛤，不待贾而足，地势饶食，无饥馑之患，以故呰窳偷生，无积聚而多贫。是故江淮以南，无冻饿之人，亦无千金之家。"这段史料很形象地描绘了楚人的生计方式。

峡江地区地貌特征与平原地区迥异，重峦叠嶂，江水湍急，大部分地方适于发展旱作农业，仅少数地方适于发展稻作农业。峡江地区的旱作农业、稻作农业都有很悠久的历史。楠木园遗址出土的石器种类有石锄、石

① 张万高主编：《秭归何光嘴》，科学出版社，2003年，第118—131页。

② 周国平：《秭归官庄坪》，科学出版社，2005年，第603—618页。

③ 王凤竹、周国平：《秭归柳林溪》，科学出版社，2003年，第268—292页。

④ 湖北省博物馆：《宜昌覃家沱两处周代遗址的发掘》，《江汉考古》1985年第1期。

镰、石磨盘、石磨棒、石斧、石锛、石铲、石凿，其中石锄占一定数量，说明距今7500前三峡人已经从事农业生产。三峡人不再纯粹依靠渔猎为生，进入到原始农业阶段①。属于城背溪文化阶段的柳林溪遗址第四层出土的陶器中掺有稻谷壳，还出土了4件石磨盘和1件石磨棒，说明距今约7000年三峡地区已有了稻作农业②。

楚人到峡江地区后，借鉴土著居民的农业经验，因地制宜，主要发展旱作农业，有关当时种植农作物种类的文献考古材料很少，仅根据三峡地理环境和历代农业状况作如此推测。

楚人带来了先进的铁制生产工具，促进了农业的全面发展。1999年宜昌上磨垴遗址出土了一批铁制生产工具。第5层出土铁锸4件，直銎铲1件，时代为春秋中期。第4层出土铁锸、刀、削刀各1件，时代为春秋晚期。发现有冶铸遗迹，在第4层的局部发现一些烧土面，并伴有较多的草木灰、炉渣、铜渣、铁渣③。

1981年，秭归县柳林溪遗址第三层出土铁锸2件（T3③：3，T2③：10），时代为春秋晚期④。

巴东茅寨子湾遗址B区出土铁锸1件，镰刀1件，采集铁锸2件，镬1件。C区出土铁锸7件，铁镬、斧、矛、镰刀各1件，采集铁锸2件，铁镬、斧、镰刀、削各1件，并有铁渣、铁块等与冶炼有关的遗物。时代属春秋时期⑤。

1999年，巫山县蓝家寨遗址第一期出土铁镬2件、铁锸2件、铁镞1件，时代为春秋晚期⑥。

---

① 余西云：《巴东楠木园》，科学出版社，2006年，第406页。

② 湖北省文物考古研究所：《1981年秭归县柳林溪发掘的新石器早期文化遗存》，《江汉考古》1994年第1期。

③ 湖北省文物考古研究所：《湖北宜昌县上磨垴周代遗址的发掘》，《考古》2000年第8期。

④ 湖北省博物馆江陵考古工作站：《1981年湖北省秭归县柳林溪遗址的发掘》，《考古与文物》1986年第6期。

⑤ 湖北省文物考古研究所：《巴东茅寨子湾遗址的第二次发掘》，国务院三峡工程建设委员会办公室、国家文物局编著：《湖北库区考古报告集第三卷》，科学出版社，2006年，第428—516页。

⑥ 重庆市博物馆等：《巫山蓝家寨遗址发掘报告》，见重庆市文物局、重庆市移民局编：《重庆库区考古报告集1998卷》，科学出版社，2003年。

2000年，巫山蓝家寨遗址早一期出土铁锸4件，条状器3件，时代为春秋中期晚段；早二期出土铁器26件，其中铁镬5件，铁锄1件，铁锸9件，铁镞1件，块状器10件，时代为春秋晚期至战国中期[①]。

同年又在蓝家寨遗址发掘春秋中期铁锸2件，铁镬1件；战国中期镬2件，铁锸、斧、凿、削各1件。春秋晚期墓葬（M4）出土铁凿、刀各1件[②]。

巫山培石遗址出土春秋中晚期铁刀1件[③]。巫山上阳村遗址出土春秋时期铁锸2件，斧、锄、铁带钩、铁环首刀各1件[④]。

在宜昌上磨垴、小溪口、巴东茅寨子湾等遗址发现了冶炼遗迹，说明这些工具是在当地铸造的。三峡地区有许多铁矿资源，如湖北秭归县有铁矿床5个，铁矿点5个，巴东县已探明铁矿储量达32057吨，恩施自治州铁矿保有储量10多亿吨。重庆巫山县的桃花铁矿约有1.5亿吨铁矿储量。重庆石柱、武隆、涪陵、巴南、綦江、南川、万盛等县区均发现有丰富的铁矿[⑤]。至于楚人开采了哪个矿床，还需要进一步进行考古调查发掘。

上磨垴、柳林溪、茅寨子湾、蓝家寨等遗址的铁器时代都很早，有的可以早到春秋中期，属于楚国铁器方面的最早的资料，说明楚国很早就将冶铁术传播到峡江地区。杨权喜先生认为："西陵峡地区是目前唯一在遗址的春秋战国文化层中较普遍发现冶铁用铁遗存的地区，这个地区可能是楚国最早冶铁和使用铁器的地区，也可能是我国最早将铁器应用于农业生产的地区。"[⑥]上磨垴等遗址发现的早期铁器一般是生产工具，斧头、刀便于

---

① 重庆市文化局、重庆市博物馆等：《巫山蓝家寨遗址发掘报告》，见重庆市文物局、重庆市移民局编：《重庆库区考古报告集1999卷》，科学出版社，2006年。

② 重庆市文物考古所、湖南益阳市文物考古队等：《巫山蓝家寨遗址发掘报告》，见重庆市文物局、重庆市移民局编：《重庆库区考古报告集2000卷上》，科学出版社，2007年，第1—24页。

③ 南京博物院考古研究所等：《巫山培石遗址第二次发掘》，见重庆市文物局、重庆市移民局编：《重庆库区考古报告集2000卷上》，科学出版社，2007年，第66页。

④ 重庆市文物考古所、湖南益阳市文物考古队等：《巫山上阳村遗址发掘报告》，见重庆市文物局、重庆市移民局编：《重庆库区考古报告集2000卷上》，科学出版社，2007年，第109—124页。

⑤ 邹后曦、白九江：《三峡地区东周至六朝铁器的考古发现及相关问题的初步探讨》，《江汉考古》2008年第3期。

⑥ 杨权喜：《试论楚国铁器的使用和发展》，《江汉考古》2004年第2期。

开荒，镬、锸用于耕种，镰刀用于收割。铁器的使用，大大提高了峡江地区的农业生产水平。

综上所述，楚人主要以农业为生，渔猎经济仅占次要地位。楚人的到来，改变了过去峡江地区土著居民过分依赖渔猎经济的状况。

三、峡江地区环境对楚人制盐业的影响

峡江地区拥有丰富的盐卤资源，很早就被开采，并有相当的规模。盐卤资源主要分布于湖北长阳和重庆巫山、云阳、万州、忠县，见于《汉书》《水经注》《华阳国志》等文献记载，如：

《水经注》卷三十七："东南过佷山县（今长阳县）南。"注："（廪君）乃乘土舟从夷水下至盐阳，盐水有神女，谓廪君曰：'此地广大，鱼盐所出，愿留共居。'廪君不许，盐神暮辄来宿，旦化为虫，群飞蔽日，天地晦暝，积十余日，廪君因伺便射杀之，天乃开明。"

《汉书·地理志》载南郡所辖巫县（今巫山县）"有盐官"，巴郡所辖朐忍县（今云阳县）"有盐官"。

《水经注》卷三十四："（江水又）东，巫溪水注之。"注："溪水道源梁州晋兴郡之宣汉县东，入（又）南径建平郡泰昌县南（治今巫山县大昌镇），又径北井县西（治今巫山县巫峡镇北宁河），东转历其县北，井南有盐井，井在县北，故县名北井，建平一郡（治今巫山县巫峡镇）之所资也。盐水下通巫溪，溪水是兼盐水之称矣。"

《水经注》卷三十三："江水又东径瞿巫滩。"注："即下瞿滩也，又谓之博望滩。左则汤溪水（位于今云阳县境）注之，水源出县北六百余里上庸界，南流历之县，翼带盐井一百所，巴川资以自给，粒大者方寸，中央隆起，形如张伞，故因名之曰伞子盐。有不成者，形亦必方，异于常盐矣。王隐《晋书·地道记》曰：入汤口四十三里，有石煮以为盐，石大者如升，小者如拳，煮之，水竭盐成，盖蜀火井之伦，水火相得，乃佳矣。"

《水经注》卷三十三："江水又东南会北集渠。"注："二溪水涪陵县界谓之于阳溪，北流，径巴东郡之南，浦侨县西，溪夹侧，盐井三口，相去各数十步，以木为桶，径五尺，修煮不绝。溪水北流注于江，谓之南集渠口，亦曰于阳溪口，北水出新浦县北高梁山，分溪南水，迳其县西，又南一百里，入朐忍县，南入于江，谓之北集渠口，别名班山，朐忍尉治此。"

《华阳国志·巴志》载："临江县（今忠县），枳东四百里，接朐忍。有

盐官，在盐、涂二溪，一郡所仰。其豪门亦家有盐井。朐忍县有桔圃、盐井。”

《水经注》卷三十三：“江水又东径临江县（今忠县，治今忠县忠州镇）南。”注：“王莽之临江县也。《华阳记》曰：县在枳东四百里，东接朐忍县，有盐官，自县北入盐井溪，有盐井营户，沿注溪井水。”

峡江地区的土著居民很早就在开采盐卤资源。管维良先生认为大巫山地区最早被人利用的有三大盐泉，就是巫溪县宁厂镇宝源山盐泉、彭水县郁山镇伏牛山盐泉和湖北省长阳县西的盐水。巴族因盐业而壮大，将盐贩运到周边地区，获得丰厚的收益，从而使自己的民族经济日益强大，有雄厚的经济实力必然导致政治和军事上的强大[①]。

重庆忠县哨棚嘴、瓦渣地、中坝、李园遗址出土了大量的尖底杯和花边陶釜，时代从商代后期延续至西汉初期，孙华、曾宪龙先生认为这两种器物分别是晒盐、煮盐的工具，并且中坝遗址是历代井盐场的所在，李园遗址也是历代涂井盐场下游两公里的地方。考古资料证实忠县盐泉至迟从商代已被开采了[②]。

楚人进入峡江地区的目的之一可能是要控制该地区的盐卤资源。巫山大昌坝一带为北井县盐泉所在地，发现的楚人遗址有蓝家坝遗址、涂家坝遗址、林家码头遗址，蓝家坝遗址时代可上溯到春秋中期，据此推测楚人在春秋中期可能已经控制了巫县盐泉。

《史记·楚世家》载：“肃王四年（公元前377年），蜀伐楚，取兹方。于是楚为扞关以拒之。”扞关在今长阳县境。《太平寰宇记》卷一四七《长阳县》条载：“废巴山县在县南七十里，本佷山县地，即古扞关，楚肃王拒蜀之处。”说明至迟在公元前377年，楚国已经控制了长阳县一带，长阳盐泉被楚占领。

云阳发现了战国中期的故陵楚墓、马沱楚墓，忠县发现了战国中期的崖脚楚墓，云阳、万州、忠县的盐泉很可能在战国中期被楚国控制。《史记·秦本记》载：“（秦）孝公元年（公元前361年，即楚宣王九年），楚自

---

① 管维良：《巫山盐泉与巴族兴衰》，重庆市博物馆《巴渝文化》编辑委员会编：《巴渝文化》第4辑，重庆出版社，1999年，第79—99页。

② 孙华、曾宪龙：《尖底陶杯与花边陶釜》，重庆市博物馆《巴渝文化》编辑委员会编：《巴渝文化》第4辑，重庆出版社，1999年，第59—78页。

汉中，南有巴黔中。”文献记载与考古资料相符，战国中期楚人控制了巴人几乎所有的盐卤资源。此时巴国地盘仅剩川东北一隅，所以管维良先生说：“巴国得盐而兴，得盐而盛；反之，失盐即衰，失盐即亡。”①楚人占领了巴人的盐卤资源后，大大地增强了楚国的经济实力。

总之，楚人到峡江地区以后，主要占据长江及其支流的沿岸地区，其聚落就分布在长江及其支流沿岸的低海拔地区。楚人因地制宜，充分利用坪坝台地以及缓坡地，使用先进的铁制生产工具，主要发展旱作农业，在条件具备的地区种植水稻。渔猎经济虽然存在，但不再占据主导地位，家畜在肉食资源中的比例有所上升。楚人控制了巴人的盐卤资源，制盐业成为楚国经济的一个重要组成部分。

附表：峡江地区楚人聚落分布情况表

序号	遗址名称	行政区划	水域、地貌	海拔高程（米）
1	朱家台遗址	宜昌县莲沱区下岸溪	长江北岸一级阶地	
2	黄土包（白狮湾）遗址	宜昌县太平溪区龙潭坪乡覃家沱大队四队	长江北岸二级阶地	
3	覃家沱遗址	宜昌县太平溪区龙潭坪乡覃家沱大队三队	长江北岸二级阶地	80
4	周家湾遗址	宜昌县太平溪区龙潭坪乡苏家坳村五组	长江北岸高出江面150米的山岗	
5	白庙遗址	宜昌县三斗坪镇东岳庙村十组	长江南岸二级台地	
6	朱其沱遗址	宜昌县太平溪镇苏家坳村四组	长江北岸一级阶地	
7	中堡岛遗址	宜昌县三斗坪镇	长江中的小岛	
8	小溪口遗址	宜昌县太平溪镇西湾村柑橘厂	长江北岸	

① 管维良：《巫山盐泉与巴族兴衰》，重庆市博物馆《巴渝文化》编辑委员会编：《巴渝文化》第4辑，重庆出版社，1999年，第79页。

续表

序号	遗址名称	行政区划	水域、地貌	海拔高程（米）
9	上磨垴遗址	宜昌县太平溪镇西湾村	长江北岸	75～85
10	下尾子遗址	秭归县茅坪镇	长江南岸一级台地	
11	台丘遗址	秭归县茅坪镇银杏沱村	长江南岸	75～85
12	曲溪口遗址	秭归县茅坪镇曲溪村	长江南岸	85～90
13	沙湾遗址	秭归县茅坪镇松树坳村一组	长江南岸斜坡地和台地	
14	渡口遗址	秭归县茅坪镇松树坳村一组	长江南岸一、二级阶地	
15	柳林溪遗址	秭归县茅坪镇庙河村一组	长江北岸一级台地	80～120
16	香溪口遗址	秭归县香溪镇居委会	长江北岸、香溪东岸	90
17	马槽岭遗址	秭归县香溪镇八字门村一组	香溪河西岸一级阶地	85～95
18	李家坟遗址	秭归县香溪镇	香溪二级台地	
19	乔家坝遗址	秭归县香溪镇向家村五组	香溪西岸一、二级阶地	
20	张家坪遗址	秭归县三间乡黄杨畔村二组	香溪东岸一级台地	
21	河坎上遗址	秭归县香溪镇黄杨畔村二组	香溪东岸一级台地	85～95
22	官庄坪遗址	秭归县三间乡官庄坪村九组	香溪西岸一级台地	85～95
23	陈家湾遗址	兴山县高阳镇陈家湾一队	香溪一级台地	

续表

序号	遗址名称	行政区划	水域、地貌	海拔高程（米）
24	甘家坡遗址	兴山县高阳镇小河村一组	香溪东岸二级阶地	155
25	邹家岭遗址	兴山县新县城古夫镇夫子社区	香溪西岸	
26	卜庄河遗址	秭归县郭家坝镇卜庄河村一至五组	长江南岸二级阶地	90～200
27	龚家大沟遗址	秭归县香溪公社东门头三队	紧靠长江南岸	90～140
28	何家大沟遗址	秭归县郭家坝镇邓家坡三组	长江南岸二至五级阶地	
29	庙坪遗址	秭归县郭家坝镇楚王井村十一组	长江南岸二级阶地	90～156
30	何家坪遗址	秭归县郭家坝镇楚王井村十一组	长江南岸二级阶地	90～130
31	砂罐岭遗址	秭归县归州镇望江村五组	长江北岸	
32	坟堰湾遗址	秭归县洩滩乡八斗柑橘场	长江北岸二级阶地	70～90
33	谭家河遗址	秭归县沙镇溪镇范家坪村二组	长江南岸二级阶地	75～120
34	雷家坪遗址	巴东县东瀼口镇雷家坪村二组	长江北岸二级台地	
35	旧县坪遗址	巴东县东瀼口镇焦家湾村五组和旧县坪村一组	长江北岸二级台地	
36	茅寨子湾遗址	巴东县东瀼口镇雷家坪村一组	长江北岸一级阶地及相连的缓坡	90～135
37	黎家沱遗址	巴东县官渡口镇东坡村一组	长江北岸坡地	

续表

序号	遗址名称	行政区划	水域、地貌	海拔高程（米）
38	龙王庙遗址	巴东县官渡口镇东坡村九组	长江北岸	105
39	下溪口遗址	巴东县官渡口镇	长江北岸台地	
40	团包遗址	巴东县官渡口镇五里堆村	长江北岸二级阶地	
41	鸭子嘴遗址	巴东县官渡口镇五里堆村三组	长江北岸二级阶地	80～120
42	前进滩遗址	巴东县官渡口镇	长江北岸	
43	学堂包遗址	巴东县溪丘湾乡龙船河村二组	龙船河东岸一级台地	
44	罗坪遗址	巴东县沿渡河镇罗坪村	龙船河西岸	130
45	棕杨树槽遗址	巴东县沿渡河镇罗坪村二、三组	龙船河西岸	
46	吴家坝遗址	巴东县溪丘湾乡葛藤坪村六、七组	平阳河南岸	165～175
47	仁家坪遗址	巴东县信陵镇云龙村	长江南岸	165～185
48	高桅子遗址	巴东县信陵镇西瀼坡十组	长江南岸一级台地	80～165
49	楠木园遗址	巴东县官渡口镇楠木园村	长江南岸二级阶地	100～140
50	李家湾遗址	巴东县官渡口镇楠木园村一组	长江南岸	110～120
51	巴东四季坪遗址	巴东县官渡口镇四季坪村十组	长江北岸	
52	万流遗址	巴东县官渡口镇马家村一组	长江北岸	120
53	培石遗址	巫山县培石乡培石村一组	长江南岸	125～135

续表

序号	遗址名称	行政区划	水域、地貌	海拔高程（米）
54	跳石遗址	巫山县秀峰区南陵乡跳石村	长江南岸	115
55	上阳村遗址	巫山县培石乡上阳村	长江南岸台地	180～230
56	水田湾墓地	巫山县巫峡镇	长江北岸、大宁河西岸	95～134
57	秀峰一中墓地	巫山县巫峡镇秀峰、红光、圣泉三村	长江北岸、大宁河西岸	95～125
58	胡家包墓地	巫山县巫峡镇红光三社、圣泉三社、秀峰五社和六社	长江北岸、大宁河西岸	130～250
59	高唐观墓地	巫山县巫峡镇高唐村三社	长江北岸	130～300
60	瓦岗槽墓地	巫山县城北郊	长江北岸、大宁河西侧	180～220
61	蓝家寨遗址	巫山县大昌镇兴隆村十三组	大宁河左岸一级台地	132～152
62	涂家坝遗址	巫山县大昌镇宁河村	大宁河东岸一级阶地	129.9～136.5
63	林家码头遗址	巫山县大昌镇隆兴村二、三社	大宁河左岸一级阶地	143.4～144.5
64	冬瓜包遗址	巫山县曲尺乡五柏村四社	长江北岸	125～135
65	老关庙遗址	奉节县白帝城镇瞿塘村	长江北岸	150～182
66	上关遗址	奉节县白帝城镇白帝村	长江北岸坡地	180
67	宝塔坪墓地	奉节县永安镇窑湾村	长江北岸	135～202
68	鱼复浦遗址	奉节县永安镇窑湾村	长江北岸	110～135

续表

序号	遗址名称	行政区划	水域、地貌	海拔高程（米）
69	新浦遗址	奉节县安坪乡新浦村	长江南岸二级台地	130～140
70	云阳故陵楚墓	云阳故陵镇	长江南岸二级台地	176.5
71	马沱墓地	云阳双江镇马沱村十、十五组	长江北岸	100～300
72	忠县崖脚墓地	忠县忠州镇郑公村九至十一队	长江北岸山前缓坡状台地	140～170

（楚人遗址、墓地资料摘自考古简报、报告，因篇幅限制，恕不一一注明）

（本文原载《江汉论坛》2010年第5期）

楚公族婚姻考

楚公族婚姻属于楚国历史的一个重要内容，专门谈论此问题的文章很少。笔者收集了文献、金文等方面的资料，对此问题作一探讨。

一、楚国国王的婚姻

楚国国王的婚姻情况可考者有：若敖、楚武王、楚文王、楚成王、楚庄王、楚共王、楚灵王、楚平王、楚昭王、楚声王、楚宣王、楚怀王、楚顷襄王、楚考烈王。其他诸王如楚穆王、楚康王、郏敖、楚惠王、楚简王、楚悼王、楚肃王、楚威王、楚幽王、楚哀王、楚王负刍，无从查考。

（一）若敖

楚国国王的婚姻最早可考的为若敖，若敖与郧国通婚，如：《左传》宣公四年："初，若敖娶于郧，生斗伯比。"

（二）楚武王

楚武王与邓国通婚，娶邓曼为夫人，邓曼是一个素质很高的女性，在楚国政治中起过重要作用。如《左传》桓公十三年："楚屈瑕伐罗，斗伯比送之。还，谓其御曰：'莫敖必败，举趾高，心不固矣。'遂见楚子曰：'必济师。'楚子辞焉。入告夫人邓曼。邓曼曰：'大夫其非众之谓，其谓君抚小民以信，训诸司以德，而威莫敖以刑也。莫敖狃于蒲骚之役，将自用也，必小罗，君若不镇抚，其不设备乎！夫固谓君训众而好镇抚之，召诸司而劝之以令德，见莫敖而告诸天之不假易也。不然，夫岂不知楚师之尽行也？'"《左传》庄公四年："楚武王荆尸，授师孑焉，以伐随。将齐，入告夫人邓曼曰：'余心荡。'邓曼叹曰：'王禄尽矣！盈而荡，天之道也，先君其知之矣。故临武事，将发大命，而荡王心焉。若师徒无亏，王薨于行，国之福也。'"

卢、罗是被楚灭掉的，"卢、罗之灭，无疑是在屈瑕鄢北失利之后至第三次伐随之前，即公元前698年至前691年之间"[1]。国灭之前，楚与卢曾

① 何浩：《略论楚、罗鄢北之战——兼析罗与卢戎之灭》，《楚灭国研究》，武汉出版社，1989年，第159页。

有婚姻关系，如《国语·周语中》："昔鄢之亡也由仲任，密须由伯姞，郐由叔妘，聃由郑姬，息由陈妫，邓有楚曼，罗由季姬，卢由荆妫，是皆外利离亲者也。"韦昭注："卢，妫姓之国。荆妫，卢女，为荆夫人。荆，楚人。"

（三）楚文王

楚文王抢息侯夫人息妫为夫人，如《左传》庄公十四年（前 680 年）："楚子入息，以食入享，遂灭息。以息妫归，生堵敖及成王焉。"文王死后，文王之弟令尹子元欲蛊文夫人，息妫坚守贞洁，并激励令尹子元，如《左传》庄公二十八年："楚令尹子元欲蛊文夫人，夫人闻之，泣曰：'先君以是舞也，习戎备也。今令尹不寻诸仇雠，而于未亡人之侧，不亦异乎？'御人以告子元。子元曰：'妇人不忘袭雠，我反忘之。'"子元心有愧疚，率兵车六百乘伐郑。终因淫心不改，公元前 664 年，申公斗班杀死令尹子元。

（四）楚成王

楚成王的夫人为郑子瞀，如《列女传》卷五《节义传》："郑瞀者，郑女之嬴媵，楚成王之夫人也。"楚国此时还曾与卫国通婚。如《左传》僖公二十七年："狐偃曰：'楚始得曹，新昏于卫。若伐曹卫，楚必救之，则齐、宋免矣。'"

（五）楚庄王

楚庄王的夫人为樊姬。如《列女传》卷二《贤明传》："樊姬者，楚庄王之夫人也。庄王即位，好狩猎。樊姬谏，不止。乃不食禽兽之肉。王改过，勤于政事。王尝听朝罢晏，姬下殿迎曰：'何罢晏也？得无饥倦乎？'王曰：'与贤者语，俱不知饥倦也。'姬曰：'王之所谓贤者，何也？'曰：'虞丘子也。'姬掩口而笑。王曰：'姬之所笑何也？'曰：'虞丘子贤则贤矣，未忠也。'王曰：'何谓也？'对曰：'妾执巾栉十一年，遣人之郑卫求美人进于王，今贤于妾者二人，同列者七人。妾岂不欲擅王之爱宠哉？妾闻堂上兼女，所以观人能也，妾不能以私蔽公，欲王多见，知人能也。妾闻虞丘子相楚十余年，所荐非子弟则族昆弟，未闻进贤退不肖，是蔽君而塞贤路。知贤不进是不忠，不知其贤是不智也。妾之所笑，不亦可乎？'王说。明日以姬言告虞丘子。丘子避席，不知所对。于是避舍使人迎孙叔敖而进之，王以为令尹。治楚三年，而庄王以霸。楚史书曰：'庄王之霸，樊姬之力也。'”另见于《韩诗外传》卷二和《新序》卷一《杂事》。樊国灭亡时间，史无记载，当在庄王以后。

楚庄王另娶有郑姬和越女。如《史记·楚世家》：“庄王左抱郑姬，右抱越女，坐于钟鼓之间。”

（六）楚共王

楚共王的夫人为秦景公之妹。如《左传》襄公十二年：“秦嬴归于楚，楚司马子庚聘于秦，为夫人宁，礼也。”杜预注：“秦景公妹为楚共王夫人。”

楚共王还与巴通婚，其姬为巴女。如《左传》昭公十三年：“初，共王无冢适，有宠子五人，无适立焉，乃大有事于群望。而祈曰：‘请神择于五人者，使主社稷。’乃以璧见于群望曰：‘当璧而拜者，神所立也。谁敢危之！’乃与巴姬密埋璧于大室之庭。”杜预注曰：“巴姬，共王妾。”另见于《史记·楚世家》。

（七）楚灵王

楚灵王时，曾与晋通婚。如《左传》昭公四年：“（楚灵王）使椒举如晋求诸侯……椒举遂请婚，晋侯许之。”杜预注：“盖楚子遣举时，兼使求婚。”《左传》昭公五年：“楚子以屈伸为贰於吴，乃杀之。以屈生为莫敖，使与令尹子荡如晋逆女，郑伯劳子荡于汜，劳屈生于菟氏。晋侯送女于邢丘，子产相郑伯会晋侯于邢丘……晋韩宣子如楚送女，叔向为介……薳启强曰：‘……求诸侯而麇至，求婚而荐女。君亲送之，上卿及上大夫致之，犹欲耻之，君其亦有备矣，不然奈何？'”晋国对这次婚姻非常重视，晋侯亲自为晋女送行，韩宣子、叔向把晋女送到楚国。

（八）楚平王

楚平王的夫人先为蔡封人之女，后为秦女。如《左传》昭公十九年：“楚子之在蔡也，郹阳封人之女奔之，生太子建。及即位，使伍奢为之师，费无极为少师，无宠焉，欲谮诸王，曰：‘建可室矣。’王为之聘于秦，无极与逆，劝王取之。楚夫人嬴氏至自秦。”另见于《史记》之《楚世家》《秦本纪》《十二诸侯年表》。

（九）楚昭王

楚昭王之夫人为贞姜，如《列女传》卷四《贞顺传》：“贞姜者，齐侯之女，楚昭王之夫人也。”楚昭王另有越姬和蔡姬。如《左传》哀公六年：“子闾退曰：‘君王舍其子而让群臣，敢忘君乎！从君之命，顺也；立君之子，亦顺也，二顺不可失也。’与子西、子期谋，潜师闭途，逆越女之子章立之，而后还。”《列女传》卷五《节义传》：“楚昭王越姬者，越王勾践之女，楚昭王之姬也。昭王宴游，蔡姬在左，越姬参右。”

（十）楚声王

曾姬无恤壶铭文为：“惟王廿又六年，聖（声）趄之夫人曾姬无恤虗毐兹漾陵，蒿间之无匹，用作宗彝尊壶，后嗣用之，职在王室。”[①] 聖（声）趄之夫人，刘节考订为楚声王之夫人[②]。

（十一）楚宣王

楚宣王曾与秦通婚，《史记·六国年表》：楚宣王十三年（前357年）“君尹黑迎女秦”。

（十二）楚怀王

楚怀王的夫人为郑袖。如《史记·楚世家》：楚怀王十八年张仪曰：“臣善其左右靳尚，靳尚又能得侍于楚王幸姬郑袖，袖所言无不从者。”靳尚又谓夫人郑袖曰：“秦王甚爱张仪，而王欲杀之，今将以上庸之地六县赂楚，以美人聘楚王，以宫中善歌者为之媵，楚王重地，秦女必贵，而夫人必斥矣。夫人不若言而出之。”

楚怀王后又曾与秦国通婚。如《史记·楚世家》：楚怀王二十四年（前305年）“秦昭王初立，乃厚赂于楚。楚往迎妇”。

（十三）楚顷襄王

楚顷襄王之夫人为处庄侄女，《列女传》卷六《辩通传》：“楚处庄侄者，楚顷襄王之夫人，县邑之女也。”楚顷襄王还与秦通婚。如《史记·楚世家》：楚顷襄王七年（前292年）“楚迎妇于秦，秦楚复平”。

（十四）楚考烈王

楚考烈王的夫人为赵人李园之妹。如《史记·春申君列传》：“楚考烈

---

① 罗振玉：《三代吉金文存》卷十二，中华书局，1983年。

② 刘节：《寿县所出楚器考释》，载《古史考存》，人民出版社，1958年，第105—140页。

王无子，春申君患之，求妇人宜子者进之，甚众，卒无子。赵人李园持其女弟，欲进之楚王，闻其不宜子，恐久无宠。李园求侍春申君为舍人，已而谒归，故期……于是李园乃进其女弟，即幸于春申君。知其有身，李园乃与女弟谋……春申君大然之，乃出李园女弟谨舍，而言之楚王。楚王召入幸之，遂生子男，立为太子，以李园女弟为王后。”“而李园女弟初幸春申君有身而入之所生子者遂立，是为楚幽王。”

1973年在江苏无锡前洲乡出土了郪陵君王子申攸鉴、豆[①]。鉴颈部外壁铭文为1行列30字：“郪（陵）君王子申攸，䌛（兹）散（造）金监（鉴）。攸立（莅）岁尝，以祀皇祖，以会父兄。羕（永）用之官（馆），攸无疆。”后来此器交到南京博物馆时，又发现口部折沿的背面铭文为：“王郢姬之滥（鉴）。”[②] 豆之一盘口外壁铭文1行30个，除器名为“钛盍（盒）”外，余同鉴鉴颈部外壁铭文。盘的外底有2行家22字：“郢姬府所造，冢（重）十冐四冐圣朱。□襄冢（重）三朱二圣朱四戠。”豆之二铭文内容同豆之一，作螺旋状排列在盘的外底，共两周半。无豆一的重量铭文。关于王子申攸其人，有三说：(1) 可能是幽王之子，也可能是其弟[③]；(2) 即春申君，郪陵为初封地[④]；(3) 可能是负刍[⑤]；(4) 可能是楚哀王犹[⑥]。刘彬徽推测王子申攸为楚哀王犹，郢姬府可能是其母后之府。但据《史记·楚世家》：“十年，幽王卒，同母弟犹代立，是为哀王。”则楚哀王之母亦当为李园之妹，不当为姬姓。王子申攸无论是谁，楚国末期国王曾与姬姓国家通婚是可以肯定的。

二、楚国王室贵族婚姻

楚国王室贵族一般与异国王室贵族通婚。

(1) 楚武王时期，斗伯比与郧国通婚。如《左传》宣公四年：“初，若敖娶于郧，生斗伯比。若敖卒，从其母畜于郧，淫于郧子之女，生子文焉。郧夫人使弃诸梦中，虎乳之。郧子田，见之，惧而归以告，遂使收之。楚

① 李零、刘雨：《楚郪陵君三器》，《文物》1980年第8期。
② 周晓陆：《“郪陵君鉴”补》，《江汉考古》1987年第1期。
③ 李学勤：《从新出青铜器看长江下游文化的发展》，《文物》1980年第8期。
④ 何琳仪：《楚郪陵君三器考辨》，《江汉考古》1984年第1期。
⑤ 何浩：《郪陵君与春申君》，《江汉考古》1985年第2期。
⑥ 刘彬徽：《楚系青铜器研究》，湖北教育出版社，1995年，第374页。

人谓乳谷，谓虎於菟，故命之曰斗谷於菟。以其女妻伯比。实为令尹子文。”

（2）春秋早期，楚国贵族曾与嬴姓国家通婚。楚嬴盘与匜铭文记录了这一史实，这两件器物为传世器，现藏英国①。盘铭文为：“惟王正月初吉庚午，楚嬴铸其宝盘，其万年子孙永用享。”匜铭文为：“唯王正月初吉庚午，楚嬴铸其盅（匜），其万年子孙永用享。”刘彬徽先生断为春秋早期，认为器主楚嬴为楚国所娶嬴姓女子，不大可能为秦国人，可能为汉淮间某一嬴姓小国之女②。

（3）楚庄王时期，楚贵族通过抢婚方式娶陈灵侯夫人夏姬为妻子，楚庄王先将夏姬赏赐给申公巫臣，又赐给子反，最后赐给襄老。如《国语·楚语上》：“昔陈公子夏为御叔娶于郑穆公，生子南。子南之母乱陈而亡之，使子南戮于诸侯。庄王既以夏氏之室赐申公巫臣，则又畀之子反，卒于襄老。襄老死于邲，二子争之，未有成。恭王使巫臣聘于齐，以夏姬行，遂奔晋。”《左传》成公二年的记载更为详细。

（4）楚共王、康王时期，王子午与滕、蔡通婚，滕、蔡皆为姬姓，楚叔之孙“以邓”与王室后裔通婚。淅川下寺楚墓地分为甲、乙、丙三组，龙山南部的甲组包括 M7、M8、M36 以及 M8CH、M36CH 两个车马坑。龙山中部的乙组包括 M1、M2、M3、M4，以及 M2CH 一个车马坑和散布在该组墓南北的十五座小墓。龙山北部的丙组包括 M10、M11 以及 M10CH、M11CH 两个车马坑。M2 墓主人为王子午即子庚，楚共王时为司马，楚康王二年为令尹，死于楚康王八年，即公元前 552 年。

M1 墓主人为孟縢（滕）姬，出土孟縢（滕）姬浴缶 2 件，标本 M1：72 与 M1：60 器盖顶内铭文相同，铭文为：“隹正月初吉丁亥，孟縢（滕）姬择其吉金，自作浴缶，永保用之。”孟縢（滕）姬为滕国女子，姬姓。

M3 墓主人为郏中姬丹，出土为郏中姬丹盘、匜各 1 件。盘铭文为：“隹王正月初吉丁亥，蔡侯作郏中姬丹盥盘。用祈眉寿，万年无疆。子子孙孙，□□用之。”匜铭文为：“隹王正月初吉丁亥，蔡侯作郏中姬丹㑹盥（匜）。用祈眉寿，万年无疆。子子孙孙，永保用之。”

---

① 容庚：《商周彝器通考》下册，哈佛燕京学社，1941 年，第 842、856 页。

② 刘彬徽：《楚系青铜器研究》，湖北教育出版社，1995 年，第 291—292 页。

邾中姬丹为蔡国女子，亦为姬姓。孟縢（滕）姬、邾中姬丹为王子午的夫人。

M8 的墓主人为楚叔之孙“以邓”。M7 的墓主人为东姬或中妃卫。中妃卫簠 2 件，M7：9 铭文为：“隹王正月初吉丁亥，中妃卫用其吉金，自作旅□，子子孙孙永宝。”M7：10 铭文为：“隹王正月初吉丁亥，中妃□（卫）用其吉金，自□（作）旅簠，子子孙孙用之。”东姬匜 1 件，铭文为：“隹王正月初吉乙亥，宣王之孙、雝子之子东姬，自作会臾，其眉寿万年无期。子子孙孙，永宝用之。”东姬为王室之后裔，姬姓，为以邓的夫人[①]。

（5）郏敖时期，楚公子围与郑通婚，如《左传》昭公元年：“楚公子围（即后来的楚灵王）聘于郑，且娶于公孙段氏，伍举为介。”

（6）楚灵王时期，楚公子弃疾娶郹阳封人之女，此女属一般贵族之女。见前文《左传》昭公十九年关于楚平王夫人的记载。

（7）春秋晚期，王孙霖与蔡国通婚。如 1975 年出土于当阳曹家岗 5 号墓的王孙霖簠铭文为：“王孙霖作蔡姬食簠。”[②]

三、楚公族女性婚姻

根据楚公族女性出嫁的地点可分为以下几种类型：

（一）出嫁到异国

（1）楚成王时期：①楚女出嫁郑文公为夫人：《左传》僖公二十二年：“丙子，晨，郑文夫人芈氏、姜氏劳楚子（楚成王）于柯泽……夜出，文芈送于军，取郑二姬以归。”杜预注：“楚子还，过郑。郑文公夫人芈氏，楚女。姜氏，齐女也。”

②楚成王妹出嫁给江国：《左传》文公元年：“初，楚子将以商臣为大子……潘崇曰：‘享江芈而勿敬也。’从之。江芈怒曰：‘呼，役夫！宜君王之欲杀女而立职也！’”杜预注：“江芈，成王妹，嫁于江。”

楚王媵邛仲嬭（芈）南钟也记载了此事，该器仅有铭文传世。刘彬徽先生断为春秋中期。铭文为：“惟正月初吉丁亥，楚王媵邛（江）仲嬭（芈）南龢钟，其眉寿无疆，子子孙孙永保用之。”此为楚王的第二个女儿，嫁给江国，江国于公元前 623 年被楚所灭。郭沫若先生认为“成王熊恽之

---

① 河南省文物考古研究所等：《淅川下寺春秋楚墓》，文物出版社，1991 年。

② 宜昌地区博物馆：《当阳曹家岗 5 号楚墓》，《考古学报》1988 年第 4 期。

妹有江芈者，或即此江中嬭（芈）……楚王殆即成王或其父文王。”① 此江芈可能为成王之妹。

(2) 郏敖时期，楚公族女性与蔡通婚，如《左传》襄公三十年：“蔡景侯为太子般取于楚，通焉，太子弑景侯。”

(3) 楚怀王时期，秦惠王曾与楚通婚，昭襄王母就是楚女。如《史记·穰侯列传》：“穰侯魏冉者，秦昭王母宣太后弟也。其先楚人，姓芈氏。秦武王卒，无子，立其弟为昭王。昭王母故号为芈八子，及昭王即位，芈八子号为宣太后。”另见于《史记》之《秦本纪》《六国年表》。宣太后死于秦昭襄王四十二年（前265年）。

秦昭襄王也曾与楚通婚，如《史记·六国年表》：楚怀王二十四年（前305年，秦昭襄王二年）“秦来迎妇”。

(4) 楚顷襄王时期，秦孝文王立为太子之前，与楚通婚，该楚女后立为华阳夫人。如《战国策·秦策五》：“(吕不韦）乃说秦王后弟阳泉君曰……子楚立……王后为华阳太后，诸侯皆至秦邑。”《史记·吕不韦列传》：“秦昭王四十年，太子死。其四十二年，以其次子安国君为太子。安国君有子二十余人。安国君有所甚爱姬，立以为正夫人，号曰华阳夫人。华阳夫人无子。”华阳太后死于秦始皇十七年（前230年）。

（二）出嫁到附庸国

(1) 春秋中期，楚国王之大女儿嫁给曾国。曾孟嬭（芈）谏盆记载了此事，该器为传世器，清末出土于襄樊宋家闸，1980年时藏襄樊市文管处②。盖内、器内同铭：“曾孟芈谏作䵼𩏂（饔）盆，其眉寿用之。”刘彬徽先生断为春秋中期，认为此女“或为楚王的大女儿，为出嫁到曾国（或为国君夫人）后自作之器。由此器证明曾楚互通婚姻，关系密切”③。

(2) 楚庄王时期，屈子赤角的大女儿嫁给曾国贵族。楚屈子赤角簠记载了此事，该器1975年于湖北随州鲢鱼嘴出土，同出有鼎2件、曾子原鲁簠、曾中之孙戈、息子行盆各1件④。铭文为：“惟正月初吉丁亥，楚屈子

① 郭沫若：《两周金文辞大系图录考释》之《图录》230，《考释》，科学出版社，1958年，第165页。

② 曾昭岷、李瑾：《曾国和曾国铜器综考》，《江汉考古》1980年第1期。

③ 刘彬徽：《楚系青铜器研究》，湖北教育出版社，1995年，第297—298页。

④ 程欣人：《随县涢阳出土楚、曾、息青铜器》，《江汉考古》1980年第1期。

赤角媵仲孋璜簠，其眉寿无疆，子子孙孙永保用之。”赵逵夫先生认为屈子赤角即《左传》文公九年记载的楚公子朱，赤角是名，子朱是字①。

刘彬徽先生断为春秋中期前段，推测此器约作于公元前597年左右②。此墓位于随州鲢鱼嘴，此墓墓主人可能为屈子赤角的大女儿孋（芈）璜。铜器铭文中有“曾子原彝”“曾中之孙”，属曾国贵族，其中一位可能是孋（芈）璜的丈夫。是曾、楚之间互通婚姻的又一例证。

（三）出嫁给国内异姓贵族

楚康王时期，王子牟的姑娘嫁与伍举。如《左传》襄公二十六年：“伍举娶于王子牟，王子牟为申公而亡。楚人曰：‘伍举实送之。’伍举奔郑，将遂奔晋。”另见于《国语·楚语上》。

楚昭王之妹季芈嫁给钟建。如《左传》定公五年：“王将嫁季芈，季芈辞曰：‘所以为女子，远丈夫也。钟建负我矣。’以妻钟建，以为乐尹。”

四、楚国公族婚姻的特点

（一）楚国公族婚姻的政治色彩浓厚

楚国公族的婚姻基本属于政治婚姻，楚国国王的婚姻尤其如此，根据国王婚姻的目的来看，有以下几个特点：

（1）与通婚国建立一种暂时密切的关系，往往成为灭掉该国的前奏，如郧、邓、卢等国，都是如此，通婚成为一种灭国的策略。

（2）为了对付共同的敌人，与通婚国建立一种政治上的联盟关系，如秦、郑、卫、巴、越等国。这种婚姻与某一时期国家的政治、军事需要紧密相连。

（3）为了保持政治军事上暂时的平衡，而与宿敌建立婚姻关系，如楚灵王与晋国通婚。

（4）与附庸国建立婚姻关系，如楚声王的夫人就是曾国姬姓女子，附庸国曾国之所以能够长期存在，与这种密切的婚姻关系是分不开的。

楚国王室贵族和楚国公族女性的婚姻均具有强烈的政治色彩。

（二）严格遵循等级观念

从国王到贵族，婚姻都严格遵循等级观念，楚国国王和王室贵族一般

---

① 赵逵夫：《楚屈子赤角考》，《江汉考古》1982年第1期。

② 刘彬徽：《楚系青铜器研究》，湖北教育出版社，1995年，第310页。

与其他国家的王室贵族通婚，楚国的公族女性要么嫁给他国的国王或王室贵族，要么嫁给本国的异姓高级贵族。

（三）婚姻方式多种多样

(1) 绝大多数采取了正规的迎娶仪式。

(2) 抢劫婚。如楚文王抢劫息侯夫人息妫为自己的夫人。楚贵族争着抢劫陈灵侯夫人夏姬为妻子，最后申公巫臣得到了夏姬，为此而逃到晋国避难。

(3) 婚前发生性行为。如斗伯比淫于郧女。婚前发生性行为在当时也是不允许的，所以私生子令尹子文生下来以后，被抛弃在云梦泽中。

(4) 私奔。私奔也是楚公族的一种婚姻方式，如楚公子弃疾在蔡时，郹阳封人之女奔之。

（四）女性的社会地位较高

楚国国王的夫人虽不专权，但地位较高，为国王的决策提出一些好的建议，如邓曼、樊姬就是其中最突出的代表。

（五）通婚的国家非常多，加强了与各国之间的政治、军事和文化交流

与楚国通婚的国家可考的有郧、卢、邓、曾（随）、陈、卫、樊、郑、越、秦、齐、巴、晋、蔡、滕、雍、江等国。与如此之多的国家通婚，在春秋战国时期是少见的。中原地区如齐、鲁世代保持着通婚关系，是比较固定的，而楚的婚姻是开放式的。

从青铜器铭文看曾国贵族的婚姻关系

关于曾国的婚姻关系问题，传世文献没有记载，只能依靠出土材料复原历史的部分面貌。台湾学者陈昭容曾依据青铜器铭文，研究了西周到春秋时期汉水流域及淮水中上游诸侯国之间的婚姻关系，其中探讨了曾、楚婚姻关系和曾、黄关系①。张昌平在《曾国青铜器研究》一书中探讨了曾国与黄国等国的通婚，比较简略②。因为随州叶家山、郭家庙曾国墓地考古等新材料的出土，笔者拟对曾国的婚姻关系再进行系统的探讨。

一、西周早期曾国与狄人联姻

随州叶家山 M28 出土曾侯谏作媿器有卣 2、壶 1、尊 1、簋 2。曾侯谏作媿卣器盖内壁及器底有内容相同的铭文“曾侯谏乍媿宝尊彝”。曾侯谏作媿壶盖内壁顶面、壶颈部内壁有铭文“曾侯谏乍媿肆壶”。曾侯谏作媿尊器内底中部铸有铭文“曾侯谏乍媿宝尊彝”。曾侯谏作媿簋器内底铸铭文“曾侯谏乍媿宝尊彝”。该墓时代简报作者推定为西周早期周昭王前期③。叶家山 M2 出土了两件曾侯谏作媿簋，与 M28 两件相同。M2 还出土了一件曾侯谏作媿连体甗，器内上腹壁有铭文“曾侯谏乍媿宝彝”④。根据墓葬排列方位，M65 与 M2 东西并列，相距 10 米，M65 墓主人可能为曾侯谏。报告作者推测此墓的年代为西周早期的康昭之际⑤。M2 时代为康昭之世，墓主

---

① 陈昭容：《从青铜器铭文看两周汉淮地区诸国婚姻关系》，《历史语言研究所集刊》第 75 本第 4 分册，2004 年。

② 张昌平：《曾国青铜器研究》，文物出版社，2009 年，第 296—301、347—348 页。

③ 湖北省文物考古研究所、随州市博物馆：《湖北随州叶家山 M28 发掘报告》，《江汉考古》2013 年第 4 期。

④ 湖北省文物考古研究所、随州市博物馆：《湖北随州叶家山西周墓地发掘简报》，《文物》2011 年第 11 期。

⑤ 湖北省文物考古研究所、随州市博物馆：《湖北随州叶家山 M65 发掘简报》，《江汉考古》2011 年第 3 期。

人应是曾侯谏的媿姓妻子①。

《左传》僖公二十三年（公元前 637 年）："狄人伐廧咎如，获其二女，叔隗、季隗，纳诸公子，公子娶季隗，生伯儵、叔刘。以叔隗妻赵衰，生盾。"杜预注："廧咎如，赤狄之别种也，隗姓。"赤狄隗姓，晋公子重耳与季隗、赵衰与叔隗通婚。

《国语·周语中》："襄王十三年（公元前 639 年），郑人伐滑。王使游孙伯请滑，郑人执之。王怒，将以狄伐郑……狄，隗姓也，郑出自宣王，王而虐之，是不爱亲也。夫礼，新不间旧，王以狄女间姜、任，非礼，且弃旧也。"韦昭注："狄，隗姓之国也。""隗姓，赤狄也。"周王室通常与姜姓、任姓国家通婚，但周襄王却与狄人通婚，纳隗姓狄女为王后，被认为是"非礼，且弃旧也"。

宋罗泌《路史·国名纪》记载："赤狄，隗姓，故上党地。"

曾侯谏的夫人可能是隗姓狄女。

中原地区的胡国为归姓，也就是隗姓、媿姓。《史记·陈杞世家》惠公"十五年，吴王僚伐陈，取胡、沈而去"。索引引《世本》曰："胡，归姓；沈，姬姓。"《老子韩非列传》正义亦引《世本》曰："胡，归姓也。"

《左传》襄公三十一年："立胡女敬归之子子野，次于季氏。秋九月癸巳，卒……立敬归之娣齐归之子公子裯。"杜预注："胡，归姓之国。敬归，襄公妾。"

1973 年 12 月，陕西蓝田草坪公社草坪大队农民在平整土地时，发现了一件㝬叔鼎，口微敛，沿外折，腹较浅而微鼓，半蹄足，附耳。口沿下饰窃曲坟，足饰饕餮纹，时代为西周晚期。鼎内腹壁上有铭文五行，行九、十字不等，重文一，共四十七字。铭文为："隹（唯）□（王）正月初吉乙丑，㝬叔仴（信）姬乍（作）宝鼎，其用享于文且（祖）考，㝬叔眔（及）仴姬其易（锡）寿耇多宗永令（命），㝬叔仴姬其迈（万）年子子孙永宝。"②

1978 年 4 月，在陕西武功苏坊任北村窖藏中出土 6 件㝬叔簋，其中三

① 湖北省文物考古研究所、随州市博物馆：《湖北随州叶家山西周墓地发掘简报》，《文物》2011 年第 11 期。

② 尚志儒、樊维岳、吴梓林：《陕西蓝田出土㝬叔鼎》，《文物》1976 年第 1 期。

件完整，另三件仅剩器盖，时代为西周晚期。盖铭与器身铭文相同，即："㝬叔㝬姬乍（作）白（伯）媿媵簋，用享孝于其姑公，子子孙孙其万年永宝用。"㝬叔㝬姬为长女伯媿出嫁制作此器。证明㝬为媿姓。唐兰先生释"㝬"为"胡"，为戎狄一支①。《世本》记载胡为归姓，可证媿、归相通。简报作者认为蓝田、武功两地出土器物上的㝬叔应是同一人，㝬姬与仩（信）姬也是同一人。㝬是西周晚期定居蓝田的戎人一支②。

穆王时的几件青铜器提到了㝬。如：

遇鼎铭文："惟十有一月，师雍父省道，至于㝬，遇从。……"

遇甗铭文："惟六月既死霸丙寅，师雍父戍在古自，遇从，师雍父殳使遇事于㝬侯。"③

录簋铭文："白雍父来自㝬。"④

李学勤先生认为㝬就是胡国，这个㝬国，就是文献中归姓的胡国，在今安徽阜阳，是自成周通往淮水流域的必经要地⑤。

近年出现的胡国器物有胡应姬鼎和伯□鼎，胡应姬鼎铭文为："唯昭王伐楚荆，㝬（胡）应姬见于王，辞皇，易（锡）贝十朋，玄布二乙，对扬王休，用乍（作）氒（厥）啻（嫡）君、公吊（叔）乙鼑（鼎）。"周昭王讨伐楚荆，胡国的应姬朝见昭王，言辞甚美，赐给应姬贝十朋，赐给公叔乙玄布二，为嫡夫人、公叔乙作鼎⑥。时代为昭王时期。

伯□鼎铭文为："隹（惟）公省，䖒又（徂）南或（国），至于汉。氒（厥）至于㝬，公易（赐）白（伯）□宝玉五品、马四匹，用铸宫白（伯）宝尊彝。"李学勤先生推测公可能为召公，召公视察南国，到达汉水。经过胡国，召公赏赐伯□宝玉五品、马四匹，铸造了宫伯宝鼎，伯□是做器者。时代为西周早期⑦。

---

① 唐兰：《用青铜器铭文来研究西周史——综论宝鸡市近年发现的一批青铜器的重要历史价值》，《文物》1976年第6期。

② 卢连成、罗英杰：《陕西武功县出土楚簋诸器》，《考古》1981年第2期。

③ 郭沫若：《两周金文辞大系图录考释》，上海书店出版社，1999年，图7，录31，考59和图46，录32，考60。

④ 罗振玉：《三代吉金文存》卷八，中华书局，1983年，第36页。

⑤ 李学勤：《从新出青铜器看长江下游文化的发展》，《文物》1980年第8期。

⑥ 李学勤：《胡应姬鼎试释》，复旦大学出土文献与古文字研究中心编：《出土文献与古文字研究》第6辑，上海古籍出版社，2015年。

⑦ 李学勤：《试说新出现的胡国方鼎》，《江汉考古》2015年第6期。

《汉书·地理志》汝南郡女（汝）阴县下自注："故胡国。"《后汉书·郡国志》汝南郡汝阴县下自注："本胡国。"《春秋》昭公四年杜预注："胡国，汝阴县西北有胡城。"汉晋汝阴县，唐宋沿置不变，为颍州所治，元至元年间省入颍州，清雍正十三年升颍州为府，乃以州地置阜阳县，治廓下。清阜阳县即今安徽省阜阳市，则胡国都城在今安徽省阜阳市西北，胡国是一支媿姓狄人在西周或更早时期南下，在淮河中上游地区建立的国家[①]。

胡国曾与姬姓国家通婚。西周晚期麸叔鼎铭文中的"麸叔、佁（信）姬"，麸叔簋铭文中的"麸叔、麸姬"，表明麸叔的夫人麸姬是娶自姬姓国家。传世麸叔簠时代约为春秋早期，其铭文为："麸叔作吴姬尊簠，其万年子子孙孙永宝用。"吴姬是吴国女子，吴国属姬姓国家。

曾侯谏的夫人也可能娶自胡国，为姬姓国家与狄人通婚增加了一个实例。

二、西周晚期至春秋早期曾国与楚、邓、黄的联姻

（一）黄季大鼎、黄季小鼎

黄季大小鼎1972年出土于随州均川熊家老湾，黄季大鼎，立耳，圆腹微鼓，兽蹄足，上腹饰一周窃曲纹，下腹饰一周龙纹。时代属西周晚期。腹内底铸有铭文："黄季乍季嬴宝鼎，其万年子孙永宝用。"黄国，嬴姓，位于今河南潢川、光山一带。季嬴为黄国女子，出嫁到曾国，黄季为季嬴铸造媵器。这件器物表明西周晚期曾国与黄国发生了通婚关系。

黄季小鼎，立耳，腹微鼓，蹄足曲度较小。上腹饰重环纹。腹内底铸有铭文："黄季乍□□□，其万年永宝用。"[②] 小鼎铭文简报没有著录，刊载于《曾国青铜器》一书[③]。黄季小鼎亦是黄季为黄国女子铸造的媵器。

1966年京山苏家垅出土曾侯仲子斿父铜器群，其中出土了两件黄国制造的鬲，口沿上铭文为："隹黄朱柁用吉金作鬲。"[④] 时代为西周晚期到春秋早期。黄国铜器与曾国高级贵族铜器并出，是两国关系密切的象征。

---

① 徐少华：《周代南土历史地理与文化》，武汉大学出版社，1994年，第213—215页。

② 鄂兵：《湖北随县发现曾国青铜器》，《文物》1973年第5期。

③ 湖北省文物考古研究所：《曾国青铜器》，文物出版社，2007年，第162、163页。

④ 湖北省博物馆：《湖北京山发现曾国铜器》，《文物》1972年第2期。

（二）曾亘　非录鼎

枣阳郭家庙GM17附葬箱内出土两件曾亘嫚非录鼎（GM17：1、2），附耳，敞口，宽仰折沿，方唇，上腹直壁，下腹弧内收，圜底，下接三蹄形足，腹部饰一周窃曲纹。两鼎腹内壁铸有相同的铭文："曾亘嫚非录为尔（嬭）行器，尔（嬭）永祜福。"报告作者推测GM17时代为春秋早期早段[①]。黄锡全先生对此铭文做了三种解释：其一，嫚为邓国之姓，亘可读为桓，似为敬称或谥称。《尔雅·释训》："桓桓，烈烈，威也。""曾亘"类似曾姬无恤壶"圣桓之夫人曾姬无恤"中的"圣桓"一词。"非录"为"嫚"之名。尔，人名，受器者。铭文之义是嫁至曾国其夫谥称"曾桓"的曼姓邓国女子非录为尔所做之器，愿她永远享受大福。此墓可能是尔的墓。其二，"亘嫚""非录"为二人，嫚、录为姓，亘、非为名，名在姓前。二人为尔做器。其三，将"非录"理解为"不录"，是对死亡的讳称，意谓不终其禄。器主为"曾亘嫚"，亘即桓，是从其夫之谥称。两个"尔"都指"曾亘嫚"，是他人或者后人为死者曾亘嫚做器[②]。笔者认为第一种解释更为合理。

按照第一种解释，曾亘嫚非录铜鼎铭文表明在春秋早期楚国王室的尔（嬭）姓女子和邓国的嫚非录分别嫁给了曾侯，曾国与楚国和邓国联姻。

曾亘嫚非录鼎出自枣阳郭家庙GM17，报告作者认为GM17的墓主人就是曾亘嫚非录鼎铭文中的"尔（嬭）"，"尔（嬭）"就是芈，也就是楚王室芈姓女子，身份很高。从GM17的规模来看，也与楚王室芈姓女子身份相符。该墓位于墓葬区北部，带一条墓道，为发掘区两座带墓道的墓葬之一，墓坑与墓道总长11.3米，墓底面积约20平方米。椁室东西长4.3、宽2.6米，面积11.18平方米。附葬箱紧挨着椁室南侧，长1.56、宽0.92米，面积1.44平方米。椁室被盗，残留有铜鼎足和杯等，出土精美玉器141件，不出兵器和车马器。从墓葬规模和随葬品来看，墓主人当是曾国国君夫人。GM17时代晚于东北部另一座带墓道的GM21曾伯陭墓，与

---

① 襄樊市考古队等：《枣阳郭家庙曾国墓地》，科学出版社，2005年，第310—321页。

② 黄锡全：《枣阳郭家庙曾国墓地出土铜器铭文考释》，载《枣阳郭家庙曾国墓地》，科学出版社，2005年，第370、371页。

GM21相距115米，故报告作者推测GM17墓主人不会是曾伯陭的夫人，可能为曾伯陭下一代国君的夫人。尔（嬭）与曾亘嫚非录的关系既可能是婆媳关系，亦可能是妯娌关系。前一种可能性大一些，曾亘嫚非录作为晚辈（媳）祭祀长辈而做器①。

与曾国通婚的邓国立国也很早，至迟在西周早期就有邓国，《左传》昭公九年记载詹桓伯说："及武王克商，蒲姑、商奄，吾东土也；巴、濮、楚、邓，吾南土也；肃慎、燕亳，吾北土也。"。安州六器之一中甗，时代为西周昭王时期，就提到了邓国。

石泉先生认为邓国都城在今襄阳市樊城西北十余里的邓城，古代邓国疆域大致包括南阳盆地南部今襄阳市襄州区境的汉水以北和新野邓县以南地带②。新的考古发现表明邓国疆域西部已经跨越汉江到达谷城的庙滩一带。2000年12月，农民在湖北谷城庙滩镇古乐寺村七组擂鼓台挖花椒树沟时，发现4件青铜器，经考古工作者到现场调查发掘，证实青铜器出自一座土坑竖穴墓。铜器包括鼎、簋各2件。鼎，2件，形制基本相同，大小略异。敞口，立耳外斜，平折沿，方唇，半球状浅腹，三蹄足。腹外饰重环纹和垂鳞纹，间一道凸弦纹。两铜鼎器内壁分别铸铭文三行五字："邓子孙白用。"作者释读时认为"邓子"为邓国贵族，"孙白"为名。

簋，2件，形制大小相同。有盖，盖面上隆，顶上有喇叭状抓手。器身敛口，鼓腹较深，兽首环状耳，无垂珥，圈足下附四只蹄足。盖沿及器口外饰一周窃曲纹，器腹及盖面饰瓦纹，圈足饰重环纹。作者根据器形、纹饰、铭文字体判断，这批青铜器的年代为春秋早期前段。这批铜器的发现填补了邓国铜器的空白，也为邓国疆域越过汉水到达庙滩一带提供了实物资料③。

到春秋早期曾国北与黄国通婚，西与邓国通婚，形成曾、黄、邓政治联盟，其目的就是共同对付楚国。

（三）曾侯作季□鼎

2002年，枣阳郭家庙曾出土一件铜鼎，该鼎破坏严重，时代属春秋早

① 襄樊市考古队等：《枣阳郭家庙曾国墓地》，科学出版社，2005年，第324、325页。

② 石泉：《古邓国、邓县考》，《江汉论坛》1980年第3期。

③ 陈千万：《湖北谷城发现的邓国铜器及其相关问题》，见襄樊市文物考古研究所编：《襄樊考古文集》，科学出版社，2007年，第519—525页。

期。鼎内壁尚存部分铭文："曾侯乍季……汤嫋（芈）媵……其永用……"可知是曾侯为某位嫁到曾国的芈姓楚国女子作的鼎，这为曾侯当时就在枣阳郭家庙一带，郭家庙一带是当时的曾国都城所在地①。说明春秋早期曾国王室与楚国王室有通婚关系，楚国女子出嫁到曾国。

（四）陔夫人　（芈）克簠

京山苏家垄 M88 出土 4 件铜簠，铭文表明器主人为"陔夫人嫋（芈）克"，M88 墓主人就是陔夫人嫋（芈）克，其丈夫就是西北侧 M79 的墓主人曾伯霥，时代为春秋早期晚段②。曾伯霥 的封地就在京山平坝一带，其夫人娶自楚国。

（五）曾孟嬴　簠

枣阳郭家庙 GM1 出土两件曾孟嬴削簠（GM1：06），长方形，矮直口，平折沿，方唇，腹斜直壁内收，平底，方圈足。腹部两侧有一对半圆形耳。腹壁四面饰长鼻连体龙纹，圈足饰垂鳞纹。GM1 时代属于春秋早期晚段。内底铸有铭文："曾孟嬴削自乍行簠，则永祜福。"嬴削，是嫁至曾国名削的嬴姓女子。黄锡全认为，黄国为嬴姓，与曾国临近，说不定此嬴姓女子就是黄国人③。这件铜器铭文表明可能黄国女子出嫁到曾国。

（六）黄君孟夫人孟姬诸器

河南光山县黄君孟夫妇墓的第二椁室（G2）为黄君孟夫人墓，出土带有"孟姬"铭文的铜器有鼎 1、缶霝 2、鬲 1、盘 1、小铜罐 1、铜方座形器 1。说明黄君孟夫人为姬姓，这位女子很有可能来自曾国，当然这只是一种推测。黄君孟夫妇墓葬时代为春秋早期晚段④。如果推测不误，曾国女子出嫁到黄国，做了黄君孟的夫人。

---

① 方勤、吴宏堂：《穆穆曾侯——枣阳郭家庙曾国墓地》，文物出版社，2015 年，第 11—13 页。

② 方勤、胡长春、席奇峰、李晓杨、王玉杰：《湖北京山苏家垄遗址考古收获》，《江汉考古》2017 年第 6 期。

③ 黄锡全：《枣阳郭家庙曾国墓地出土铜器铭文考释》，载《枣阳郭家庙曾国墓地》，科学出版社，2005 年，第 367 页。

④ 河南信阳地区文管会、光山县文管会：《春秋早期黄君孟夫妇墓发掘报告》，《考古》1984 年第 4 期。

（七）曾侯作叔姬簠

曾侯作叔姬簠铭文为："叔姬霝乍（作）黄邦，曾侯乍（作）叔姬、邛嬭媵器𩞁彝，子子孙孙其永用之。"时代为西周晚期或春秋早期。郭沫若先生认为，"此亦楚器，曾侯见楚王酓章钟，乃楚之邻国姬姓之女，嫁于黄邦，楚做器以媵之。同时复媵适江之楚女也……上乍字乃迮省，嫁也，适也。"[①] 这件铜器应属曾国器物，铭文表明叔姬为曾国女子，出嫁到黄国，邛嬭是随着叔姬嫁到黄国的陪媵女子。郭沫若先生认为"楚做器"，恐不妥，做器者应为曾侯，并非楚人。释"邛"为"江"，可备一说。李学勤先生认为邛未必是江，因为江为嬴姓，不是芈姓[②]。

三、春秋中期曾国与楚国的联姻

（一）曾孟　（芈）谏盆

春秋中期，楚王之长女嫁给曾国，曾孟嬭（芈）谏盆记载了此事，该器为传世器，清末出土于襄阳宋家闸，现藏襄阳市文管处[③]。盖内、器内同铭："曾孟嬭谏作饔盆，其眉寿用之。"刘彬徽先生断为春秋中期，认为"曾国姬姓，此铭之孟嬭为楚人，姓嬭名谏，或为楚王的大女儿，为出嫁到曾国（或为国君夫人）后自作之器。由此器证明曾楚互通婚姻，关系密切"[④]。

（二）楚屈子赤角簠

楚庄王时期，屈子赤角之长女嫁给曾国贵族，楚屈子赤角簠记载了此事，该器1975年于湖北随州鲢鱼嘴出土，同出有鼎2件、曾子原彝簠、曾中之孙戈、息子行盆各1件[⑤]。铭文为："惟正月初吉丁亥，楚屈子赤角媵仲嬭璜飤簠，其眉寿无疆，子子孙孙永保用之。"赵逵夫先生认为屈子赤角即《左传》文公九年记载的楚公子朱，赤角是名，子朱是字[⑥]。

刘彬徽先生断为春秋中期前段，推测此器约作于公元前597年左右[⑦]。

---

① 郭沫若：《两周金文辞大系图录考释》，上海书店出版社，1999年，释文第165、166页。

② 李学勤：《论汉淮间的春秋青铜器》，《文物》1980年第1期。

③ 曾昭岷、李瑾：《曾国和曾国铜器综考》，《江汉考古》1980年第1期。

④ 刘彬徽：《楚系青铜器研究》，湖北教育出版社，1995年，第297—298页。

⑤ 程欣人：《随县溳阳出土楚、曾、息青铜器》，《江汉考古》1980年第1期。

⑥ 赵逵夫：《楚屈子赤角考》，《江汉考古》1982年第1期。

⑦ 刘彬徽：《楚系青铜器研究》，湖北教育出版社，1995年，第310页。

此墓位于随州鲢鱼嘴，此墓墓主人可能为屈子赤角之长女嬭（芈）璜。铜器铭文中有“曾子原彝”“曾中之孙”，属曾国贵族，其中一位可能是嬭（芈）璜的丈夫。是曾、楚之间互通婚姻的又一例证。

（三）随仲　加鼎、加嬶簋和随仲芈加钟

曹锦炎先生公布了其友人收藏的一件随仲嬭加鼎，附耳，折肩，束颈，盖顶微弧，正中有平环握手，三蹄足。盖及上腹饰蟠虺纹带，腹中部饰凸起绹纹一周，其下饰三角纹。内底铸反书铭文 5 行 28 字：“唯王正月初吉丁亥，楚王媵随仲嬭加飤（食）緐（繁），其眉寿无期，子孙永宝用之。”时代为春秋中期①。张昌平先生从器物的形制、装饰花纹和铸造方法等多个角度，结合已经发表的铜鼎资料，进一步论证随仲嬭加鼎时代确为春秋中期②。该铜器铭文表明，春秋中期楚王将长女嫁给随国，楚王为其女铸造了这件铜鼎。曾、随为一国二名，故收录此条材料。

随州市公安局收缴一件加嬶簋，通高 25 厘米，口径 19 厘米。敛口鼓腹，有子口，腹两侧有一对龙首耳，下有垂珥，矮圈足下连铸三条兽面小足。覆钵形盖，上有圈状捉手。盖沿、器口和圈足均饰窃曲纹，盖面和腹部饰瓦楞纹。盖、器同铭，各九字：“加嬶之行簋，其永用之。”时代为春秋中期③。该器为加嬶自作之器，加嬭也就是嬭加。

湖北随州枣树林墓地 M168、M169 墓主人分别为曾侯宝及其夫人随仲芈加，均被盗。M168 出土编钟 15、鼎 1、簋 2、簠 2、鬲 1、缶 2，另在椁室北部发现 1 件铜甲，椁室北部放置乐器、兵器，东部摆放礼器及车马器，西部摆放盥洗器及车马器。编钟、簋、缶上均有铭文“曾侯宝”。M169 出土有铜编钟 19、盘 1、匜 1、缶 1、鉶 1、匕 1。椁室北部东部放置乐器，南部摆放礼器，西部放置盥洗器。匕、缶、编钟上均有铭文“随仲芈加”④。

---

① 曹锦炎：《“曾”“随”二国的证据——论新发现的随仲嬭加鼎》，《江汉考古》2011 年第 4 期。

② 张昌平：《随仲嬭加鼎的时代特征及其他》，《江汉考古》2011 年第 4 期。

③ 吴镇烽：《商周青铜器铭文暨图像集成续编》，上海古籍出版社，2016 年，第 1 册第 477 页。

④ 湖北省文物考古研究所等：《湖北随州枣树林墓地 2019 年发掘收获》，《江汉考古》2019 年第 3 期。

四、春秋晚期曾国与楚国、郙的联姻

(一) 仲姬敦、曾仲　君臆方座形器

河南省文物考古研究所等单位在和尚岭发掘了两座楚墓，编号为 M1、M2，两墓相距 9 米，墓向东，M1 方向 68°，M2 方向 70°。二号墓出土一件仲姬敦，呈圆球形，由盖、身合成，素面。盖、身近口处有两个对称的环钮，盖顶和身的下部各有三个环钮。盖身近口处有相同的铭文："中（仲）姬□之盏"。此敦自名为"盏"。

该墓还出土一件曾仲蒍君臆方座形器，方座顶部有铭文："曾中（仲）𨛜（蒍）君臆之且（祖）埶"。

关于两座墓的时代、墓主人及其关系，学术界存在不同看法。

发掘者在《简报》中推断两座墓的时代为春秋中期后段，M1 的墓主人为箴尹克黄，M2 的墓主人为克黄的夫人曾国女子[①]。后来发掘者在《淅川和尚岭与徐家岭楚墓》报告中将和尚岭一、二号墓时代调整为春秋晚期。M1 的墓主人为克黄，M2 的墓主人为克黄夫人曾国女子仲姬[②]。高成林先生认为一号墓时代为春秋晚期偏晚，二号墓时代为战国早期[③]。有的学者认为两座墓的时代为春秋晚期至战国早期[④]。

克黄其人其事，载于《左传》宣公四年（公元前 605 年）："秋七月，戊戌，楚子与若敖氏战于皋浒……遂灭若敖氏……其（令尹子文）孙箴尹克黄，使于齐，还及宋，闻乱。其人曰：'不可以入矣！'箴尹曰：'弃君之命，独谁受之？君，天也，天可逃乎？'遂归复命，而自拘于司败。王思子文之治楚国也，曰：'子文无后，何以劝善？'使复其所，改命曰生。"克黄属若敖氏家族，正值他出使齐国，归至宋国之时，若敖氏发动叛乱，楚庄王灭掉若敖氏。虽然家族被灭，但克黄以大局为重，毅然回国复命，楚庄王没有杀他，官复原职，改名叫生。克黄升鼎、壶、豆等器应是改名之前

---

① 河南省文物考古研究所等：《淅川县和尚岭楚墓的发掘》，《华夏考古》1992 年第 3 期。

② 河南省文物考古研究所等：《淅川和尚岭与徐家岭楚墓》，大象出版社，2004 年，第 30、38、109、120、121 页。

③ 高成林：《淅川和尚岭楚墓的时代问题》，《中原文物》1996 年第 4 期。

④ 求实：《河南淅川和尚岭楚墓年代刍议》，《中国文物报》，1998 年 10 月 18 日第 3 版。

（即公元前 605 年）铸造的。

但是铜器铭文并不支持二号墓墓主人仲姬为克黄夫人之说。贾连敏先生认为，“曾中（仲）㠯（蒍）君𦞅”为器主之名。“㠯”为氏称，从邑，化声，即楚国蒍氏。“曾仲蒍君𦞅”，即曾国行第为仲名君𦞅的女子嫁于蒍氏者①。

而克黄属楚若敖氏中的斗氏，而不是蒍氏。那么报告作者认为和尚岭第一号墓墓主人为克黄，二号墓墓主人仲姬为克黄夫人的结论，还要重新审视。不过，无论出嫁给蒍氏还是斗氏，都是曾国女子出嫁给楚国公族无疑。

（二）曾媍嫿朱姬簠

淅川徐家岭第九号墓出土了曾媍嫿朱姬簠，器身呈长方形，直口加长，斜腹变短，四矩尺形足。盖口四边有六个边卡。盖顶、腹部及器腹壁饰细密的蟠螭纹，足部饰蟠虺纹和绹索纹。盖内和器内底有相同的铭文：“穆=（穆穆）曾媍嫿朱（邾）姬之畤（持）”。贾连敏认为“曾媍嫿朱（邾）姬”为器主之名，“媍嫿”为私名，“朱”可读为“邾”，国名。“曾媍嫿朱（邾）姬”即曾国姬姓之女名媍嫿，嫁于邾国者②。这件青铜器记载了春秋晚期曾国女子远嫁到邾国的史实，邾国曹姓，位于今山东邹城市。

四、战国中期曾国与楚国的联姻

曾姬无恤壶铭文为：“惟王廿又六年，聖（声）趄之夫人曾姬无恤虘宭兹漾陵，蒿间之无匹，用作宗彝尊壶，后嗣用之，职在王室。”③ 聖（声）趄之夫人，刘节考订为楚声王之夫人④。曾姬无恤出嫁到楚国，成为楚声王的夫人，这是青铜器铭文中所见到的最晚的曾楚联姻材料。

相传 2013 年，安徽淮南市谢集区杨公镇附近出土一件青铜曾姬无恤鼎，为某收藏家收藏。体成扁球形，子口内敛，附耳为外撇，三条矮蹄足，

---

① 河南省文物考古研究所等：《淅川和尚岭与徐家岭楚墓》，大象出版社，2004 年，第 359 页。

② 河南省文物考古研究所等：《淅川和尚岭与徐家岭楚墓》，大象出版社，2004 年，第 362 页。

③ 罗振玉：《三代吉金文存》卷十二，中华书局，1983 年。

④ 刘节：《寿县所出楚器考释》，载《古史考存》，人民出版社，1958 年，第 105—140 页。

盖面弧形隆起，上有三个环形钮，上腹有一道棱箍。通高 20 厘米，耳距 22 厘米。子口铸铭文 12 字："聖趄之夫人曾姬无恤之甬（用）鼎。"同坑出土 2 件鼎，形制铭文相同，还有 2 件曾姬无恤壶①。从鼎的形制来看，矮蹄足具有中原铜鼎的风格。

五、曾国贵族的婚姻关系背景探讨

为了更加明确清晰地考察曾国的婚姻关系，将以上材料反映的婚姻状况列表如下：

铜器名称	时代	女方	男方
曾侯谏作媿器（M28：卣 2、壶 1、尊 1、簋 2；M2：簋 2、连体甗 1）	康王、昭王	狄或胡	曾
黄季大鼎、黄季小鼎	西周晚期	黄	曾
曾亘嫚非录鼎	春秋早期早段	楚、邓	曾
曾侯作季□鼎	春秋早期	楚	曾
陔夫人孏（芈）克簠	春秋早期晚段	楚	曾
曾孟嬴削簠	春秋早期	黄	曾
黄君孟夫人孟姬诸器（鼎 1、缶霝 2、鬲 1、盘 1、小铜罐 1、铜方座形器 1）	春秋早中期之际	曾	黄
曾侯作叔姬簠	西周晚期或春秋早期	曾、邛	黄
曾孟孏（芈）谏盆	春秋中期	楚	曾
楚屈子赤角簠	春秋中期	楚	曾
随仲孏加鼎、加孏簋、随仲芈加钟	春秋中期	楚	随
仲姬敦、曾仲蓮君腱方座形器	春秋晚期	曾	楚
曾婚孈朱姬簠	春秋晚期	曾	郳
曾姬无恤壶、曾姬无恤鼎	战国中期	曾	楚

曾侯谏的夫人为媿姓，来自北方狄人或者媿姓的胡国，这与曾国在西周早期的封国背景有关。随州文峰塔一号墓出土的一号编钟（M1：1）铭文："隹王正月，吉日甲午，曾侯与曰：'白适上庸，左右文武。达殷之命，

① 吴振烽：《商周青铜器铭文暨图像集成续编》，上海古籍出版社，2016 年，第 1 卷第 156 页。

抚奠天下，王遣命南公，营宅汭土，君庇淮夷，临有江夏。'" 三号编钟铭文："隹王十月，吉日庚午，曾侯与曰：'余稷之玄孙。'"① 这两段铭文说明白适就是南公，为姬姓，辅佐文王、武王，推翻商朝，被封南方汭土，统治江淮地区。南公本人未必亲自到封地就职，如周公被封于鲁，其子伯禽赴任。若此推测不误，南宫的儿子到汭土就职，成为第一代曾侯。2013年，随州叶家山 M111 出土的方座簋上铭文为"犺作剌（烈）考南公宝尊彝"。曾侯犺是 M111 的墓主人，时代可能到了昭王之世，南公为曾侯犺的父亲。黄凤春先生认为曾侯谏墓早于曾侯犺墓，曾侯谏与曾侯犺可能是兄弟关系②。南公从周朝首都封到南方汭土，他的儿子曾侯谏、曾侯犺到实地履职，曾侯谏与狄人媿姓女子很可能在来曾国之前已经成婚，曾侯谏就职时携夫人一同南下。

西周中期曾国青铜器的铭文未见，曾国贵族婚姻本土化估计在此时已经开始。

曾（随）国实力雄厚，史称"汉东之国随为大"。西周晚期到春秋早期，曾（随）国面临的最大对手就是楚国。曾国与邓国、黄国的联姻，很可能是与邓国、黄国结成政治联盟，共同对付楚国。曾与楚既有矛盾，也有联合，曾、楚在这个时期也存在通婚关系，如曾亘嫚非录鼎、曾侯作季□鼎所记载的曾楚通婚史实。

早在楚武王三十五年（公元前 706 年）以前，楚国已经对曾（随）国用兵，但没有得逞。从楚武王三十五年至五十一年（公元前 690 年），进行了三次伐曾战争，楚武王最后一次伐曾，心脏病猝发，死在征战途中。不久曾国成为楚国的附庸国，曾国地盘虽然变小，但楚国一直没有彻底消灭密迩于楚的曾国，并且两国关系密切，有时曾国在政治上对楚国影响很大。如公元前 671 年，楚成王在随军的帮助下杀害了堵敖熊艰，夺得王位。公元前 506 年，吴师入郢，楚昭王逃到曾国，曾国顶住吴国的压力，保护了昭王。文峰塔一号墓编钟记载了这一重大事件："吴恃有众庶，行乱，西征

① 湖北省文物考古研究所、随州市博物馆：《随州文峰塔 M1（曾侯与墓）、M2 发掘简报》，《江汉考古》2014 年第 4 期；凡国栋：《曾侯与编钟铭文柬释》，《江汉考古》2014 年第 4 期。

② 黄凤春、胡刚.《说西周金文中的"南公"　　兼论随州叶家山西周曾国墓地的族属》，《江汉考古》2014 年第 2 期。

南伐，乃加于楚。荆邦既殄，而天命将误。有严曾侯，业业厥声。亲博武功，楚命是争。抚奠楚王，曾侯之灵。”“余申固楚城，改复曾疆。”[①] 编钟铭文证明曾、随是一个国家。因为曾国保护楚昭王，功劳卓著，楚国为报答曾国，恢复了曾国的疆域。春秋中、晚期到战国时期曾、楚之间的婚姻关系比较频繁，春秋中期楚王之长女嫁给曾国，楚国屈子赤角之女嫁给了曾国贵族，春秋晚期曾国的女子嫁给了楚国的薳氏家族，战国中期曾姬无恤嫁给了楚声王，成为楚声王的夫人，地位很高。联姻使曾、楚关系更加密切和牢固。

曾国除了主要与楚国通婚外，也与其他国家如郳国等国通婚。

（本文原载《江汉考古》2017 年第 4 期。收入本集时作了修改）

① 李零：《文峰塔 M1 出土钟铭补释》，《江汉考古》2015 年第 1 期。

湖北襄樊市区附近的秦移民遗存探讨

襄樊市区附近地区在西周至春秋早期为邓国地盘，都城就在今襄樊市樊城西北的邓城，公元前678年邓被楚国灭掉，成为楚国邓县。四百年后，被秦攻陷，成为秦邓县所在地①。秦为了加强统治，采取了驻军、移民等措施，如《史记·秦本纪》载："（秦昭襄王）二十八年（公元前279年），大良造白起攻楚，取鄢、邓，赦罪人迁之。"学者们以前曾对湖北云梦、宜昌、江陵地区的秦墓作过深入研究②，襄樊（邓县）是秦当时攻陷的重要地点之一，笔者认为有必要按照聚落考古的思路，对襄樊市区附近新出土的秦移民遗存进行探讨，以了解战国晚期以后该地区的文化变迁状况。

一、邓城遗址的秦移民遗存

邓城遗址位于樊城西北约6公里，城垣保存基本完整，呈长方形，周长约2900米，东、南、西、北城墙分别长约600、825、675、800米，城垣一般高3—5米，东南角高出地面约6米③。1996年湖北省文物考古研究所和襄樊市博物馆对邓城北的韩岗遗址进行了抢救性发掘④，该遗址紧邻邓城北城垣护城河，遗址范围东西长1500米，南北宽850米。韩岗遗址地层共分六层，时代自春秋中期延续至西汉早期。春秋战国时期遗存风格一

---

① 石泉：《古邓国邓县考》，载《古代荆楚地理新探》，武汉大学出版社，1988年。

② 陈平：《浅谈江汉地区战国秦汉墓的分期问题》，《江汉考古》1983年第3期；陈振裕：《略论湖北秦墓》，《文博》1986年第4期；陈振裕：《试论湖北地区秦墓的年代分期》，《江汉考古》1991年第2期；郭德维：《试论江汉地区楚墓、秦墓、西汉前期墓的发展与演变》，《考古与文物》1983年第2期；张泽栋：《试论云梦秦墓陶器年代分期》，《江汉考古》1997年第2期。

③ 叶植：《襄樊市文物古迹普查实录》，今日中国出版社，1995年。

④ 湖北省文物考古研究所、襄樊市博物馆：《湖北襄阳邓城韩岗遗址发掘报告》，《江汉考古》2002年第2期。

致，属楚文化范畴，分为春秋中期、春秋晚期和战国早、中、晚期。报告作者将3a、3b、3层及开口于其下的遗迹单位时代确定为秦汉之际。笔者认为该期遗存上限可能提前至战国晚期晚段。相对于前五期而言，该期文化特征发生了较大变化。陶器纹饰虽仍以绳纹为主，但瓦棱纹明显增加。陶器中的釜、折腹盆、小口高领瓮属典型的秦文化因素，双耳罐、宽平沿斜腹盆、折沿广肩瓮属于楚文化因素的孑遗。该时期大量出现板瓦、筒瓦、瓦当、砖等建筑材料，成为一个显著的特征，建筑材料的纹饰与秦文化的风格一致。板瓦瓦面饰交叉绳纹，内壁饰横绳纹。筒瓦瓦面饰绳纹，内壁饰粗绳纹。瓦当一般用双线或单线将瓦面四等分，饰四组卷云纹。三件长方形空心砖中，T2247③a：13饰树叶纹、葵花纹、压印纹，T2149③a：77饰菱形几何纹、同心圆纹、方形对角几何纹，G1：10饰“S”形卷云纹。空心砖最早实例见于岐山赵家台西周灰坑中，至战国末，在秦都咸阳宫殿遗址中首先发现用空心砖铺筑踏步、台阶，在秦陵中又发现最早用空心砖建造椁室的实例①。邓城出土的空心砖装饰花纹与秦都咸阳第一号宫殿铺地砖和空心砖的纹饰相似，如咸阳一号宫殿铺地砖中有太阳纹砖、菱形素面与米格纹砖。太阳纹砖上饰太阳纹和“S”形卷云纹。空心砖中有一种几何纹砖，主要饰回纹和菱形纹②。邓城所谓的“葵花纹”也就是咸阳一号宫殿砖上的太阳纹，两地砖上均饰“S”形卷云纹、菱形几何纹。邓城出土的空心砖装饰花纹与纪南城空心砖花纹风格迥异，纪南城南垣水门出土的空心砖（T10③G：38）③、松柏二号水井出土的空心砖中间饰方格纹，四角饰四叶纹④。我们认为邓城出土的建筑材料装饰风格更多地受了秦文化的影响。

依据以上的考古学分析，战国晚期晚段至秦代，秦文化在邓城一带突

---

① 黄展岳：《考古纪原——万物的来历》，四川教育出版社，1988年，第17—18页。

② 秦都咸阳考古工作站：《秦都咸阳第一号宫殿建筑基址简报》，《文物》1976年第11期。

③ 湖北省博物馆：《楚都纪南城的勘察与发掘（上）》图一四，《考古学报》1982年第3期。

④ 湖北省博物馆：《楚都纪南城的勘察与发掘（下）》图二四，《考古学报》1982年第4期。

然出现并占主导地位，楚文化因素仍然有所保留。从考古学上基本证实了石泉先生的观点，即秦国在公元前 279 年占领楚邓县县城后，将邓城变成了秦邓县县城，隶属于南阳郡。《史记·秦本纪》载秦昭襄王三十五年（公元前 272 年），“初置南阳郡”。《汉书·地理志》载南阳郡下辖邓县。

由于发掘面积有限，秦邓县县城的布局尚不清楚。韩岗遗址面积较大，紧邻北护城河。在较小的发掘区内发现了该时期的三眼水井和三座陶窑。陶窑 Y1 分布在 T1350 和 T1351 两探方内，由工作间、火门、火膛、窑室和排烟设施构成，主要用于烧瓦和生活器皿。始建于战国晚期或末期，至西汉初年废弃。烧窑用水可能来源于井水，陶窑附近的水井可能与制陶有密切联系。水井 J2 位于 T2247，J5 位于 T2673，J6 位于 T2754，呈环状分布于陶窑东部。报告作者因此推测秦汉时期的韩岗遗址可能是一处以烧制陶器为主的遗址，这一带为制陶作坊。今后的考古工作应着重搞清邓城这个中心聚落的布局及其变迁过程。

二、襄樊市区附近秦移民墓的分布

现已发掘秦移民墓约 50 座，分布于余岗、蔡坡、山湾、郑家山等墓地。墓地是秦移民聚落结构的必要组成部分。

（一）余岗墓地

余岗墓地位于襄樊市高新区团山镇余岗村北，西距邓城约 1.5 公里。襄樊市进行了三次发掘，1987 年发掘了 5 座秦移民墓即 M1—5①。1992—1993 年发掘秦移民墓 10 座即 M39、M41—43、M49—52、M51—52、M55、M57②。1996 年发掘秦移民墓 21 座即 YM6—11、YM13—20、YM22—23、YM25、LM1、LM3、LM6—7③。

（二）蔡坡墓地

蔡坡位于襄阳区伙牌镇施坡村的蔡坡山岗上。1973—1974 年湖北省博

① 襄樊市博物馆：《湖北襄阳余岗战国墓发掘简报》，《考古》1992 年第 9 期。

② 襄樊市博物馆：《湖北襄樊市余岗战国至东汉墓发掘报告》，《考古学报》1996 年第 3 期。

③ 襄樊市博物馆：《襄樊余岗战国秦汉墓第二次发掘简报》，《江汉考古》2003 年第 2 期。

物馆等单位发掘了蔡坡墓地。该墓地原是一个楚人墓地，到战国晚期晚段成了秦移民墓地，属于秦移民墓的有 M1—3、M5。该地距邓城遗址约 4 公里[①]。

（三）山湾墓地

山湾墓地位于湖北襄阳区伙牌镇陆寨村之西的山湾土岗上，西与蔡坡墓地相距 1 公里，西南距邓城遗址 5 公里。1972—1973 年，湖北省博物馆等单位发掘了该墓地。共发掘 34 座墓葬，其中楚墓 33 座[②]，秦移民墓 1 座[③]。山湾墓地也如蔡坡墓地一样，由楚人墓地变成了秦人墓地。

（四）郑家山墓地

郑家山墓地位于襄樊市襄阳城西南，北濒檀溪。1990—1991、1995—1996 年湖北省文物考古研究所和襄樊市博物馆在此发掘秦移民墓 15 座即 M17（可能为楚遗民墓）、M34、M46、M41—45、M48—49、M52—53、M55、M62、M66[④]。

余岗、蔡坡、山湾墓地均距邓城遗址较近，远者四五公里，余岗墓地西距邓城仅 1.5 公里，这三处墓地是秦邓县县城及附近秦移民的墓地所在地。

郑家山墓地位于汉水以南的襄阳城附近，说明当时秦移民除占据邓县县城外，在战略要地襄阳一带也有秦移民。《史记·秦本纪》载秦昭襄王二十九年（公元前 278 年），“大良造白起攻楚，取郢为南郡”。《汉书·地理志》载南郡下辖襄阳县。襄阳是控扼东南地区的战略要地，秦攻占后驻扎重兵，乃预料之中的事。郑家山秦移民墓地正是当时历史状况的真实写照。

三、秦移民墓的分期

公元前 279 年秦占领鄢、邓，至秦灭亡，共 73 年，秦移民墓经历了一个演变过程。我们从分析典型器物入手，能够分型分式者，总结其演变规

---

① 湖北省博物馆：《襄阳蔡坡战国墓》，《江汉考古》1985 年第 1 期；襄阳首届亦工亦农考古训练班：《襄阳蔡坡 12 号墓出土吴王夫差剑等文物》，《文物》1976 年第 11 期。

② 湖北省博物馆：《襄阳山湾东周墓葬发掘报告》，《江汉考古》1983 年第 2 期。

③ 杨权喜：《襄阳山湾十八号秦墓》，《考古与文物》1983 年第 3 期。

④ 湖北省文物考古研究所、襄樊市博物馆：《湖北襄樊郑家山战国秦汉墓》，《考古学报》1999 年第 3 期。

律，在此基础上，对这批秦移民墓进行分期。其他器物亦列出来，以便进行文化因素分析。

（一）器物的类型学分析

1. 铜器

铜鼎　依蹄足的高矮可分为两型。

A型：高蹄足。标本郑家山M17：4，浅盘状平顶盖，盖顶中部及四角各有一环状纽，附耳，腹直壁而较浅，平底（图一，1）。

B型：矮蹄足。标本山湾M18：3，器形矮胖，盖隆起，盖顶有三个扁形夔状纽。附耳，深圆腹（图一，2）。

蒜头壶　标本山湾M18：4，小口，口沿下外鼓，呈六个蒜瓣形。细长颈，鼓腹，圈足（图一，3）。

蒜头扁壶　标本郑家山M66：9，口部呈蒜头形，短颈，广肩，肩部有对称的铺首衔环，扁鼓腹，圈足（图一，4）。

鍪　依耳、肩、腹部特征，可分为二式。

Ⅰ式：标本郑家山M62：5，颈较长，单耳，弧腹，折肩不明显，圜底（图一，5）。

Ⅱ式：标本郑家山M52：1，颈部变短，双耳一大一小，折肩较明显，腹壁近直，圜底（图一，6）。

鍪颈由瘦长变粗短，肩部由折肩不明显到折肩明显，耳部由单耳到双

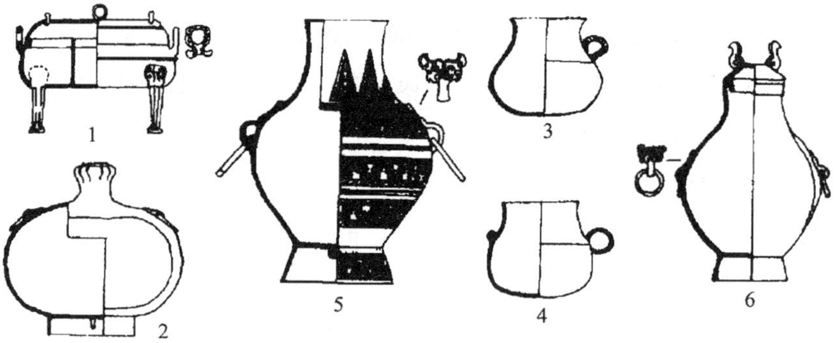

图一　襄樊秦移民墓出土铜器

1. A型鼎　2. 蒜头扁壶　3. Ⅰ式鍪　4. Ⅱ式鍪　5. 壶　6. 钫

（1、6为1/10　2—4为1/12，5为1/4）

耳，耳一大一小。

壶　标本郑家山 M17：8，口微敛，长颈，鼓腹，高圈足，腹上部有一对铺首衔环，颈部饰蕉叶纹，内填云纹，腹部和圈足共饰四周由波折纹、云纹和弦纹组成的花纹带（图一，7）。

钫　标本郑家山 M62：9，盝顶盖，上有四鸟形纽。束颈，溜肩，鼓腹，圈足。腹部有对称铺首衔环（图一，8）。

2. 陶器

釜　按口沿、领部特征分为二式。

Ⅰ式：标本 1987 年余岗 M2：2，短颈，鼓腹，圜底，腹饰绳纹（图二，1）。

Ⅱ式：标本 1987 年余岗 M5：2，无颈，鼓腹，圜底，腹饰绳纹（图二，2）。

釜由短颈到无颈。

茧形壶　标本山湾 M18：1，短颈，鼓腹，矮圈足，腹部饰凹弦纹（图二，3）。

瓮　标本山湾 M18：2，小口，广肩，平底（图二，4）。

折腹盆　按口沿、腹部特征分为二式。

Ⅰ式：标本年 1996 年余岗 M22：5，圆唇，敞口，折腹靠上，平底（图二，5）。

Ⅱ式：标本 1987 年余岗 M5：2，折沿，折腹近中部，平底（图二，6）。

折腹盆口部由无沿到折沿，折腹逐渐下移。

双耳圜底罐　按颈、腹部特征分为二式。

Ⅰ式：标本 1987 年余岗 M1：3，颈较短，肩部有对称大环耳，腹部较胖，内凹圜底，腹饰绳纹（图二，7）。

Ⅱ式：标本 1987 年余岗 M2：1，长颈，肩部有对称环耳，鼓腹变瘦，内凹圜底，腹饰绳纹（图二，8）。

双耳圜底罐颈由短变长，腹由胖变瘦。

鼎　根据足部特征分为两型。

A 型：矮蹄足。

Ⅰ式：标本 1987 年余岗 M3：2，盖隆起，盖顶有三个乳突状纽。附耳外撇，深腹呈球形，矮锥状足（图二，9）。

Ⅱ式：标本1992—1993年余岗M41：1，盖隆起，盖顶有圈状握手，附耳，腹部变浅，方柱状足（图二，10）。

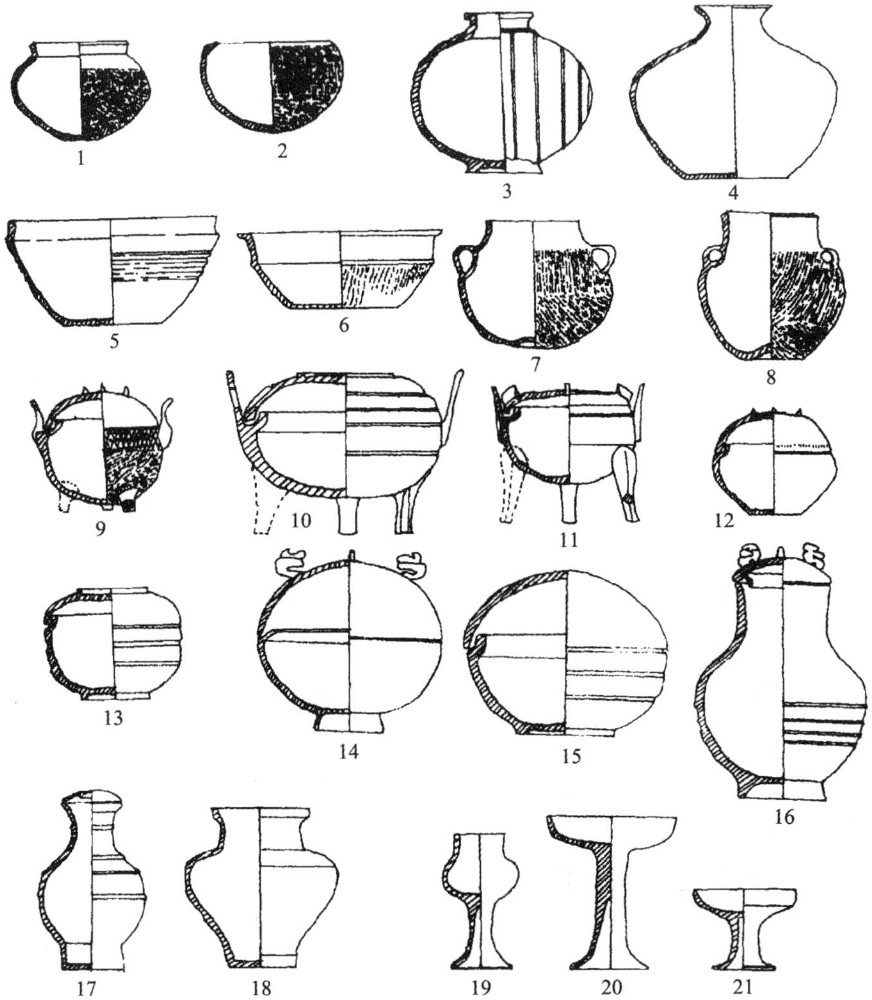

图二　襄樊秦移民墓出土陶器

1. Ⅰ式釜　2. Ⅱ式釜　3. 茧形壶　4. 瓮　5. Ⅰ式折腹盆　6. Ⅱ式折腹盆　7. Ⅰ式双耳圜底罐　8. Ⅱ式双耳圜底罐　9. AⅠ式鼎　10. AⅡ式鼎　11. B型鼎　12. A型盒　13. B型盒　14. CⅠ式盒　15. CⅡ式盒　16. A型壶　17. BⅠ式壶　18. BⅡ式壶　19. 高足壶　20. Ⅰ式豆　21. Ⅱ式豆（5、6、10、14—16、19、20为3/20，1、2、7、8、11、13、18、21为3/35，9、12为3/32，3、4为3/40）

盖顶由三纽变为圈状握手，腹由深变浅。

B型：高蹄足。标本1987年余岗M4：3，盖顶近平，盖顶有三个矩形纽。附耳外移，深腹，圜底（图二，11）。

盒 根据盖和腹部特征分为三型。

A型：标本1987年余岗M3：3，盖隆起，上有三个乳状纽，折腹，小平底（图二，12）。

B型：标本1987年余岗M4：2，盖顶有圈状握手，腹近直，较深，圈足，腹部饰两道凹弦纹（图二，13）。

C型：

Ⅰ式：标本1992—1993年余岗M43：10，盖隆起，盖面饰三个“S”状纽，弧腹，圈足（图二，14）。

Ⅱ式：标本1992—1993年余岗M41：4，盖隆起，无纽，弧腹，圈足（图二，15）。

壶 按足部特征分为两型。

A型：圈足。标本1992—1993年余岗M43：6，盖面饰三个“S”状纽，长颈，鼓腹，圈足（图二，16）。

B型：平底，无圈足。

Ⅰ式：标本1987年余岗M4：5，带盖，长颈，鼓腹（图二，17）。

Ⅱ式：标本郑家山M49：3，颈变短，鼓腹，最大腹径上移盖隆起（图二，18）。

B型壶颈由长变短，最大腹径逐渐上移。

高足壶 标本1996年余岗YM15：4，短颈、鼓腹、高柄（图二，19）。

豆 按柄部特征可分为两式。

Ⅰ式：标本1996年余岗YM15：3，浅盘，高柄（图二，20）。

Ⅱ式：标本郑家山M34：3，浅盘，矮柄（图二，21）。

豆柄由高变矮。

（二）秦移民墓的分期与年代

依据典型器物的分析，铜器中的鍪、陶器中的釜、折腹盆、双耳圜底罐、C型盒、B型壶、豆可分为两式，两式之间区别比较明显。Ⅰ式釜与云梦睡虎地M7：20釜形状相似，M7时代为秦昭襄王五十一年（公元前

256年）。Ⅱ式釜与云梦睡虎地M12：3釜的形状相似，M12时代属于秦代①。关中地区的茧形壶由不带圈足，发展到带圈足，不带圈足者时代属战国中晚期，带圈足者时代属秦代②。蒜头壶战国晚期出现于关中秦墓，颈粗短，秦代蒜头壶颈变得细长，山湾M18：4蒜头壶属于后者。据此我们可以将秦移民墓分为两期，第一期时代约属战国晚期晚段，第二期时代约属秦代。

四、秦移民墓的葬俗特征及其所反映的问题

秦移民墓一般为长方形土坑竖穴墓，没有墓道。仅1996年余岗YM18为偏洞室墓，洞室墓是关中秦墓的主要特征之一，YM18出土的铜鍪也是秦文化的典型器物，所以YM18是一座典型的秦人墓。这批移民墓规格不高，墓坑均不大，最大者如郑家山M17，长4.7、宽3.7米。一般的墓坑长约2.5、宽1.5米。有少数墓带壁龛，如1992—1993年余岗M51、1996年余岗1、10、11。墓底一般有生土或熟土二层台。

墓葬填土一般为黄白相杂的五花土。部分墓葬椁室周围有青膏泥，如1987年余岗M3、5，1992—1993年余岗M42、43、57，1996年余岗9、19—22、24。椁室周围填青膏泥是楚人的葬宿，秦移民墓中有青膏泥，说明秦移民受了楚人葬俗的影响。

葬具分为两类，等级稍高者为一棺一椁，等级低者为一棺。棺为长方盒形棺。大多数墓坑为南北向或近南北向，也有一定数量的墓坑为东西向或近东西向。南北向墓坑内可判断头向者则头向北，如1996年余岗YM18、郑家山M42、51。东西向墓坑内可判断头向者则头向西，如郑家山M53。有学者认为江汉地区的秦墓头向绝大多数向西向北，与关中秦墓的方向一致③。襄樊市区附近的秦移民墓头向也与此结论相符。

随葬品数量不多，一般放置于边箱或头箱，个别放置于壁龛。出土铜容器者仅见于郑家山墓地，出土铜器较多者如M17出土鼎2件，盉、盘、匜、壶、缶、勺各1件。M62出土钫2件，鍪、盘、匜、奁、镜、矛、鞘

---

① 云梦睡虎地秦墓编写组：《云梦睡虎地秦墓》，文物出版社，1981年。

② 宋治民：《略论四川战国秦墓葬的分期》，载《中国考古学会第一次年会论文集》，文物出版社，1980年；滕铭予：《关中秦墓研究》，《考古学报》1992年第3期。

③ 陈平：《浅谈江汉地区战国秦汉墓的分期问题》，《江汉考古》1983年第3期。

各1件。M66出土铜扁壶1件，铁鼎、釜各2件，铁勺1件。山湾M18出鼎2件，蒜头壶1件。出土铜器较少者如M47出土铁鼎、铜鍪各1件，M45、52各出土铜鍪1件。釜、鍪、蒜头壶、扁壶、矮蹄足鼎属典型的秦文化器物。高足鼎、钫、壶、盘、匜属典型的楚文化器物，楚文化因素仍部分保留下来。

陶器组合呈现为两个系统。 种为鼎、盒、壶、豆，一般出土两套，如1987年余岗M3、42—93M42、43、50。其中鼎多为A型鼎，流行于中原地区。B型鼎较少，为楚式鼎。出土这种组合的墓葬不出陶釜。鼎、盒、壶的组合最早在战国晚期兴起和流行于周和三晋地区，如洛阳中州路西工段第七期墓葬，属战国晚期，仿铜陶礼器组合为鼎、盒、壶①。鼎、盒、壶的组合在关中地区出现的时间晚，数量少，显然不属于秦文化因素。秦关中地区在战国晚期出现仿铜陶礼器鼎、盒、壶的情况，梁云博士做了一个统计，如陇县店子墓地战国晚期40座墓葬中，仅4座出仿铜陶礼器，54座秦代墓葬中无一座出仿铜陶礼器。宝鸡斗鸡台、凤翔李家崖、西安半坡、大荔朝邑等秦人墓地也无一座仿铜陶礼器墓。咸阳塔儿坡墓地战国晚期至秦代墓葬381座，出土仿铜陶礼器的墓葬才39座，仅占总数的10%②。秦国自春秋中期开始出现仿铜陶礼器，组合为鼎、簋、壶、甗、盘、匜，一直延续至战国中期。自商鞅变法以后，秦国摆脱了传统周礼的羁绊，出现了一种崭新的简易葬制，下层百姓盛行薄葬之风。随葬品主要为日用陶器，许多墓葬甚至无随葬品。战国晚期秦国关中地区出现少量仿铜陶礼器墓葬，应是受周和三晋地区文化影响的结果。

楚地出现鼎、盒、壶的组合既晚且少。江陵雨台山558座楚墓，出土仿铜陶礼器鼎、敦、盒、壶组合的仅M555一座③。当阳赵家湖297座楚墓中没有一座组合为鼎、盒、壶的墓葬④。江陵九店乙组墓葬578座，有鼎盒壶组合者仅M159、M429、M71三座⑤。楚国仿铜陶礼器组合为鼎、簠、

---

① 中国科学院考古研究所：《洛阳中州路（西工段）》，科学出版社，1959年。

② 梁云：《战国时代的东西差别——考古学的视野》，北京大学博士学位论文，2003年6月。

③ 湖北省荆州地区博物馆：《江陵雨台山楚墓》，文物出版社，1984年。

④ 湖北宜昌地区博物馆、北京大学考古系：《当阳赵家湖楚墓》，文物出版社，1992年。

⑤ 湖北省文物考古研究所：《江陵九店东周墓》附表十，科学出版社，1995年。

缶、鼎、敦、壶，从战国早期至战国晚期均很流行，呈偶数配置，变化不大，呈现出一定的连续性和稳定性。因此我们推论襄樊市区附近出土的鼎、盒、壶组合的墓葬，可能是从周和三晋地区迁移而来的人的墓葬。这就说明秦国移民的成分复杂，移民中包括有周和三晋等国的人。我们从《史记·秦本纪》来看，春秋时期秦国的对外战争基本局限在关中地区。商鞅变法以后，开始对魏、韩、赵、楚等国发动战争，在攻下鄢、邓之前，已经攻取了魏的安邑，韩的宜阳，赵的中都、光狼城等重镇。秦国攻城略地以后，曾采取迁徙本地居民的措施，如《史记·秦本纪》秦惠王十三年，“使张仪伐取陕，出其人于魏”。秦昭王二十一年，“魏献安邑，秦出其人，募徙河东赐爵，赦罪人迁之”。《史记·樗里子列传》载：“秦惠王八年，爵樗里子右更，使将而伐曲沃，尽出其人。”因此，迁徙这些地区的居民到襄樊一带是可能的，这些移民带来了中原地区的文化。

第二种陶器组合是以釜为代表的组合。组合形式有釜、双耳圜底罐、钵；釜、折腹盆、瓮；釜、折腹盆、壶、豆；釜、壶、豆等。大多数墓只出陶器，少数墓中陶器与铜器共存，如山湾 M18 除铜器外，还出土茧形壶、小口广肩瓮，郑家山 M62 除铜器外，还有陶鼎、盘各 2 件，罐、方豆各 1 件。出土陶釜的墓，一般不出鼎、盒，两种共存关系泾渭分明。釜、折腹盆、茧形壶、小口广肩瓮属典型的秦文化因素。秦文化中的陶釜最早出现在宝鸡地区春秋晚期到春秋战国之际的秦墓中，从这时起，一直到秦统一以后，在宝鸡、西安和大荔地区都相继出现了大量的陶釜[①]。陶釜、陶鍪包括铜釜、铜鍪是巴蜀文化的典型器物，因为便于行军时使用，于是被秦文化所吸收。伴随着秦统一东方各国的战争，秦人将釜、鍪传入关东各国，沿用于西汉。在关中地区不见双耳圜底罐这种器物，它应属于楚文化因素。双耳圜底罐最早出现于湖北襄宜平原，如宜城郭家岗遗址战国早期就出现了双耳圜底罐（T6②：1，T18②：3、4），战国中期继续沿用（T7J4：1）[②]。邓城韩岗遗址双耳圜底罐也出现于战国早期（H32：3，H33：6）[③]。双耳圜底罐在湖北地区沿用时间很长，延续于秦和两汉，甚至

① 滕铭予：《关中秦墓研究》，《考古学报》1992 年第 3 期。

② 武汉大学历史系考古教研室、湖北宜城市博物馆：《湖北宜城郭家岗遗址发掘》，《考古学报》1997 年第 4 期。

③ 湖北省文物考古研究所、襄樊市博物馆：《湖北襄阳邓城韩岗遗址发掘报告》图二五，《江汉考古》2002 年第 2 期。

更晚。釜、折腹盆、小口广肩瓮、双耳圜底罐属于生活日用器，在邓城韩岗遗址同时期遗存中发现了大量同类陶器，可以把遗址和墓葬联系起来考察。随葬日用陶器鬲、釜、折腹盆、罐、小口广肩瓮、茧形壶，是战国中晚期秦国关中地区葬俗的一个显著特征。据此我们推测随葬第二种组合的墓葬应属典型的秦人墓，这类墓葬在秦移民墓中占多数，那么在秦移民构成中秦人占多数，来自三晋等地的人占少数。

五、结论

秦军占领襄樊市区一带后，邓城由楚邓县县城变为秦邓县县城，秦国为了巩固统治，采取了驻军、移民等措施，均从考古学上找到了实物证据。秦移民主要分布在邓城和襄阳两地，住在邓城及附近的居民死后埋葬在余岗、蔡坡、山湾等墓地，住在襄阳的移民死后埋葬在郑家山等墓地。秦移民的构成比较复杂，以秦人为主，同时也有来自三晋等地的移民。秦移民墓延续时间长，可以分为两期，第一期时代约为战国晚期晚段，第二期约为秦代，并且直接影响了西汉早期的文化。我们从遗址和墓葬都可以看到，秦文化作为主流文化，吸收和保留了楚文化的一些因素。

（本文原载《考古与文物》2006 年第 1 期）

大事纪年法并非始于楚人

楚国纪年方法有三种方式，第一种方式为序数纪年法。如曾侯乙墓出土的楚王酓章镈铭文为："唯王五十又六祀，返自西阳，楚王酓章作曾侯乙宗彝……"第二种纪年方式为岁星纪年法。如《离骚》："摄提贞于孟陬兮。"第三种为以事纪年①。

楚国以大事纪年多见于战国楚简。

望山一号楚墓有两条：齐客张果问王于栽郢之岁；郙客困刍问王于栽郢之岁②。

江陵天星观一号楚墓有两条：秦客公孙鞅问王于栽郢之岁；齐客缰賸问王于栽郢之岁③。

包山二号楚墓楚简有七条纪年资料：齐客陈豫贺王之岁；□客监匿逅楚之岁；宋客盛公𩒨𤰇（聘）于楚之岁；东周之客䜌（许）绲归（餽）胙于栽郢之岁；大司马邵阳败晋师于襄陵之岁；大司马悼（卓）愲（滑）救郙之岁；鲁阳公以楚师后城奠（郑）之岁④。

常德市德山夕阳坡出土一条：越涌君迷其众以归楚之岁⑤。

新蔡葛陵楚墓出土八条纪年资料：王遷（徙）于鄩（鄩）郢之岁；王自肥还，遷（徙）于鄩（鄩）郢之岁；□大𨟻（城）邶（兹）旂（方）之岁；句邦公奠（郑）余𣪕大城邶（兹）竝（方）之岁；齐客墬（陈）异至（致）福于王之岁；□蒌茖受女于楚之岁；□至师于墬（陈）之岁；王复于

---

① 刘彬徽：《从包山纪时材料论及楚国纪年与楚历》，《包山楚墓》，文物出版社，1991年，第533—547页。

② 湖北省文物考古研究所：《江陵望山沙冢楚墓》，文物出版社，1996年，第237、238页。

③ 湖北省荆州地区博物馆：《江陵天星观1号楚墓》，《考古学报》1982年第1期。

④ 湖北省荆沙铁路考古队：《包山楚墓》，文物出版社，1991年，第349—371页。

⑤ 杨启乾．《常德市德山夕阳坡二号楚墓竹简初探》，《楚史与楚文化研究》，《求索》增刊，1987年。

蓝郢之［岁］；□莫嚣昜为晋（师）战于长□；□大莫嚣𨜒为［战］于长城之［岁］；公城鄟（鄩）之岁[①]。

楚国在青铜器铭文上出现以事纪年的铭文共有4例。

上海博物馆入藏一件战国楚量杯。器作圆柱形，有环形执耳，器高10.3厘米、直径8.4厘米，重605克，容量500毫升。在器表有4行29字刻铭，靠近口沿，跨环耳排列，其右3行，其左1行。刻铭唐友波释为：郐公卲（昭）者果（迈）（跖）秦之戢（岁），𩒨（夏）栾之月，辛未之日，攻（工）差（佐）竞之、𨑘（上）以为大市盥（铸）武（模）賡＝。时代为战国中期[②]。

刘雨、严志斌释为：郑公卲者果返秦之岁，夏栾之月，辛未之日，工佐竞之、上以为大市铸武监室。时代断为春秋前期[③]。

铜量上的工佐竞之与燕客铜量的工佐同名，燕客铜量时代属战国中期。楚国铜器铭文多为铸成，战国中晚期才流行刻铭，铭文也从战国中晚期出现近乎草体的字体。故唐友波断为战国中期比较合理，它比燕客铜量时代略早。

另3例分别是：鄂君启车节、舟节上有“大司马昭阳败晋师于襄陵之岁”[④]；安徽寿县朱家集楚幽王墓出土的大府镐铭文有“秦客王子齐之岁”[⑤]；1984年，长沙发现的燕客铜量上有“燕客臧嘉问王于栽郢之岁”[⑥]。

这些纪年材料发表以后，专家们进行了深入研究，对这批材料评价很高。如刘彬徽先生对包山简等材料评价时说：“这批纪时材料反映了楚国特有的纪年、纪月方式。”关于鄂君启节中“大司马昭阳败晋师于襄陵之岁”的时间，《史记·楚世家》记载：“（楚）怀王……六年，楚使柱国昭阳将兵

---

① 河南省文物考古研究所：《新蔡葛陵楚墓》，大象出版社，2003年，第186—231页。

② 唐友波：《“大市”量浅议》，《古文字研究》第22辑，中华书局，2000年，第129—132页。

③ 刘雨、严志斌：《近出殷周金文集录二编》第3册，中华书局，2010年，第317、318页。

④ 殷涤非、罗长铭：《寿县出土的鄂君启金节》，《文物参考资料》1958年第4期。1960年又发现的一枚，见《安徽日报》1961年2月23日。

⑤ 殷涤非：《寿县楚器中的“大府镐”》，《文物》1980年第8期。

⑥ 周世荣：《楚燕客铜量铭文试释》，《江汉考古》1987年第2期；李零：《楚燕客铜量铭文补正》，《江汉考古》1988年第4期。

而攻魏，败之于襄陵，得八邑。”这个事件发生的时间为公元前 323 年。过去学者们一致肯定所纪之年同于史事发生之年。但后来刘彬徽先生认为史事发生之年比所纪之年要早一年，故这个纪年材料所纪之年应为公元前 322 年①。

王红星认为楚国同年只用一事纪年，这种统一以事纪年，只有通过国家统一颁布，才能实施。包山楚简记载岁首之月冬栾已经用国家大事纪年，则可以判定楚国是用头一年的国家大事纪年。楚国颁行纪年大事可能在头年之年尾：“大司马邵阳败晋师于襄陵之事发生于公元前 323 年，用于纪年则应在次岁，即公元前 322 年。”②

武家璧先生也认为以事纪年是楚国的独特纪年方法，他说：“除了使用楚王纪年之外，楚国还流行一种独特的以事纪年的方法：把前一年发生在军事外交等方面的某件大事，用来作为记载第二年的标志，以头年之事纪次年之岁，以事件为岁名，一事纪一岁。”③

根据刘彬徽和武家璧先生的意见，似乎大事纪年法是楚人发明的。其他的楚史著作里也有类似的说法，在此不一一列举。其实大事纪年法并非楚人的发明，以目前资料可知，至迟在西周早期已经有了大事纪年法，楚国只是继承了西周这种纪年方法而已。

2000 年秋季，北京大学考古文博院和山西省考古研究所组成的联合考古队在山西晋侯墓地第 114 号墓发掘出 1 件铜甗，作器者为“𠭯”，故称“𠭯甗”，时代为西周昭王时期。𠭯甗器壁上铸有铭文 7 行，完整处每行8 字。铭文为：

> 唯十又［二］月，王［令］南宫［伐虎］方之年，［惟］正月既死霸庚申，［王］在宗周王□□𠭯使于繁，易贝［五］□，［𠭯］扬对王［休］，用乍□□□［彝］，子子［孙孙］［永］□□□。

甗的纪年方法为大事纪年法，“王［令］南宫［伐虎］方之年”这件大

---

① 刘彬徽：《从包山纪时材料论及楚国纪年与楚历》，《包山楚墓》，文物出版社，1991 年，第 533—547 页。

② 王红星：《包山简牍所反映的楚国历法问题——兼论楚历沿革》，《包山楚墓》，文物出版社，1991 年，第 521—532 页。

③ 武家璧：《观象授时——楚国的天文历法》，湖北教育出版社，2001 年，第 159 页。

事与周昭王伐楚有关，𣪕出使繁，正是为昭王十九年做准备。则王令南宫伐虎方之年，可能在昭王十八年，“正月既死霸庚申”是指昭王十八年的“正月既死霸庚申”[①]。

昭王时期的安州六器两件中方鼎与晋国𣪕甗为同时器，也是用大事纪年法。其铭文为：“隹（唯）王令（命）南宫，伐反虎方之年。王令（命）中先眚（省）南或（国）贯行。”[②]

唐兰先生释虎为“荆”，并认为中省南国为昭王十六年以前的事情[③]。则中方鼎为昭王十六年以前的器物。

作册翻父乙尊铭文为：“唯明保殷成周年，公赐乍（作）册翻（鬸）鬯、贝，翻扬公休，用乍（作）父乙宝尊彝。”[④] 唐兰先生称之为作册翻卣，断定此器属昭王时期[⑤]。这是昭王时期以大事纪年的实例。

士上卣器盖同铭，8 行 50 字。句首铭文为：“唯王大禴于宗周，徣（诞）餴莽京年，在五月既望辛酉，王令士上眔史寅𣪘（殷）于成周。”[⑥] 士上卣又称臣辰卣，盖顶和器腹均饰相对的象纹，盖缘和器颈饰回顾式花冠分尾鸟纹，圈足饰蛇纹。提梁两端有弯角羊头。1929 年洛阳马坡出土，共 2 件。其中一件较大，现藏美国哈佛大学萨克勒美术博物馆，通梁高 27.1 厘米。一件较小，现藏日本白鹤美术馆，通梁高 21.5 厘米、口径 8.3 厘米—10.7 厘米。同坑出土一件铜盉，铭文与卣相同。王世民等先生推断士上卣属西周早期昭王时器[⑦]。这是又一件西周昭王时期以大事纪年的实例。

作册𩴾卣解放前后洛阳出土，现藏故宫博物院，通高 23.5 厘米、口径 10—12 厘米，器盖同铭 6 行 60 字，又重文 3。铭文为：“唯公大（太）史见

---

① 孙庆伟：《从新出𣪕甗看昭王南征与晋侯燮父》，《文物》2007 年第 1 期。

② 薛尚功：《历代钟鼎彝器款识法帖》，中华书局，1986 年，第 45 页。

③ 唐兰：《西周青铜器铭文分代史徵》，中华书局，1986 年，第 283—285 页。

④ 中国社会科学院考古研究所：《殷周金文集成》第 11 册 11.5991，中华书局，1992 年，第 175 页；张亚初：《殷周金文集成引得》，中华书局，2001 年，第 114 页。

⑤ 唐兰：《西周青铜器铭文分代史徵》，中华书局，1986 年，第 203 页。

⑥ 中国社会科学院考古研究所：《殷周金文集成》第 10 册 10.5421、5422，中华书局，1990 年，第 342、343 页；张亚初：《殷周金文集成引得》，中华书局，2001 年，第 108 页。

⑦ 王世民、陈公柔、张长寿：《西周青铜器分期断代研究》，文物出版社，1999 年，第 129 页。

服于宗周年，在二月既望乙亥，公大（太）史咸见服于辟王，辨（遍）于多正。”① 王世民等断此器为西周早期偏晚时器②。这件铜卣铭文也以大事纪年。

小克鼎口下饰一周窃曲纹，各组之间有短扉隔开，腹部饰波浪纹。传清朝出土于扶风法门寺任村，同出者还有大克鼎、克钟、克盨等。小克鼎同铭者7件，其中一件现藏上海博物馆，通高56.5厘米、口径49厘米，其内壁有铭文8行70字，又重文2。句首铭文为：“唯王廿又三年九月，王在宗周，王命善（膳）夫克舍令于成周，遹正八师之年，克乍（作）朕皇祖釐季宝宗彝。”③ 王世民等断克鼎属夷厉之时④。克鼎纪年方式似可理解为以周天子在位年数与大事纪年两种方法并存。

以上几件铜器上的铭文表明西周早期已经有了大事纪年法，不过西周时期以大事纪年的铜器铭文也很少见，说明大事纪年法并不是一种常用的纪年方法，实行大事纪年方法可能是为了突出或纪念某次特别重大的事件。铜器铭文上的流行纪年方法主要是以王在位年数纪年，如“唯王四年，八月初吉丁亥”。有的省去“王”字，如“唯十又七年，十又二月，既生霸乙卯”。许多铜器铭文上只记月日而不纪年，如“唯王正月，辰在庚寅”。从铜器铭文可知，大事纪年法和王在位年数纪年法可以同时并存。东周时期除了楚国铜器上有大事纪年铭文外，齐国铜器铭文上也存在大事纪年法，如春秋中期国差罎“国差（佐）立事岁”⑤，春秋晚期公孙灶壶“公孙窹（灶）立（莅）事岁”⑥，战国早期陈喜壶“陈喜再立（莅）事岁”⑦，战国

---

① 中国社会科学院考古研究所：《殷周金文集成》第10册10.5432，中华书局，1990年。

② 王世民、陈公柔、张长寿：《西周青铜器分期断代研究》，文物出版社，1999年，第126页。

③ 中国社会科学院考古研究所：《殷周金文集成》第5册5.2796—2802，中华书局，1985年；张亚初：《殷周金文集成引得》，中华书局，2001年，第49、50页。

④ 王世民、陈公柔、张长寿：《西周青铜器分期断代研究》，文物出版社，1999年，第31、32页。

⑤ 中国社会科学院考古研究所：《殷周金文集成》第16册16.10361，中华书局，1994年；张亚初：《殷周金文集成引得》，中华书局，2001年，第159页。

⑥ 中国社会科学院考古研究所：《殷周金文集成》第15册15.9709，中华书局，1993年；张亚初：《殷周金文集成引得》，中华书局，2001年，第144页。

⑦ 中国社会科学院考古研究所：《殷周金文集成》第15册15.9700，中华书局，1993年；张亚初：《殷周金文集成引得》，中华书局，2001年，第144页。

早期陈纯釜“陈猷立（莅）事岁”[①]，战国早期子和子釜“□□立（莅）事岁”[②]，战国中期陈璋方壶、陈璋罍“唯王五年，奠（郑）昜陈得再立（莅）事岁”[③]。

齐国陶文里也有大事纪年资料，如“陈楠三立事岁”“陈闑立事岁”“陈立事岁”“王孙陈棱立事岁”“陈得立事岁”“平陵陈得立事岁”“陈苍立事岁”等[④]。张政烺先生考证陈得为陈僖子之子田惠子得，“立事”指陈得担任齐大夫[⑤]。

战国时期楚国、齐国继承西周时期的大事纪年法，说明楚国、齐国继承了西周的历法成果。

（本文原载《江汉考古》2015年第6期）

---

① 中国社会科学院考古研究所：《殷周金文集成》第16册16.10371，中华书局，1994年；张亚初：《殷周金文集成引得》，中华书局，2001年，第160页。

② 中国社会科学院考古研究所：《殷周金文集成》第16册16.10374，中华书局，1994年；张亚初：《殷周金文集成引得》，中华书局，2001年，第160页。

③ 中国社会科学院考古研究所：《殷周金文集成》第15册15.9703、第16册15.9975，中华书局，1994年；张亚初：《殷周金文集成引得》，中华书局，2001年，第144、150页。

④ 高明：《古陶文汇编》3.1、3.2、3.5、3.13、3.18、3.21、3.42，中华书局，1990年，第41、42、45、46、47、53页。

⑤ 张政烺：《“平陵陈得立事岁”陶考证》，见《张政烺文史论集》，中华书局，2004年，第46—57页。

从楚简疑“《诗》、《书》、执礼”的“执”应读为“埶”

《论语·述而》：“子所雅言，《诗》、《书》、执礼，皆雅言也。”何晏集解：“郑曰：‘读先王典法必正言其音，然后义全，故不可有所讳。礼不诵，故言执。’”邢昺疏曰：“此章记孔子正言其音无所讳避之事。雅，正也。子所正言者，《诗》《书》《礼》也。此三者，先王典法，临文教学，读之必正言其音，然后义全，故不可有所讳。礼不背文诵，但记其揖让周旋，执而行之，故言执也。举此三者，则六艺可知。”何晏和邢昺都将“执”解释为动词“执礼”。

刘宝楠《论语正义》曰：“礼不诵故言执者，礼亦有读，但此执礼是在行事时，故言不诵也。《困学纪闻》引叶梦得曰：‘盖古者以持礼书以治人者，皆曰执。《周官》太史大祭祀，宿之日读礼书，祭之日执书以次位常。凡射事执其礼事。’《论语骈枝》曰：‘执犹掌也。执礼，谓诏相礼事。’《文王世子》曰：‘秋学礼。执礼者诏之。’《杂记》曰：‘女虽未许嫁，年二十而笄，礼之，妇人执其礼。诸文皆言执礼，与此经同。’”刘宝楠把“执礼”仍然解释为动词。不过他说礼也是可以诵读的，但在从事礼仪活动时，就是“执礼”，“执礼”意为“掌礼”。

杨伯峻《论语译注》将此句译为：“孔子有用普通话的时候，读《诗》，读《书》，行礼，都用普通话。”杨伯峻先生把“执”字解释为动词，将“执礼”翻译为“行礼”。

《诗》《书》《礼》都是名词，如果把“执”理解为动词，就是在几个名词中间插入一个动词，不合乎汉语语法。我们推测“执”字原当为“埶”字，“埶”字应该是一个名词，四个名词并列，才文从字顺。

“执”“埶”二字字形比较接近。最近读《清华大学藏战国竹简（壹）》，《金縢》篇中有一句为：“多才多埶。”① “埶”字处竹简破裂。今本《尚

① 李学勤主编：《清华大学藏战国竹简（壹）》下册，中西书局，2010年，第158页。

书·金縢》则写为：“多材多藝。”《说文》：“埶，穜也。”段注：“唐人树埶字作蓺，六埶字作藝，说见《经典释文》。然蓺、藝字皆不见于《说文》，周时六藝字盖亦作埶。儒者之于礼、乐、射、御、书、数，犹农者之树埶也。”段玉裁的看法正确，简本《金縢》“多材多藝”的“藝”正是写成了“埶”。《皇门》篇的“埶”字笔画特别清楚。“埶”左侧上部为木，下部为土，右侧为一人伸手扶物状，意思是人将树苗种在土壤里，是一个会意字。

清华简的“執”字，在《金縢》篇出现两次，如：“乃命執事人曰。”“王问執事人曰。”执事人指处理事务的官员，“執”是个动词。《说文》：“執，捕罪人也。”執字的左部为一刑具，右部为一人伸手扶物状，意思是拿着刑具抓捕罪人，也是一个会意字。“執”字还在《尹至》篇出现两次，如：“執宅，執德不僭。”这里的“執”是伊尹的名字，即“挚”。在《尹告》篇也出现两次，仍然是伊尹的名字，与《尹至》篇相同（如下图）。

埶		執
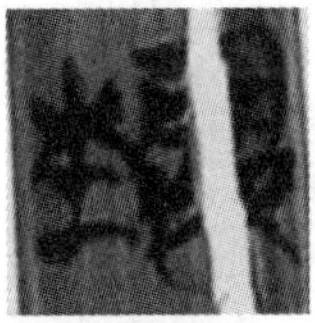 《金縢》	 《皇门》	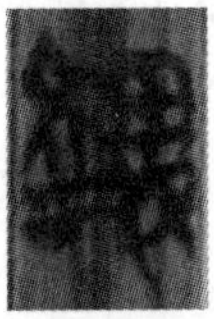 《尹至》

“執”和“埶”字形相近易混。古人在传抄的时候就有将二者混淆的例子。如上海简《容成氏》第14简：“舜于是乎始孛（免）蓻𤤃槈萎。”整理者李零先生注：“蓻，疑与‘蓺’型近混用，音近假为‘刈’（‘刈’、‘蓺’都是疑母月部字）。《国语·齐语》：‘时雨既至，挟其枪、刈、耨、镈，以旦暮从事于田野。’韦昭注：‘刈，镰也。’即镰类的农具。”①

裘锡圭先生曾举出几个传世文献中“執”“埶”二字互讹的例子：如《礼记·内则》：“父母舅姑将坐，奉席请何乡，将衽（郑玄注：将衽为更卧处），长者奉席请何趾；少者執床与坐。”裘先生认为这里的執无疑是“埶”的误字，本应读为“设”。

再如《大戴礼记·文王官人》：“執之以物而遬（速）惊，决之以卒而度料，不学而性辨，曰有虑者也。”《逸周书·官人》作“设之以物而数

① 马承源主编：《上海博物馆藏战国楚竹书（二）》，上海古籍出版社，2002年，第260、261页。

决”。裘先生说：“《经义述闻》卷十三《大戴礼记下》‘埶之以物’条引王念孙说，谓‘埶’当作‘设’，甚确。但是王氏没有讲出‘设’字所以会错成‘埶’的原因。这个‘埶’字无疑也是‘埶’的形近误字。”①

《郭店楚墓竹简》之《老子丙》：“埶大象，天下往。”裘锡圭先生加按语：“此句首字实为‘埶’，当读为‘设’，各本作‘埶’恐误，别有说。”魏启鹏先生《楚简〈老子〉柬释》一文认为裘先生的观点对解释老学古意十分重要，并加以发挥。他说，“设大象”典出西周古制“设象”，如《国语·齐语》：“管子对曰：昔吾先王昭王、穆王，世法文、武远绩以成名，合群叟，比校民之有道者，设象以为民纪。”韦昭注：“设象，谓设教象之法于象魏也。《周礼》：‘正月之吉，悬法于象魏，使万民观焉，挟日而敛之。’所以为民纪纲也。”“设象”指陈列形之于文字的政教法令，以为万民所观所诵，《老子》书中的“大象”则升华为无形无声的大道之象。裘锡圭先生的《郭店〈老子〉简初探》一文收入《中国出土古文献十讲》一书时，裘先生加按语引魏启鹏先生《楚简〈老子〉柬释》一文为证，认为《老子》原文本当作“埶”。

《老子》马王堆汉墓帛书甲本、乙本，传世王弼本、河上本、龙兴观本均作“埶大象，天下往”。这是“埶”“埶”混淆的又一例证。

我们据此推测，战国竹简上的原文，应当是“《诗》、《书》、埶、礼”，但有的抄书者把“埶”误写成了“埶”字，当作动词，解释为“执礼”，即掌礼的意思，虽然能够讲得通，但是在语法上不顺，也与经文的原意不符。其实原文当作“埶”，即后起的“藝”字。若推测不误，则“《诗》、《书》、埶、礼”就成了并列的四个名词，既符合汉语语法，又复原了经文的旨意。

埶就是六艺，即礼、乐、射、御、书、数，是孔子教育学生的六门知识。如《论语·述而》：“子曰：‘志于道，据于德，依于仁，游于艺。’”

若按照我们的推测，则《论语·述而》这句话当为：“子所雅言，《诗》、《书》、埶、《礼》，皆雅言也。”译文应该是：“孔子有用雅言的时候，读《诗》，读《书》，授艺，读《礼》，都用雅言。”

（本文原载《楚学论丛》第2辑，湖北人民出版社，2012年）

① 裘锡圭：《简帛古籍的用字方法是校读先秦秦汉古籍的重要根据》，见裘锡圭：《中国出土古文献十讲》，复旦大学出版社，2004年，第170—176页。

楚简筮数易卦再探

一、对楚简筮数易卦的两种不同看法

蔡运章先生称数字易卦为“筮数易卦”，本文采用这一概念①。自宋代以来，筮数易卦一直为学者所关注。西周早期中鼎铭文中有两组筮数易卦符号“七八六六六六，八七六六六六”，薛尚功将其释为“赫赫”②。1932年，郭沫若先生将这种符号视为“族徽”或“奇字”③。1950年安阳四盘磨发现的商代卜骨和1956年陕西长安张家坡发现的西周卜骨，上面都有与中鼎上相似的“奇字”。李学勤先生独创性地提出这些符号与《周易》的九、六之数有关④。唐兰先生曾指出，卜骨和青铜器铭文中的奇字都由数字组成⑤。李学勤和唐兰先生的看法很有创意，这些灼见距破解“奇字”之谜只有一步之遥了。

真正破解筮数易卦的是张政烺先生。1978年12月初，在吉林大学古文字学会议上，徐锡台先生做学术报告，题为《周原出土甲骨文字》，内有一节是《奇字》。与会代表请教张政烺先生这些奇字是什么字。第二天，张政烺先生做了《古代筮法与文王演周易》的讲话，将这些奇字与《周易》的卦画联系起来，认为铜器铭文中三个数字组成的是单卦（八卦），周原卜甲六个数字组成的是重卦（六十四卦）。《周易》中老阴、少阴都是阴（即六、八），老阳、少阳都是阳（即九、七），于是按照奇数是阳爻，偶数是阴爻的原则，把数字符号转换成周易的卦画。张先生终于破解了奇字之谜，困惑学者八百年的这些奇字原来就是《周易》卦画！张先生后来将这些见

---

① 蔡运章：《商周筮数易卦释例》，《考古学报》2004年第2期。

② 薛尚功：《历代钟鼎彝器款识法帖》，中华书局，1986年，第45页。

③ 郭沫若：《两周金文辞大系图录考释》，科学出版社，1957年，第16页。

④ 李学勤：《谈安阳小屯以外出土的有字甲骨》，《文物参考资料》1956年第11期。

⑤ 唐兰：《在甲骨文中所见的一种已经遗失的中国古代文字》，《考古学报》1957年第2期。

解写成论文《试释周初青铜器铭文中的易卦》，共找到了32条资料，这些卦画中共有168个数字，从一至八各数出现的次数如下：

数字	一	二	三	四	五	六	七	八
出现次数	36	0	0	0	11	64	33	24

六出现的次数最多，计64次，其次是一字，计36次，而二、三、四都是0次。因为古代数字从一到四都是积横画为之，一、二、三、四从上至下书写容易混淆，因此把二、三、四从字面上去掉，而归并到相邻的偶数或奇数之中，可能二、四并入六，三并入一，这样一、六出现的次数偏多了，向一和六集中。但五、七、八出现的次数也不是太少，分别为11、33、24次，说明向一和六集中的程度还不太高。张先生找的32条资料，时代为商末和西周时期，能够反映该时期筮数易卦各数字出现的情况。

在文末补记中，张先生又补充了几条新资料。其中有商代晚期的四条易卦资料；陕西出土的西周筮数易卦资料中出现了“九”字。1978年湖北江陵天星观一号墓时代为战国中期，墓主人下葬年代约在公元前339年。竹简中有八组十六卦筮数易卦，张政烺先生披露了其中五组：

筮数	竹简编号
一一一一一六，六六一六一六	无
一一一六七六，八一一一六六	无
一六一六六一，九一一一一一	无
一六六六六六，六六六六六六	无
一六六六六六，一六六六六六	无

以此五组资料统计，各种数字的出现次数是：

数字	一	二	三	四	五	六	七	八	九
出现次数	24	0	0	0	0	33	1	1	1

筮数中没有二、三、四、五，七、八、九各出现一次，基本集中到一、六两项下。“这便成为《周易》的前身，稍加修正即是《周易》了”①。

在《易辨》一文中，张先生进一步指出，数字向一、六集中，“已经带有符号的性质，表明一种抽象的概念，可以看作阴阳爻的萌芽了”。由一变

① 张政烺：《试释周初青铜器铭文中的易卦》，《考古学报》1980年第4期。

为阳爻“⚊”，∧伸直一分为二变成“⚋”，就成了今本易卦符号[①]。

但李学勤先生认为江陵天星观、包山楚简、葛陵楚简、上博简《周易》的符号都是卦画，不是数字。因为竹简太窄，两个重卦并列书写，阴爻符号“⚋”写成两斜笔，有时两斜笔出现相交、分离或者交叉，就成了所谓的“六”“五”“八”，并说“六”“五”“八”与楚文字数字的写法不合[②]。

现在筮数易卦资料出土得越来越多，李零先生进行了系统整理，分时代和书写材料进行编排，达 94 条之多[③]。到 2004 年，蔡运章先生说筮数易卦资料已经达到 200 余条[④]。笔者做了统计，从商代到战国，完整或残缺的筮数易卦只有 193 条，还不到 200 条。讨论筮数易卦的论文有四五十篇，争论得十分热烈。笔者不揣浅陋，仅对楚简筮数易卦谈谈个人不成熟的意见。

二、楚简筮数易卦确实存在向“一”和“六”集中的趋势

李学勤先生是著名的古文字学家，他的看法很有影响。但是我们仔细审视楚简，认为“六”“五”“八”应该不是阴爻符号“⚋”写成两斜笔，有时两斜笔出现分离或者交叉而形成的。李先生的看法起码有一点很难解释，六字写成“∧”，是从商代到战国的筮数易卦的一贯写法，不是到战国时期才写成“∧”。如果李先生的说法成立，应该全部适用于对商周筮数易卦六字写法的解释。也就是说，商周卜骨、卜甲、铜器、陶器等材料上的“∧”应该也不是筮数六，而是卦画阴爻符号“⚋”相交而成。很显然，李先生也认为商周时期的筮数易卦的确是数字，不是卦画。李先生只是认为楚简上的“六”“五”“八”不是筮数，而是卦画。至于交叉成五，分离成八，这种解释更是有点牵强。

龟卜、筮占都是极为严肃的事情，在书写筮数易卦的数字时，书写者

---

① 张政烺：《易辨——近几年根据考古资料探讨〈周易〉问题综述》，《中国哲学》第 14 辑，人民出版社，1988 年。收入《张政烺文史论集》，中华书局，2004 年。

② 李学勤：《出土筮数与三易研究》，原载朱晓海主编：《新古典新义》，台湾学生书局，2001 年；收入《李学勤文集》，上海辞书出版社，2005 年，第 457—462 页。李学勤：《论战国简的卦画》，原载《出土文献研究》第 6 辑，上海古籍出版社，2004 年，第 1—5 页；收入《李学勤文集》，上海辞书出版社，2005 年，第 463—468 页。

③ 李零：《中国方术正考》，中华书局，2006 年，第 206—215 页。

④ 蔡运章：《商周筮数易卦释例》，《考古学报》2004 年第 2 期。

不得马虎潦草，如果写错了，就可能变成另一卦了。楚简上的筮数易卦数字写得很认真，不会随意交叉或分离。

宋华强先生对李学勤先生的观点有否定也有肯定，认为包山楚简、葛陵楚简、天星观一号墓楚简不是阴阳爻卦，而是数字卦，上博简《周易》是阴阳爻卦，后者与李先生的观点相同。他对李先生的观点逐条进行分析，筮数八与常见数字八的写法有不同的，也有相同的。筮数六写成“∧”，与常见数字六确有差别，这一点不独楚简如此。从商代晚期到西周晚期，筮数六都写作“∧”。商周筮数五的写法都有写作“×”形的，楚简写成“×”形，也是对商周时期写法的继承。另外还对楚简筮数易卦中一和六特别多的原因进行了阐释①。

清华大学所藏竹简中有《筮法》一篇，已经证实筮数易卦中的六字写成“∧”，八字写成“八”，五字写成“×”，并不是由卦画阴爻符号“- -”相交、分离、交叉而成的②。李先生过去的看法的确不能自圆其说。

基于以上讨论，我们还是按照楚简上的筮数易卦实际写法，也尊重报告作者释文的意见，对葛陵楚简、包山楚简的资料进行统计，看看楚简筮数易卦是否存在向“一”和“六”集中的趋势。

新蔡葛陵楚墓墓主人为平夜君成，下葬年代约在公元前377年③。竹简上的筮数易卦如下表④：

筮数	竹简编号
八一六六六六，一一一一六一	甲二：19、20
六六六六一一，六六六六一六	甲二：37
一六一一六六，六一一一一六； 一一六六六六，六六六一一一	甲三：112
□□六一六六，□六一一六一	甲三：132、130
五六五六六六，六六六六一六	甲三：184—2、185、222

① 宋华强：《新蔡葛陵出简初探》，武汉大学出版社，2010年，第168—204页。

② 李学勤主编：《清华大学藏战国竹简（肆）》，中西书局，2013年，上册第2—9页，21—52页，下册第75—122页。

③ 李学勤：《论葛陵楚简的年代》，《文物》2004年第7期。

④ 河南省文物考古研究所：《新蔡葛陵楚墓》，大象出版社，2003年，第187—231页。

续表

筮数	**竹简编号**
一六六六六六，六一一一六六	甲三：302
六八六一六六，一六六六六一	乙二：2
六六六一六六，一一一一六六	乙四：15
六六六六六一，一一六六六六	乙四：68
一一八一五六，一八一一六一	乙四：79
一一一一一六，六六六六六六	乙四：95
六六六一□□，六六六□□□	乙四：102
八一六六六六，一一一一六一	零：115、22
□□□□六六，□□□□□□	零：506

以上14组资料，其中3组符号不全，以11组完整资料统计，各种数字出现次数如下表：

数字	一	二	三	四	五	六	七	八	九
出现次数	55	0	0	0	3	81	0	5	0

葛陵楚墓楚简筮数所用的筮数为一、五、六、八，出现次数分别为55、3、81、5。筮数易卦基本使用一、六两个数代表奇、偶数，偶尔使用五、八两个数。

包山二号墓墓主人下葬于公元前316年。有六组筮数易卦资料①。

筮数	**竹简编号**
六六一六六六，六一一六一一	201
一六六八一一，六六六八一一	210
一六六一一六，一六五八六六	229
六一一六六一，一六一一六一	232
一六六八六一，一一一六六一	239
六六一一一八，八一六一一一	245

各种数字出现的次数如下：

① 湖北省荆沙铁路考古队：《包山楚墓》，文物出版社，1991年，第364—369、330—333页。

数字	一	二	三	四	五	六	七	八	九
出现次数	34	0	0	0	1	31	0	6	0

包山二号楚墓筮数所用的数字为一、五、六、八，出现次数分别为34、1、31、6，与葛陵楚墓竹简筮数相比，一、六出现的次数依然最多，五仅出现1次，八出现的次数相对略多。

清华简《筮法》筮数易卦（包括人体图）中各种数字出现的次数分别为①：

数字	一	六	四	五	八	九
出现次数	333	351	3	6	6	19

葛陵楚墓比天星观一号墓早约38年，比包山楚墓早61年。清华简《筮法》属楚简，从共存的《楚居》和《系年》推断，时代可能为战国中期。依据统计结果，三座楚墓竹简和清华简《筮法》筮数易卦均表明筮数确实存在向一和六集中的趋势。张政烺先生认为数字向一、六集中，“已经带有符号的性质，表明一种抽象的概念，可以看作阴阳爻的萌芽了”。由一变为阳爻“⚊”，∧伸直一分为二变成“⚋”，就成了今本易卦符号。我们觉得这一说法是商代至战国筮数易卦数字出现次数的真实反映，不可轻易否定。筮数一和六是今本《周易》阴阳符号的来源之一。

三、上博简《周易》的筮数全用“一”和“八”

楚简筮数易卦除了向一和六集中外，还存在另外一个向一和八集中的系统。上博简《周易》的筮数易卦就是由一和八构成的。今本《周易》写定之前，应该有相当长的发展过程，肯定有各种抄本。目前所见的最早《周易》抄本，就是上博简《周易》，共58简，涉及34卦的内容。其中尨（蒙）卦、大有卦、复卦、夬卦、困卦、小过卦、丰卦、既济卦、未济卦仅存部分内容，未见筮数易卦。现存筮数易卦的有25个②。现将各卦符号列表如下：

---

① 李学勤主编：《清华大学藏战国竹简（肆）》，中西书局，2013年，上册第2—9页，21—52页，下册第75—122页。

② 马承源主编：《上海博物馆藏战国楚竹书（三）》，上海古籍出版社，2003年，第133—260页。

八一八一一一 （需）	一一一八一八 讼	八八八八一八 （师）	八一八八八八 比
八八八一八八 （谦）	八八一八八八 （豫）	八一一八八一 （随）	一八八一一八 蛊
一一一八八一 亡（无）忘	一八八一一一 大（畜）	一八八八八一 颐	八一一一八八 钦（感）
八八一一一八 （恒）	一一一一八八 （遁）	一八一八一一 楑（睽）	八一八一八八 讦
八八一八一八 （解）	一一一一一八 （姤）	八一一八八八 （萃）	八一八一一八 （井）
八一一一八一 革	一八八一八八 艮	一一八一八八 （渐）	一八一一八八 （旅）
一一八八一八 （涣）			

25 个卦的筮数全由一和八两个筮数构成，一出现 71 次，八出现 79 次。与筮数向一和六集中一样，构成易卦的一和八两个筮数是今本《周易》阴阳爻符号的又一来源。一为奇数，在今本周易中直接转换为阳符号“—”，∧和八为偶数，伸直均可变成阴符号“– –”。

李学勤先生认为上博简《周易》的卦不是一和八两个筮数构成的，而是《周易》的阴阳爻符号，并且充分肯定了上博简整理者未将其解释成为一和八的观点。我们觉得有一点不好解释，李先生说新蔡葛陵楚墓、天星观一号墓、包山二号墓竹简筮数为两个重卦并列书写，因竹简太窄，阴爻符号“– –”相交、交叉、分离而形成六、五、八，还勉强成为一个理由，而上博简《周易》则并非两卦并列书写，而是一简自上而下仅书写一个重卦，空间比较大，如果要写成阴爻符号“– –”，位置足够，不必要把阴爻符号“– –”写成分离状，而成为八。合理的解释是上博简《周易》还不是《周易》的最后定本，而是一个用筮数一和八构成重卦（六十四卦）的抄本。

比上博简《周易》时代晚的《周易》抄本有马王堆帛书本和阜阳双古堆简本的《周易》。

一九七三年，马王堆三号汉墓帛书《周易》抄写于汉文帝初年，六十四卦都是用一和八构成筮数易卦。用一代表阳爻“—”，用八代表阴爻

“——”。

一九七七年，安徽阜阳西汉汝阴侯夏侯灶墓葬出土的阜阳汉简《周易》现保存五个筮数易卦，分别是大有卦、林（临）卦、贲卦、大过卦、离卦，有卦名、爻题、卦辞、爻辞等内容。五个卦的阴爻都写成八字形，与同墓年表上的八字字形完全相同，这里的阴爻是八字无疑。阜阳汉简《周易》卦画的阴阳爻是由八和一两个数字所组成[①]。李零先生据阜阳汉简整理者韩自强先生告知：“《阜阳汉简简介》所说‘阴爻作∧形，与今本《易经》、马王堆帛书《易经》等皆不同’是受张文（1）影响产生的错觉，下文所述临卦之象才是正确的，二者矛盾，发稿时未能统一，双古堆汉简《易经》的阴爻比马王堆帛书《周易》更明显是用‘八’字表示。也就是说阳爻是源于‘一’，阴爻是源于‘八’。”因此李零说用一、八表示的卦爻，即今本《周易》卦爻的前身，到西汉初年仍然使用[②]。李零的说法符合客观事实。

马王堆帛书本《周易》和阜阳汉简《周易》比上博简《周易》时代晚，但三个本子都不是今本《周易》的定本，还是用一和八构成筮数易卦，没有完全转变成阴阳爻符号。

另外江陵王家台秦墓出土的《易占》，其体例都均以易卦开头，随后是卦名及解说之辞。卦画都是以“一”表示阳爻、以“六”或“八”表示阴爻。可辨识的卦画约50个，其中有部分重复的卦画和卦名，所见卦名大多与今本《易》之卦名相同，如同人、旅、兑、师等。也有部分卦名与今本《易》不同。如“离”简作“丽”、“颐”简作“臣”等[③]。王明钦[④]、李家浩[⑤]、连劭名[⑥]等学者都认为王家台的《易占》属《归藏》。

李零认为上博简《周易》的卦形是以“一”表示阳爻，“八”表示阴爻，形式完全同于马王堆帛书本和双古堆简本的《周易》[⑦]。他还说：“现

---

① 韩自强：《阜阳汉简〈周易〉研究》，上海古籍出版社，2004年，第87页。

② 李零：《中国方术正考》，中华书局，2006年，第204页。

③ 荆州地区博物馆：《江陵王家台15号秦墓》，《文物》1995年第1期。

④ 王明钦：《试论〈归藏〉的几个问题》，古方等编：《一剑集》，中国妇女出版社，1996年，第101—112页。

⑤ 李家浩：《王家台秦简“易占”为〈归藏〉》，《传统文化与现代化》1997年第1期。

⑥ 连劭名：《江陵王家台秦简与〈归藏〉》，《江汉考古》1996年第4期。

⑦ 李零：《中国方术续考》，中华书局，2006年，第238、239页。

在从考古发现看，商周时期，是用十位数字卦；春秋战国以来，流行两位数字卦。两位数字卦，有《周易》《连山》《归藏》。后来十位数字卦衰落(可能最后是亡于西汉)，两位数字卦流行，才有《周易》为主，三易并用的局面。西汉以来，《周易》地位更突出，逐渐淘汰《连山》《归藏》。”①

韩自强先生认为：“数字卦这种占筮术从商周到汉初，绵延两千多年，在流传过程中由繁趋简。从原始的一至九这九个数字皆用，演变成用六个数字、五个数字、四个数字、三个数字，直到使用两个数字，这就是《周易》所谓的‘简易’(流传至今的长短横画符号卦，时间并不悠久，目前所能见到的实物是东汉末年的熹平石经《周易》，更早的符号卦尚未发现)。”②

李零认为筮数有一个简化的过程，商周时期由多个筮数组成筮数易卦，到了春秋战国，流行由两个筮数组成的筮数易卦。韩自强先生的看法与李零近似。我们倾向于这种观点。

梁韦弦先生推断商周筮书可能已存在用相当于两个符号的方法来记写的六十四卦体系。而与此并存的另一个体系是实际占筮过程中，刻在卜骨与青铜器等实物上的由多个筮数组成的易卦③。他的推断很有启发性，但商周时期的考古资料中还找不到筮书证据，战国中期的上博简《周易》可看作最早的证据。

我们认为楚简筮数易卦存在两个系统，一是主要由一和六构成筮数易卦，另一是用一和八构成筮数易卦。筮数一和六与筮数一和八均是今本《周易》阴阳爻符号的来源。这个问题的最终解决还有待更多的出土资料。

（本文原载《楚学论丛》第 2 辑，湖北人民出版社，2012 年）

---

① 李零：《简帛故书与学术源流》，生活·读书·新知三联书店，2005 年，第 409 页。

② 韩自强：《阜阳汉简〈周易〉研究》，上海古籍出版社，2004 年，第 90 页。

③ 梁韦弦：《关于数字卦与六十四卦符号体系之形成问题》，《周易研究》2007 年第 1 期。

楚简中祭祀用玉问题探索

楚简中记载楚国祭祀用玉方面的材料逐渐增多，包山二号楚墓①、望山楚墓②、天星观一号楚墓③、新蔡葛陵楚墓④、江陵秦家嘴楚墓⑤竹简中都有这方面的资料，新蔡葛陵楚墓竹简中的祭祀用玉内容尤为丰富。已有学者对楚简祭祀用玉问题进行过探讨，如罗新慧对新蔡楚简中“娶之以兆玉”进行解释⑥，于成龙对新蔡葛陵简中的“享玉制度”做了研究⑦。笔者对目前发现的楚简材料进行梳理，对楚国祭祀用玉问题进行了综合探索。

一、楚简祭祀用玉的对象

楚简祭祀用玉的对象为各种神灵。关于楚简神灵的分类，一种为两分法，即将楚简神灵分为自然神和祖先神⑧。另一种为三分法，将楚简神灵分为天神、地祇、人鬼⑨。本文采用后一种分法。楚简祭祀用玉的对象如下：

（一）天神

1. 太

赛祷太備（佩）玉一环。（包山：213）

---

① 湖北省荆沙铁路考古队：《包山楚简》，文物出版社，1991年。

② 湖北省文物考古研究所、北京大学中文系编：《望山楚简》，中华书局，2000年。

③ 滕壬生：《楚系简帛文字编》，湖北教育出版社，1995年。

④ 河南省文物考古研究所：《新蔡葛陵楚墓》，大象出版社，2003年。

⑤ 滕壬生：《楚系简帛文字编》，湖北教育出版社，1995年（论文所引简文资料分别简称为包山、天星观、葛陵、秦家嘴，不再一一注明）。

⑥ 罗新慧：《说新蔡楚简“娶之以兆玉”及其相关问题》，《文物》2005年第3期。

⑦ 于成龙：《战国新蔡葛陵楚简中的“享玉”制度》，《中国历史文物》2005年第4期。

⑧ 彭浩：《包山二号楚墓〈卜筮祭祷〉竹简的初步研究》，载《楚文化研究论集》第2集，湖北人民出版社，1991年，第325—347页；李零：《中国方术正考》，中华书局，2006年，第227—230页。

⑨ 陈伟：《包山楚简初探》，武汉大学出版社，1996年，第159—174页；晏昌贵：《巫鬼与淫祀——楚简所见方术宗教考》，武汉大学出版社，2010年，第79—178页。

祆（太）见琥。以其故祱之。璧琥，睪（择）良月良日归之；且为舍缨瑂（佩），速舍之。（包山：219）

遐祷太，備（佩）玉一环。（望山 54）

☐遐祷于祆，一环。（望山：56）

大（太）備（佩）玉犿。（葛陵甲三：4）

廌（荐）大（太）一犡，缨（缨）之㠯（以）犿玉，旂（祈）之。（葛陵甲三：111）

舁禀享荐太，一佩玉环。（天星观，见《楚系简帛文字编》第 29 页）

嬰祷太……缨之吉玉。（秦家嘴 M99 第 14 简，见《楚系简帛文字编》第 614、624、908 页）

太就是太一神[1]。《老子》二十五章："有无混成，先天地生，寂兮寥兮，独立而不改，周行而不殆，可以为天下母。吾不知其名，字之曰道，强为之名曰大（太）。"《吕氏春秋·大乐》："太一出两仪，两仪出阴阳。""道也者，至精也，不可为形，不可为名，强为之，谓之太一。"《老子》的"太"即《吕氏春秋》的"太一"[2]。《楚辞·九歌》首章为《东皇太一》，宋玉《高唐赋》载："进纯牺，祷琁室，醮诸神，礼太一。"可与楚简太一神互相印证。

晏昌贵先生认为太一神至少以两种面貌出现，一是作为星官天神的太一，二是作为元气和水神的太一。《史记·天官书》载："中宫天极星，其一明者，太一常居也。"正义引刘伯庄云："太一，天神之最尊贵者也。"这里的太一就是最尊贵的天神。郭店楚简《太一生水》一篇中的"太一"是元气和水神，为宇宙生成的本源，从哲学层面突出了太一的崇高地位[3]。

2. 司命、司祸

矦（后）土、司命、司褙（祸）各一少（小）环。（包山：213）

矦（后）土、司命各一少环。（望山：54）

司命、司祸、地主各一吉环。（天星观，见《楚系简帛文字编》第

① 刘信芳：《包山楚简神名与〈九歌〉神祇》，《文学遗产》1993 年第 5 期；李零：《包山楚简研究（占卜类）》，载《中国典籍与文化论丛》第 1 辑，中华书局，1993 年。

② 陈伟：《包山楚简初探》，武汉大学出版社，1996 年，第 161 页。

③ 晏昌贵：《巫鬼与淫祀——楚简所见方术宗教考》，武汉大学出版社，2010 年，第 81—92 页。

614 页）

地主、司命、司祸，各一牂，缨之吉玉，北方一环。（秦家嘴 M99 第 11 简，见《楚系简帛文字编》第 25、522、614、1028 页）

▨宔（主）与司命，𥢓（就）祷璧玉丰。（葛陵乙四：97）

司命为掌握人的年寿的神。《楚辞·九歌》第五、六篇为《大司命》和《少司命》，大司命和少司命分别掌管成人和少儿的年寿。如《大司命》云："纷总总兮九州，何寿夭兮在予。"

《周礼·春官·大宗伯》载："以槱燎祀司中、司命、飌师、雨师。"郑玄注引郑司农云："司命，文昌宫星。"玄谓："司中、司命，文昌第五、第四星。或曰中能、上能也。"《史记·天官书》："斗魁戴匡六星曰文昌宫：一曰上将，二曰次将，三曰贵相，四曰司命，五曰司中，六曰司禄。"由此可知，司命是文昌宫中的第四颗星。

司祸的职掌，有司灾[①]、司罪[②]、司中[③]诸说。《说文》："祸，害也。"司祸是掌管灾害的神。

3. 北宗

▨□遇祷北宗，一环。（望山：125）

有学者认为北宗可能就是北斗[④]。《周礼·春官·大宗伯》载："以禋祀祀昊天上帝，以实柴祀日、月、星、辰，以槱燎祀司中、司命、飌师、雨师。"孔疏引《古尚书》说："六宗，天地神之尊者，谓天宗三，地宗三。天宗：日、月、北辰；地宗：岱山、河、海。日、月属阴阳宗，北辰为星宗，岱为山宗，河为水宗，海为泽宗。"

（二）地

1. 后土

厌土、司命、司褙（祸）各一少（小）环。（包山：213）

---

① 汤漳平：《从江陵楚墓竹简看〈楚辞·九歌〉》，载《出土文献与〈楚辞·九歌〉》，中国社会科学出版社，2004 年，第 116 页。

② 陈伟：《包山楚简初探》，武汉大学出版社，1996 年，第 168—169 页。

③ 李零：《考古发现与神话传说》，载《李零自选集》，广西师范大学出版社，1998 年，第 62 页。

④ 晏昌贵：《巫鬼与淫祀——楚简所见方术宗教考》，武汉大学出版社，2010 年，第 117—118 页。

厌土、司命各一少环。(望山：54)

后土为土地神。后土神和社神开始是分开的，如《楚辞·九章·橘颂》："后皇嘉树，橘徕服兮。"王逸注："后，后土也。"《楚辞·九辩》："皇天淫溢而秋霖兮，后土何时而得漧。"说明楚人崇拜后土。《山海经·海内经》载："共工生后土。"《大荒北经》："后土生信，信生夸父。"后来后土与社神合二为一。如《左传》昭公二十九年："颛顼氏有子曰黎，为祝融；共工氏有子曰句龙，为后土，此其二祀也。后土为社。"《国语·鲁语》："共工氏之伯九有也，其子曰后土，能平九土，故祀以为社。"

2. **地主**

☐宔（主）与司命，𧴪（就）祷璧玉琳。(葛陵乙四：97)

司命、司祸、地主各一吉环。(天星观，见《楚系简帛文字编》第614页)

地主、司命、司祸，各一牂，缨之吉玉，北方一环。(秦家嘴M99第11简，见《楚系简帛文字编》第25、522、614、1048页)

□□□祷坔（地）宔（主）一痒（牂），備（佩）玉琳。(葛陵甲三：52)

舉祷于坔（地）宔（主）［一］青义（牺），先之一璧。(葛陵乙二：38、46、39、40)

有学者认为后土、地主为同神异名①。另有学者认为后土与地主应为两个不同的神祇②。后一种看法更加合理。《国语·越语下》载："环会稽三百里者以为范蠡地，曰：后世子孙，有敢侵范蠡之地者，使无终没于越国。皇天后土，四乡地主正之。"韦昭注："乡，方也。天神地祇、四方神主共征讨之，正其封疆也。""皇天"与"后土"并提，一个是天神司天，一个是地祇司地，地位相当，则后土为司地的土地总神。在提到后土的同时又提到"四乡地主"，说明后土并非一般的地主，"四乡地主"就是四方的土地神。楚简中还有宫地主、野地主、大地主。土地神存在一个金字塔式的分层体系，后土地位最高，其下有四乡地主、宫地主、野地主、大地

---

① 陈伟：《包山楚简初探》，武汉大学出版社，1996年，第165页。

② 晏昌贵：《巫鬼与淫祀——楚简所见方术宗教考》，武汉大学出版社，2010年，第117—118页。

主等地位高低不同的土地神。

3. **北方、南方**

北方一环。(秦家嘴 M99 第 11 简，第 25、522、614、1048 页)

忻（祈）福于北方，嬰祷一備（佩）璧。(葛陵甲一：11)

祷北方一犆，先之一璧。(葛陵乙四：14)

北方兄（祝）祷乘良马、珈［璧］☐。(葛陵乙四：139)

思攻祝備（佩）取（珥）、冠带于南方。(包山 231)

楚简中有东方、北方、西方、南方四方神，仅见对北方、南方神用玉祭祀。四方神起源很早，在殷墟甲骨文中已经有了四方神的名称。

4. **峗山**

峗山一玦。(包山：214)

☐備（佩）玉，于鄱山一珽璜。(葛陵乙三：44、45)

前一条《包山楚简》隶定为“峌山”，其考释 419：“峌山，山名。裘锡圭先生释为坐。”后一条《新蔡葛陵楚墓》释为“郲山”。现在一般释为“峗山”。陈伟先生推测峗山可能是《汉书·地理志》南郡高成县的洈山①。

晏昌贵先生认为更可能是“三危山”。三危山是虞舜流放三苗的地方。《尚书·尧典》：“（舜）流共工于幽州，放驩兜于崇山，窜三苗于三危，殛鲧于羽山，四罪而天下咸服。”《孟子·万章上》有类似的记载。《楚辞·天问》：“黑水玄趾，三危安在？延年不死，寿何所止？”此山为长寿不老之地，楚人为祈求长寿，因此祭祷此山②。

5. **大水**

大水佩玉一环。(包山：213)

大水，蕭（佩）玉一环。(望山：54)

大水☐一环。(望山：55A、55B)

☐水，備（佩）玉一环。(望山：130)

亯（享）荐大水一佩玉环。(天星观，《楚系简帛文字编》第 34 页)

……夏层、享月。赛祷大水，佩玉㼛。(葛陵乙四：43)

---

① 陈伟：《包山楚简初探》，武汉大学出版社，1996 年，第 170 页。

② 晏昌贵：《巫鬼与淫祀——楚简所见方术宗教考》，武汉大学出版社，2010 年，第 141—142 页。

大水神究系何神，学者们进行过种种推测，如天水说[①]、长江说[②]、黄河说[③]、淮水说[④]、海神说[⑤]。长江说更符合当时的礼制，如《左传》哀公六年："初，昭王有疾。卜曰：'河为祟。'王弗祭。大夫请祭诸郊。王曰：'三代命祀，祭不越望。江、汉、沮、漳，楚之望也。祸福之至，不是过也。不谷虽不德，河非所获罪也。'遂弗祭。"杜预注曰："诸侯望祀境内山川星辰。"《史记·楚世家》有类似的记载。在楚国境内，长江是最大的河流，楚人也将其排在首位，因此大水可能是长江神。

6. 二天子

二天子各一少（小）环。(包山：213、214)

解于二天子与云君以琍（佩）珥。(天星观，《楚系简帛文字编》第 44 页)

归備（佩）玉于二天子，各二璧。(葛陵甲一：4)

归備（佩）玉于二天子，各二璧。(葛陵甲三：81、182—1)

☐祷于二天子各两痒（牂），瓔（缨）之㠯（以）毗玉。（葛陵甲三：166、162)

刘信芳先生认为二天子即《楚辞·九歌》之湘君、湘夫人，为江湘之神[⑥]。陈伟先生认为是湘山之神[⑦]。二者都认为二天子为尧之二女即娥皇、女英。《山海经·中山经》载："洞庭之山……帝之二女居之，是常游于江渊。澧、沅之风，交潇湘之渊，是在九江之间，出入必以飘风暴雨。"《楚辞·天问》："尧不姚告，二女何亲?"《楚辞·远游》："二女御《九韶》歌。"说明楚地存在崇拜娥皇、女英的信仰。

7. 云君

解于二天子与云君以琍（佩）珥。(天星观，《楚系简帛文字编》第

---

① 湖北省荆沙铁路考古队：《包山楚简》，文物出版社，1991 年，第 56 页。

② 汤余惠：《战国铭文选》，吉林大学出版社，1993 年，第 193 页；徐在国：《楚简文字零拾》，《江汉考古》1997 年第 2 期。

③ 李零：《中国方术正考》，中华书局，2006 年，第 228 页。

④ 陈伟：《包山楚简初探》，武汉大学出版社，1996 年，第 169 页。

⑤ 晏昌贵：《巫鬼与淫祀——楚简所见方术宗教考》，武汉大学出版社，2010 年，第 147—148 页。

⑥ 刘信芳：《包山楚简神名与〈九歌〉神祇》，《文学遗产》1993 年第 5 期。

⑦ 陈伟：《包山楚简初探》，武汉大学出版社，1996 年，第 169—170 页。

44页）

《楚辞·九歌》第二篇为《云中君》，云君可能即云中君，属云神。也有人认为云中君是月神，或云梦泽的水神，或云中郡地方神[①]。

（三）人鬼

1. 三楚先；祝融、穴熊

☐☐敫（就）祷三楚先屯一牂，缨（缨）之料玉。（葛陵甲三：214）

遠（就）祷三楚先一痒（牂），瓔（缨）之料玉。（葛陵乙一：17）

☐玉，趣祷三楚祧（先）各一痒（牂），瓔（缨）之料［玉］。（葛陵乙三：41）

［祝］龘（融），畬（熊）各一痒（牂），缨（缨）之料玉。（葛陵乙一：24）

楚简没有明确指出三楚先是哪三位先祖，说明祭祀者认为这是常识，不用一一列举。葛陵、包山、望山楚简在老童、祝融、鬻熊三人之前加“楚先”二字，那么三楚先当是老童、祝融、鬻熊。而葛陵楚简也有数条简文，老童、祝融、穴熊三人并列，不过前面未加“楚先”二字，也可能老童、祝融、穴熊是三楚先的另一种组合。

2. 荆王及祭祀者的直系亲属

☐逯（归）玉柬大王。（包山：106）

☐聑（闻）逯（归）玉于柬［大王］☐。（包山：107）

圣逗王、悼王，各備（佩）玉一环。东尼（宅）公備（佩）玉一环。（包山：109）

［平］夜文君各一玉☐。（葛陵甲三：121）

☐趣祷備（佩）玉，各犅璜。册告吝（文）王吕（以）臺（就）圣逗王，各束绘（锦）珈璧。（葛陵甲三：137）

吝（文）伕（夫人），塁祷各一備（佩）璧。（葛陵乙一：13）

塁祷于邵（昭）王、獻（献）惠王、吝（文）君各一備（佩）玉。（葛陵乙一：24）

☐吕（以）料玉，型（荆）王臺（就）祷，型牢，料。文王以俞（逾）臺（就）祷大牢，料☐。（葛陵乙四：96）

---

① 黄寿祺、梅桐生译注：《楚辞全译》，贵州人民出版社，1984年，第34页。

荆王在葛陵楚简中指楚文王以前各王，包山二号墓楚简中荆王指楚武王以上各王，属于追称性质。

邵（昭）王、獻（献）惠王、柬大王、圣逗王、悼王即楚昭王、惠王、简王、声王和悼王。“吝（文）王㠯（以）𩫖（就）圣逗王”就是指楚文王至楚声王的各位楚王。

平夜文君在葛陵楚简中又称“坪夜文君子良”“文君”，在包山简中称“文坪夜君子良”，据《左传》哀公十七年记载，此人是楚昭王之子，楚惠王之弟，是始封的平夜君。吝（文）伕（夫人）就是平夜文君子良的夫人。葛陵楚墓和包山二号楚墓墓主人均为楚昭王后裔。葛陵楚墓主人的世系为楚昭王→平夜文君子良→王孙厝（厌）→坪夜君成。包山二号楚墓墓主人的世系为楚昭王→平夜文君子良→郚公子春→司马子音→蔡公子家→邵㐌。

东宅公为楚悼王之子，是望山一号楚墓墓主人悼固的祖父。望山一号墓主人的世系为楚悼王→东宅公→王孙臬→悼固。

3. 巫

八月归佩玉于巫，丁占之吉。（天星观，见《楚系简帛文字编》第121页）

巫指巫神。楚国盛行巫术。《左传》文公十年记载楚范巫矞似预测成王、子玉、子西“皆将强死”。《左传》哀公六年追记楚昭王生病，巫师占卜说“河为祟”。《楚辞·招魂》中有巫阳，《楚辞·卜居》中有太卜郑詹尹。望山、包山、葛陵、天星观楚墓出土的卜筮祭祷简，皆可证楚地盛行巫术。《楚辞·九歌》王逸注：“昔楚国南郢之邑，沅、湘之间，其俗信鬼而好祀。”《汉书·地理志》也说楚地“信巫鬼，重淫祀”。

二、祭祀所用玉器的种类与用玉方法

依据前面所列举的祭祀用玉资料，现将祭祀各种神祇的玉器种类列表如下：

神名		用玉种类
天神	太	一环；琥；佩玉𤦃；𤦃玉
	司命	一少环；一吉环；吉玉；璧玉
	司祸	一少环；一吉环；吉玉
	北宗	一环

续表

神名		用玉种类
地祇	后土	一少环
	地主	璧玉𤤴；一吉环；吉玉；佩玉𤤴；璧
	北方	一环；一佩璧；先之一璧；珈璧
	南方	佩珥
	峗山	一玦；一珽璜
	大水	一环；佩玉𤤴
	二天子	一少环；佩珥；二璧；𤤴玉
	云君	佩珥
人鬼	三楚先	𤤴玉
	祝融、穴熊	𤤴玉
	柬大王	玉
	圣逗王、悼王	各佩玉一环
	文王至圣逗王	各束锦珈璧
	平夜文君	一玉☐
	文夫人	一佩璧
	昭王、惠王、文君	各一佩玉
	荆王、文王	𤤴
	巫	佩玉

祭祀所用玉器的类别有的称谓明确，有的是笼统的称呼。下面考察楚简祭祀所用玉器的类别与祭祀对象的关系及用玉的方法。

1. 环

《尔雅·释器》载："肉倍好谓之璧（郭璞注：肉：边。好：孔），好倍肉谓之瑗（郭璞注：孔大而边小），肉好若一谓之环（郭璞注：边、孔适等）。"如果以边孔相等作为玉环的标准，与考古所见实物不符。考古工作者往往将边很窄的圆环称谓环，实际上璧与瑗没有绝对的标准，有的也将孔大而边小的器物称为璧。楚简中的玉环分为不同的类型，如环、少（小）环、吉环。环有大小之别，大环称为环，小者称为小环。信阳长台关第一号墓遣册记载：

一少（小）鐶（环），巠（径）二灷（寸）。(长台关 2—010)①

以战国 1 尺＝23.1 厘米计算，则小环直径为 4.62 厘米。

从后面的“吉玉”来看，吉环则是有装饰花纹的玉环。

祭祀太、北宗、大水、圣逗王、悼王时，用一环。祭祀司命、司祸、后土、二天了时，用一小环。有时祭祀司命、司祸、地主，用一吉环。

我们一般认为环仅仅是装饰品，佩戴在手上。楚简的记载表明，玉环也是一种常用的祭祀物品，因此我们要重新认识玉环的功能。

2. 玉𠧞、𠧞玉、𠧞

《说文》：“𠧞，灼龟坼也。，古文，𠧞省。”《周礼》卷二十四：“大卜掌三兆之法，一曰玉兆；二曰瓦兆；三曰原兆。”郑玄注：“兆者，灼龟发于火，其形可占者，其象似玉、瓦、原之璺罅，是用名之焉。”商人在占卜之前，先修整龟腹甲，然后在其上钻孔并施凿。占卜时，贞人在钻凿处烧灼，正面就出现“卜”字形裂纹，称为“兆枝”，贞人据此判断吉凶。葛陵楚简中有多个“兆”字就是这个意思。如：

黄佗占之：𠧞亡（无）咎。(葛陵甲三：43)

但表中所列的“𠧞”字，是“𠧞玉”的简称。玉𠧞、𠧞玉、𠧞都是对同类玉器的称呼。根据“𠧞”字的意思，可知玉𠧞、𠧞玉、𠧞与纹饰有关。战国时期玉器上普遍装饰花纹，如蟠螭纹、谷纹、席纹、卷云纹等。玉𠧞、𠧞玉、𠧞当是装饰了各种花纹的玉器。

玉𠧞、𠧞玉、𠧞并没确指何种玉器，是对有纹饰类玉器的一种泛称。祭祀太、地主、大水、二天子、三楚先、祝融、穴熊时，就使用了玉𠧞或𠧞玉或𠧞。有时玉与其他祭品配合使用，如祭祀太时，用一𢇛，“缨之目（以）兆玉”，祭祀三楚先时用牺牲各一牂，“缨之𠧞玉。”缨就是把𠧞玉缠系在祭牲之上②。祭祀地主时用牲一牂，“備（佩）玉𠧞”。“佩”在这里是动词，与“缨”的意义近似。

3. 琥

琥就是玉虎。《周礼·大宗伯》：“以白琥礼西方。”琥是一种祭祀用器。

① 陈伟等著：《楚地出土战国简册（十四种）》，经济科学出版社，2009 年，第 383 页。

② 罗新慧：《说新蔡楚简“婴之以兆玉”及其相关问题》，《文物》2005 年第 3 期。

《说文》："琥，发兵瑞玉。"许慎认为琥是调兵遣将的凭信。在楚简中仅一见，祭祀太时使用了琥。

4. 璧、璧玉

玉璧是战国时期常见的玉器。玉璧上普遍装饰了谷纹、卷云纹、席纹等纹饰，璧玉琳应是这种带花纹的玉璧。《周礼·大宗伯》："以苍璧礼天。"说明玉璧可以用来祭天。楚简中玉璧可以祭祀多种神灵，如司命、地主、北方、二天子、文王以至圣逗王的各位楚王、文夫人等。说明玉璧不仅仅用来祭天，也可以祭祀其他神灵。

玉璧往往与其他祭品配合使用。如祭祀地主时，用祭牲一青义（牺），在用祭牲之前，先用一璧。祭祀北方神时，在用祭牲一犕之前，也要先用一璧。另一次祭祀北方神时，祭牲用马，再珈（加）上一璧。祭祀楚文王以至圣逗王等各位楚王时，"各束绘（锦）珈璧"，也就是在束锦之外另加一璧。

5. 吉玉

《山海经·西山经》："其祠之礼，用一吉玉瘗。"郭璞注："玉加彩色者也。《尸子》曰：'吉玉大龟。'"《山海经》中记载了十次用吉玉祭祀的情况。吉玉是一种加彩色的玉器，很可能是在花纹上涂彩色的玉器。

吉玉用于祭祀司命、司祸、地主。祭祀时与祭牲配合使用，如祭祀司命、司祸、地主时，用祭牲各一牂，分别在牂上缠系一件吉玉。

6. 珥

《说文》："珥，瑱也。"段注："《战国策》：'孟尝君进五珥，以请立后。'李斯上书曰：'宛珠之簪，傅玑之珥。'"《说文》："瑱，以玉充耳也。"段注："《诗》毛传曰：'瑱，塞耳也。'又曰：'充耳谓之瑱。天子玉瑱，诸侯以石。'按瑱不皆以玉，许专云以玉者，为其字之从玉也。"珥是塞耳的玉器，也可用于祭祀。楚简中仅两见，用于祭祀南方、二天子、云君。

7. 玦

玦是一种带缺口的环形玉器。《说文》："玦，玉佩也。"玦是一种玉佩，也可用来祭祀。楚简中记载祭祀峗山神用玉一玦。

8. 璜

璜是一种半圆形器。《说文》："璜，半璧也。"璜是一种佩玉，同时也可用于祭祀，如祭峗山神时，用一圵璜。

9. **佩玉**

佩玉是一种泛称，并不确指某种玉器。楚墓出土的佩玉有环、璜、珩、玦、佩等。玉佩有龙形佩、龙凤佩、虎形佩等，以龙形佩居多。佩玉除了在日常生活中佩戴之外，也可用于随葬和祭祀。楚简中祭祀楚昭王、献惠王、文君时，各用一佩玉。祭祀巫神时，也使用了佩玉。

综上所述，可得出以下几点看法：

(1) 楚简祭祀用玉有一定的规律可循，并非杂乱无章。

(2) 在祭祀中使用的玉器，以玉环居多，祭祀天神、地祇、人鬼，都有用玉环作祭品的现象。不过玉环主要用于祭祀天神、地祇。

(3) 在祭祀二天子、三楚先、其他各位楚王以及墓主人的直系祖先时，多用琡玉、玉璧。

(4) 祭祀天神、地祇时，多数仅用玉器祭祀，偶尔与祭牲配合使用。但祭祀人鬼时，多数情况下玉器与祭牲搭配使用，偶尔仅用玉器祭祀。

(5) 对许多玉器的功能有了新的认识，如玉环、玉珥、玉玦、玉璜等，原来认为这类玉器仅仅是装饰品，楚简表明，多数玉器既有生活中的实用功能，同时也可以用于祭祀。尤其是玉环，在祭祀中使用的频率还很高。

三、结论

我们利用目前所见的楚简资料，探讨了楚国祭祀用玉的有关问题，我们发现祭祀用玉的对象十分广泛，涉及天神、地祇和人鬼等各种神灵。因祭祀的对象不同，用玉的类别和用玉的方式都有各自的特点。楚人祭祀时，使用的玉器以玉环居多。在祭祀天神、地祇时，主要使用玉环。祭祀人鬼时，主要使用玉璧、琡玉。祭祀天神、地祇时，多数仅用玉器。祭祀人鬼时，玉器常与祭牲互相搭配。

（本文原载罗运环主编：《楚简楚文化与先秦历史文化国际学术研讨会论文集》，湖北教育出版社，2013 年）

楚人信奉的天神及其通天工具

楚国巫术盛行，王逸在《楚辞·九歌章句》中说："昔楚国南郢之邑，沅、湘之间，其俗信鬼而好祠。"班固《汉书·地理志》记载楚地"信巫鬼，重淫祀"。张正明先生在《巫、道、骚与艺术》一文中把巫学作为楚文化的三大特色之一，并且巫学是道学和骚学的基础，这篇论文也谈及楚巫通天的工具如凤，但是文章的主旨是研究楚文化中巫、道、骚与楚艺术之关系①。所谓巫术就是人们依靠对神的虔诚信仰，借助一定的巫术仪式与各种神进行沟通，试图求得神的帮助，从而实现人类的各种愿望。楚人所信奉的神可以三分为天神、地祇、人鬼②，这种分法见于《周礼·春官·大宗伯》："大宗伯之职，掌建邦之天神、人鬼、地祇之礼。"也有的学者分为自然神和祖先神两类③。本文仅对楚人信奉的天神及通天工具进行探讨。

一、楚简所见楚人所信奉的天神

胡雅丽在《尊龙尚凤——楚人的信仰礼俗》一书中对楚人所信仰的神进行了详细探讨，晏昌贵在《巫鬼与淫祀》一书中对楚简中所见的天神做了更全面的考证，根据学者的研究，楚简所见的天神如下：

1. 太（蚀太）

陈伟先生认为湖北荆门包山二号墓楚简提到的天神只有"太（蚀太）"一种，祷祠时总是放在首位，太即太一，蚀太是"其星隐而不见""见则为灾"的天皇大帝④。"太"还见于湖北江陵秦家嘴、望山、天星观及河南新

---

① 张正明：《巫、道、骚与艺术》，《文艺研究》1992年第2期。

② 陈伟：《包山楚简初探》，武汉大学出版社，1996年，第159—174页；晏昌贵：《巫鬼与淫祀》，武汉大学出版社，2010年，第77—178页。

③ 彭浩：《包山二号楚墓〈卜筮祭祷〉竹简的初步研究》，《楚文化研究论集》第2集，湖北人民出版社，1991年，第286—290页；胡雅丽：《尊龙尚凤——楚人的信仰礼俗》，湖北教育出版社，2003年，第1—29页；李零：《中国方术正考》，中华书局，2006年，第227—230页。

④ 陈伟：《包山楚简初探》，武汉大学出版社，1996年，第161—162页。

蔡葛陵楚简。《老子》第二十五章："有物混成，先天地生，寂兮寥兮，独立不改，周行而不殆，可以为天下母。吾不知其名，字之曰道，强为之名曰大。"四十二章："道生一，一生二，二生三，三生万物。"《吕氏春秋·大乐》："太一出两仪，两仪出阴阳。""道也者，至精也，不可为形，不可为名，强为之，谓之太一。"太一是星神，《史记·天官书》："中宫：天极星，其一明者，太 常居也。"正义引刘伯庄云："泰一，天神之最尊贵者也。"《楚辞·九歌》第一篇篇名即《东皇太一》。《文选》五臣注："太一，星名，天之尊神。祠在楚东，以配东帝，故云东皇。"洪兴祖补注曰："《汉书·郊祀志》云：'天神，贵者太一。太一佐曰五帝。古者天子以春秋祭太一东南郊。'《天文志》曰：'中宫天极星，其一明者，太一常居也。'《淮南子》曰：'太微者，太一之庭，紫宫者，太一之居。说者曰：太一，天之尊神，耀魄宝也。'《天文大象赋》注云：'天皇大帝一星在紫微宫内，勾陈口中。其神曰耀魄宝，主御群灵，秉万机神图也。其星隐而不见。其占以见则为灾也。'又曰：'太一一星，次天一南，天地之臣也。主使十六龙，知风雨、水旱、兵革、饥馑、疾疫。占不明反以为灾。'"

晏昌贵认为除了太一为星官天神以外，太一还是哲学上的万物之源，即元气。郭店楚简《太一生水》论述了宇宙的生成过程，太一是宇宙生成的本源。

2. **天**

见于葛陵楚简。天是一种神格化的天神名称。长沙子弹库帛书载："惟天作福，神则格之；惟天作妖，神则惠之。钦敬惟备，天象是则；咸惟天□，下民之戒，敬之勿忒！"[①] 说明天是有意志的神，可以作福，也可以作妖。

3. **日**

日神是楚人信奉的天神之一，见于包山楚简。

4. **月**

月神也是楚人信奉的天神之一，亦见于包山楚简。

5. **岁、太岁**

岁神就是岁星之神，岁星就是木星。

---

① 李零：《楚帛书研究》，中西书局，2013年，第51页。

6. **北宗**

北宗或即北斗。《周礼·春官·大宗伯》孔颖达疏引《古尚书》:"六宗者,天地属神之尊者。谓天宗三、地宗三。天宗:日、月、北辰也,地宗:岱山、河、海也。日月为阴阳宗,北辰为星宗,岱为山宗,河为水宗,海为泽宗也。"

7. **五差**

"差"通"佐","五差"即"五佐",五佐可能为太一佐。《史记·封禅书》载:"天神贵者太一,太一佐曰五帝。古者天子以春秋祭太一东南郊,用太牢。""五帝,太一之佐也。"

《楚辞·惜诵》中有五帝一词:"令五帝以折中兮,戒六神与响服。"王逸注:"五帝,谓五方神也。东方为太皞,南方为炎帝,西方为少昊,北方为颛顼,中央为黄帝。"

8. **司命**

司命见于湖北江陵秦家嘴、望山、天星观、荆门包山及河南新蔡葛陵楚简。《楚辞·九歌》中有"大司命"和"少司命",分别掌管成年人和小孩的命运。如《大司命》载:"纷总总兮九州,何寿夭兮在予。"

9. **司祸**

司祸见于包山、天星观、秦家嘴、葛陵楚简。汤漳平认为司祸是《汉书·天文志》中的文昌宫第六星"司灾",因"灾""祸"意义相同[①]。司祸是主管灾祸的神。

10. **司录**

何琳仪读如"司禄",是掌管长寿之神。《周礼·春官·天府》:"若祭天之司命、司禄而献民数、谷数,则受而藏之。"郑玄注:"禄之言谷也。"禄本意为谷数,引申也有福寿之意。《说文解字》:"禄,福也。"《左传》庄公四年:楚武王"将齐(斋),入告夫人邓曼曰:'余心荡。'邓曼叹曰:'王禄尽矣'"。此处禄字是年寿的意思。

11. **司折**

折为夭折之意,司折是主管夭折的神。

---

① 汤漳平:《从江陵楚墓竹简看〈楚辞·九歌〉》,《出土文献与〈楚辞·九歌〉》,中国社会科学出版社,2004年,第116页。

12. **司戠**

司戠即司祲，祲就是“阴阳之气”，妖气。司戠是掌管妖气的神。

13. **司搓**

司搓是主管病愈的神。《方言》卷三：“差、间、知，愈也。南楚病愈者谓之差。……或谓之瘳。”

14. **司䶪**

䶪读为它。《说文解字》：“它，虫也。从虫而长，象冤曲垂尾形。上古草处患它，故相问无它乎？”司䶪是主管因虫咬致病的神。

15. **司救**

司救是掌管邪恶过失的神，与人间同类官职相同。《周礼·地官·司救》载：“掌万民之邪恶过失而诛让之，以礼防禁而救之。”

16. **盟诅**

盟诅为掌管盟誓诅咒之神。

17. **白朝、夜吏**

白朝、夜吏是分别掌管白天和黑夜的神，白朝是昼神，夜吏即夜神①。

二、楚人的通天工具

巫师与天神沟通，需要通天工具，根据文献记载和考古发现的实物，巫师通天工具主要有如下几种：

1. **风、凯风、风伯**

风是沟通天地的工具之一，风伯就是风神。

《楚辞·大司命》载：“广开兮天门，纷吾乘兮玄云。令飘风兮先驱，使冻雨兮洒尘。”

《楚辞·远游》：“风伯为余先驱兮，氛埃辟而清凉。”

《楚辞·远游》：“顺凯风以从游兮，至南巢而壹息。”

2. **雨师**

雨师是沟通天地的又一种工具。《楚辞·远游》：“左雨师使径侍兮，右雷公以为卫。”

---

① 以上诸神职责主要参考晏昌贵：《巫鬼与淫祀》，武汉大学出版社，2010年，第77—178页。

3. 云、丰隆

云和云神丰隆是升天的理想工具。《楚辞·大司命》载："广开兮天门，纷吾乘兮玄云。令飘风兮先驱，使冻雨兮洒尘。"

《楚辞·远游》："载营魄而登霞兮，掩浮云而上征。"王逸注："攀缘蹈气而飘腾也。""召丰隆使先导兮，问太微之所居。"王逸注："呼语云师，使清路也。"

《楚辞·远游》："涉青云以泛滥游兮，忽临睨夫旧乡。"王逸注："随从丰隆，而相伴也。"

《庄子·逍遥游》："藐姑射之山，有神人居焉，肌肤若冰雪，绰约若处子；不食五谷，吸风饮露；乘云气，御飞龙，而游乎四海之外。"

4. 精气

精气、清气亦可助人升天。《楚辞·大司命》："高飞兮安翔，乘清气兮御阴阳。"王逸注："阴主杀，阳主生。言司命常乘天清明之气，御持万民死生之命也。"

《楚辞·九辩》："乘精气之抟抟兮，骛诸神之湛湛。"

《楚辞·远游》："因气变而遂曾举兮，忽神奔而鬼怪。"王逸注："乘风蹈雾，升皇庭也。"

5. 雷公、雷师

雷公、雷师是雷神，是升天的助手之一。《楚辞·远游》："左雨师使径侍兮，右雷公以为卫。"

《楚辞·九辩》："属雷师之阗阗兮，通飞廉之衙衙。"

6. 虹

虹被楚人视为升天的通道。《楚辞·九辩》："骖白倪之习习兮，历群灵之丰丰。"王逸注："骖驾素虹而东西也。"

《楚辞·远游》："建雄虹之采旄兮，五色杂而炫耀。"王逸注："系缀蝃蝀，文纷错也。"

7. 文昌

《楚辞·远游》："后文昌使掌行兮，选署众神以并毂。"王逸注："顾命中宫，敕百官也。天有三宫，谓紫宫、太微、文昌也。"洪兴祖补注引《晋书·天文志》："文昌六星，在北斗魁前。一曰上将，二曰次将，三曰贵相，四曰司录，五曰司命，六曰司寇。"

8. 龙

《楚辞》多次见到驾龙、乘龙的记载：

《楚辞·离骚》："为余驾飞龙兮，杂瑶象以为车。""驾八龙之婉婉兮，载云旗之委蛇。"

《楚辞·河伯》："乘水车兮荷盖，驾两龙兮骖螭。"

《楚辞·云中君》："龙驾兮帝服，聊遨游兮周章。"王逸注："龙驾，言云神驾龙也。"

《楚辞·湘君》："驾飞龙兮北征，邅吾道兮洞庭。"

《楚辞·大司命》："乘龙兮辚辚，高驼兮冲天。"

《楚辞·东君》："驾龙輈兮乘雷，载云旗兮委蛇。"

《楚辞·涉江》："驾青虬兮骖白螭，吾与重华游兮瑶之圃。"五臣云："虬、螭皆龙类。"

《楚辞·远游》："驾八龙之婉婉兮，载云旗之委蛇。"

《楚辞·惜誓》："苍龙蚴虬于左骖兮，白虎骋而为右騑。"王逸注："言己德合神明，则驾苍龙，骖白虎，其状蚴虬有威容也。"

《楚辞·九辩》："左朱雀之茇茇兮，右苍龙之躍躍。"王逸注："青虬负毂而扶辕也。"

人物御龙帛画、人物龙凤帛画、神人操两龙形佩是反映龙凤作为升天工具的实物证据。

1973年5月出土于长沙子弹库1号楚墓的人物御龙帛画，画面正中为头戴高冠、身着长袍的男性，手执缰绳，驾驭着一条巨龙，龙尾立着一只鹤，昂首仰天。人头上方为舆盖，三条飘带随风拂动，画面左下角为一条鲤鱼。这是一幅反映男性墓主人以龙、鹤为助手引导灵魂升天的绘画作品（见图一）[①]。

1949年2月出土于长沙陈家大山一座楚墓的人物龙凤帛画，画面分上中下三层，中层为一雍容华贵的女性，双手合于胸前，头后挽有发髻，广袖束腰，长裙曳地。上层右侧女性头上为一展翅腾飞的凤鸟，凤鸟的前方为一条飞龙，正昂首升向天空。该帛画表现了女性墓主人以龙、凤为助手引导灵魂升天的主题（见图二）[②]。

---

① 湖南省博物馆：《新发现的长沙战国楚墓帛画》，《文物》1973年第7期。

② 熊传新：《对照新旧摹本谈楚国人物龙凤帛画》，《江汉论坛》1981年第1期。

图一　人物龙凤帛画

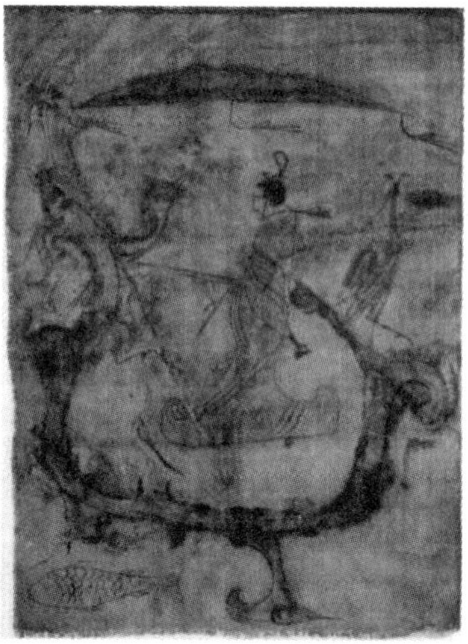
图二　人物御龙帛画

图三　神人操两龙形佩

2006年，湖北省荆州院墙湾一号楚墓出土了一件神人操两龙形佩(M1：36)，黄白色，有黑色沁斑，半透明，色泽温润有光泽。整体由一人两龙、两鸟组成，其中龙、鸟左右对称。中部为一神人，直立，身穿右衽上衣、网格纹下裳，腰束带，脚着方履，头顶一个绹纹圆环，双臂张开向下，双手各操一龙。龙身虬曲，昂首卷尾，两龙首相对，鼻拱神人头上的圆环。龙身的脊背上各栖一鸟，鸟首朝向龙首。龙身雕刻多组“人”字形纹，鸟身刻羽毛。长7.05、宽3.95、厚0.4厘米。该墓葬具为一椁重棺，神人操两龙形佩放置于内棺中部墓主人臀部中间。墓葬时代属战国中期晚段（见图三）[①]。这件玉器的功能与两幅帛画相同，龙和鸟助墓主人灵魂上天。

9. **凤、鸾鸟、飞廉、朱雀**

凤凰是沟通天地的使者，有多种称呼，如凤凰、鸾鸟、飞廉、朱雀等。《楚辞·离骚》：“鸾皇为余先戒兮，雷师告余以未具。吾令凤鸟飞腾兮，继之以日夜。”

《楚辞·远游》：“祝融戒而跸御兮，腾告鸾鸟迎宓妃。”“雌蜺便娟以增挠兮，鸾鸟轩翥而翔飞。”

《楚辞·远游》：“历太皓以右转兮，前飞廉以启路。”

《楚辞·远游》：“凤凰翼其承旂兮，遇蓐收乎西皇。”王逸注：“俊鸟夹毂而扶轮也。”

《楚辞·惜誓》：“飞朱鸟使先驱兮，驾太一之象舆。”

《楚辞·九辩》：“左朱雀之茇茇兮，右苍龙之躣躣。”王逸注：“朱雀奉送，飞翩翻也。”

张正明先生认为江陵一带楚墓所出的“虎坐立凤”，实为飞廉形象，飞廉是凤的别种，楚人视之为风神。人的精魂要登天，需要风神相助，方能高飞远行。把飞廉做成木雕像，置于墓中，可以引导死者之魂到天界去[②]。凤的翅膀上插上鹿角，表示鹿也是会飞翔的。凤踏于虎身之上，凤能飞翔，老虎也如凤一样能够飞翔（见图四）。上举人物龙凤帛画中凤就是女墓主人的升天助手之一。

10. **玄武**

《楚辞·远游》：“时暧曃其曭莽兮，召玄武而奔属。”王逸注：“呼太阴神使承卫也。”洪兴祖补注：“《礼记》曰：‘行前朱鸟，而后玄武。’二十八宿，北方为玄武。说者曰：玄武，谓龟蛇。位在北方，故曰玄；身有鳞甲，故曰武。蔡邕曰：北方玄武，介虫之长。《文选》注云：龟与蛇交，曰玄武。”

11. **虎**

《楚辞·惜誓》：“苍龙蚴虬于左骖兮，白虎骋而为右騑。”

---

① 荆州博物馆：《湖北荆州院墙湾一号楚墓》，《文物》2008 年第 4 期。

② 张正明：《巫、道、骚与艺术》，《文艺研究》1992 年第 2 期。

图四　虎座立凤

12. **羽人**

鸟以及人鸟合体的羽人可以升天。《楚辞·远游》："仍羽人于丹丘兮，留不死之旧乡。"王逸注："因就众仙于明光也。"

《庄子·应帝王》："予方将与造物者为人，厌，则又乘夫莽眇之鸟，以出六极之外，而游无何有之乡，以处圹垠之野。"

考古中也出土了一件漆羽人，出自2000年2月发掘的荆州天星观二号墓，葬具为二椁二棺。椁分为五室，即东室、主室、西室、南室、东南室。羽人像出自东室第二层，为木胎漆器，上部为羽人，下部为凤鸟。羽人和凤鸟身躯用整木雕制，羽人的双臂、鸟尾及凤鸟的双翅和后尾为分件雕刻。羽人人面鸟喙，双肘内屈，双手伸于胸前。臀后中部插一鸟尾，足为鸟爪，踏于凤鸟头上。凤鸟足踏一方形木座，方木座下做出方形长榫头，当初应是插在某一器座上的。全器通体髹黑漆为地，羽人的喙唇、下肢的鳞片纹和凤鸟的喙唇、眼圈、双翅的底部及趾节、方木座等饰红彩。羽人的鸟尾和凤鸟的周身绘羽鳞纹和羽纹。通高65.6厘米。天星观二号墓墓主人为女性，下葬年代可能在公元前350—前330年之间（见图五）。这件羽人应是一件巫术作品。

以上所列的通天工具都是具有神性的，其中许多通天工具就是楚人所信奉的神。

三、道教与楚巫术的关系

道教将老子尊奉为道教的道德天尊，为最高神三清神之一，老子就是楚人。

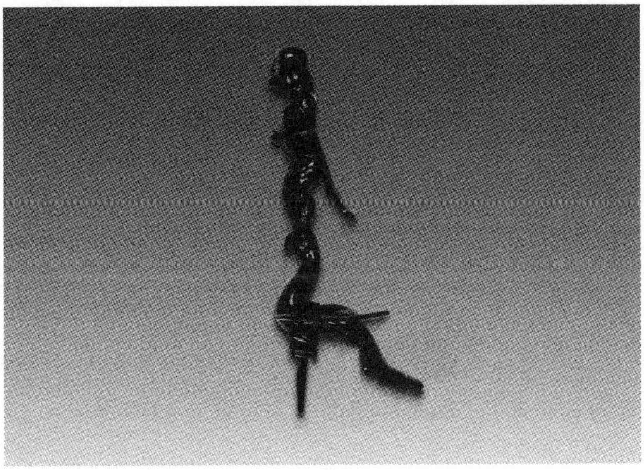

图五　羽人像

许多楚人所信仰的神被道教所间接吸收。如太一、太阳神、月神、岁星神、雷神、风伯、雨师、云神、文昌、司命、司过等①。例如《抱朴子·对俗》载：“行恶事，大者司命夺纪，小过夺算。”《抱朴子·微旨》：“按《易内戒》及《赤松子经》及《河图记命符》皆云：天地有司过之神，随人所犯轻重以夺其算，算减则人贫耗疾病，屡逢忧患，算尽则人死。诸应夺算者有数百事，不可具论。又言身中有三尸，三尸之为物虽无形，而实魂灵鬼神之属也。欲使人早死，此尸当得作鬼，自放纵游行，享人祭酹。是以每到庚申之日，辄上天白司命道人所为过失；又月晦之夜，灶神亦上天白人罪状。大者夺纪，纪者，三百日也。小者夺算，算者，三日也。”这里的司过、司命就是楚人所信仰的神。

道教升天的工具有龙、虎、鹿，与楚人的升天工具有渊源关系。葛洪《抱朴子·杂应》：“若能乘蹻者，可以周流天下，不拘山河。凡乘蹻道有三法，一曰龙蹻，二曰虎蹻，三曰鹿卢蹻……乘蹻须长斋绝荤菜，断血食，一年之后乃可乘此三蹻耳。虽复服符，思五龙蹻，行最远，其余者不过千里也。”

《道藏》之《太上登真三矫灵应经》：“三矫经者，上则龙矫，中则虎矫，下则鹿矫……大凡学仙之道，用龙矫者，龙能上天入地，穿山入水，不出此术，鬼神莫能测，能助奉道之士，混合杳冥通大道也……龙矫者，

① 范恩君：《道教神仙》，宗教文化出版社，2007 年，第 65—141 页。

奉道之士，欲游洞天福地，一切邪魔精怪不敢近，每去山川江洞州府，到处自有神祇来朝现。”

楚人的巫术思想是道教的思想源头之一，道教的神灵、升天思想、升天工具都与楚人有间接的联系。不过要说明一点，楚文化也并非都属独创，楚人继承了商周文化，也吸收了同时期其他诸侯国甚至域外的文化，因此楚人的神灵及巫术本身也是多源的。

（本文原载熊铁基、黄健荣主编：《第三届全真道与老庄学国际学术研讨会论文集》，华中师范大学出版社，2017 年）

商周面具初探

商周面具出土数量已达百余件，论其种类，有人面、兽面之分；论其材料，则以青部铜为大宗，兼有金、玉 、蚌为之者。现撮举如下：

1964 年，陕西汉中地区城固县苏村出土青铜兽面具（原简报称“铺首”）14 件。1976 年，苏村又出土青铜人面具（原简报称“铜脸壳”）23 件，青铜兽面具 11 件[①]，时代与妇好墓相当。1986 年，广汉三星堆一号祭祀坑公布金质人面具 1 件，青铜人面具 1 件[②]，时代为殷墟一期。同年，三星堆二号祭祀坑又出土青铜人面具 15 件，青铜兽面具 9 件，时代为殷墟晚期[③]。1973 年，岐山县贺家村一号墓出土青铜人面具、青铜兽面具各 1 件[④]，时代相当殷墟三期。黄陂盘龙城采集 1 件，已残，时代不明[⑤]。1976 年，宝鸡竹园沟、茹家庄西周墓出土一些铜质、玉质、蚌质兽面[⑥]。我们于 1986 年也在老牛坡商代墓葬中发现了青铜人面具和青铜兽面具各 3 件，时代与苏村所出相当[⑦]。如此众多的面具，引发了我们探讨面具功能的兴趣，本文试图做出初步解释。

一、面具与商周青铜器纹饰的关系

城固和老牛坡出土的青铜兽面具造型相同。广汉三星堆、岐山贺家一

---

① 唐金裕等：《陕西省城固县出土殷商铜器整理简报》，《考古》1980 年第 3 期。尚见著录于陕西省考古研究所等：《陕西出土商周青铜器（一）》，文物出版社，1979 年版；《陕西城固、宝鸡、蓝田出土和收藏的青铜器》，《文物》1966 年第 1 期。

② 四川省文物管理委员会等：《广汉三星堆遗址一号祭祀坑发掘简报》，《文物》1987 年第 10 期。

③ 四川省文物管理委员会等：《广汉三星堆二号祭祀坑发掘简报》，《文物》1989 年第 5 期。

④ 陕西省考古所等：《陕西出土商周青铜器》（一）。

⑤ 湖北省博物馆：《盘龙城商代二里岗期的青铜器》，《文物》1976 年第 2 期。

⑥ 宝鸡市博物馆：《宝鸡㣇伯墓地》，文物出版社，1988 年。

⑦ 西北大学历史系考古专业：《西安老牛坡商代墓地的发掘》，《文物》1988 年第 6 期。

号墓和宝鸡竹园沟、茹家庄西周墓所出的兽面具则形态互异。我们认为这些兽面具相当于商周青铜器上的饕餮纹或牛首等图案。试举例说明之，如苏村兽面具与安阳妇好墓某些彝器饕餮纹（813 号方鼎腹部，761、762、816 号圆鼎胸部饕餮纹）相似[①]。商周饕餮纹是青铜器上最常见的纹饰，多不胜举。商代青铜兽面县与一些商代铜器上的高浮雕或圆雕兽头形状亦相似，妇好墓 750、848、851 号簋腹部，792、806 号大方尊肩部，863 号壶颈部，857 号斝鋬手上的兽头便是很好的例证。宝鸡西周墓出土的兽面具（如 BZM1：43、BZM3：128、MZM1：44、BZM7：37）也与同期青铜器上的兽头及纹饰相似（如 BZM7：6 卣提梁兽头、BZM13：20 簋腹部、方座纹饰及双耳兽头）。同一种饕餮或灵兽，采取了不同的表现形式，或铸成兽面具，或以平面和立体形式饰于青铜器适当的部位。使用方式的不同，导致了表现形式的多样化。

商周青铜器亦采用人体作为装饰题材。妇好墓一件铜钺（799 号）上铸有一人面，面部两旁是张开的两兽。1976 年，宝鸡市博物馆在竹园沟十三号墓发现一件康王时代的铜钺（BZM13：169），造型别致，銎内上齿立一人头，钺身饰龙纹及兽面，本部两侧各立一虎，体态劲健，作回首状，与人的视线一致[②]。20 世纪 30 年代安阳殷墟出土一件方鼎，鼎耳两侧为张口双兽，耳顶部为一人面[③]。1957 年，安徽阜南出土一件商代铜尊，装饰图案为两兽相合于人头部[④]。日本住友氏和巴黎西努奇博物馆所收藏的卣，有人虎相抱的题材，人头位于虎口之下。华盛顿弗利尔美术馆收藏一件铜觥，人位于铜觥腹部之下[⑤]。青铜和金质人面具与作为装饰题材的人物可能有相同的功能，他们之间的差异只是艺术的表现手法不同而已。

二、面具的功能

我们在研究面具的功能时，必须先搞清与之相同或相似的商周青铜器纹饰有着怎样的意义。关于青铜器纹饰的解释，已经有学者做过深刻的研究。张光直先生在研究青铜器纹饰时得出一个独具卓识的结论："商周青铜

① 中国社会科学院考古研究所：《殷墟妇好墓》，文物出版社，1981 年。
② 宝鸡市博物馆：《宝鸡弜伯墓地》，文物出版社，1988 年。
③ 陈梦家：《殷代铜器》，《考古学报》1954 年第 7 期。
④ 葛介屏：《安徽阜南发现殷商时代的青铜器》，《文物》1959 年第 1 期。
⑤ 张光直：《美术、神话与祭祀》，辽宁出版社，1988 年。

器上的动物纹饰扮演了沟通人神世界的角色。”① 这对我们研究面具的功能来说，是一个很大的启发，我们认为这些面具就是巫师使用的法器。它与青铜器上的动物纹样、人体纹样虽然艺术表现方式不同，但它们的功能却是一致的。

依据目前面具的出土情况，四川广汉三星堆和陕西城固出土最多，时间最早，向关中和江汉平原传播。四川、陕南一带可能是早期巴蜀的地盘。巴蜀善舞，《华阳国志·巴志》载：“周武王伐纣，实得巴蜀之师，著乎《尚书》。巴师勇锐，歌舞以凌，殷人前徒倒戈，故世称之曰：‘武王伐纣，前歌后舞’也。”在古代，舞一般是与巫紧密联系在一起的，如《说文》：“巫，祝也，女能事无形以舞降神也。”现代少数民族地区的巫师也大都能歌善舞。据刘起釪先生的研究成果，《尚书·牧誓》是一篇战争舞蹈的誓词②。参加牧野战争的就有善舞的蜀国。在牧野举行的大型战争舞实际上是一场巫术活动，他们也使用巫术法器。请看《牧誓》：“王左杖黄钺，右秉白旄以麾曰：‘逷矣，西土之人！’王曰：‘嗟！我有邦冢君、御事、司徒、司马、司空、亚旅、师氏、千夫长、百夫长及庸、蜀 羌、髳、微、卢、彭、濮人，称尔戈，比尔干，立尔矛，予其誓’。”黄钺、白旄是宗教权和政权的象征，它们既是武器，又是能够“底天之罚”的巫术法器。妇好墓和竹园沟十三号墓中所出铜钺，都有人兽纹饰，巫师借助神兽的力量上可与皇天圣祖相通。在牧野参加舞蹈的蜀人，可能使用了人面具和兽面具。

类似的巫术法器文献不乏记载。楚昭王向观射父咨询有关宗教的问题，观射父“对曰：‘……古者民神不杂。民之精爽不携贰者，而又能齐肃衷正，其智能上下比义，其圣能光远宣朗，其明能光照之，其聪能听彻之，如是则明神降之，在男曰觋，在女曰巫。是使制神之处位次主，而为之牲器时服，而后使圣之后之有光烈，而能知山川之号，高相之主，宗庙之事，昭穆之世，齐敬之勤，礼节之宜，威仪之则，容貌之崇，忠信之质，禋絜之服，而敬恭明神者，以为之祝。使名姓之后，能知四时之生，牺牲之物，玉帛之类，采服之仪，彝器之量，次主之度，屏摄之位，坛场之所，上下

① 张光直：《美术、神话与祭祀》，辽宁出版社，1988 年。
② 刘起釪：《古史续辨》，中国社会科学出版社，1991 年。

之神，氏姓之出，而心率旧典为之宗，于是乎有天地神民类物之官，是谓五官，各司其序，不相乱也。民是以能有忠信，神是以能有明德，民神异业，敬而不渎，故神降之嘉生，民以物享，祸灾不至，求用不匮'”（《国语·楚语》）。巫觋所用的“牲器时服”，祝、宗所应通晓的“牺牲”“玉帛”“采服”“彝器”，就是“民以物享”的具体内容，它们能使神降嘉生，“祸灾不至，求用不匮”。用以祭祀的“物”就是巫术法器。

我们已知道“彝器”即巫术法器，下面还有一条力证。《左传》宣公二年，楚庄王饮马黄河，问周天子九鼎之小大轻重，王孙满答道：“在德不在鼎，昔夏之方有德也，远方图物，贡金九牧，铸鼎象物，百物而为之备，使民知神奸。故民入川泽山林，不逢不若，魑魅魍魉，莫能逢之，用能协于上下，以承天休。”装饰有各种纹饰的鼎可以避开“魑魅魍魉”，“能协于上下，以承天休”。这不正是鼎作为巫术法器的神秘作用之所在吗？

现代民族学也为我们研究古代巫术提供了许多可供参照的材料。锡伯族萨满教使用的法器有神裙、神帽、神镜、手鼓、神矛等[①]。鄂伦春、鄂温克、达斡尔和赫哲族的萨满教法器有神帽、神衣、神鼓，神杖、神刀、档士[②]。萨满的神帽“用铜条或铁条做成帽架，架顶有一圆形铜片，其上安有一副带杈的铜制鹿角，两角间立一铜鸟，系萨满所领之神”。云南永宁纳西族巫师（达巴）的神杖上就刻有虎形[③]。萨满的神帽、达巴的神杖均与神兽有关。商周人面具、兽面具与之相比，有着相似的特点，起着同样的作用，为我们推论人兽面具是巫师法器的观点提供了又一佐证。

西南地区的云南景颇族、凉山彝族在战争前举行的舞蹈（即巫术活动）也使用各种法器，请看下面几段材料：

“云南德宏地区景颇族解放前经常发生‘拉事’，即世袭贵族（‘山官’）操纵下的一种掠夺性械斗。每当‘拉事’之前，双方皆要推举勇敢战士充当先锋。巫师（‘董萨’）卜卦决定战期后，由‘山官’对先锋举行‘援盾牌’仪式，即将一块绘有恐怖人面图形的野猪皮盾牌（称为‘郭诺’）援与先锋，表示委以领战的重任，然后出征……先锋有两人，一人称为‘勒卡

① 中国民族学会：《民族学研究》第9辑，民族出版社，1990年。
② 宋恩常：《中国少数民族宗教初编》，云南人民出版社，1985年。
③ 严汝娴、宋兆麟：《永宁纳西族的母系制》，云南人民出版社，1983年。

总楚’（汉人称为‘正氏头’），一人称为‘司列’（汉人称为‘副兵头’），两人走在出征队伍的最前列，‘勒卡总楚’一手舞刀，一手舞野猪皮盾牌。‘司列’双手紧持一根长矛，作不断向前刺击之状……近代景颇族已用新式步枪，但作战时仍要推选先锋，由他们在前面舞刀矛和盾牌，而且他们仍然认为，这才是决定战争的关键”。

“四川凉山彝族解放前各家支之间经常发生械斗，称为‘打冤家’。他们在使用新式枪支前也保持类似的古老战俗。战前双方各选出先锋，称为‘扎夸’(一般由黑彝担任)。战时‘扎夸’一手舞皮盾牌，一手舞刀，在全队之前打头阵。战士都穿上鲜艳服装，有的还披载皮甲闻和皮护臂，头编红布，插以鸡毛。‘扎夸’打扮尤为出众。用胄、盾牌之上，都添上红、黄、黑三种颜色组成的图案，鲜艳夺目，所有这些都为了造成一种令敌人害怕的场面”①。

表一　商周面具统计表

出土地点 质料，名称，时代	人面具		兽面具			时代
	青铜	金	青铜	玉	蚌	
城固苏村	23		23			武丁时代
老牛坡	3		3			武丁时代
广汉三星堆 1 号	1	1				殷墟一期
广汉三星堆 2 堆	15		9			殷墟晚期
盘龙城			1			不明
贺家 M1	1		1			殷墟三期
宝鸡竹园沟 BZM1			2			康王
BZM6			1			成康之际
BZM7			4			康王
BZM13			5	1		康王
BZM4			1	1	2	昭王
BZM9				1		穆王
宝鸡茹家庄 M1			1	1		昭穆之际

注：有些面具很小，不适于系戴，可能是一种象征性的巫术法器。

① 汪宁生：《释“武王伐纣前歌后舞”》，《历史研究》1981 年第 4 期。

表二　少数民族武术法器统计表

民族	法　器　名　称
鄂伦春族，鄂温克族、达斡尔族、赫哲族	神帽、神衣、神鼓、神杖、神刀、档士
羌族	猴皮帽、白布衣或麻布衣、白裙、羊皮挂褂、羊皮鼓、神杖、师刀、铜法铃、白骨念珠、金线猴头、神物、皮口袋
高山族	茅叶、菖蒲根、竹、兽骨
珞巴族	长刀、小竹棍、筐箩、鹞子头尾、虎豹的牙和皮
怒族	皮鼓、鼓柱
哈尼族	瓢杆、刀、背袋、凳、篾桌、扇子
纳木衣人	大皮鼓、小羊皮鼓、铜锣、小铜铃、海螺、犀牛角、神刀、神木、吹器（维维）
拍木衣人	送神器（乍儒达日）、惹阿拉吉、腊皮、皮包、皮鼓、大铜铃、虎牙
壮族	红巾、红裤、雉尾、带矛头铁环的棍子、面具、陶鼓、小高边锣、大钹小钹、箫管、海螺
土家族	铜铃、师刀
彝族	法帽、法铃、神扇、签筒、法签、羊皮鼓
锡伯族	神裙、神帽、神镜、手鼓、神矛

注：参阅宋恩常《中国少数民族宗教初编》，云南人民出版社，1985 年；马学良《彝族文化》，中国民族学会《民族学研究》第 9 辑，民族出版社，1990 年。

景颇族的皮盾牌上面画有恐怖的人面图形，彝族的甲胄、盾牌上也画有红、黄、黑三种颜色组成的图案，都可造成一种恐怖气氛，在他们的观念中，此乃决胜之关键。据此，我们有理由推测商周面具与景颇族、彝族的皮盾牌有相同的功能。巫术法器多不胜举，为简短起见，将它们列成表二，请参阅。

三、结论

我们将商周面具与其共同时代青铜器纹饰进行互相比较，认为面具即是巫术法器，并举了古文献和民族学的一些证据，这一结论从一个侧面反映出商周社会的一个特点，即巫教在商周社会中占有相当重要的地位，它发源于原始社会的自然崇拜，图腾崇拜和祖先崇拜。侯外庐先生研究亚细亚生产方式后得出一个准确的论断：“‘古典的古代’是革命的路径，‘亚细亚的古代’却是改良的路径。前者便是‘正常发育’的文明‘小孩’，后者是所谓‘早熟’的文明‘小孩’，用中国的话来说，便是人惟求旧、器惟求新的‘其命维新’的奴隶社会。旧人便是氏族（和国民阶级相反），新器便是国家或城市。”① 保留着浓厚氏族制度色彩的中国古代社会是产生巫教文化的温床。

（本文原载《考古与文物》1993年第6期，与刘士莪先生合著）

① 侯外庐：《中国古代社会史论》，人民出版社，1985年。

关于商代青铜面具的几个问题

关于青铜面具的研究文章尚不多见，柴晓明先生对各种面具的用途作了综合研究，认为各种青铜面具的用途分别是盾饰、马冠饰、车饰和祭祀用具①。作者正确地指出了面具的部分用途。黄尚明曾与刘士莪先生合著《商周面具初探》一文，认为城固、三星堆、老牛坡等地出土的面具当与巫术有关，可能是巫术法器②。随着新资料的不断出土，本文就面具的几个问题再提出自己的一些看法。

一、青铜面具的起源及其传播

关于青铜面具的起源问题问题，目前还无人讨论。应对目前为止所见材料进行准确断代，哪个地区发现的材料最早，那么这个地区可能就是青铜面具的起源地。商代材料有如下几批：殷墟北岗 M1400 出土人面具1件③。1964年陕西城固苏村出土青铜兽面具14件，1976年苏村又出土青铜人面具23件，青铜兽面具11件④。1973年岐山县贺家村1号墓出土青铜人面具、兽面具各1件⑤。北京平谷刘家河一座商墓出土5件青铜人面具⑥。老牛坡商代墓葬中出土青铜人面具、兽面具各3件⑦。1986年广汉三星堆一号祭祀坑出土青铜人面具1件，人头像13件，二号祭祀坑又出土青

---

① 柴晓明：《论商周时期的青铜面饰》，《考古》1992年第12期。

② 刘士莪、黄尚明：《商周面具试探》，《考古与文物》1993年第6期。

③ 陈梦家：《殷代铜器》，《考古学报》1957年第7期。

④ 唐金裕等：《陕西城固县出土殷商铜器整理简报》，《考古》1980年第3期；陕西省考古研究所等：《陕西出土商周青铜器（一）》，文物出版社，1979年出版；祝培章等：《陕西城固、宝鸡、蓝田出土和收藏的青铜器》，《文物》1966年第1期。

⑤ 陕西省考古研究所等：《陕西出土商周青铜器（一）》，文物出版社，1979年，图版三十九、四十。

⑥ 北京市文物管理处：《北京平谷县发现商代墓葬》，《文物》1977年第6期，图一五。

⑦ 西北大学历史系考古专业：《西安老牛坡商代墓地的发掘》，《文物》1988年第6期。

铜人面具 20 件，青铜兽面具 9 件[①]。黄陂盘龙城采集 1 件兽面具[②]。殷墟西区 M701 出土兽面具 1 件，M216 出土小兽面具 6 件[③]。安阳郭家庄 M52 车马坑出土兽面具 2 件[④]。安徽舒城县城关采集兽面具 1 件[⑤]。江西新干大洋洲出土青铜双面人头造像 1 件，羊角兽面 1 件[⑥]。西周时期的出土材料有：房山琉璃河 M53 出土兽面具 1 件[⑦]，M1043 出土兽面具 1 件[⑧]，M1193 出土人面具 9 件[⑨]。昌平白浮 M2、M3 出土兽面具 4 件[⑩]。山西红洞永凝堡 NM9 出土兽面具 4 件[⑪]。岐山县贺家村 M4 出土兽面具 1 件[⑫]。浚县辛村出土大小兽面具达 80 余件[⑬]。沣西第一、二号车马坑出土兽面具共 6 件[⑭]。张家坡 M183 出土兽面具 3 件[⑮]。宝鸡竹园沟 M1、M3 出土兽面具各 2 件[⑯]。沣西 M28 车坑出土兽面具 2 件[⑰]。长安花园村 M3 车马坑出土兽面具 4 件[⑱]。

---

① 四川省文物管理委员会等：《广汉三星堆遗址一号祭祀坑发掘简报》，《文物》1987 年第 10 期；《广汉三星堆二号祭祀坑发掘简报》，《文物》1989 年第 5 期；四川省文物考古研究所：《三星堆祭祀坑》，文物出版社，1999 年。

② 湖北省博物馆：《盘龙城商代二里岗期的青铜器》，《文物》1976 年第 2 期，图二十五。

③ 中国社会科学院考古所安阳队：《1969—1977 年殷墟西区墓葬发掘报告》，《考古学报》1979 年第 1 期。

④ 中国社会科学院考古所安阳队：《安阳郭家庄西南的殷代车马坑》，《考古》1988 年第 10 期。

⑤ 舒城县文物管理所：《安徽舒城县城关出土一件青铜面具》，《考古》2000 年第 8 期。

⑥ 江西省文物考古研究所等：《新干商代大墓》，文物出版社，1997 年。

⑦ 琉璃河考古队：《北京附近发现奴隶殉葬墓》，《考古》1974 年第 5 期。

⑧ 琉璃河考古队：《1981—1983 年琉璃河西周墓地发掘简报》，《考古》1984 年第 5 期。

⑨ 琉璃河考古队：《琉璃河 1193 号大墓发掘简报》，《考古》1990 年第 1 期。

⑩ 北京市文物管理处：《北京地区又一重要考古收获——昌平白浮木椁墓的新启示》，《考古》1976 年第 4 期。

⑪ 山西省文物工作委员会等：《山西洪洞永凝堡西周墓葬》，《文物》1978 年第 2 期。

⑫ 巨万仓：《周原岐山出土青铜兵器》，《文博》1988 年第 5 期。

⑬ 郭宝均：《浚县新村》，科学出版社，1964 年。

⑭ 中国科学院考古研究所：《沣西发掘报告》，文物出版社，1962 年。

⑮ 中国社会科学院考古所沣西队：《长安张家坡 M183 西周洞室墓发掘简报》，《考古》1989 年第 6 期。

⑯ 卢连成等：《宝鸡弶国墓地》，文物出版社，1988 年。

⑰ 中国社会科学院考古所沣镐队：《1984—1985 沣西西周遗址、墓葬发掘简报》，《考古》1987 年第 1 期。

⑱ 陕西省文物管理委员会：《西周镐京部分墓葬发掘简报》，《文物》1986 年第 1 期。

甘肃灵台白草坡出土兽面具2件①。胶县西奄车马坑出土兽面具1件②。河南平顶山应国墓地M84出土人面具8件③。

殷墟西北岗M1400残存四套铜觚爵、盂、盘、人面具、壶等器物，时代属殷墟末期。城固苏村所出土的青铜人、兽面具属殷墟二期，与妇好墓时代相当。贺家村1号墓时代相当于殷墟三期。北京平谷刘家河一座商墓出土的方鼎、弦纹鼎、弦纹甗属二里岗上层时期的器物，故原报告确定此墓时代为二里岗上层，但共存的饕餮纹爵、鼎、瓿、罍却是殷墟一期的器物故此墓时代应当断为殷墟一期，其中所出人面具至迟属于殷墟一期。老牛坡出土人面具、兽面具的有M10、M41两座墓，M10出土的铜鼎与1959年武官M1：2鼎相似，武官59M1时代属殷墟一期晚段④，则老牛坡M10亦属殷墟一期，M41的时代与M10相同。广汉三星堆“一号祭祀坑出土的有年代特征的器物，早的可至二里岗上层一、二期或更早，晚的则相当于殷墟一期”“二号祭祀坑的铜礼器虽然早晚年代相差较大，但从总体来看，属于殷墟二期范围之内，未见晚于殷墟二期的器物”⑤。盘龙城采集的兽面具时代不明。殷墟西区M216、M701时代属于殷墟四期。安阳郭家庄M52车马坑的时代为殷墟四期。安徽舒城采集的兽面具时代为商代。江西新干大洋洲商墓出土的兽面柱足铜鼎XDM：1、XDM：2与安阳殷墟M160：62大圆鼎造型相似⑥，立耳，深腹微鼓，圜底，蹄形足。大洋洲鬲形铜鼎XDM：36与郭家庄M50：6鬲形鼎相似⑦，郭家庄M160时代为殷墟三期晚段，M50为殷墟四期，而大洋洲商墓可能晚至殷墟四期。

从以上各单位的断代结果来看，北京平谷刘家河出土的人面具、西安

---

① 甘肃省博物馆文物工作队：《甘肃灵台白草坡西周墓葬》，《考古学报》1977年第2期。

② 山东昌潍地区文物管理组：《胶县西奄遗址调查试掘简报》，《文物》1977年第4期。

③ 河南省文物考古研究所：《平顶山应国墓地八十四号墓发掘简报》，《文物》1998年第9期。

④ 中国社会科学院考古研究所：《殷墟发掘报告》，文物出版社，1987年。

⑤ 四川省文物考古研究所：《三星堆祭祀坑》，文物出版社，1999年。

⑥ 中国社会科学院考古研究所：《安阳殷墟郭家庄商代墓葬——1982—1992年考古发掘报告》，中国大百科全书出版社，1998年。

⑦ 中国社会科学院考古研究所：《安阳殷墟郭家庄商代墓葬——1982—1992年考古发掘报告》，中国大百科全书出版社，1998年。

老牛坡出土的人兽面具、四川广汉一号三星堆祭祀坑出土的人面具、人面像、人头像时间最早，属殷墟一期，可能同时在现在北京平谷刘家河、陕西西安老牛坡、四川广汉三星堆一带开始出现铸造青铜人、兽面具的文化现象。从三个地点的人面具的形态来看，西安老牛坡的人面具呈长椭圆形、圆眼内凹、眼球突出、张口露齿、方耳适中，而三星堆一号祭祀坑的人面具宽脸圆颌、粗眉大眼、尖鼻垂耳、大嘴紧闭。二号祭祀坑的人面具成方形、长方形或倒梯形，浓眉大眼，高鼻大耳，阔口微闭。平谷刘家河的人面具面部近圆形，半圆形耳，直鼻，张口露齿。三个地方的人面具造型互异，说明青铜面具在不同地区几乎同时出现，也就是说起源地有多个，至少目前可知三个地方的面具起源时间几乎相同，但造型有别，不能简单地说从一个地区传播到另一个地区。

自从殷墟一期以后，人、兽面具的分布范围逐渐扩大，从前面所列出土材料可知，人面具分布于今陕西、四川、河北、河南、江西一带，兽面具除见于以上各省外，尚见于山西、山东、安徽、甘肃、湖北。从器物造型来看，西安老牛坡的人面具、兽面具及共存的尖顶铜泡与城固苏村同类器酷似，这是直接传播的结果，两地之间可能存在工匠交流关系。西安老牛坡出土的人、兽面具属于殷墟一期晚段，苏村出土的人、兽面具属殷墟二期，则前者早于后者，传播的方向应是从西安老牛坡向城固传播，而不是相反。江西大洋洲人头神像时代晚于城固面具，造型却与城固的人面具相似，可能受了城固铜器群的影响。平顶山应国人面具时代为西周中期，在地理位置上与陕南相距不远，亦可能接受其影响。北京平谷刘家河与房山琉璃河在地理位置上相近，平谷刘家河商墓属殷墟一期，琉璃河 M1043、M1193 属西周早期，M53 属西周中期，琉璃河西周人面具可能继承了刘家河人面具这一商文化因素。

二、青铜面具的用途及其所反映的文化特征

柴晓明先生认为面具有四种用途，即用于做盾饰、马冠饰、车饰和祭祀用品。从面具在墓葬、车马坑等遗存单位内的摆放位置来看，结论基本是正确的。不过人面具不一定都做盾饰，如城固、广汉三星堆出土的人面具就不是盾饰，可能系于人面部或固定于某一位置，作为巫舞的道具或崇拜的神像。我们认为，无论这些面具做何种用途，可能都与古代巫术有关，

既具有装饰功能，同时又具有宗教功能，人兽面具是沟通神人的巫术法器，这与中国古代社会的文化特征是紧密相连的。

中国历史上存在一个漫长的巫术盛行的时代，从石器时代到战国都有这种浓厚的巫术特征，并且对以后的中国社会影响深远，甚至可以说巫术代代有。石器时代的巫术，可参看张光直先生的《仰韶文化的巫觋资料》一文①。苏秉琦先生认为“良渚文化发现的带有墓葬的祭坛和以琮为中心的玉礼器系统，应是宗教已步入一个新阶段的标志”②。红山文化出土的坛、庙、冢、女神像等遗存也说明了原始巫术的盛行。至夏、商、周时期，巫术更为发达。陈梦家先生对商代巫术进行了开创性的研究，认为商代巫术盛行，巫职主要由男性把持，巫与政治密不可分，商王既是政治领袖，又是群巫之长，巫术有许多仪式和法物③。张光直先生认为商代巫师贯通天地凭借的工具有：（1）山；（2）神树，如桑树；（3）鸟，如凤等；（4）动物，如作为牺牲或彝器上的主要文饰；（5）占卜，殷人主要用龟卜和牛骨卜，还有筮卜，甲骨卜和筮卜都是殷代巫师通神的方式；（6）仪式与法器，最重要的仪式有彡、翌、祭、亖、砉五种，法器包括商代青铜礼器和玉器等；（7）酒与药物；（8）饮食乐舞④。由此可见，巫术的形式多种多样，巫术法器种类繁多，这在考古资料中得到了验证。考古资料还证明不同的民族使用不同的巫术法器，因此巫术法器具有地域性和民族性。如广汉三星堆一、二号祭祀坑出土的礼器尊、罍、瓿、盘等，数量少。却出土了大量的铜神殿（2件）、神树（6件）、神坛（3件）、跪坐人像（5件）、铜立人像（2件）、兽首冠人像（5件）、铜人头像（61件）、龙柱形器（1件）、人面具（21件）、兽面具（9件）等器物⑤。城固铜器群出土人面具23件，兽面具25件，出土青铜礼器有铜尊10件、瓿7件、罍7件、

① 张光直：《仰韶文化的巫觋资料》，见张光直：《中国考古学论文集》，生活·读书·新知三联书店，1999年，第136—150页。

② 苏秉琦：《中国文明起源新探 》，生活·读书·新知三联书店，1999年，第45页。

③ 陈梦家：《商代的神话与巫术》，《燕京学报》1936年总第20期。

④ 张光直：《商代的巫与巫术》，《中国青铜时代》，生活·读书·新知三联书店，1999年，第252—280页。

⑤ 四川省文物考古研究所：《三星堆祭祀坑》，文物出版社，1999年。

觚5件、爵1件、斝2件、提梁卣3件、觥1件、鼎6件、簋2件、甗1件，礼器总计47件[①]，出土礼器数量多于三星堆。而殷墟出土的青铜器以青铜礼器为主。这表明从殷首都到蛮夷戎狄地区，作为巫术法器的青铜礼器的数量逐渐减少，而代之具有民族特色的器物。就西南地区而言，陕南地区是一个过渡地区，至四川广汉一带礼器就更少了。所以我们说，青铜面具等器物是商周时期巫术文化的表现形式之一，它与青铜礼器一样成为巫师作法的工具。于是就形成了商周文化圈以青铜礼器为主要法器的巫术文化，陕南城固和四川一带以青铜面具、青铜造像为主要法器的巫术文化。由此可知，商周时期中国境内巫术文化的类型并非一个，而有多个地域类型，各个类型之间互相影响，互相吸收了对方的文化因素。

三、青铜面具所反映的身份地位与礼制问题

这个问题由柴晓明先生在其论文中首次提出，认为商周时期的青铜面具也可能是一种标志所有者身份等级的礼器。因为凡出青铜面具的墓葬和车马坑，身份均较高，如刘家河商墓出土大量青铜礼器和铁刃铜钺，墓主人生前前肯定是显赫的贵族。殷墟西北岗M1400是商王的陵墓。琉璃河M1193的墓主可能是召公奭[②]。浚县辛村M2墓主人可能是某一卫侯。竹园沟M13的墓主人可能是某代強伯。城固洋县铜器数量多，非一般人所能拥有。广汉三星堆一、二号祭祀坑出土大量的铜器玉器等，其主人身份之高不言而喻。为什么出土面具的各遗存单位，其主人身份地位都较高，至少是贵族身份？从礼制方面来讲，车马在古代是一个人身份高低的标志，陪葬车的数量多少有严格规定。《礼记·檀弓下》载：“君之嫡长殇，车三乘；公之庶长殇，车一乘；大夫嫡长殇，车一乘。”孔颖达疏云：“但遣车之数贵贱不同，若生有爵命、车马之赐，则死有遣车送之。诸侯七乘，大夫五乘，此后有明文，郑惟诸侯既七乘，降杀宜两，则国王宜九乘，士三

---

① 唐金裕等：《陕西城固县出土殷商铜器整理简报》，《考古》1980年第3期；陕西省考古研究所等：《陕西出土商周青铜器（一）》，文物出版社，1979年；祝培章等：《陕西城固、宝鸡、蓝田出土和收藏的青铜器》，《文物》1966年第1期；段绍嘉：《介绍陕西省博物馆的几件青铜器》，《文物》1963年第3期；李烨、张历文：《洋县出土殷商铜器简报》，《文博》1996年第6期。

② 殷玮璋：《新出土的太保铜器及其相关问题》，《考古》1990年第1期。

乘也。”说明能随葬遣车的人都是各级贵族，作为车马附件的兽面具只能出在身份较高的墓葬或车马坑之中。从宗教方面来讲，中国古代社会是政教合一的制度，陈梦家先生认为“王者自己虽为政治领袖，同时仍为群巫之长”①。张光直先生说：“既然巫政是密切结合的，法器的占有便是掌握政权的一个重要手段，也就是说艺术品的掌握便是政治权利占有的象征。”②也就是说能占有青铜面具这类巫术法器的人，表明他们在政治上掌握了政权，在宗教上掌握了教权，政权教权在物化形式上表现出来，即是铸造青铜面具或其他礼器。面具或饰于盾牌，以求在战争中获得神佑；或饰于车马，以炫耀自己的特权；或系于面部而舞，以降神意；或立于某一部位，供人崇拜。这种教权的无处不在，也就是政权在握的象征。从宗教这一角度来讲，青铜面具具有沟通神人的功能，在阶级社会，不是人人都能拥有这一特权的，只有身份较高的人才能垄断教权，所以青铜面具的主人身份都较高，换言之，商周时期的青铜面具可能是标志所有者身份等级的礼器。

（本文原载《江汉考古》2007年第4期，与笪浩波教授合著）

① 陈梦家：《商代的神话与巫术》，《燕京学报》1936年总第20期。

② 张光直：《商代的巫与巫术》，《中国青铜时代》，生活·读书·新知三联书店，1999年，第252—280页。

从考古学看汉水在文化交流中的作用

汉水地处我国中部，位于黄河与长江之间，西端与嘉陵江相邻。因此汉水成为南北文化、东西文化交流的通道。汉水作为文化交流的通道，在新石器时代早就开始了。老官台文化、半坡文化、客省庄二期文化翻越秦岭进入汉江上游、丹江流域，仰韶文化、河南龙山文化沿唐白河南下，到达随枣走廊、江汉平原。本文仅从商文化、楚文化的西渐和蜀文化的北渐来看汉水在东西文化交流中的作用。

一、商代青铜文明主要经汉水传入四川

城固、洋县自1955年至1990年多次出土大批商代青铜器（以下所引城固、洋县材料不再加注）[①]，依据历次简报进行统计，1955年至1976年城固出土490件，1980年至1981年城固出土75件，1986年城固又征集了5件商代青铜器，1964年至1990年洋县出土65件，两地商代青铜器总数已达635件，引起了学术界的广泛关注。四川广汉三星堆两个祭祀坑出土了大量青铜器[②]，对两地的青铜器作一详细的比较，将有助于商代青铜文明西渐路线的探讨。

---

① 段绍嘉：《介绍陕西省博物馆的几件青铜器》，《文物》1963年第3期；祝培章等：《陕西城固、宝鸡、蓝田出土和收集的青铜器》，《文物》1966年第1期；唐金裕等：《陕西城固县出土殷商铜器整理简报》，《考古》1980年第3期；王寿芝：《陕西城固出土的商代青铜器》，《文博》1988年第6期；李烨、张历文：《洋县出土殷商铜器简报》，《文博》1996年第6期；苟保平：《城固县文化馆收藏的青铜器》，《文博》1996年第6期。

② 四川省文物管理委员会、四川省博物馆、四川广汉县文化馆：《广汉三星堆遗址》，《考古学报》1987年第2期；四川省文物管理委员会、四川省文物考古研究所、四川广汉县文化局：《广汉三星堆一号祭祀坑发掘简报》，《文物》1987年第10期；四川省文物管理委员会、四川广汉县文化局：《广汉三星堆遗址二号祭祀坑发掘简报》，《文物》1989年第5期；四川省文物研究所编：《三星堆祭祀坑》，文物出版社，1999年。

城固、洋县青铜器的断代工作，赵丛苍先生研究得比较细致，对历次同出器物群进行断代，认为历次出土的青铜器中“殷墟一、二期的器物是占大多数，其次为二里岗上层时期的，殷墟三期之后仅属个别”①。断代的结论基本是准确的。

根据《三星堆祭祀坑》报告分析：“一号祭祀坑出土的有年代特征的器物，早的可至二里岗上层一、二期或更早，晚的则相当于殷墟一期。”“二号祭祀坑的铜礼器虽然早晚期年代相差较大，但从整体来看，属于殷墟二期范围之内，未见晚于殷墟二期的器物。”②

城固洋县青铜器群的一部分与广汉三星堆铜器群基本是同时的，只是城固出土了几批二里岗上层时期的器物群，时代要早于三星堆祭祀坑铜器群。也就是说，制造这些青铜器的人们，在二里岗上层到殷墟一二期，分别生活在今汉中地区和川西平原一带。

我们根据青铜器的种类、形制特点，将城固、洋县铜器群和三星堆铜器群各分为甲、乙两组。与中原商文化铜器造型酷似的器物分为甲组，具有典型或一定地方特色的器物分为乙组，乙组内有些器物受商文化的影响比较明显。

城固、洋县铜器群甲组：属于二里岗上层的有 1980 年和 1981 年城固县龙头镇出土的罍、牛首尊、圈足簋、提梁卣、觚、爵、盘等礼器和直内戈等武器。1973 年城固五郎遗址高裆空锥足鼎（标本 73：9）两件。属于殷墟一至二期的有瓿（75：136）、鼎（73：8、10、11）、尊（64：1，74：2）、簋（75：145）、罍（76：139）、斝、觥等礼器和曲内戈（64：14）、镞等武器。

城固、洋县铜器群乙组：属于二里岗上层的礼器有 1980 年城固龙头镇出土的三足提梁卣（原名壶）、1981 年该地出土的颈饰雷纹、腹饰兽面纹的鬲。1975 年城固五郎出土的双耳罐（75：137）属于殷墟时期。还有兽面具（原名铺首 76：16：3、4）、人面具（76：147）、璋形器（洋馆藏 No：172、179）、镰形器、直内等腰三角形援戈、直内对称三角刺援戈、人面纹钺、透雕虎纹钺、直内圆弧刃钺、斜弧刃钺、矛、鸟形饰和尖顶、透顶铜

① 赵丛苍：《城固洋县铜器群研究》，《文博》1996 年第 4 期。
② 四川省文物研究所编：《三星堆祭祀坑》，文物出版社，1999 年。

泡等都是颇具地方特色的器物。

广汉三星堆铜器群甲组：尊、罍、瓿、盘、器盖[①]。

三星堆祭祀坑铜器群乙组：本组器类特别多，有神殿、神树、神坛、铜立人像、跪坐人像、持璋小人像、兽首冠人像、铜人头像、人身形牌饰、铜人面像、铜人面具、兽面具、龙柱形器、铜虎形器、太阳形器、铜眼形饰、铜眼形器、铜眼泡、铜瑗、璋形器、铜戚形方孔璧、铜铃及铃挂架、铜圆形挂饰、龟背形挂饰、扇贝形挂饰、箕形挂饰、直内连弧状锯齿刃援戈、鸟形饰等种类繁多的青铜器。这些器物占三星堆铜器群总数量的绝大多数。

两地甲组青铜器基本上是商文化的典型器物，如 1973 年城固出土的高档鼎（标本 73：9）与郑州白家庄 M3：2 鬲[②]、盘龙城李 M1：4 鬲[③]相似，1980 年城固龙头镇出土的牛首尊与郑州商城出土的牛首尊[④]相似，饕餮纹罍、盘、觚、爵与郑州白家庄的 M3：9、M2：1 罍、M2：3 盘、M3：5、8 觚、M3：1 爵[⑤]相似，提梁卣、簋、戈分别与盘龙城李 M1：9 卣、李 M1：5 簋、李 M2：1 盘、M2：26 戈[⑥]相同。1990 年洋县安冢出土的五件瓿与小屯 M232 出土的瓿[⑦]相似，1973 年城固五郎出土的弦纹鼎（73：10）、饕餮纹鼎（73：8）[⑧] 与殷墟 SJM3：2 弦纹鼎相似[⑨]，1975 年城固五

---

① 四川省文物研究所编：《三星堆祭祀坑》，文物出版社，1999 年。

② 河南省文物工作队第一队：《郑州白家庄商代墓葬发掘简报》，《文物参考资料》1955 年第 10 期。

③ 湖北省博物馆：《盘龙城商代二里岗期青铜器》，《文物》1972 年第 2 期，图一一。

④ 安金槐：《近年来河南夏商文化考古的新收获》，《文物》1983 年第 3 期，彩色图版（H1：4）。

⑤ 河南省文物工作队第一队：《郑州白家庄商代墓葬发掘简报》，《文物参考资料》1955 年第 10 期，图版十一、图版十二、图版十三、图版九、图版十五、图版十四。

⑥ 湖北省博物馆：《盘龙城商代二里岗期青铜器》，《文物》1972 年第 2 期，图版三：2、图一四、图三二：12。

⑦ 李济：《记小屯出土之青铜器（上篇）》，《中国考古学报》第 3 册，1948 年，图版六陆：1。

⑧ 唐金裕等：《陕西城固县出土殷商铜器整理简报》，《考古》1980 年第 3 期；陕西省考古研究所等：《陕西出土商周青铜器（一）》，文物出版社，1979 年，图版一〇〇、一〇一。

⑨ 中国社会科学院考古研究所：《殷墟青铜器》，文物出版社，1985 年，图版八五。

郎出土的瓿与武官 M1：5 瓿[①]相似。1964 年至 1976 年城固苏村出土的带盖方罍（76：139）、尊（64：174：2）分别与殷墟妇好墓出土的 M5：856、M5：793 尊[②]相似，1959 年城固苏村出土的龙凤纹斝[③]与殷墟妇好墓 M5：752 斝[④]相似，1981 年洋县张村、1990 年洋县安冢出土的铜罍与小屯 M18：37 罍[⑤]相似。1975 年吕村出土的簋（75：145）与 1958 年安阳大司空村 M5：32 簋[⑥]相似。

三星堆一号祭祀坑出土的瓿（K1：130）与小屯 M232 出土的瓿[⑦]相似，羊首牺尊（K1：59）和龙虎尊（K1：158、258）形制与小屯 M388 的尊[⑧]相似。盘（K1：53）的器形与郑州回民食品厂窖藏出土的 H1；7 盘相似，腹饰连珠纹的风格盛行于二里岗上层至殷墟一期早段，如向阳回民食品厂窖藏出土的尊腹部、卣圈足、觚腹部、扁足鼎腹部均饰有连珠纹[⑨]。二号祭祀坑出土的Ⅲ 式铜圆尊（K2②：112）与殷墟小屯 M18：4 尊[⑩]相似。Ⅳ式铜圆尊（K2②：79、146）、Ⅴ式铜圆尊（K2②：127、129、151）均与殷墟妇好墓 M5：793 尊[⑪]相似。所出铜罍器形沿用了二里岗上层到殷墟一期罍的形制，但圈足加高，花纹趋繁，在殷墟尚未完全找到完全相同的器形。Ⅰ式、Ⅱ式圆罍（K2②：70　K 2②：88）与湖南岳阳荣湾鲂鱼山[⑫]、湖北

---

① 中国社会科学院考古研究所安阳工作队：《安阳武官村北的一座殷墓》，《考古》1979 年第 3 期，图版三：2。

② 中国社会科学院考古研究所：《殷墟妇好墓》，文物出版社，1981 年。

③ 段绍嘉：《介绍陕西省博物馆的几件青铜器》，《文物》1963 年第 3 期；陕西省考古研究所等：《陕西出土商周青铜器（一）》，文物出版社，1979 年，图版一〇〇。

④ 中国社会科学院考古研究所：《殷墟妇好墓》，文物出版社，1981 年。

⑤ 中国社会科学院考古研究所安阳工作队：《安阳安阳小屯北的两座殷代墓》，《考古学报》1981 年第 4 期。

⑥ 河南省文化局文物工作队：《1958 年春河南安阳大司空村殷代墓发掘简报》，《考古》1958 年第 10 期。

⑦ 李济：《记小屯出土之青铜器（上篇）》，《中国考古学报》第 3 册，1948 年。

⑧ 李济：《记小屯出土之青铜器（上篇）》，《中国考古学报》第 3 册，1948 年。

⑨ 河南省文物研究所、郑州市博物馆：《郑州新发现商代窖藏青铜器》，《文物》1983 年第 3 期，图二八、图一〇、图二一、图十四、图十七：1、图二十二、二十三。

⑩ 中国社会科学院考古研究所安阳工作队：《安阳小屯北的两座殷代墓》，《考古学报》1981 年第 4 期。

⑪ 中国社会科学院考古研究所：《殷墟妇好墓》，文物出版社，1981 年。

⑫ 岳阳市文物管理所：《岳阳市新出土的商周青铜器》，《湖南考古辑刊》第 2 辑，1984 年。

沙市郊区出土的罍[①]相似。Ⅲ式圆罍（K2②：159）、铜方罍（K2：③：205、205-1）肩部有立鸟，圈足加高，与Ⅳ式、Ⅴ式铜圆尊装饰风格相同，均属殷墟二期晚段器物。

我们从以上比较中可以看出，城固、洋县铜器群与三星堆铜器群时代基本相同，城固、洋县铜器群中包含几批二里岗上层时期的铜器，为三星堆铜器群所不见，但三星堆铜器群的装饰风格还保留有二里岗期装饰风格的痕迹，如连珠纹。城固、洋县铜器群与三星堆铜器均受到商文化的强烈影响，所不同者，城固、洋县一带受到的影响比三星堆一带受到的影响更早一些，更大一些，城固、洋县铜器群与三星堆祭祀坑同时期的器物相比，器类远远超过三星堆铜器的种类，城固、洋县铜器群中商式青铜器所占比例较大，三星堆铜器群中商式青铜器所占比例很小，商文化因素从东到西呈现逐渐减弱的趋势。所以汉中地区是商文化入川的主渠道之一，城固、洋县是商代青铜文明西渐的中介地带。

二、汉水是楚文化西渐的主要通道之一

楚文化西渐的主要通道是经襄樊、郧阳、安康、汉中的汉水河谷地带，到达汉水中源漾水，漾水河谷宽广，两岸谷坡平缓，从漾水源头越过低矮的山岭，即可进入嘉陵江支流黑水河上游河谷戴家坝一带。然后沿黑水河谷进入嘉陵江河谷，再经剑阁道即达成都平原。

在这条通道上已经发现了许多楚文化遗存。

襄宜平原是楚文化的重要分布区，时代早，延续时间长，是楚文化西渐的重要源头之一。现已发掘的重要遗址有宜城郭家岗[②]、襄樊真武山遗址[③]，墓葬有襄阳山湾[④]、蔡坡[⑤]、余岗[⑥]、团山[⑦]、彭岗[⑧]等墓群，在宜城

---

① 彭锦华：《沙市郊区出土的大型铜尊》，《江汉考古》1987年第4期。

② 武汉大学考古系等：《湖北宜城郭家岗遗址发掘》，《考古学报》1997年第4期。

③ 湖北省文物考古研究所等：《襄樊真武山周代遗址》，《考古学集刊》第9辑，科学出版社，1995年。

④ 湖北省博物馆：《襄阳山湾东周墓地发掘报告》，《江汉考古》1983年第2期。

⑤ 湖北省博物馆：《襄阳蔡坡战国墓发掘报告》，《江汉考古》1985年第1期。

⑥ 襄樊市博物馆：《湖北襄阳余岗战国墓发掘简报》，《考古》1992年第9期；襄樊市博物馆：《湖北襄樊市余岗战国至东汉墓发掘报告》，《考古学报》1996年第3期。

⑦ 襄樊市博物馆：《湖北襄阳团山东周墓》，《考古》1991年第9期。

⑧ 襄樊市文物管理处等：《襄樊彭岗东周墓地第一次发掘简报》，《江汉考古》1999年第4期；湖北省文物考古研究所等：《湖北襄樊彭岗东周墓地第三次发掘》，《考古》1997年第8期。

罗岗发掘了大型车马坑①。

随枣走廊是楚文化的又一重要分布区，这里发掘了曾侯乙墓、擂鼓墩2号墓、枣阳九连墩1、2号大墓和车马坑等。

从襄宜平原往北，淅川毛坪、下寺、和尚岭和徐家岭等楚墓群是较早的楚高级贵族墓葬。毛坪位于淅川县南35公里，1974—1975年，在此发掘中小型楚墓27座，时代为春秋中期至战国中期②。下寺位于淅川县城南50公里丹江水库西岸的龙山脚下，下寺墓群位于龙山山脊之上。1978—1979年在此发掘了春秋中、晚期大中型墓9座，小型墓15座，车马坑5座。其中2号墓墓主为王子午即令尹子庚，卒于公元前552年。下寺楚墓规格高，出土遗物丰富，仅青铜器就有1240件，其中青铜礼器多达200余件③。和尚岭也是一处春秋楚贵族墓地，1990年，在此发掘两座楚墓。1号墓中出土的鼎底部有“克黄之䵼”4字铭文，方壶座上有“克黄”2字铭文。克黄是楚国令尹子文的孙子，楚庄王时任箴尹。楚庄王九年（公元前605年）灭若敖氏，当时克黄出使齐国，毅然归国复命。楚庄王念子文治国之功，未加害于他，命其改名为生。则克黄鼎、壶当铸于公元前605年以前。2号墓为克黄夫人之墓。1、2号墓的时代为春秋中期，早于下寺2号墓④。徐家岭楚墓群位于和尚岭北约2公里。1991年，在此发掘大型楚墓10座，车马坑1座，徐家岭墓地的时代为春秋晚期至战国初期⑤。

从丹江水库向西，郧县肖家河出土了两批春秋铜器。1990年，在肖家河一座墓中出土铜礼器8件，其中鼎、尊缶、簠各2件，盘、匜各1件，有一件簠（XM：5）为“申王之孙叔姜”自作之器。该墓时代为春秋晚期⑥。2001年在前一座墓西南1公里处又发现一座墓葬，出土铜礼器鼎、鈚、盏、盘、匜各1件。其中鈚、盘、匜三器为唐国器物。该墓时代为春秋中期⑦。以上两墓虽出土了申、唐二国铜器，但都是楚墓。

---

① 湖北省文物考古研究所等：《湖北宜城罗岗车马坑》，《文物》1993年第12期。

② 淅川县博物馆等：《淅川县毛坪楚墓发掘简报》，《中原文物》1982年第1期。

③ 河南省文物研究所等：《淅川下寺春秋楚墓》，文物出版社，1991年。

④ 河南省文物研究所等：《淅川和尚岭春秋楚墓的发掘》，《华夏考古》1992年第3期。

⑤ 曹桂岑：《丹江口水库发现楚国贵族墓》，《中国文物报》，1992年8月30日第1版；曹桂岑：《河南淅川和尚岭和徐家岭楚墓发掘记》，《文物天地》1992年第4期。

⑥ 郧阳地区博物馆：《湖北郧县肖家河春秋楚墓》，《考古》1998年第4期。

⑦ 郧县博物馆：《湖北郧县肖家河发现春秋唐国铜器》，黄旭初、黄凤春：《湖北郧县新出唐国铜器铭文考释》，均载《江汉考古》2003年第1期。

在陕西安康市旬阳县发现三座战国中期楚墓，出土陶鼎、敦、壶、盘、匜，青铜器有剑、戈、铍、钲，还有玉、石瑗等文物①。汉中市只发现少量的楚文化遗物②。这一地区楚文化资料发现较少，可能是受到考古工作的局限。

以上考古材料表明，楚文化沿汉水西渐的路线基本能够连接起来，随着今后考古工作的进一步深入，可能会有更多的证据。

楚文化西渐以后，大部分沿剑阁道进入成都平原，少部分直接沿川北山地传到川西高原。如茂县牟托一号出土铜鼎和铜盏各 1 件，一号陪葬坑出土铜盏 3 件，二号陪葬坑出土铜盏 3 件，铜敦 1 件。从这些铜盏的特征来看，时代当属于春秋晚期③。

秦灭蜀以前，在东周列国中，楚文化对蜀文化的影响最大。在青铜器方面，影响尤为突出。根据笔者的研究，蜀文化中最早的楚式青铜器时代为春秋中期，数量很少。战国时期出土的楚式青铜器数量较多，类型复杂。秦代和西汉早期，楚式青铜器越来越少见。蜀地出土的楚式陶器种类很少，只见陶尊缶一种。

楚式器物的分布范围很广，集中分布在成都平原，川南地区也较常见，说明楚文化对蜀文化产生了深远的影响。这些楚式铜器大多数可能属于仿制品，仅新都木椁墓出土的“邵之飤鼎”，可能是在楚地铸造的。

楚国的葬俗对蜀文化也有影响。一般来讲，楚国盛行在墓葬中填充青膏泥的葬俗，是楚国葬俗的一大特色。青膏泥又黏又稠，可以达到密封绝氧的良好效果，如果常年水位较高，则墓中棺椁和随葬品保存完好。江陵、长沙等地区之所以出土大量漆器、丝织品等物，青膏泥功莫大焉。

蜀地也有一些墓葬填充了青膏泥，如战国早期金沙巷 M1、M2 墓葬底部及四壁有较薄的青膏泥。成都商业街大墓填土第 2、3 层均填青膏泥，共深 2.4 米，船棺、漆器保存得相当好。战国中期新都墓、青羊宫墓、蒲江

① 旬阳县博物馆：《陕西旬阳发现战国楚墓》，《文物》1987 年第 5 期；张沛：《旬阳又发现两座战国楚墓》，《文博》1991 年第 5 期。

② 王寿芝：《陕西城固发现楚国铜戈》，《考古与文物》1988 年第 1 期。

③ 茂县羌族博物馆等：《四川茂县牟托一号石棺墓及陪葬坑清理简报》，《文物》1994 年第 3 期。

墓葬具底部及周围抹一层较薄的青膏泥。但从整体上看，蜀地使用青膏泥的情况并不普遍，据此推测，蜀地使用青膏泥的做法，可能是受了楚国葬俗的影响。

蜀地流行船棺葬，可分为多种类型，新都墓却使用了木椁，可能借鉴了楚国的葬俗，而棺材却是船棺，属当地葬俗。

三、汉水又是蜀文化北渐的通道之一

蜀文化北渐的主要通道是汉水。我们这里仅以宝山遗址为例，探讨蜀文化沿汉水北渐的情况。

宝山遗址位于陕西省城固县城北 4 公里的宝山镇宝山村，遗址面积近 5 万平方米，湑水河从遗址南部缓缓流过。1990 年西北大学文博学院考古专业调查发现并正式发掘。1998 年又进行发掘。现已发表了 1998 年 A 区的发掘资料①。第④层属于商代文化层，发掘商代烧烤坑 61 个，房屋基址 2 座，墓葬 8 座。

报告作者根据五组叠压打破关系及类型学的分析，将宝山遗址商代遗存分为三期四段。第一期第Ⅰ、Ⅱ段约相当于二里岗上层时期或稍晚；第二期（第Ⅲ段）相当于殷墟一、二期之交至殷墟二期之时；第三期（第Ⅳ段）相当于殷墟二、三期之交至殷墟三期。

宝山商代文化遗存的时代与成都平原三星堆文化第二、三期和十二桥文化第一期时代相当。

宝山遗址出土的陶器以泥质陶居多，夹砂陶次之。夹砂褐陶占 35.73%，夹砂灰陶占 3.94%，夹砂黑皮灰胎陶占 1.17%，夹砂黑皮红胎陶占 1.50%，泥质灰陶占 25.04%，泥质黑皮灰胎陶占 26.18%，泥质黑皮红胎陶占 6.44%。纹饰以绳纹为主，其他有阴弦纹、凸棱纹、三角形折线纹、篮纹、线纹、方格纹、圆饼饰、圆形镂孔、十字镂孔、窝状纹、贝纹、目纹、联珠纹、鸟纹等。陶器以圜底器、高柄器、小平底器为主。从器形看，包含着多种文化因素，可以分为三群（宝山遗址器物的型式划分依照《城固宝山——1998 年发掘报告》）。

甲群器物包括釜、锥足鼎、高颈小平底尊、Aa、Ab、Ba、Bb、D、

① 西北大学文博学院：《城固宝山——1998 年发掘报告》，文物出版社，2002 年。

Ea、Eb、F型小底尊形杯、细高柄尊形杯、高圈足尊形杯、长颈圈足尊、A、B型有鋬圈足尊、有柄尊、敞口尊、扁腹壶、尊形双耳罐、圆腹罐、大口深腹罐。甲群器物占62.57%，属于土著文化因素。釜是炊器，在整个器物中所占比例最大。

乙群包括高柄豆、C型小底尊形杯（一般称为尖底杯）、Ab（报告图一一七，4）、Ad型罍（一般称为圈足罐）、高柄豆形器座、圈足罐、A、B型小底钵（A型小底钵就是三星堆等遗址出土的小平底罐。BI、BⅡ式小底钵一般称为尖底罐）。宝山遗址AⅡ式圈足罐（SH9：75）腹部有对称的两只凤鸟，笔者在金沙遗址兰苑发掘时，也曾见一件陶罐腹部刻有凤纹。乙群器物占29.15%，属三星堆文化和十二桥文化因素。说明宝山文化与三星堆文化和十二桥文化之间存在着比较密切的交流关系。仅从陶器来看，三星堆文化、十二桥文化（即早期蜀文化）对宝山文化的影响还大于中原文化对该地的影响。但从铜器来看，宝山文化主要受了中原文化的影响。

丙群包括鬲、簋、Aa、Ab（报告图一一七，2）、Ac、B、C、D型罍、觚。丙群器物占5.70%，属中原文化因素。

从宝山遗址陶器的分群来看，蜀文化已经沿着汉水向东部产生着较大的影响。

在城固、洋县青铜器群中，出土少量三星堆铜器群中类似的器物，如1975年城固出土一件铜戈（75：146）为直内，前援刃部两边有对称三角形刺各一[①]，1979年洋县范坝出土璋形器10件，铜铃1件，鸟形饰、夔形饰、鱼形饰各2件[②]。这些器物在城固洋县铜器群中只占极少数，而在三星堆铜器群中却颇多，一、二号祭祀坑出土直内连弧状锯齿刃援铜戈61件，铜璋1件，玉璋57件。这些铜器的出现，显然是受三星堆铜器群影响的结果。

四、结论

商文化作为当时的强势文化，通过汉江通道，迅速传播到四川地区，

① 陕西省考古研究所等：《陕西出土商周青铜器（一）》，文物出版社，1979年，图版一一〇。

② 李烨、张历文：《洋县出土殷商铜器简报》，《文博》1996年第6期。

催生了三星堆文化这一灿烂的青铜文明。楚文化相对于蜀文化来说，也处于优势地位，通过汉水等通道传入四川，为蜀文化的发展注入了新的文明因素。蜀文化是西南地区的一支重要文化，向南影响远及于东南亚、南亚，向北沿汉水，向中原一带传播。汉水在中华文化形成过程中起了重大作用。

（本文原载《华夏考古》2008 年第 2 期）

从考古新材料看鄂国的历史变迁

鄂国在商朝已经是一个重要方国。《战国策·赵策三》"秦围赵之邯郸"章载鲁仲连曰："昔者，鬼侯、鄂侯、文王，纣之三公也，鬼侯有子而好，故入之于纣，纣以为恶，醢鬼侯，鄂侯争之急、辨之疾，故脯鄂侯。文王闻之，喟然而叹，故拘之于牖里之库百日，而欲舍之死。"《史记·殷本纪》载："百姓怨望而诸侯有畔者，于是纣乃重刑辟，有炮烙之法。以西伯昌、九侯、鄂侯为三公。"

殷墟卜辞有鄂这个地名，商王经常在鄂打猎，这个鄂可能是《战国策·赵策三》《史记·殷本纪》所记载的鄂国，鄂与盂相距极近，常常两地并举，盂在今河南沁阳西北，则鄂亦应位于今河南沁阳①。

西周时期鄂国迁到江汉地区，关于鄂国的地望，历来有西鄂说和东鄂说，双方争论不休。最近几年，在湖北随州、河南南阳出土大批鄂国铭文铜器，提供了许多新的材料，下面我们按照考古材料的时间顺序，探讨鄂国的历史变迁问题，理清鄂国的迁徙线索，找出南阳西鄂和鄂州东鄂地名的来历。殷墟卜辞、青铜器铭文中的鄂皆写作"噩"，而传世文献写作"鄂"，本文除铭文外，统一用"鄂"字。

一、西周晚期以前的随州之鄂

关于鄂国的地望，多数学者持西鄂说。在 20 世纪 50 年代，徐中舒先生在研究禹鼎铭文时，认为西周鄂国的地望位于南阳盆地内的西鄂故城②。唐兰③、马承源、张剑先生都认为西周时期鄂国在今河南南阳西鄂，这可

---

① 李学勤：《殷代地理简论》，见《李学勤早期文集》，湖北教育出版社，2008 年，第 172—174 页。

② 徐中舒：《禹鼎的年代及其相关问题》，《考古学报》1959 年第 3 期。

③ 唐兰《西周青铜器铭文分代史征》，中华书局，1986 年，第 287 页。

以称之为西鄂说[①]。杨宝成[②]、徐少华[③]、张昌平[④]等先生亦主张西鄂说。陈佩芬先生认为鄂侯之鄂，当指江汉之鄂，在今湖北鄂州市，此说可称为东鄂说，持此说者还有刘翔[⑤]、曹淑琴先生[⑥]。

虽然传世文献从没记载随州曾有一个鄂国，但随着鄂国考古资料在随州安居的不断出土，不得不使我们得出一个新的认识，随州安居的确曾是西周鄂国的政治中心所在。

1975 年，在随州安居羊子山农田建设中，发现青铜器 4 件，其中鼎、簋、爵、尊各 1 件。羊子山位于埙水北岸，西距安居镇 1 公里，东距随州市 20 公里。簋和尊同出一处，簋为敛口，口沿外卷，腹下部微鼓，两兽首耳，其下有珥，底近平，圈足较高。腹部饰宽大线条半浮雕饕餮纹，圈足饰夔纹一周。尊为广口，口沿外侈，长颈，腹下部微鼓，底微突，圈足，腹部一侧有一兽首鋬，器内底部有铭文两行八字："噩（鄂）侯弟暦季乍（作）旅彝"。簋、尊的时代属西周早期[⑦]。简报作者认为安居属于鄂国的疆域范围。

1980 年，随州市博物馆在羊子山发掘一座墓葬，出土青铜器鼎、簋、爵、尊、觯、卣、戈、兽面、铜泡等共 18 件，时代为西周早期[⑧]。

2007 年 11 月，因犯罪分子盗掘古墓未遂，经抢救性清理，羊子山 4 号墓出土了 27 件青铜器，器类有鼎、簋、甗、罍、盉、盘、卣、尊、斝、觯、爵、方罍（原称方彝）等。墓葬的时代为西周早期。鄂侯提梁卣（盖内）、鄂侯罍（盖内）、鄂侯盘（盘底）有铭文二行 5 字："噩侯乍旅彝。"鄂侯方罍盖内有铭文一行 7 字："噩侯乍厥宝尊彝。"鄂中方盖鼎盖内有铭文二行 6 字："噩中乍宝尊彝。"从这些铜器铭文判断，4 号墓墓主人应该是鄂侯[⑨]。

---

① 马承源：《记上海博物馆新收集的青铜器》，《文物》1964 年第 7 期；张剑：《洛阳博物馆馆藏的几件青铜器》，《文物资料丛刊（3）》，文物出版社，1980 年。

② 杨宝成：《鄂器与鄂国》，《洛阳考古四十年——一九九二年洛阳考古学术研讨会论文集》，科学出版社，1995 年。

③ 徐少华：《鄂国青铜器及其历史地理综考》，《考古与文物》1994 年第 2 期。

④ 张昌平：《噩国与噩国青铜器》，《华夏考古》1995 年第 1 期。

⑤ 刘翔：《周夷王经营南淮夷及其与鄂之关系》，《江汉考古》1983 年第 3 期。

⑥ 曹淑琴：《噩器初探》，《江汉考古》1993 年第 2 期。

⑦ 随州市博物馆：《湖北随县发现商周青铜器》，《考古》1984 年第 6 期。

⑧ 随州市博物馆：《湖北随县安居出土青铜器》，《文物》1982 年第 12 期。

⑨ 随州市博物馆：《随州出土文物精粹》，文物出版社，2009 年。

三批材料表明羊子山墓地是西周早期的鄂侯家族墓地，西周早期的鄂国政治中心就在随州安居。李学勤、罗运环先生认为西周鄂国中心应在汉东随州一带①。傅玥、高旭旌持相同的观点②。

传世铜器中甗和静方鼎铭文将曾、鄂并提，也表明曾、鄂为邻国。北宋重和戊戌年（公元1118年）在安陆之孝感县出土的中甗属周昭王时器，铭文记载周昭王命令先锋中到南国视察，为周昭王南巡设立行宫，在曾国时，史儿来传达周昭王的命令，叫中出使小大各国，并赏赐中土地。中到方、邓、𣲘等国巡视，并“在噩（鄂）自（师）朿（次）”③。

日本出光美术馆所藏的静方鼎属周昭王时器，铭文所记事件与中甗相同，十月甲子周昭王在宗周命令师中和静一起到南国视察，为周昭王南巡设立行宫。第二年八月初吉庚申静回到成周汇报工作。周昭王赏赐静，并“卑（俾）女（汝）□𤔲（司）在㽙（曾）、噩（鄂）自（师）”，也就是命令静管理在曾、鄂的军队④。

中甗和静方鼎提到的曾国现在已经找到了。2011年2—6月，湖北省文物考古研究所在湖北随州叶家山墓地共勘探出墓葬共80座，墓地位于随州市淅河镇蒋家寨村八组。发掘63座和1座马坑，墓葬皆为东西向。在所发掘的墓葬中，M2、M3、M26、M27、M65五座墓出土的铜器中，都发现有“曾”“侯”“曾侯”“曾侯谏”的铭文，其国属应为曾。M65墓主人可能为曾侯谏，M2墓主人似为曾侯谏夫人媿氏，M27可能为曾侯谏之子白生或其夫人墓⑤。2013年又进行了第二次发掘，其中M111也是一座曾侯墓。随州叶家山墓地应是西周早期曾侯家族墓地，这次重大发现首次证实

① 李学勤：《由新见青铜器看西周早期的鄂、曾、楚》，《文物》2010年第1期；罗运环：《安居新出鄂侯诸器与楚熊渠所伐之鄂》，《出土文献与楚史研究》，商务印书馆，2011年，第107—112页。

② 傅玥、高旭旌：《从羊子山M4青铜器群看西周鄂国的地望》，《楚文化研究论集》第9集，上海古籍出版社，2011年，第360—368页。

③ 薛尚功：《历代钟鼎彝器款识法帖》卷十六，中华书局，1986年。

④ 徐天进：《日本出光美术馆所收藏的静方鼎》，《文物》1998年第5期；张懋镕：《静方鼎小考》，《文物》1998年第5期。

⑤ 湖北省文物考古研究所、随州市博物馆：《湖北随州叶家山M65发掘简报》，《江汉考古》2011年第3期；湖北省文物考古研究所、随州市博物馆：《湖北随州叶家山西周墓地发掘简报》，《文物》2011年第11期；湖北省文物考古研究所、随州市博物馆：《湖北随州叶家山西周墓地》，《考古》2012年第7期。

西周早期就有了曾国，曾国首都可能就在叶家山墓地南约1公里的庙台子遗址，这个遗址面积约30万平方米，经初步勘探，发现了环壕遗迹和城墙遗迹。

在今随州市区东西两侧的安居、庙台子，分别是曾和鄂两个国家的政治中心，距离相当之近。在中甗和静方鼎中同时提到曾、鄂两国，并且静同时管理曾、鄂两国的军队，便好理解了。

下面我们再介绍几件鄂国的传世铜器。

2008年澳门出现一件铜鼎形制、纹饰、尺寸与羊子山4号墓出土的鼎（《随州出土文物精粹》图73）几乎雷同，且有铭文“鄂侯作宝尊彝”，可能同羊子山墓地有关①。

上海市博物馆收藏了四件鄂国器物。第一件为鄂叔簋，器身为盆形，圈足，带方座，方座内带铃，四耳作兽首形，有珥。腹部饰圆涡纹、夔纹，圈足饰饕餮纹，方座饰鸟纹。铭文为“噩叔乍宝尊彝”。该器时代为西周早期②。

第二件为鄂季奞父簋，有铭文二行8字：“噩季奞父乍宝尊彝。”徐少华先生将该器时代定为西周康王、昭王时期③。

第三件鄂侯弟厝季觯（简报称为卣）为侈口、束颈、垂腹、圈足、有盖，盖顶有喇叭形捉手，器颈有两个对称的半环耳，腹置一兽首形盖，器、盖同铭两行八字：“噩（鄂）侯弟厝季乍（作）旅彝。”与羊子山出土的尊的铭文相同④。该器时代为西周早期。

第四件为鄂侯驭方鼎，此器曾著录于《三代吉金文存》⑤和《两周金文辞大系图录及考释》⑥，现为上海博物馆收藏⑦。高35.3厘米，口径31.3厘米，鼎为平折沿，立耳，深腹，柱足。口沿下饰一周回顾龙纹，三足上

---

① 李学勤：《由新见青铜器看西周早期的鄂、曾、楚》，《文物》2001年第1期。

② 上海市文物保管委员会：《近年来上海市从废铜中抢救出的重要文物》，《文物》，1959年第10期。

③ 徐少华：《鄂国青铜器及其历史地理综考》，《考古与文物》1994年第2期。

④ 马承源：《记上海博物馆新收集的青铜器》，《文物》1964年第7期。

⑤ 罗振玉：《三代吉金文存》4.32.1，中华书局，2005年。

⑥ 郭沫若：《两周金文辞大系图录及考释》，图90，考107，上海书店出版社，1999年。

⑦ 陈佩芬：《上海博物馆新收集的西周青铜器》，《文物》1981年第9期。

部饰兽面纹。器内壁铸铭文十一行 86 字，记载周王征伐淮夷之角、鄱，回师后在坯地，鄂侯驭方献醴于王，并陪周王饮宴，行射礼，周王赏赐鄂侯驭方玉五珏、马四匹、矢五束，鄂侯驭方为弘扬天子休命，作此宝鼎。徐中舒先生[①]和简报作者陈佩芬先生将此器时代定为周厉王时期。郭沫若先生认为该器为周夷王时期[②]。唐兰先生将此器时代定为穆王时期[③]。笔者从徐说。

洛阳市博物馆收藏一件鄂侯弟厝季青铜簋，敛口，子母口，腹微鼓，圈足，腹部有两个对称的半环耳，失盖。腹部饰精细雷纹一周。内底有铭文两行八字："噩侯弟厝季自乍段。"尊、卣、簋均为鄂侯弟厝季所做之器。简报作者将该器时代定为西周前期[④]。

鄂侯簋，传世品，共三件，两器一盖，现藏台北故宫博物院[⑤]。簋为子母口、圈足、鼓腹、口沿下及圈足饰重环纹，腹饰瓦纹，两兽耳，有饵。器内底有铭文两行 17 字："噩侯乍王姞媵簋，王姞其万年子子孙永宝。"此器铭文说明鄂为姞姓，姞姓为黄帝之后，《国语·晋语》载："凡黄帝之子，二十五宗，其得姓者十四人为十二姓。姬、酉、祁、己、滕、箴、任、荀、僖、姞、儇、依是也。"鄂侯嫁女于周天子，说明此时鄂与周的关系还很密切。郭沫若先生定为周夷王时器[⑥]。唐兰先生定为穆王时器[⑦]。这个鄂侯与周天子关系很好，很可能是噩侯驭方，若此推测不误，则鄂侯簋就是厉王时器。

禹鼎铭文记载了随州之鄂被灭的时间，由于鄂侯驭方率领南淮夷、东夷侵略周的南国、东国，到达历寒这个地方。周王派武公率西六师、殷八师及武公的亲军讨伐鄂国，"无遗寿幼"，就是无论老幼，要全部歼灭。最

---

① 徐中舒：《禹鼎的年代及其相关问题》，《考古学报》1959 年第 3 期。

② 郭沫若：《两周金文辞大系图录考释》，图 90，考 107，上海书店出版社，1999 年。

③ 唐兰：《西周青铜器铭文分代史征》，附件一：穆王时器，中华书局，1986 年。

④ 张剑：《洛阳博物馆馆藏的几件青铜器》，《文物资料丛刊（3）》，文物出版社，1980 年。

⑤ 罗振玉：《三代吉金文存》7.45.3—5，中华书局，2005 年；《殷周金文集成》第 7 册，簋 3928—3930，中华书局，1987 年。

⑥ 郭沫若：《两周金文辞大系图录考释》，图 90 附图，考 107，上海书店出版社，1999 年。

⑦ 唐兰：《西周青铜器铭文分代史征》附件一：穆王时器，中华书局，1986 年。

后俘获了鄂侯驭方。作器者禹是带领武公亲军的部将。徐中舒先生利用青铜器铭文、传世文献所见的相互关联人物之间的共时关系，确定禹为厉王时人①。鄂侯驭方也应是厉王时期鄂国的国君。鄂侯驭方在位时，一度曾与周关系比较密切，鄂侯驭方鼎、鄂侯簋可以为证，但后来鄂侯驭方率师侵略周的南国、东国，被周厉王灭掉。

以上传世鄂器当是随州之鄂所造的青铜器。这些铜器铭文中所提到的鄂国既不在西鄂，也不在东鄂，而是在随州安居。

二、西周晚期到春秋早期的南阳之鄂

南阳之鄂就是所谓的西鄂。《汉书・地理志》南阳郡下有西鄂县，颜师古注引应劭曰："江夏有鄂，故加西云。"《水经・淯水注》对西鄂故城记载得相当准确，经："淯水出弘农卢氏县攻离山，东南过南阳西鄂县西北，又东过宛县南。"注："淯水又东南径西鄂故城东……又径西鄂县南，水北有张平子墓。"淯水就是现在的白河。前引《史记・楚世家》张守节正义引《括地志》云："邓州向城县南二十里西鄂故城，是楚西鄂。"唐代的向城县在今南阳市东北淯水转弯处，为邓州属县，邓州的州治在今河南邓州。西鄂故城位于白河转弯处向南二十余里的地方，位置应在今南阳市东北白河西岸。

从目前出土的考古新资料来看，南阳西鄂的得名确与鄂国有关。2012年南阳市文物考古研究所在南阳市新区新店乡夏响铺村北500米发现鄂侯家族墓地，墓地位于河南省南阳市区东北10公里，新店乡政府北3公里，白河东岸的一道南北向的高岗上，西距白河1.5公里。共勘探出墓葬30余座，第一期共清理古墓葬20座，出土一大批青铜器、陶器、玉器、漆木器等珍贵文物。

M1被盗掘严重。M1为一竖穴土坑墓，有大型木质棺椁，劫余之物有铜鼎9件，其中有7件列鼎，6件上有"鄂侯夫人"铭文；仅发现2件铜簋盖，上铸有"鄂侯夫人"铭文；发现3件铜鬲，口沿上有"鄂侯夫人"铭文；铜方壶盖2件，上有"养伯"铭文。M1墓主人应为鄂侯夫人。

还有三组夫妻并穴合葬墓。M5和M6并列，M6在M5东边。二墓相距1.50米左右。M6为一大型竖穴木椁墓。随葬器物有铜器、玉器、漆器、

① 徐中舒：《禹鼎的年代及其相关问题》，《考古学报》1959年第3期。

木器等。青铜器有鼎1件、尊1件、方彝1件、簋1件、簋盖1件、熏炉盖1件、觯1件、鹤首1件，铜编钟一套6件，上有“鄂侯”铭文。

M5为中型竖穴土坑墓，一棺一椁，出土有铜鼎2件、鬲2件、簠2件、簋2件、盘1件、盉1件；玉器有戈、璜、串饰等。其中铜簠、鬲上均有“鄂姜”铭文。M6墓主人应为鄂侯。M5墓主人为鄂侯夫人，姜姓，是申或吕国女子。

M19和M20并列，在M5西边，两座相距2米，均为竖穴土坑墓，一棺一椁。M19出土有铜鼎、簋、盘匜、壶、铃、銮铃、车马器等；玉器有珠等。其中簋、匜上均有“鄂侯”铭文。M20出土有铜鼎、簋、盘、簠1件、盉1件；玉器有玉璜、戈、条形玉饰、鱼、珠等。其中簠上有“鄂姜”铭文。M19墓主人应为鄂侯。M20墓主人为鄂侯夫人，姜姓，也是申或吕国女子。

M16和M7为竖穴土坑墓，一棺一椁，有二层台。M16出土有铜鼎、簋、鬲、壶、盘匜，紧靠棺西侧有4件铜翣；玉器有片饰、珠等，其中盘上有铭文。M7历史上被盗掘，出土铜器有矛、锛、箭镞、鱼、扣饰、车軎、车辖等；玉器有戈、玦、束绢形佩等。

发掘者认为夏响铺鄂侯家族墓地可确定埋有四代鄂侯及夫人。M5、M6在墓地范围内时代最早，初步推断为西周晚期晚段。发掘者认为从夏响铺鄂国贵族墓地的发现与发掘看，西周晚期到春秋早期鄂国仍然存在于南阳，应是周王朝灭鄂国后，把鄂国公族置于周王朝统治范围内①。

我们认为南阳之鄂时代上与随州之鄂紧相衔接。公元前841年，发生了国人暴动，周厉王仓皇出逃，于公元前828年死于彘（今山西霍县）。周王朝对南方的控制可能有所放松，于是鄂国公室迁到了西鄂这个地方，并与申、吕保持通婚关系，据当时的历史推测，可能到春秋早期楚文王灭申设县以后，鄂国就被楚彻底消灭了。夏响铺鄂侯家族墓地位于白河东岸，新店乡政府北3公里，西距白河1.5公里，而西鄂在白河西边，西鄂故城应距此墓地不远。由于鄂国的历史影响犹存，汉代在南阳郡下设置西鄂县。

---

① 崔本信、王伟：《河南南阳夏响铺鄂国贵族墓地》，《中国文物报》2013年2月27日。

三、鄂州之鄂

鄂州之鄂就是东鄂，文献上早有记载。《汉书·地理志》江夏郡下设鄂县。《水经·江水注》也记载了鄂县故城。经：“江之右岸，有鄂县故城。”注：“旧樊楚也，《世本》称熊渠封其中子之名某者为鄂王，《晋太康地记》以为东鄂矣。《九州记》曰：‘鄂，今武昌也，孙权以魏黄初元年中自公安徙此，改曰武昌县。鄂县徙治于袁山东，又以其年立为江夏郡，分建业之民千家以益之。’”说明鄂州之鄂来历也很早，鄂故城曾有迁徙。

鄂州之鄂的得名最早可能与熊渠有关。《史记·楚世家》载：“熊渠生子三人。当周夷王之时，王室微，诸侯或不朝，相伐。熊渠甚得江汉间民和，乃兴兵伐庸、杨粤，至于鄂。熊渠曰：‘我蛮夷也，不与中国之号谥。’乃立其长子为句亶王，中子红为鄂王，少子执疵为越章王，皆在江上楚蛮之地。及周厉王之时，暴虐，熊渠畏其伐楚，亦去其王。”在“至于鄂”处，张守节正义引刘伯庄云：“地名，在楚之西，后徙楚，今东鄂州是也。”又引《括地志》云：“邓州向城县南二十里西鄂故城，是楚西鄂。”刘伯庄是贞观时期的学者，曾著《史记音义》二十卷。《括地志》为唐太宗子魏王李泰主编，贞观十六年（642 年）成书。关于楚所伐鄂之地望，张守节不能确定是东鄂还是西鄂，于是征引唐初学者的观点，两说并存。在“中子红为鄂王”处，裴骃集解引《九州记》曰：“鄂，今武昌。”张守节正义引《括地志》云：“武昌县，鄂王旧都。今鄂王神即熊渠子之神也。”裴骃认为鄂王封地在今鄂州，张守节在这个注释里又引《括地志》，与裴骃持相同观点。

熊渠伐鄂的时间在周夷王之时，随州之鄂被灭亡的时间在周厉王之时，那么楚国所伐之鄂肯定是随州之鄂，东鄂说和西鄂说都不正确。罗运环、晏昌贵、郭涛先生也认为熊渠所伐的鄂在今湖北随州①。中子红的鄂王封地开始也当在随州之鄂附近。

由于周厉王暴虐，熊渠害怕周厉王伐楚，也有所收敛，去掉王号。周厉王灭鄂后，鄂国故地被曾（随）国占领，使曾国成为汉东第一大国。可

---

① 罗运环：《安居新出鄂侯诸器与楚熊渠所伐之鄂》，《出土文献与楚史研究》，商务印书馆，2011 年，第 107—112 页；晏昌贵、郭涛：《〈鄂君启节〉铭文地理研究二题》，《华北水利水电学院学报（社科版）》2012 年第 5 期。

能熊渠所封的鄂王由于受曾国的威胁，也不敢在随州附近立足了，于是向东拓展，将鄂王治所迁至今湖北鄂州，到春秋战国时期这里继续成为鄂君的封地。

《说苑·善说》提到的鄂君子晳是文献中记载的一位鄂君。“鄂君子晳，亲楚王母弟也，官为令尹，爵为执圭”。此人即《左传》昭公元年记载的公子黑肱，也就是宫厩尹子晳，是楚康王、楚灵王的同母弟。楚灵王末年，曾被公子弃疾利用，立为令尹，后自杀。

从安徽寿县发现的舟节和车节可知，战国中期有一个鄂君启，可能鄂君启就是鄂君子晳的后代。我们可以根据舟节和车节的运输路线推测鄂君封地的地望。1957 年安徽寿县城东二里的丘家花园发现鄂君启金节 4 件，是楚怀王六年（公元前 323 年）下令为鄂君启铸造的免税凭证，用青铜制成，上有错金铭文，其中有舟节 3，车节 1①。1960 年又发现一枚舟节。车节 2 件铭文相同，每节 150 字。舟节 3 件铭文相同，每节 164 字。殷涤非、罗长铭、郭沫若②先生做了释文和考释，谭其骧、黄盛璋先生对地名做了系统研究③。

舟节所记的运输路线为：“自鄂市，逾沽（湖），让（上）灘（汉），就厝（郧），就芑阳。逾灘（汉），就䣭（黄），逾夏，内（入）邔。逾江，就彭弹，就松阳，内（入）泸江，就爰陵。让（上）江，内（入）湘，就𨺅，就郷阳，内（入）灅（耒），就鄗（郴）；内（入）澬（资）、沅、澧、澑（油）。让（上）江，就木闈（关），就郢。”

“逾”意为顺流而下，还有越过的意思。“上”为溯流而上。“就”为到达之意。“内（入）”为进入支流。

舟节所记航线共四条：西北航线自鄂出发，经过湖泊，溯汉江而上，到达襄阳入白河，进入南阳境内；东路航线自鄂出发，顺江而下，到彭弹、松阳、泸江、爰陵；西南航线从鄂出发，溯江而上，进入湘、资、沅、澧、

① 殷涤非、罗长铭：《寿县出土的鄂君启金节》，《文物参考资料》1958 年第 4 期；《安徽日报》1961 年 2 月 23 日。

② 郭沫若：《关于鄂君启节的研究》，《文物参考资料》1958 年第 4 期。

③ 谭其骧：《鄂君启节铭文释地》，《中华文史论丛》第 2 辑，中华书局，1962 年；黄盛璋：《关于鄂君启节交通路线的复原问题》，《中华文史论丛》第 5 辑，中华书局，1964 年。

油各水，一直到达南岭；西路航线从鄂出发，溯江而上，经过木关，到达郢都，此时郢都为今荆州纪南城。

车节所记载的运输路线为："自鄂市，就阳丘，就方城，就象禾，就畐焚，就緐（繁）阳，就高丘，就下蔡，就居鄛（巢），就郢。"

车节所记运输路线从鄂出发，经阳丘、方城、象禾、畐焚、繁阳、高丘、下蔡、居巢，最后到达郢都。涉及湖北、河南、安徽三省地名。谭其骧先生认为从鄂出发，先走水路的西北航线，然后舍舟乘车，取道夏路，东抵阳丘。再走陆路到居巢，由居巢到郢。殷涤非、罗长铭、谭其骧先生认为这个郢是寿春，于是对下蔡、居巢地望做了新解，将下蔡置于阜阳西境，居巢定在淮河以北。黄盛璋先生认为此郢仍是江陵城北之郢，绝不是寿春之郢。因为舟节与车节为同时所铸，郢同为舟车两路之终点，不能分为两地。《史记·楚世家》载：考烈王"二十二年（公元前 241 年），与诸侯共伐秦，不利而去。楚东徙都寿春，命曰郢"。公元前 241 年，楚考烈王才徙都寿春，在此之前寿春并不称郢。公元前 323 年，楚国郢都还在荆州纪南城，同一时间楚国并无两国都。下蔡应在今安徽凤台县，居巢在今安徽巢县。到居巢以后，又走水路，溯江而上，到达郢（荆州纪南城）[①]。

舟节和车节中所提到的鄂，郭沫若先生认为即今之武昌。谭其骧先生认为"鄂是现今湖北的鄂城县，不是今之武昌。古鄂城汉置鄂县，至孙权改曰武昌，1913 年改名寿昌，次年又改鄂城"。

日本学者船越昭生先生认为鄂指汉西鄂县，在今河南南阳地区[②]。陈伟先生认为鄂是西鄂，在今南阳市东北西鄂故城，将"逾沽"的"沽"释为"油"，"油"与"淯"相通，淯为今天的白河，是西鄂说的一个重要证据[③]。

我们认为从舟节水路来看，鄂作为出发点，向东为"逾江"，即顺江东下到今江西、安徽，向西为让（上）灘（汉）、让（上）江，即溯汉江、长江而上分别到达今襄阳、南阳、湖南、荆州。这个鄂的地望定在今鄂州应

---

① 黄盛璋：《关于鄂君启节交通路线的复原问题》，《中华文史论丛》第 5 辑，中华书局，1964 年。

② 船越昭生：《鄂君启节について》，《东方学报》第 43 册，1972 年，第 73、74 页。

③ 陈伟：《鄂君启节之鄂地探讨》，《江汉考古》1986 年第 2 期。

该最合情理。

从车节陆路运输路线来看，从鄂出发，然后到达阳丘、方城，阳丘在汉堵阳县，故治在今河南方城县东六里。方城约在今方城县东北方城、叶县交界的保安镇。如果说鄂在南阳西鄂，从鄂出发东北可直达阳丘、方城，地点依次相连，似乎比较合理。如果鄂在鄂州，到达阳丘、方城，中间尚有长距离的间隔。但是舟节、车节为同时铸造，鄂君封地不应有二，我们认为鄂君封地就在今湖北鄂州。至于车节为什么没有详细列出从鄂到阳丘所经过的地点，正如谭其骧先生所说，因为从鄂出发到南阳一带要先行水路，水路所经地点在舟节西北线中已经说明，在车节中就省略不提了。

除了鄂君子晳、鄂君启外，包山楚简里第 76、164、193 号简也记载了一个鄂君，包山二号墓墓主人下葬于公元前 316 年①。包山楚墓下葬时间与鄂君启节铸造时间仅相距 7 年，所记之事是墓主人生前处理的有关案件，这个鄂君也有可能就是鄂君启，或者是鄂君启的儿子。

鄂君治所很可能就是原属鄂州现为大冶所辖的鄂王故城遗址。该城址位于大冶西南 58 公里的西畈公社李阁大队胡彦贵村的岗陵上，原属鄂城县马迹乡。城北部为梁子湖。城址平面不规则四边形，东西城墙保存较好，北城墙和南城墙因修水库部分被挖掉，城墙东西长 500 米，南北宽约 400 米，面积 112500 平方米。考古工作者在城内外采集了许多标本，陶质类器物有鬲、豆、盆、盂、筒瓦、板瓦、瓦当，时代属东周时期。铜质器物有铜戈两件，铜簇一件，其中一件戈援上昂，中脊突起，长胡带刃，阑侧三穿，直内一穿，直内两面均饰错金鸟纹。另一件戈援稍昂，长胡二穿，阑侧有一圆銎，直内上刻有“陈往”二字。时代均属战国中期。还发现金币一块，上有“陈爯”二字。各种标本证实，鄂王城遗址至少是一处东周时期的重要遗址②。

鄂君地位很重要，其封地正是铜矿富集地带，铜矿是当时最重要的战略物资。鄂君可能替楚王掌控着铜矿的开采冶炼大权，那么鄂君就是与楚国工商业具有密切联系的封君了，楚怀王下令给鄂君启铸造免税金节，正

① 湖北省荆沙铁路考古队：《包山楚墓》，文物出版社，1991 年，第 353、361、364 页。

② 大冶县博物馆：《鄂王城遗址调查简报》，《江汉考古》1983 年第 3 期。

是鄂君启在工商业方面地位很高的表现。

正是因为楚国所封鄂国、鄂君在今湖北鄂州一带，长达数百年，于是到西汉时期在江夏郡下设鄂县。

总之，我们认为商代的鄂是商朝的一个重要方国，位于今河南泌阳。西周早期到周厉王时的鄂国在今随州安居，随州之鄂被周厉王消灭。到西周晚期鄂国王室迁到今河南南阳东北的西鄂故城一带，春秋早期可能被楚灭掉。楚所伐之鄂为随州之鄂，熊渠所封鄂王一开始也可能在随州一带，后因周厉王暴虐和曾国崛起，楚鄂王治所迁到今湖北鄂州，这里一直是楚鄂国、鄂君的封地。鄂君子皙、鄂君启、包山楚简里的鄂君都是鄂州这个地方的封君。

（本文原载《华中师范大学学报（人文社会科学版）》2015 年第 1 期）

考古学反映的先秦时期长江文化成就

考古学为我们认识长江文化提供了许多新的知识，就先秦时期而言，长江文化诸多方面在中国乃至世界居于领先地位，我们从以下几个方面加以探讨。

一、长江流域是人类起源地之一

目前一般认为人猿的共祖可能是一种渐新世的埃及古猿，一支通过森林古猿进化成为现代的黑猩猩、大猩猩，一支则通过腊马古猿、纤细型南方古猿进化为猿人、现代人。

云南发现了禄丰古猿和元谋古猿化石，为寻找更早的猿人化石奠定了基础。禄丰古猿化石发现于云南省禄丰县石灰坝。1975 年发现，已进行 8 次发掘，获得古猿化石 745 件，包括头骨 5 件、下颌骨 10 件、头骨碎块 6 件、上下颌骨残段 41 件、上下颌齿列 29 件、单个牙齿 650 枚、肩胛骨 1 件、锁骨 1 件、指骨 2 件。禄丰古猿的时代为距今 800 万年①。吴汝康先生认为禄丰古猿可能是非洲大猿和人科成员的共同祖先②。

元谋古猿化石发现于云南省元谋县物茂乡，1986 年发现，至 1990 年 3 月，已发现 14 处古猿化石地点。共进行了 4 次发掘，获得了丰富的化石材料，包括头骨 1 件（附连 8 枚牙齿）、上颌骨 8 件、下颌骨 9 件、单个牙齿 1027 枚。元谋古猿的时代与禄丰古猿相当或稍晚，应为最晚中新世，估计距今约 400 万年③。

---

① 徐庆华、陆庆五：《云南禄丰发现的腊玛古猿和西瓦古猿的下颌骨》，《古脊椎动物与古人类》1979 年第 1 期；吴汝康、韩德芬、徐庆华：《云南禄丰古猿化石地点再次发现腊玛古猿头骨——1981 年发掘报告》，《人类学学报》1982 年第 2 期。

② 吴汝康：《禄丰大猿化石分类的修订》，《人类学学报》1987 年第 4 期。

③ 和志强：《元谋古猿》，云南科技出版社，1997 年。

在此基础上，1985—1988、1997—1998 年中国科学院古脊椎动物与古人类研究所对巫山人遗址进行了两次发掘，巫山人遗址位于重庆市巫山县庙宇镇龙坪村的龙骨坡，第一次发掘发现了人类化石 2 件，脊椎动物化石 120 种，石器 2 件；第二次发掘发现了丰富的动物化石和一批石制品。人类化石材料包括一个右上外侧门齿和一件左侧残破的下颌骨。分属两个个体，颌骨略微突出，门齿为铲形，具有黄种人的特征。两次发掘共获石制品 9 件。石制品原料包括变质灰岩、硅质灰岩、火成岩、石英岩、铁质结核，素材以砾石和石块为主；用锤击或砸击石核产生石片，器身保留大部分石皮；直接使用石片较多，加工方法以单面加工为主，有比较简单的两面加工；石器种类手镐、石锤、薄刃斧、石片、砍砸器。根据测量结果，巫山人的年代为更新世早期，距今约 200 万年。巫山直立人被命名为 Homo erectus wushaensis，即直立人巫山亚种①。

但有的学者对巫山人提出质疑，认为门齿属于晚期智人的牙齿，因坠落或流水带入早期洞穴堆积物的裂隙中②。有的学者认为下颌骨化石不属于人类，而属于古猿类③。

巫山人是目前在中国境内发现的最早直立人化石，说明长江流域是世界上的人类起源地之一，动摇了人类起源非洲一元论的观点。学术界有质疑乃是科学发展的正常现象，爪哇人化石刚刚被发现时，学术界一片质疑声，后来北京猿人发现以后，爪哇人才得到科学界的承认。可以预测从禄丰古猿、元谋古猿到巫山人之间还有相当长的时间空白，人类演化的丰富材料还沉睡在地下，随着今后发现更多的新材料，就会推动人类起源探索工作的进一步发展。

从距今 200 万年至 1 万余年，从更新世早期到晚更新世末期，人类在长江流域持续地生存和繁衍，直立人和智人化石遗存丰富。直立人化石主要有：巫山人、元谋人、建始人、郧县猿人、郧县人、郧西猿人、南召人、洛南人、南京人、和县人、桐梓人。早期智人化石主要有长阳人、巢县人（又称银山人），晚期智人化石主要有郧西黄龙洞人、资阳人、丽江人、昆

---

① 黄万波、方其仁：《巫山猿人遗址》，海洋出版社，1991 年。
② 王谦，《巫山龙骨坡人类门齿的归属问题》，《人类学学报》1996 年第 4 期。
③ 吴新智：《巫山龙骨坡似人下颌骨属于猿类》，《人类学学报》2000 年第 1 期。

明人、穿洞人[①]。这些人类化石材料及其文化遗存说明长江流域在人类起源和发展研究方面具有重要价值，一脉相承的蒙古人种体质特征对现代人类起源一元论的夏娃理论提供了反证，南方砾石工业的持续发展也不支持夏娃理论。以分子生物学为基础的夏娃理论最多只能是一种假说，尚未得到考古学的证实。

二、长江流域是世界上最早培育水稻的地区

一般认为在公元前 3000 年，稻作农业起源于印度东北部的阿萨姆山地、缅甸北部山地和中国云南山地，然后向四周传播。这一说法是农学家根据作物品种分类和分布状况推测出来的，缺乏考古学的证据。

(1) 1955—1956 年，考古学家在湖北省的京山屈家岭、天门石家河和武昌放鹰台等处发现了大量新石器时代的稻谷遗存。屈家岭遗址发现约 500 平方米的房基垫土，其中掺杂了稻壳和稻草，偶尔也有一些稻谷和炭化稻米[②]。经鉴定，属于粳稻，是颗粒比较大的粳形品种，与今天栽培的粳形品种最为接近[③]。当时还没有碳 14 测年方法，估计的时间为三四千年，后来有了碳 14 测年方法后，屈家岭文化的测定年代约为公元前 3000 至前 2500 年。这一发现为探索稻作农业的起源，提供了重要信息。

(2) 1973—1974、1977—1978 年在余姚河姆渡遗址进行了两次发掘，河姆渡文化因此得名。河姆渡文化分布于宁绍平原和舟山群岛，中心地区在姚江流域，与太湖流域的马家浜文化、崧泽文化相比，河姆渡文化是与之时代相当、平行发展的文化。根据河姆渡遗址四个文化层及其他遗址的出土遗物，可将河姆渡文化分为四期，第一期以河姆渡遗址第四层为代表。第二期以河姆渡遗址第三层为代表。第三期以河姆渡遗址第二层为代表。第四期以河姆渡遗址第一层为代表。碳十四测定年代为公元前 5005±130 年—3380±130 年。

在河姆渡遗址的第四层居住区内，有的地方发现米粒，普遍存在稻谷、谷壳、稻秆、稻叶的堆积，厚 20—50 厘米，最厚处超过 1 米。经鉴定，属

---

① 李天元、冯小波：《长江古人类》，湖北教育出版社，2004 年。

② 张绪球：《长江中游新石器时代文化概论》，湖北科学技术出版社，1992 年，第 205 页。

③ 丁颖：《江汉平原新石器时代红烧土中的稻谷壳调查》，《考古学报》1959 年第 4 期。

于栽培稻的籼亚种晚稻型水稻。这是当时世界上发现的最早的栽培稻标本，年代约公元前5000年。河姆渡文化是以稻作农业为基础的文化。这一发现引起了学术界的广泛关注，有学者提出了长江下游及附近地区是稻作农业起源的一个主要地区①。

（3）1983年、1984年对湖北宜都县城背溪遗址进行了两次发掘，发现了一种新的文化遗存。考古工作者又发掘了宜都境内的枝城北、花庙堤、金子山、孙家河、栗树窝子及枝江的青龙山、秭归的柳林溪和朝天嘴遗址。这类遗存被命名为“城背溪文化”，根据其文化特征，与彭头山类型相似，距今约8500—7500年。首先在枝城北遗址的红烧土块和陶片中发现稻壳。然后在整理城背溪遗址的材料时，也发现了稻壳碎片。城背溪文化的年代为距今约8500—7500年。城背溪文化的稻壳标本的发现，把稻作农业的起源研究又向前推进了一步。

（4）彭头山类型因湖南澧县彭头山遗址的发掘而得名。该遗址处于澧水与其支流涔水之间的一处岗地上。1988年11月，湖南省文物考古研究所裴安平率队对该遗址进行发掘，碳14测定年代为公元前6500—前5500年，是长江中游发现的最早的新石器时代遗存。发掘者有计划地把发现水稻遗存作为发掘工作的一个重要目的。开工不久的一天上午，裴安平终于从一支座残破的陶片上看到了一粒炭化稻壳，然后他又到水塘边去看刚刚洗刷晾晒的陶片，在陶片上发现了更多的炭化稻谷。后来在已废弃的房屋红烧土块中也发现有稻壳。有的学者经过研究认为彭头山发现的水稻为人工栽培稻，从而认定长江中游是人类栽培水稻的一个重要发源地②。

（5）1993—1997年，在湖南澧县八十垱遗址进行了6次发掘。在八十垱遗址发现了环绕聚落的围沟和围墙，也就是所谓的环壕聚落。最初所挖的壕沟时代与遗址的早期同时。因长期淤积，再次挖沟，后来所挖的沟打破原来的沟并叠压其上。壕沟呈不规则长方形，环绕村落，壕沟内村落面积1.6万多平方米。壕沟上口宽约4米，底宽1.5米，深1.5—2米。壕沟内侧用壕沟内挖出的土堆成一条土埂，现存高半米多，底最宽处约6米。

---

① 浙江省文物管理委员会：《河姆渡遗址第一期发掘报告》，《考古学报》1978年第1期。

② 湖南省文物考古研究所：《湖南澧县彭头山新石器时代早期遗址发掘简报》，《文物》1990年第8期。

土埂有助于增强壕沟的防御能力。在新壕沟的使用过程中，曾进行过三次清淤工作，淤土堆筑于土埂两侧以修补护坡。

该遗址发现了数万粒保存很好的稻谷和稻米，出土时还显黄褐色，有的还带1厘米长的芒。经鉴定，兼有现代籼稻、粳稻和普通野生稻多种特征。八十垱属彭头山文化中晚期，距今约8000年[①]。

(6) 1993年、1995年湖南省文物考古研究所在湖南西南部的道县玉蟾岩进行了两次发掘，共发现了4粒稻谷壳，碳14测定年代为距今约14000年，这是目前我国发现的最早的稻谷标本。玉蟾岩遗址是一个洞穴遗址，相对高程约5米，周围地势开阔，水源充足，适合水稻生长。经鉴定，这是栽培未久，尚保留部分野生稻特征而籼粳尚未分化的古稻[②]。

(7) 1993年、1995年中美考古学家联合两次发掘江西万年县仙人洞和吊桶环遗址；1999年北京大学与江西省文物考古研究所又进行发掘。万年县位于鄱阳湖东岸，仙人洞和吊桶环遗址的小环境为狭长盆地，仙人洞遗址为石灰岩溶洞，吊桶环遗址为溶蚀性岩棚，位于仙人洞西南约800米处。发现了栽培稻植硅石，距今10000年左右[③]。

以上发现说明，长江中下游是稻作农业的起源地，很早的时候淮河流域也种植水稻。

三、新石器时代形成了三大区系类型，在中国文明起源中占据重要地位

（一）长江上游

长江上游以成都平原为中心，形成了高水平的宝墩文化，年代距今约4500年。这一文化出现了系列城市，如新津宝墩村古城、都江堰芒城村古城、郫县古城村古城、温江鱼凫村古城、崇州双河村古城和紫竹村古城等，已经进入准文明阶段。宝墩文化来自岷江上游，截至目前成都平原少见早

---

① 湖南省文物考古研究所：《湖南澧县八十垱新石器时代早期遗址发掘简报》，《文物》1996年第12期。

② 袁家荣：《湖南道县玉蟾岩1万年以前的稻谷和陶器》，《稻作陶器和都市的起源》，文物出版社，2000年，第36页；张文绪、袁家荣：《湖南道县玉蟾岩古栽培稻的初步研究》，《作物学报》1998年第4期。

③ 姜钦华：《江西万年旧石器晚期至新石器时期遗址的孢粉与植硅石分析初步报告》，周昆叔、宋豫秦主编：《环境考古研究》第2辑，科学出版社，2000年。

于宝墩文化的遗存。三星堆文化的勃兴正是在宝墩文化基础上发展起来的，如果没有宝墩文化奠定的厚实基础，也就不会有三星堆文化的辉煌成就。

重庆地区的史前文化序列为玉溪文化、哨棚嘴文化、老关庙下层文化，玉溪下层文化时代与前仰韶时代相当，早于公元前 5000 年。玉溪上层遗存相当于大溪文化早期阶段，也与仰韶时代早期相当。哨棚嘴文化年代与成都平原的宝墩文化相当，哨棚嘴文化绝对年代上限可能也在距今 4700 年左右，下限可能比宝墩文化延续了更长的时间。

成都平原的宝墩文化和重庆的玉溪文化、哨棚嘴文化、老关庙下层文化，已经从空间和文化特色上形成了蜀文化和巴文化的雏形。

（二）长江中游

长江中游以江汉平原和洞庭湖平原为中心，形成了发达的史前文化。洞庭湖平原的文化序列为彭头山文化→皂市下层文化→汤家岗文化→大溪文化三元宫类型→屈家岭文化划城岗类型→石家河文化划城岗晚期类型和车轱山类型。沅水中上游存在一支以装饰兽面纹为特色的高庙文化，时代与皂市下层文化、汤家岗文化相当，有学者认为高庙上层应归入大溪文化①。江汉平原的文化序列为城背溪文化→大溪文化→屈家岭文化→石家河文化。城背溪文化年代约为公元前 6000—前 5000 年，大溪文化约为公元前 4400—前 3300 年，屈家岭文化约为公元前 3300—2600 年，石家河文化约为 2600—前 2000 年。

长江中游苗蛮集团以稻作农业为基础，在全国率先进入准文明阶段。这里出现了全国最早的史前古城即湖南澧县城头山古城，该城建于大溪文化早期，年代距今 6000 年，经过四次修筑，一直沿用至石家河文化中期才废弃。

在仰韶时代长江中游又建造了全国最大的石家河古城，石家河史前古城址位于天门市石河（原名石家河）镇北约 1 公里，东、北、西三面为土岗环绕，东南面地势开阔。平面形状近长方形，南北长约 1200 米，东西宽约 1100 米，面积达 120 万平方米。城垣是用土在地面上堆筑而成的，现存底宽 50 余米，顶宽 8—10 米，残存高度最高可达 6 米。城垣围绕着宽阔的

---

① 何介钧：《长江中游新石器时代文化》，湖北教育出版社，2004 年，第 79—159、288—306 页。

城壕，宽 80—100 米，城壕是人工挖成的，局部地区利用自然冲沟加以修整而成。城址的始建年代似不早于屈家岭文化中期，石家河文化早中期为最繁荣的时期，距今约 4800—4200 年。石家河古城是目前仰韶时代全国所发现的最大的古城址，是龙山时代位列陕西神木石峁古城、浙江良渚古城、山西陶寺古城之后的第四大史前古城。

长江中游已经发现 19 座史前古城，如始建丁大溪文化时期的城头山古城、谭家岭古城，始建于屈家岭文化时期的古城有湖南澧县鸡叫城，襄阳襄州区凤凰咀①，湖北天门石家河、龙嘴、笑城，石首走马岭，公安鸡鸣城、青河，荆门马家院，沙洋城河，荆州阴湘城、安陆王古溜，应城陶家湖、门板湾，孝感叶家庙，大悟土城，黄陂张西湾②。

长江中游在文明化进程中，在大溪文化和屈家岭文化时期领先于黄河流域，把长江文化推向一个高峰，屈家岭文化和石家河文化发展迅猛，文化分布区北界已达陕南丹江上游、豫西南南阳、豫南驻马店一带，苗蛮集团早在距今 5000—4000 年前已问鼎中原了，楚庄王问鼎中原只是步其后尘。

（三）长江下游

长江下游以太湖流域为中心也创造了发达的史前文化，太湖流域文化发展序列为马家浜文化→崧泽文化→良渚文化，宁绍平原及其南部地区发展序列为上山文化→跨湖桥文化→河姆渡文化→良渚文化。

到了良渚文化阶段已经进入国家阶段，良渚先民建造了面积 290 万平方米的良渚古城，2006 年 6 月，浙江省文物考古研究所在瓶窑葡萄畈遗址高地西侧发现了一条良渚文化时期的南北向河沟。经对河东岸高地做局部解剖，发现这一高地由人工堆筑而成，厚度近 4 米，底部铺垫着人工开采的石块。2007 年 3 月，考古人员对莫角山的南、北、东、西先后进行钻探调查和试掘，四面都发现了同样的堆土和石基，初步探明了这种底部铺垫石头的遗迹是良渚文化时期围绕莫角山四周的古城墙。

良渚古城略呈圆角长方形，正南北方向。古城东西长约 1500—1700

---

① http://www.xf.gov.cn/zt/gcxy/tzhw/201802/t20180227_981373.shtml。

② 刘辉：《长江中游史前城址的聚落结构与社会形态》，《江汉考古》2017 年第 5 期。

米，南北长约1800—1900米，整个城墙有6公里多长，总面积达290多万平方米。南城墙略窄，40多米宽，其余三面城墙都有60多米宽。墙部分地段残高4米多，墙基是精心堆砌而成：底部先垫石块，上面堆筑纯净的黄土后夯实，为我国现存最宽的城墙。

1992—1993年发掘的莫角山遗址，正位于良渚城址的中部，是一座东西长约670米、南北宽约450米的大土台，是良渚先民堆筑而成。土台中部鼎立三台，东边一台为大莫角山，面积约1200平方米，残高2—3米。西部两台南北相对，北台称小莫角山，面积1500平方米，残高2—3米。南台俗称乌龟山，地面残存面积约300平方米，残高3米左右，同大莫角山东西相望。应是良渚文化时期的大型建筑基址。

有棺椁齐全、随葬大量玉器的王室贵族墓葬，中心聚落分布于浙江余杭良渚、安溪、瓶窑三镇一带。1986年发现的反山墓地，位于长命乡雉山村，反山高出现地表仅4米左右，东西长90米，南北宽30米，总面积约2700平方米。西部约被挖去10米长的一段。经发掘，反山是良渚文化时期人工堆筑的高台土冢，土方量达2万余立方米。已经发掘的11座墓葬，大多有棺椁葬具，出土随葬品1200余件套，其中玉器占90%。是目前良渚文化规格最高的墓地，墓主人生前可能是酋长一级人物。

1987年发掘的瑶山遗址，位于余杭安溪乡下溪湾村。瑶山是一座小山，山顶较为平缓，海拔高程35米。在山顶发现一座祭坛和12座较大墓葬。祭坛遗迹平面呈方形，由里外三重组成。最里面一重偏于东部，是一座红土台，平面略呈方形。第二重为灰色土，在红土台四周挖凿深65—85厘米、宽1.7—2.1厘米的围沟。第三重为黄褐色斑土筑成的土台，边长约20米，面积约400平方米，土台西北部发现两段曲尺形的石坎。12座墓葬打破祭坛，且又基本同时。出土随葬品700余件套，主要为玉器。

1991年发掘的汇观山遗址，与瑶山相似，祭坛面积超过1600平方米，发掘四座墓葬，出土随葬品1700余件套，主要为玉器。

这些贵族墓群表明良渚文化的水平高，社会分化严重，已进入文明社会。

从2009年至2013年，经过多年调查，在古城西面大概8公里的位置，发现了大型水利系统，共有11条水坝，形成一个8平方公里多的水库。碳14测年，年代距今5000年到4900年。

2015 年考古工作者在老虎岭的一条水坝，发现了一个个草裹泥堆筑的情况。另外在解剖沟里面发现了良渚时期的灰沟，灰沟里面出土了良渚文化陶片，找到了地层叠压的证据。碳 14 测出的年代集中在距今 5100 年至 4700 年。

良渚大型城址、莫角山宫殿基址、高规格的反山、瑶山、汇观山贵族墓地、大量的玉器、规模宏大的水利设施，都表明良渚先民已经创立了国家。

玉器一般出自墓葬，各种玉器的组合有一定的规律，有的有钺无琮，有的有琮无钺，有的琮、钺同出。钺一般是掌握军政大权的象征。琮一般是巫师身份的象征。仅出钺者，墓主人生前可能为首领。仅出琮者，墓主人生前可能为巫师。两者同出，墓主人生前可能为军事首领兼巫师。从埋葬玉器的组合与象征意义来看，良渚国家是一种集神权、军权、政权为一体的巫风甚浓的集权制国家。没有国家的强制，以上的考古现象是不可想象的。正是由于良渚古城的重要意义，2019 年 7 月 6 日，良渚古城被联合国教科文组织世界遗产委员会第四十三届委员会批准列入世界遗产名录。

四、长江流域是中国丝绸、瓷器、船舶、冶金的起源地或起源地之一

（一）丝织业的起源

在浙江吴兴钱山漾遗址还发现了早期的丝麻植物。残绢片经鉴定是家蚕丝织成，采用平纹织法，每平方厘米经纬线各 47 根。丝带为 30 根单纱分 3 股编织而成的圆形带子。从目前的考古资料来看，太湖地区最早养蚕。麻布片经鉴定为苎麻纺织品，也是采用平纹织法，每平方厘米经纬线各 24 根，有的细麻布经线 31 根，纬线 20 根。这是目前我国最早的苎麻织品实物。这一发现至少说明长江下游是丝麻纺织业的起源地之一。

1926 年，李济先生在山西夏县西阴村遗址发掘出仰韶文化时期的一枚经过切割的家蚕蚕茧，说明黄河流域也可能很早就发明了丝织业。

（二）瓷器的发明

原始青瓷是用高岭土烧制胎，外表饰石灰釉，在 1200℃高温下烧制而成。胎体烧成后呈灰白色或褐色，击之可发出清脆声。石灰釉是用石灰石

粉碎后加适量的黏土配置而成的。以钙的氧化物为主要助熔剂，三氧化二铁为主要着色剂，在还原焰中可烧成青绿色，在氧化焰中可烧成黄绿色或灰青色。青釉透明，表面有玻璃质层。胎与釉结合紧密，不吸水或吸水率低。目前考古发掘证明，至迟在商代早期我国已经发明了原始青瓷，在郑州商城二里岗下层文化遗址和湖北黄陂盘龙城商代中期墓葬中出土了原始青瓷，在商代晚期都城河南安阳殷墟，辉县琉璃阁，山东济南大辛庄、益都，河北藁城、江西清江吴城等地都有出土。在随州叶家山西周曾侯墓地、洛阳北窑墓地等处也发现了大量的原始青瓷。

原始青瓷的发源地应当在长江下游，这里分布着瓷土，具有得天独厚的条件。

中国瓷器成熟于东汉晚期，发现的最早瓷窑在浙江上虞。浙江上虞小仙坛窑址出土的标本瓷质光泽，胎体透光性较好，已完全烧结，显气孔率和吸水率降低，分别为 0.62%和 0.28%，烧成温度达到 1260℃—1310℃，抗弯强度达到每平方厘米 710 千克。通体玻璃质釉，透明度增强，胎釉结合紧密牢固，胎釉交界处可看到相当多的斜长石晶体自胎釉生成并形成一个密合层，使釉层不易剥落。

（三）船舶

浙江跨湖桥遗址发现一只独木舟，距今 8000—7000 年。船由松木制成，船体残长 5.6 米，船头上翘，宽 29 厘米，船身宽约 52 厘米。独木舟周围有木桩架结构，用于固定船只。在船的两侧各发现木桨一支。这是目前中国发现的最早的船舶标本，说明长江下游是船舶的起源地之一①。

（四）冶金

铜矿古遗址分布于湖北大冶、阳新，江西瑞昌，安徽铜陵，长江流域是中国有色金属的集中分布区。

考古已经发掘了一些古代采矿遗址，简要介绍如下：

1. 湖北大冶铜绿山古矿冶遗址

铜绿山古矿冶遗址分布范围为：北起大冶湖边的乌鸦布尔塘，南迄铜（铜山口）大（大冶）铁路，东起铜绿山矿尾砂库，西迄柯锡太村，东西长

---

① 浙江省文物考古研究所、萧山博物馆：《跨湖桥》，文物出版社，2004 年，第 40—52 页。

约1公里、南北长约2公里，面积约2平方公里。考古学者在这里发现了7处露天开采遗址和10余处井下开采遗址。

从1974年1月至1985年7月，考古部门连续对铜绿山古矿冶遗址进行发掘，共发掘了6处采矿遗址，2处冶炼遗址。发掘总面积4923平方米，发掘古代采矿竖（盲）井231个，平（斜）巷100条，炼炉12座。

根据碳14测年数据和考古类型学研究，铜绿山采矿遗址的开采年代从商代晚期开始，经西周、春秋，直到战国至西汉时期，不间断地开采了千余年时间，其后隋唐时期在早期的遗址上又继续开采。

从商文化的分布范围来看，商王朝应该直接控制了铜绿山的铜矿开采权，到了西周时期，周朝可能代替商朝直接控制了铜绿山的铜矿资源。再后来楚国成了铜绿山铜矿的新主人，有的学者认为铜绿山古矿冶遗址的国属属楚①，还有的学者认为两周之际楚人还没到大冶，西周至春秋早期铜绿山古铜矿的主人为古越族，到楚成王时，铜绿山已成为楚国的囊中之物②。

2. *湖北阳新港下矿冶遗址*

位于湖北阳新富池镇港下村，北距长江约10公里，矿山西边的富河直通长江，水上交通十分便利。1985—1986年湖北省博物馆和阳新县博物馆进行正式发掘，发掘总面积170平方米。阳新港下的古矿井有竖井和平巷两种。竖井的支护框架大的为日字形，小的为口字形。日字形框架井口较大，井框内空长约420、宽约300厘米，全用圆木支护。四根粗原木，直径约25厘米，组成一个长方形框架，在长方形框架中间支撑一根直径约15厘米的原木，构成日字形框架。口字形框架较小，呈正方形，由四根直径约15厘米的圆木支撑而成。竖井与平巷交会处建造马头门。平巷的每一组支护框架由三根圆木构成，圆木的直径约22—25厘米，两根立柱埋入矿体或围岩中，上端砍成弧形凹叉，凹叉上架设横梁，横梁上铺木板，盖板排列的不严密的地方，铺藤或竹的编织物，最后在巷道顶部填塞树叶。在矿井中发现了铜锛、铜削、木铲、绳耙、木楔、木水槽等遗物。根据碳14测

① 夏鼐、殷玮璋：《湖北铜绿山古铜矿》，《考古学报》1982年第1期。

② 张正明、刘玉堂：《大冶铜绿山古铜矿的国属》，《楚史论丛》，湖北人民出版社，1984年。

年数据，阳新港下古矿冶遗址的开采时间约为西周晚期至春秋早期①。

3. 江西瑞昌铜岭矿冶遗址

1988年，江西瑞昌西北铜岭也发现了集采冶炼于一地的古矿冶遗址，采区面积为7万平方米。冶炼区则分布在矿山脚下附近的地区，分布范围约20万平方米，炼渣堆积层厚约0.60—3.40米不等。1988—1991年，江西省文物考古研究所、瑞昌市博物馆连续四个秋冬对采矿区进行了抢救性发掘，清理发掘面积180平方米，布方18个。在此范围内清理出矿井103口、巷道19条、露采坑3处、探矿槽坑2处、工棚6处、选矿场1处、研木场1处，还有用于矿山管理的围栅设施等遗迹。发掘和征集铜、木、竹、石、陶等文物计468件。既有露天开采，也有井下开采的方式。竖井与平巷相结合，均采用了支护技术，竖井采用间隔框架支护，平巷采用间隔排架式支护。框架外侧用木板或木棍支护，以防止围岩脱落。发掘出土了许多生产工具和生活用具，如铜器有斧、凿，木器有辘轳、锨、铲、盘、钩、水槽等，竹器有盘和筐。根据出土陶器和碳14测年数据，推断铜岭古矿冶遗址上限可到商代二里岗期，下限为春秋战国时期②。

4. 安徽铜陵铜岭矿冶遗址群

1987年，安徽省文物考古研究所、铜陵市文物管理所对安徽铜陵市古代铜矿遗址进行了一次全面的专题调查，共发现古代铜矿遗址29处，其中先秦时期的炼铜遗址共有7处，主要集中分布在金山、曹山南侧、凤凰山一带，有朱村乡木鱼山，西湖乡大冲、小冲，凤凰山的万迎山，金榔乡金山盛、金山北坡、岗巴垅等地，遗址面积一般为1万—2万平方米。地表散布大量的炼铜废渣、红烧土块、残炉壁以及各类陶片和原始瓷等。从曹山东南坡脚越过西边河至木鱼山遗址，炼铜废渣散布范围近1平方公里，是古代一处较大的冶炼场所。

其中木鱼山遗址位于铜陵朱村乡新民行政村木鱼山自然村的北边。西、北两面傍依西边河，西南至鸡冠山铁矿约2.5公里。遗址地貌西高东低，

---

① 港下古铜矿遗址发掘小组：《湖北阳新港下古矿井遗址发掘简报》，《考古》1988年第1期；刘诗中、卢本珊：《江西铜岭铜矿遗址的发掘与研究》，《考古学报》1998年第4期。

② 江西省文物考古研究所铜岭遗址发掘队：《江西瑞昌铜岭商周矿冶遗址第一期发掘简报》，《江西文物》1990年第3期。

分为木鱼山、火龙岗、鬼墩墓三片，总面积约10万平方米。1974年修河堤，遗址的北部遭到破坏。当时取土曾于鬼墩墓东部发现100余公斤的菱形铜锭，并伴有铜鼎、陶罐出土。据木鱼山遗址剖面观察，其文化堆积厚度约2—3米，夹杂有灰层、炼渣、陶片等。地表散布的遗物有大量的炼渣、红烧土、炼铜炉壁残块，以及夹砂陶、泥质陶、印纹陶、原始青瓷等器皿残片。在遗址北侧西边河的河道内，20世纪70年代当地群众在改田中曾发现古代采矿坑，坑内有直径50厘米的圆木，坑深见不到底。另外在西侧的河道中也经常有古代矿井的木支护出土。由此说明，木鱼山遗址冶铜的原料，就来自附近。

万迎山遗址位于铜陵新桥乡凤凰行政村北约100米处的万迎山的南坡。1980年国营凤凰山铜矿在南坡进行一次地下大爆破，山腰以上的原始地貌因坍陷均被破坏，残存面积约5万平方米。遗址地表有大量的炼渣、红烧土、炼铜炉壁残块。在万迎山南坡脚下至凤凰行政村村部，炼渣分布较集中。1987年10月市文物管理所曾在这里征集1件臿形石范，据了解石范出土于今凤凰行政村村部的附近。1984年在遗址南部约300米处的凤凰山西坡曾发现一批春秋时期窖藏青铜器，内有一件菱形铜锭，与木鱼山出土的铜锭相同。根据上述情况分析，今凤凰行政村一带在古代可能是一处综合性的采矿、冶炼和铸造场所。调查中于万迎山南坡西侧现代采场的断面上（铁帽层）见有零星古代“老窿”（当地人对古矿井的称呼）。老窿为圆形，直径0.8米，弯弯曲曲，呈“鼠穴状”，无考古木质支护，分布不规律，从剖面观察最大采掘深度在10米以上。据国营凤凰山铜矿工人介绍，20世纪70年代在万迎山地下采矿中曾发现过不少古代“老窿”。“老窿”一般均有木质支护，有的地段保存较好，当时还没有坍塌，人可以通过，后在大爆破时被毁①。

安徽铜陵师姑墩遗址发掘取得了更多的信息，早在二里头文化时代的第9号灰坑中就出土了与冶铸有关的陶炉壁和炉渣，陶炉壁外表呈红褐色，内侧有铜锈。在西周文化层里出土了青铜器、陶范、石范、陶壁炉、炉渣。这次发掘成果表明，铜陵铜矿开采时间可能早至夏代。遗址里发型了炼渣、

① 安徽省文物考古研究所等：《安徽铜陵市古代铜矿遗址调查》，《考古》1993年第6期。

陶范和石范，说明该地采矿、冶炼、铸造三位一体，集中在一个地方进行，突破了过去冶、铸分离的观点①。

从以上古铜矿遗址来看长江流域至迟自夏代开始，已经开采铜矿，至商、西周、春秋、战国时期开采规模不断扩大。一般在矿山一带主要进行采矿、冶炼工作，但安徽铜陵师姑墩遗址却在西周时期集采矿、冶炼、铸造三位一体。可见长江流域是中国青铜采矿、冶炼最早的地区之一。

五、先秦时期形成了巴蜀、楚、吴越三个重要的区域文化，为天下一统做了充分的准备工作

长江上游形成了特征近似的蜀文化和巴文化，蜀文化分布区以成都平原为中心，巴文化主要分布于今重庆、鄂西、四川省嘉陵江以东山区及陕南大巴山一带。蜀文化的发展序列为三星堆文化→十二桥文化→新一村文化→上汪家拐文化，后两个阶段可以称之为晚期蜀文化。三星堆文化以其独特的青铜神像、黄金权杖、黄金面具、大量玉器而享誉国内外。晚期蜀文化以釜、鍪、釜甑、尖底盒、柳叶形剑、烟盒包式钺、戈、矛等为代表的青铜器群而著称，其特征迥异于周边的周秦文化和楚文化。成都平原自古就是西南地区的文化中心，蜀文化的辐射力特别强，远达云南、贵州、东南亚和南亚等地。

长江中游的楚文化属华夏文化的分支，楚人使用汉字，楚金文大体同于中原，略有变异，楚简帛文字为毛笔手写体，结体圆润，极具艺术审美价值。楚人学习中原《诗》《书》《礼》《乐》《易》《春秋》等经典，楚人为人类留下了老庄哲学和屈宋楚辞两项永恒的遗产，楚人在城市建筑、青铜开采冶炼铸造、铁器的推广、漆器、玉器、丝绸等手工业方面居于中国乃至世界前列。

吴、越在青铜铸造尤其是铸剑方面十分突出，原始青瓷制造业特别发达，玉器制造业具有地方特色。吴、越造船业很发达，水军实力雄厚。

公元前 473 年，越王勾践灭吴。战国中期楚又灭越，楚国占领了长江中下游地区，客观上为秦统一奠定了基础。

---

① 安徽省文物考古研究所：《安徽铜陵县师姑墩遗址发掘简报》，《考古》2013 年第 6 期。

吴、越与楚的文化交流

吴、越地处长江下游，楚国雄踞长江中游，两地文化交流频繁，本文将从以下几个方面探讨。

一、楚才流入吴、越

（一）申公巫臣

楚庄王十九年（公元前595年），子重率军围宋，回来后，向楚庄王请赏，想要申、吕这个地方，申公巫臣（又名屈巫、子灵、巫臣、公孙巫臣）说申、吕是楚国抵御北方敌人的重镇，如果封给子重，晋、郑这些国家就会长驱直入，打到汉水来。楚庄王听从了申公巫臣的建议，于是子重怨恨申公巫臣。

楚共王二年公元前（589年），申公巫臣携夏姬出逃到晋国，晋国将其封于邢，为邢大夫。

于是子重、子反杀死申公巫臣的族人，分了他们的家产。申公巫臣发誓要报复子重、子反，受晋国委派，联吴抗楚，为吴国训练军队，把楚国的车战技术传授给吴国，使楚国腹背受敌，疲于奔命。

夏姬何许人也？夏姬是陈国一个大臣夏徵舒的母亲，为郑国王室贵族之女，与陈灵公及大夫公孙宁、仪行父私通多年，有一天，三位一起戴着楚式“南冠”，到夏姬家聚饮，相互调谑，说夏徵舒长得既像仪行父，又像陈灵公，夏徵舒听到后，怒不可遏，就射杀了陈灵公。公孙宁、仪行父逃到楚国。

公元前598年，楚庄王以讨伐夏徵舒之名灭陈，把陈国设为陈县，后经申叔时进谏，楚庄王接受建议，又将陈国恢复。夏姬貌美迷人，被带回楚国，楚国从庄王到大臣，都想取之为妻，均被申公巫臣劝止，楚庄王把夏姬给了一位名叫襄老的连尹（楚国主射之官），而襄老的艳福没享多久，就战死于沙场，尸首被晋国所得，襄老的儿子黑要又与夏姬私通。楚王派夏姬回郑国，办理晋国交还襄老之尸一事。巫臣出使齐国，完成任务后，叫副使回国，自己却跑到郑国携带夏姬，出奔晋国。原来巫臣为了得到夏姬，在出使齐国之前，已做好逃跑的准备。

《左传》成公二年记载：楚之讨陈夏氏也，庄王欲纳夏姬，申公巫臣曰："不可。君召诸侯，以讨罪也。今纳夏姬，贪其色也。贪色为淫，淫为大罚。《周书》曰：'明德慎罚。'文王所以造周也。明德，务崇之之谓也；慎罚，务去之之谓也。若兴诸侯，以取大罚，非慎之也。君其图之！"王乃止。子反欲取之，巫臣曰："是不祥人也！是夭子蛮，杀御叔，弑灵侯，戮夏南，出孔、仪，丧陈国，何不祥如是？人生实难，其有不获死乎？天下多美妇人，何必是？"子反乃止。王以予连尹襄老。襄老死于邲，不获其尸，其子黑要烝焉。巫臣使道焉，曰："归！吾聘女。"又使自郑召之，曰："尸可得也，必来逆之。"姬以告王，王问诸屈巫。对曰："其信！知䓨之父，成公之嬖也，而中行伯之季弟也，新佐中军，而善郑皇戌，甚爱此子。其必因郑而归王子与襄老之尸以求之。郑人惧于邲之役而欲求媚于晋，其必许之。"王遣夏姬归。将行，谓送者曰："不得尸，吾不反矣。"巫臣聘诸郑，郑伯许之。及共王即位，将为阳桥之役，使屈巫聘于齐，且告师期。巫臣尽室以行。申叔跪从其父将适郢，遇之，曰："异哉！夫子有三军之惧，而又有《桑中》之喜，宜将窃妻以逃者也。"及郑，使介反币，而以夏姬行。将奔齐，齐师新败，曰："吾不处不胜之国。"遂奔晋，而因郤至以臣于晋。晋人使为邢大夫。子反请以重币锢之，王曰："止！其自为谋也，则过矣。其为吾先君谋也，则忠。忠，社稷之固也，所盖多矣。且彼若能利国家，虽重币，晋将可乎？若无益于晋，晋将弃之，何劳锢焉。"

《左传》成公七年：楚围宋之役，师还，子重请取于申、吕以为赏田，王许之。申公巫臣曰："不可。此申、吕所以邑也，是以为赋，以御北方。若取之，是无申、吕也。晋、郑必至于汉。"王乃止。子重是以怨巫臣。子反欲取夏姬，巫臣止之，遂取以行，子反亦怨之。及共王即位，子重、子反杀巫臣之族子阎、子荡及清尹弗忌及襄老之子黑要，而分其室。子重取子阎之室，使沈尹与王子罢分子荡之室，子反取黑要与清尹之室。巫臣自晋遗二子书，曰："尔以谗慝贪婪事君，而多杀不辜。余必使尔罢于奔命以死。"

《左传》襄公二十六年（公元前 547 年）记载："子反与子灵争夏姬，而害其事，子灵奔晋。晋人与之邢，以为谋主。扞御北狄，通吴于晋，教吴叛楚，教之乘车，射御驱侵，使其子狐庸为吴行人焉。吴于是伐巢、取驾、克棘、入州来。楚罢于奔命，至今为患，则子灵之为也。”

（二）伍子胥兴吴与吴师入郢

伍子胥（前559—前484），《史记·伍子胥列传》：“伍子胥者，楚人也，名员。员父曰伍奢。员兄曰伍尚。其先曰伍举，以直谏事楚庄王，有显，故其后世有名于楚。”

楚平王偏听费无极谗言，杀害伍奢、伍尚父子，伍子胥跟随楚国太子建到齐国。后又到郑国。太子建和晋国君王密谋，要做晋国攻打郑国的内应，伍子胥劝说建，郑国以忠义对待我们，我们怎么能背叛郑国呢？但是太子建说他已和晋国说好了，就不听伍子胥的劝说，后来被郑国知道后，郑国国君就把太子建杀了。

伍子胥于楚平王七年（公元前522年），逃难到吴国，开始了复仇计划。《史记·吴太伯世家》：“（王僚）五年，楚之亡臣伍子胥来奔，公子光客之。”首先向公子光推荐鱄设诸（专诸），帮公子光刺杀吴王僚，公子光夺取王位，即吴王阖闾，伍子胥任吴国行人。辅佐吴王阖闾修法制以任贤能，奖农商以实仓廪，治城郭以设守备。又向阖闾推荐了齐国军事家孙武，并和孙武一起制订了“三师以肄”的疲楚扰楚战略，即组建三支精锐之师，“彼出则归，彼归则出”，轮番袭扰楚军，并选择适当的时机痛歼楚军。

《左传》定公四年记载：“楚自昭王即位，无岁不有吴师。”几年下来，楚军被拖得筋疲力尽，屡屡丧师失地。公元前506年，伍子胥、孙武等指挥吴军在柏举大破楚军，吴师五战五捷，最终攻下楚国郢都，楚昭王被迫逃往随国，伍子胥掘平王墓，鞭尸三百，《史记·伍子胥列传》曰：“及吴兵入郢，伍子胥求昭王，既不得，乃掘楚平王墓，出其尸，鞭之三百，然后已。”因在是否灭越等问题上政见不同，吴王夫差用属镂之剑赐死伍子胥。

（三）伯嚭入吴

伯嚭，伯州犁之孙，郤宛之子，伯州犁本为晋国人，因政治避难来到楚国，任楚国大夫，后官至太宰。伯州犁生郤宛，为楚国大夫，后因费无极陷害，郤宛被楚国令尹子常攻杀。楚昭王二年（公元前514年），伯嚭逃难仕于吴，得到吴王宠信，屡有升迁，由大夫升为太宰。但是伯嚭是一个奸臣，陷害伍子胥，说伍子胥把儿子托付给齐国鲍氏，是为背叛齐国做准备。对待战败的越国，伍子胥主张消灭越国，拒绝求和。《史记·伍子胥列传》记载："吴太宰嚭既与子胥有隙，因谗曰：'子胥为人刚暴，少恩，猜贼，其怨望，恐为深祸也。前日王欲伐齐，子胥以为不可，王卒伐之，而有大功。子胥耻其计谋不用，乃反怨望。而今王又复伐齐，子胥专愎强谏，沮毁用事，徒幸吴之败以自胜其计谋耳。今王自行，悉国中武力以伐齐，而子胥谏不用，因辍谢，详病不行。王不可不备，此起祸不难。且嚭使人微伺之，其使于齐也，乃属其子于齐之鲍氏。夫为人臣，内不得意，外倚诸侯，自以为先王之谋臣，今不见用，常鞅鞅怨望。愿王早图之。'吴王曰：'微子之言，吾亦疑之。'乃使使赐伍子胥属镂之剑，曰：'子以此死。'伍子胥仰天叹曰：'嗟乎！谗臣嚭为乱矣，王乃反诛我。我令若父霸。自若未立时，诸公子争立，我以死争之于先王，几不得立。若既得立，欲分吴国予我，我顾不敢望也。然今若听谀臣言以杀长者。'乃告其舍人曰：'必树吾墓上以梓，令可以为器，而抉吾眼县吴东门之上，以观越寇之入灭吴也。'乃自刭死。吴王闻之，大怒，乃取子胥尸盛以鸱夷革，浮之江中。吴人怜之，为立祠于江上，因命曰胥山。"

而越国的大臣文种私下送给伯嚭美女和珍宝，伯嚭劝说吴王夫差同意了越国的求和，养痈遗患，放虎归山。公元前 473 年，越灭吴，吴王夫差自杀。《史记·吴太伯世家》："(吴王夫差）二十三年十一月丁卯，越败吴。越王勾践欲迁吴王夫差于甬东，予百家居之。吴王曰：'孤老矣，不能事君王也。吾悔不用子胥之言，自令陷此。'遂自刎死。越王灭吴，诛太宰嚭，以为不忠，而归。"

（四）文种、范蠡兴越

文种、范蠡都是楚人。《史记·越王勾践世家》张守节正义引《会稽典录》云："范蠡字少伯，越之上将军也。本是楚宛三户人，佯狂倜傥负俗。文种为宛令，遣吏谒奉。"裴骃集解引《太史公素王妙论》曰："蠡本南阳人。"《列仙传》云："蠡，徐人。"张守节正义又引《吴越春秋》云："蠡字少伯，乃楚宛三户人也。"除《列仙传》说范蠡为徐人外，都认为范蠡为楚宛三户人。文种为宛令，亦为楚人。文种和范蠡辅佐越王勾践，最后消灭吴国，为越国立下了汗马功劳。范蠡功成身退，从海路到齐国，善于经营，致产数十万，齐国任之为相。后散尽家产，捐给知友乡党，悄悄离开齐国，到陶去经营农业和商业，又致资累巨万，天下称为陶朱公。范蠡劝文种也离开越国，在齐国给文种写信说："蜚鸟尽，良弓藏；狡兔死，走狗烹。越王为人长颈鸟喙，可与共患难，不可与共乐。子何不去?"后来文种被勾践赐死，文种被迫自杀。

二、吴才楚用

（一）吴国公子掩余、烛庸奔楚

吴国的贵族也有投降楚国的，如楚昭王元年（公元前 515 年）吴国乘楚平王死，吴王僚派公子掩余、公子烛庸率军队包围楚国的六、潜。公子光派专诸刺杀吴王僚，发动政变，即位为吴王阖闾。烛庸奔钟吾，掩余奔徐，吴王阖闾叫两国把吴国公子抓起来，于是两个公子率军投降楚国，楚国把他们封在舒。

公元前 512 年，吴王阖闾派兵讨伐楚国，攻下舒，擒获二公子，把两个公子抓起来了。

（二）吴国夫概王奔楚

公元前 506 年，吴师入郢。公元前 505 年，秦国派五百辆战车救楚，吴王阖闾远程奔袭，孤军深入，由胜转败，秦楚联军在沂（河南正阳）打败夫概王。楚国军队又在军祥大败吴军。越国允常见阖闾远在楚国，乘机发动侵吴战争。这时吴王阖闾的弟弟夫概王见秦国援楚，越国伐吴，阖闾无法抽身，于是从楚国先行归国，自立为王。吴王阖闾听说后，率军回国，攻打夫概王，夫概王逃奔楚国，楚昭王封夫概于堂溪（在今河南遂平北），为堂溪氏。

三、吴、越、楚之间的技术交流

（一）吴国技术的西渐

1. 楚国吸收了吴、越的兵器铸造技术

吴王夫差矛

吴、越青铜剑当时就闻名天下，《史记·吴太伯世家》记载了吴公子季札挂剑的故事，季札出使鲁、齐、郑、卫、晋诸国，路过徐国，徐国国君喜欢季札的剑，又不好开口要，季札心领神会，但因有出使重任，不便送给。回来时，路过徐国，徐国国君已死，季札就把心爱的宝剑挂在徐国国君墓葬的树上。《吴越春秋》卷二记载，吴王阖闾时有干将善铸剑，当时越王献给吴王三把宝剑，吴王叫干将改制成两把，一把叫干将，另一把叫莫邪，莫邪是干将妻子的名字。“干将”“莫邪”就成了宝剑的代称。《吴越春秋》《越绝书》都记载了越国铸剑名师欧冶子的故事。考古发现的吴越兵器确实名副其实。

如吴王夫差矛，时代为春秋晚期，1983 年 11 月 23 日出土于湖北江陵马山 5 号墓，中间起脊，有血槽，器身满饰菱形暗纹。短骹。长 29.5 厘米。有错金铭文 2 行 8 字：“吴王夫差自作用鍁。”

越王勾践剑，时代为春秋晚期，出自湖北江陵望山 1 号墓，通长 55.7 厘米。剑身布满菱形暗纹，锋刃锐利如初。剑格正面用蓝色琉璃，背面用绿松石镶嵌出兽面纹。近格处有错金铭文 8 个：“越王鸠（勾）浅（践）自作用剑。”

吴王夫差矛与越王勾践剑

吴王夫差剑

1976 年，襄阳蔡坡十二号墓出土一件吴王夫差剑，圆茎上无凸箍，剑身无花纹，剑首已残缺，残长 37 厘米，估计原长约 40 厘米。剑身铸有铭文二行十字：“攻吴王夫差自乍其元用。”

2. 楚国也学习了吴、越的造船技术

吴越在造船技术方面处于领先地位。2002 年，浙江萧山城区西南约 4 公里的城厢街道湘湖村跨湖桥遗址就出土了中国目前所知最早的独木舟，距今 8000 年。《艺文类聚》卷七十一引《周书》说："周成王时，于越献舟。"吴、越水师规模庞大，吴越之间的战争如檇李之战（公元前 496 年，越败吴，阖闾受伤而死）、夫椒之战（公元前 494 年，吴败越，勾践求和）、笠泽之战（公元前 478 年，越败吴）等重大之战，多在水上进行。

《左传》昭公十七年记载，楚平王四年（公元前 525 年），吴伐楚，战于长岸，楚军大败吴军，获得吴国的先王之舟"余皇"，后来吴公子光又败楚师，夺回余皇。吴王僚之前的王为余眛，先王可能指余眛，也可能是其他先王。

《史记·吴太伯世家》："王僚二年，公子光伐楚，败而亡王舟。光惧，袭楚，复得王舟而还。"为什么一定要夺回王舟？一是这艘船为先王之舟，二是怕楚国学习吴国的造船技术。

3. 吴、越土墩墓葬俗对楚文化的影响

吴越地区的土墩墓早就流行封土堆了，源于良渚文化贵族墓葬埋葬方法，先建夯土台基，然后在台基上挖掘墓坑，如反山、瑶山等墓地，流行于商周时期。土墩墓有三个特点：①尸体直接放在地表或者从地表看没有较深的墓穴。②安置尸体、随葬品的地方有的用石块铺砌，有的用火烧烤，有的用席子铺垫，但不见使用木质葬具的痕迹。③尸体、随葬品之上堆起高大的土墩。一墩之内往往包含几座以至十几座墓葬，分别位于不同平面或高度，少数随葬品丰富的大墓则是一墓一墩。

楚国墓葬在战国时期才流行封土葬俗，春秋时期还是"墓而不坟"。

4. 吴、越原始瓷器对楚地的影响

随州叶家山西周早期曾侯墓地发现大量的原始青瓷器随葬品，据研究来自吴越地区。

（二）楚国技术的东渐

1. 楚国的车战技术

申公巫臣向吴国传授车战技术，增加了吴国的兵种，增强了吴国军队的作战能力。前文已经介绍，此不赘述。

2. 楚国的建筑技术

伍子胥在吴国负责都城建设工程，吸收借鉴了楚郢都的建造技术。如水门的设置，郢都有水门，可行船至城内。《吴越春秋·阖闾内传第四》："子胥乃使相土尝水，象天法地，造筑大城。周回四十七里，陆门八，以象天八风，水门八，以法地八聪。筑小城，周十里，陵门三，不开东面者，欲以绝越明也。立阊门者，以象天门通阊阖风也。立蛇门者，以象地户也。阖闾欲西破楚，楚在西北，故立阊门以通天气，因复名之破楚门。欲东并大越，越在东南，故立蛇门以制敌国。吴在辰，其位龙也，故小城南门上反羽为两鲵鱙以象龙角。越在巳地，其位蛇也，故南大门上有木蛇，北向首内，示越属于吴也。"

3. 楚国的鸟虫书传播到了吴、越地区

鸟虫书指在文字构形中改造原有的笔画使之盘旋弯曲如鸟虫形，或者加以鸟形、虫形等纹饰的美术字体。流行于越、吴、蔡、楚、曾、宋、齐、徐等国。从目前发现的标本看，淅川下寺二号墓出土的王子午鼎铭文为最早的鸟虫书，时间为公元前 558 年。楚国可能是鸟虫书的发源地，然后传播到其他地区。

四、吴、楚在江淮地区的争夺

吴、楚主要在今安徽淮南、淮北一带进行拉锯战，互有胜负，从楚共王七年（公元前 584 年）开始，至公元前 473 年越灭吴，一直持续了一百余年，楚吴争战大大牵制了楚对中原的争霸行动，也阻遏了楚在淮水流域迅猛扩张的势头。客观上也加强了楚、吴两国文化之间的交流。现将两国之间的战争列表如下：

吴楚战争年代表（学生张旭晟制）

时间	地点	交战双方	战争结果
公元前 584 年	巢、徐、州来	吴国攻楚国	吴夺得巢、徐、州来，小国依附
公元前 581 年	吴楚边境	吴国攻楚国	吴打败楚将子反
公元前 574 年	驾、𣻌、巢、厘	吴国和楚国互相交战	吴夺得驾、𣻌，楚消灭舒庸

续表

时间	地点	交战双方	战争结果
公元前 570 年	衡山一线	楚国攻吴国	楚军先夺得鸠兹，后被吴人伏击
公元前 563 年	逼阳	吴、晋、齐、曹、卫等联军攻逼阳	楚盟国逼阳被灭
公元前 560 年	庸浦	吴国攻楚国	吴军被伏击，公子党被俘
公元前 548 年	舒鸠	楚攻舒鸠，吴来救	舒鸠被灭，吴王诸樊战死
公元前 547 年	吴楚边境	秦、楚攻吴	开始迅速推进，吴有备遂退军
公元前 540 年	朱方	楚、蔡、郑、许等国攻打朱方	尽诛在吴国朱方避难的庆封一族
公元前 540 年	淮北	吴攻楚	夺得楚棘、栎、麻三地
公元前 539 年	鹊岸	楚国联军攻吴	吴军大败联军
公元前 538 年	徐国	楚攻徐，吴来救	吴军三战三捷
公元前 530 年	徐国	吴攻撤退楚军	楚五将军被俘，吴得州来
公元前 525 年	长岸	吴攻楚	吴败，战舰余皇被夺
公元前 519 年	州来、鸡父	吴攻楚联军	吴各个击破楚国联军
公元前 519 年	卑梁	边境摩擦	吴占领楚两个村庄
公元前 518 年	楚国边境	吴偷袭楚	吴夺得楚钟离、居巢
公元前 511 年	六、潜	吴袭扰楚	楚军疲于奔命
公元前 506 年	楚国	吴师入郢	楚国都沦陷
公元前 505 年	吴楚边境	吴攻楚	夺得番地

五、春申君与江苏的发展

《史记·楚世家》：“（楚顷襄王）三十六年，顷襄王病，太子亡归。秋，顷襄王卒。太子熊元代立，是为考烈王。考烈王以左徒为令尹，封以吴，号春申君。”

《史记·春申君列传》：“考烈王元年（公元前 262 年），以黄歇为相，封为春申君，赐淮北十二县。”

春申君的封地原来在淮北，他在这里经营了二十一年，为楚都迁于寿春奠定了基础。

《史记·楚世家》：“（考烈王）二十二年（公元前241年），与诸侯共伐秦，不利而去。楚东徙都寿春，命曰郢。”

《史记·春申君列传》：“楚于是去陈徙寿春；而秦徙魏野王，作置东郡。春申君由此就封于吴，行相事。”因为寿春成为楚郢都，春申君的封地就改封到江东，治所在苏州。

《史记·春申君列传》：“考烈王元年，以黄歇为相，封为春申君，赐淮北地十二县。后十五岁，黄歇言之楚王曰：‘淮北地边齐，其事急，请以为郡便。’因并献淮北十二县。请封于江东。考烈王许之。春申君因城故吴墟，以自为都邑。”

《资治通鉴卷第六·秦纪一·秦庄襄王二年》：“楚春申君言于楚王曰：‘淮北地边于齐，请以为郡而封于江东。’楚王许之，春申君因城吴故墟以为都邑，宫室极盛。”

《史记·楚世家》：“（考烈王）二十五年（公元前238年），考烈王卒，子幽王悍立。李园杀春申君。”

《史记·春申君列传》：“太史公曰：‘吾适楚，观春申君故城，宫室盛矣哉！’”

春申君封于苏州三年。春申君在淮北和江东的经营，为江苏、安徽等地的发展做出了重大贡献。

论楚文化对巴文化的影响

三峡库区等地考古发掘了一大批楚人和巴人的古遗址、古墓葬，为研究楚文化对巴文化的影响积累了大量材料。本论文从以下三个方面着手探讨楚文化对巴文化的影响：

一、忠县以东长江沿岸基本以楚文化因素为主

为配合三峡工程建设，国家文物局组织了规模空前的考古发掘。从已发表的资料看，经过发掘的楚文化遗址有湖北宜昌朱家台、小溪口、路家河、覃家沱、白狮湾（黄土包）、中堡岛、朱其沱、白庙、周家湾、秭归柳林溪、龚家大沟、官庄坪、庙坪、沙湾、曲溪口、下尾子、巴东黎家沱、茅寨子湾、雷家坪、重庆巫山跳石①、蓝家寨②。发现的楚墓有秭归卜庄河M4③、巴东西瀼口M1④、云阳故陵楚墓⑤、马粪沱楚墓⑥、忠县半边街（崖脚）楚墓群⑦。

笔者曾对峡区楚文化遗存做过探讨，对峡区楚文化的特征及楚文化的

---

① 以上遗址报告见《楚文化的西渐历程》一文注释。

② 重庆市博物馆等：《巫山蓝家寨遗址发掘报告》，见重庆市文物局、重庆市移民局编：《重庆库区考古报告集1998卷》，科学出版社，2003年。重庆市文化局、重庆市博物馆等：《巫山蓝家寨遗址发掘报告》，见重庆市文物局、重庆市移民局编：《重庆库区考古报告集1999卷》，科学出版社，2006年。

③ 宜昌地区博物馆等：《秭归卜庄河古墓发掘》，《江汉考古》1994年第1期。

④ 鄂西自治州博物馆：《巴东西瀼口古墓发掘简况》，见长江流域规划办公室库区规划设计处编：《葛洲坝工程文物考古成果汇编》，武汉大学出版社，1990年。

⑤ 中国历史博物馆故陵考古队等：《云阳故陵楚墓发掘报告》，见重庆市文物局、重庆市移民局编：《重庆库区考古报告集1998卷》，科学出版社，2003年。

⑥ 郑州市文物考古研究所：《重庆市云阳县马粪沱墓地2002年发掘简报》，《文物》2004年第11期。

⑦ 北京大学考古文博学院三峡考古队等：《忠县崖脚墓地发掘报告》，见重庆市文物局、重庆市移民局编：《重庆库区考古报告集1998卷》，科学出版社，2003年；孙华：《四川盆地的青铜时代》，科学出版社，2000年。

西渐历程得出了如下看法①：

1．关于峡区楚文化的特征

根据对考古材料文化因素的分析结果，峡区楚文化器物可分为甲、乙两群，甲群器物具有典型的楚文化特征，占主导地位。乙群器物却是巴文化因素，占次要地位。甲、乙两群共存于同一遗迹单位之中。有的墓葬中楚文化和巴文化共存。说明楚文化进入峡区以后，并不是彻底消灭了巴文化，而是吸收了巴文化因素，构成了峡区楚文化的鲜明特征，在楚文化的分区上可以称之为楚文化“峡区类型”。有的楚文化因素和巴文化因素独立存在于一个遗址之中，如巴东西瀼口 M1、M8 同为战国中期墓葬，M1 为典型楚墓，M8 为典型巴人墓，说明楚人和巴人杂居共处，楚人并没有消灭臣服的巴人。

2．关于楚人进退峡区的历史进程

峡区的楚文化遗存最早可断为春秋早期，最晚的可断为战国晚期。春秋早期楚文化分布范围可达今宜昌西陵峡地区、秭归一带。春秋中期楚文化遗存较少，在空间上没有什么进展。春秋晚期楚人势力急剧向西扩张，奉节老关庙、新浦、云阳李家坝等遗址均含有楚文化因素。战国中期是楚人西进的又一高潮。最西可达今忠县一带，也发现了一批战国中期楚墓。1958 年四川省博物馆在忠县㽏井沟曾采集一件鬲，与江陵雨台山二型Ⅳ式鬲（M483：7）相似②，时代属战国中期，也说明战国中期楚人势力已达忠县一带。目前还少见战国晚期的楚文化遗存。楚国在占领区设立了巫郡和黔中郡。

根据现有资料及断代结果，以上观点应略做修正，如巫山跳石遗址 A 区第 6 层及开口于 6 层下的 G1、H6 等遗迹单位出土的遗物，报告作者推断为周代遗存，属楚文化范畴③，江章华等认为巫山跳石 A 区第 6 层及开口于 6 层下的 G1、H6 等遗存年代约在春秋中期前后④。2000 年发掘的巫

① 黄尚明：《楚文化的西渐历程》，《华中师范大学学报（人文社会科学版）》2004 年第 6 期。

② 荆州地区博物馆：《江陵雨台山楚墓》，文物出版社，1984 年。

③ 南京博物院考古研究所等：《巫山跳石遗址发掘报告》，见重庆市文物局、重庆市移民局编：《重庆库区考古报告集 1997 卷》，科学出版社，2001 年。

④ 江章华、颜劲松：《川东长江沿岸商周时期考古学文化变迁的初步分析》，见湖北省文物事业管理局等、湖北省三峡工程移民局编：《2003 三峡文物保护与考古学研究学术研讨会论文集》，科学出版社，2003 年，第 215 页。

山蓝家寨遗址早一期遗存时代为春秋中期晚段①。这些材料表明楚人在春秋中期已经向西拓展到今巫山一带。

二、晚期巴人遗存中普遍存在着楚文化因素

楚文化因素在巴人活动地区有广泛的分布，长江沿岸和嘉陵江等流域都有楚文化因素存在，说明楚文化对巴文化影响至深。

（一）长江沿岸

1. 奉节新浦遗址

新浦遗址位于奉节县安平乡新浦村，地处长江南岸，东距奉节县城20公里。1994年试掘，1997年发掘1006平方米，1998年发掘503平方米。新浦上层时代约为春秋晚期，流行花边口沿风格，应为巴文化遗存，但同时出土了大量的鬲、盆、豆等楚文化因素的器物，说明巴文化受到了楚文化的重大影响②。

2. 奉节老关庙遗址

老关庙位于奉节县白帝镇瞿塘村，地处长江北岸，瞿塘峡西口。老关庙上层属次生堆积，1993和1994年的第一、二次发掘及1995年第三次发掘的乙、丙组时代属东周时期。流行花边口沿风格，当与新浦上层同属巴文化遗存，大量的鬲、甗、豆等应属楚文化因素③。新浦和老关庙出土的鬲口沿也流行花边口沿，是巴文化和楚文化相互交融的产物。

3. 云阳李家坝遗址

云阳李家坝墓地位于云阳县高阳镇青树村，地处长江支流澎溪河畔。1994—1995年曾在II区发掘10座墓葬。94M1、M2、M4、95 M2时代为

---

① 重庆市文化局、重庆市博物馆等：《巫山蓝家寨遗址发掘报告》，见重庆市文物局、重庆市移民局编：《重庆库区考古报告集1999卷》，科学出版社，2006年。

② 吉林大学考古系：《四川奉节县新浦遗址发掘报告》，《考古》1999年第2期；吉林大学考古学系等：《奉节新浦遗址发掘报告》，见重庆市文物局、重庆市移民局编：《重庆库区考古报告集1997卷》，科学出版社，2001年。吉林大学考古学系等：《奉节新浦遗址发掘简报》，见重庆市文物、重庆市移民局编：《重庆库区考古报告集1998卷》，科学出版社，2003年。

③ 吉林大学考古系：《四川奉节老关庙遗址第一和第二次发掘》，《江汉考古》1993年第3期；吉林大学考古系、四川省文物考古研究所：《奉节县老关庙遗址第三次发掘》，见四川省文物考古研究所《四川考古报告集》，文物出版社，1998年。

战国早期，94M6、M7为战国中期。1997年在李家坝又发掘40座东周墓（其中1座空墓）。报告作者将其分成三期：第一期为战国早期前后，M48最早，或可到春秋晚期；第二期前段为战国中期前段，后段为战国中期后段；第三期为战国晚期前段。1998年10月至1999年1月，在李家坝又发掘战国早期至西汉早期墓葬45座，报告作者分为三期：第一期属战国早期；第二期属战国中晚期，上限可至战国中期晚段，下限为战国晚期，即秦举巴蜀以后；第三期属秦至西汉早期，下限不会超过武帝时期①。李家坝遗址和墓葬普遍存在楚文化因素。

4. 涪陵小田溪墓地

涪陵小田溪墓地已发掘9座墓葬，1972年发掘了M1—M3，1980年发掘了M4—M7，1984年发掘了M8，1993年发掘M9，仅M8未发表资料②。蒋晓春对这批墓葬进行分期，第一期仅M7一座，时代为战国末至秦，第二期为其余7座，时代为秦至秦汉之际，下限可至西汉初年，其中M1、2为秦代，M3为秦代或秦汉之际，M4、5、6、9为秦汉之际③。涪陵小田溪墓葬保留着一定的楚文化因素。

5. 巴县冬笋坝墓地

冬笋坝墓区在重庆市以西60公里，铜罐驿街镇西北2公里，地处长江北岸。1954—1957年进行了四次发掘，共发掘墓葬81座。其中船棺墓21座，狭长坑墓14座，长方坑墓13座，方坑墓18座，砖室墓2座，另有残墓13座。报告作者认为，船棺葬中M2、M5、M7、M8、M18、M9、

---

① 四川联合大学历史系考古专业：《1994—1995年四川云阳李家坝遗址的发掘》，见四川大学考古专业编：《四川大学考古专业创建三十五周年纪念文集》，四川大学出版社，1998年；四川大学历史文化学院考古学系等：《重庆云阳李家坝东周墓地1997年发掘报告》，《考古学报》2002年第1期；四川大学历史文化学院考古系等：《云阳李家坝巴人墓地发掘报告》，见重庆市文物局、重庆市移民局编：《重庆库区考古报告集1998卷》，科学出版社，2003年；四川大学历史文化学院考古系等：《云阳李家坝遗址发掘报告》，见重庆市文物局、重庆市移民局编：《重庆库区考古报告集1998卷》，科学出版社，2003年。

② 四川省博物馆等：《四川涪陵小田溪战国土坑墓清理简报》，《文物》1974年第5期。四川文物管理委员会等：《四川涪陵小田溪4座战国墓》，《考古》1985年第1期。四川省文物考古研究所等：《涪陵市小田溪9号墓发掘简报》，国家文物局三峡工程文物保护领导小组湖北工作站编：《三峡考古之发现（二）》，湖北科学技术出版社，2000年。

③ 蒋迎春：《试论涪陵小田溪墓地的分期与时代》，《江汉考古》2002年第3期。

M10、M11不出铁器和半两钱，入葬时期当不出秦举巴蜀的前后，即公元前4世纪末。其余13座出半两钱及少数铁器，入葬的时期，应在秦举巴蜀以后，其中最晚的可到西汉初年。狭长坑墓早的可与晚期的船棺墓同时，最晚的可能至西汉初年，长方坑墓中之最早的可与较晚的狭长坑墓相接，主要是西汉前期的墓葬，大抵相当于公元前2世纪。方坑墓一般为西汉后期的墓葬，大抵相当于公元前1世纪[①]。后来宋治民先生认为第一期船棺葬应定为战国晚期，即在秦举巴蜀以后，第二期时代应在秦统一六国之后，下限可达西汉初年[②]。冬笋坝墓葬中也保留有少量的楚文化因素。

6. **开县余家坝**

1994年，山东大学考古系在开县余家坝发掘3座墓葬，时代为战国中期。2002年在开县余家坝发掘12座墓，时代为战国晚期至西汉初年[③]。余家坝墓地存在的楚文化因素较多。

7. **万州中坝子**

万州中坝子遗址位于重庆市万州区小周镇涂家村二组，地处长江北岸的一级台地上。1998年进行了较大规模的发掘，发掘战国巴人墓葬7座。1999年发掘16座巴人墓，分为三期即战国早期、战国中晚期、战国末至汉初[④]。该墓地很少受楚文化的影响。

8. **万州麻柳沱遗址**

麻柳沱遗址位于万州武陵镇东北约4公里，东临长江。1998年上海大学考古队在此进行发掘[⑤]。早期遗存为东周遗存，报告作者将其分为早、

---

① 四川省博物馆：《四川船棺葬发掘报告》，文物出版社，1960年。

② 宋治民：《略论四川战国秦墓葬的分期》，见《中国考古学会第一次年会论文集》，文物出版社，1980年。

③ 山东大学考古系：《四川开县余家坝战国墓葬发掘简报》，《考古》1999年第1期；山东大学东方考古研究中心：《重庆市开县余家坝墓地2002年发掘简报》，《江汉考古》2004年第3期。

④ 西北大学考古队等：《万州中坝子遗址发掘报告》，见重庆市文物局、重庆市移民局编：《重庆库区考古报告集1997卷》，科学出版社，2001年；西北大学考古队等：《万州中坝子遗址东周时期墓葬发掘报告》，见重庆市文物局、重庆市移民局编：《重庆库区考古报告集1998卷》，科学出版社，2003年。

⑤ 上海大学文物考古研究中心等：《万州麻柳沱遗址发掘报告》，见重庆文物局、重庆市移民局编：《重庆库区考古报告集1997卷》，科学出版社，2001年。

中、晚三期，时代为战国中晚期。陶器器类可分三群：甲群包括花边口沿釜、浅腹釜、长颈釜、花边口沿钵、圜底罐、直口圜底罐、钵、盆、器盖等，属巴文化因素；乙群包括尖底盏，属蜀文化因素；丙群包括鬲、甗等，属楚文化因素。

（二）嘉陵江流域

嘉陵江流域巴人的重要遗存有宣汉罗家坝遗址。罗家坝遗址位于四川省宣汉县普光镇进化村罗家坝，遗址地处渠江支流中河和后河交汇的一级台地上，遗址面积50万平方米。1999年9—11月，进行了第一次发掘，发掘了墓葬6座。2003年3—7月，进行第二次发掘，发掘了墓葬32座，祭祀坑（暂名）1座。墓葬随葬品主要是巴文化因素。简报作者将32座墓葬断在战国中晚期①。所谓的祭祀坑即M33尤为引人注目，南北长9米，东西宽应在5米以上。宋治民认为："宣汉罗家坝大墓是近年四川考古的一项重要发现……出土器物颇为丰富，以铜器为主，有部分陶器。陶器被压碎，不辨器形。铜器有兵器、工具和礼（容）器。兵器数量多，种类有戈、矛、剑、钺、镦、镞等，皆为巴蜀文化所常见，有的镦和矛头尚有木柲痕迹相连，是很宝贵的材料。礼（容）器有鼎、簠、敦、盖豆、缶、盥缶、匜、甗、釜、鍪、尖底盒等，组合齐全。可以看出盖豆为中原文化器物，器身和盖上有镶嵌金属的水陆攻战、舞蹈等图案，精美异常；釜、鍪、尖底盒为巴蜀文化器物；余皆为楚文化器物，其基本组合为鼎、簠、敦、缶、盥缶、匜、甗，以炊、盛、酒、水器为主，是齐全的一套组合。结合出土的大量兵器，可知此墓的主人身份很高，可能为一代贵族或巴王。出土许多楚器说明巴人当时深受楚文化影响……根据目前掌握的资料，可将罗家坝大墓定为战国早期，上限可到春秋晚期，下限不到战国中期。"江章华将该墓时代亦定为战国早期，林向定为战国早中期，段渝定为战国中晚期，李昭和定为战国中期前后②。

根据以上分析，现将以上部分巴文化遗存分期列为表一：

---

① 四川省文物考古研究所等：《四川宣汉罗家坝遗址2003年发掘简报》，《文物》2004年第9期。

② 《罗家坝遗址笔谈》，《四川文物》2003年第6期。

表一

期别 \ 单位		单 位
第一期	春秋晚期	新浦上层，老关庙乙、丙组
第二期	战国早期	云阳李家坝 1997 年第一期墓葬，94 M1 、 2 、 4，95M2；李家坝 1998 年第一期；万州中坝子第一期
第三期	战国中期	云阳李家坝 1997 年第二期墓葬，94M6 、 7；1994 年开县余家坝 M2—4；万州中坝子第二期；宣汉罗家坝巴人墓葬
第四期	战国晚期	云阳李家坝 1997 年第三期，冬笋坝船棺第一期；李家坝 1998 年第二期；2002 年开县余家坝 12 座墓；冬笋坝船棺葬第一期；万州麻柳沱
第五期	秦代至西汉初年	涪陵小田溪 8 座墓；冬笋坝船棺葬第二期、狭长坑墓、长方坑墓；万州中坝子第三期；李家坝 1998 年第三期

三、楚文化因素的内容及渗透过程

楚文化的青铜器、铁器、陶器等因素都对巴文化有影响，尤以青铜器、铁器因素对巴文化的影响最为深远。我们以前面的分期结论为基础，动态地考察楚文化因素渗透的历史过程。

（一）青铜礼器、乐器、兵器

战国早期：现有资料中没有见到楚式铜器。

战国中期：李家坝 1997 年战国中期前段仅 1 件铜鼎（M25：1），附耳垂腹、平底，三足外撇，为越式鼎，此件越式鼎当从楚地传来。李家坝 1997 年战国中期后段铜器有壶、带钩等，属楚文化因素。1998 年，云阳李家坝 M25 出土楚式铜鼎 1 件、铜壶 2 件、铜器盖 2 件。M45 出土楚式铜鼎、敦、壶各 1 件，铜器盖 1 件。宣汉罗家坝 M33 出土楚式青铜器鼎、簠、敦、盖豆、缶、盥缶、匜、甗等。此时期楚式铜器数量最多，组合比较齐全，说明战国中期楚式铜器对巴文化影响最大。

战国晚期：楚文化铜器很少，1997 年李家坝墓葬该期仅有 C 型壶，AII 式豆。2002 年开县余家坝 M129 出土铜剑为楚式器物。表明楚文化对该地区的影响开始减弱，与秦灭巴，楚人退出三峡有关。

秦及西汉初年：涪陵小田溪 M1 出土的 2 件尊缶（M1：23、M1：25）和 14 件编钟应属楚文化因素。

（二）铁器

1999 年，宜昌上磨垴遗址出土了一批铁制生产工具。第 5 层出土铁锸 4 件，直銎铲 1 件，时代为春秋中期。第 4 层出土铁锸、刀、削刀各 1 件，时代为春秋晚期①。

1981 年，柳林溪遗址第三层出土铁锸 2 件（T3③：3，T2③：10），时代为春秋晚期②。

1999 年，巫山蓝家寨遗址第一期出土铁镢 2 件、铁锸 2 件、铁镞 1 件，时代为春秋晚期③。

2000 年，巫山蓝家寨遗址早一期出土铁锸 4 件，条状器 3 件，时代为春秋中期晚段；早二期出土铁器 26 件，其中铁镢 5 件，铁锄 1 件，铁锸 9 件，铁镞 1 件，块状器 10 件，时代为春秋晚期至战国中期④。

云阳李家坝 M53 出土铁刀 1 件，时代为战国中期⑤。

2002 年，开县余家坝 M129 出土铁锸 1 件，M131 出土铁錾、铁剑各 1 件。时代为战国晚期至汉代初年⑥。

1986 年，宜昌朱家台遗址出土铁锸至少 7 件，铁刀 1 件，时代为战国时期⑦。

1994 年，云阳李家坝遗址二区晚期地层出土铁斧 1 件（94 Ⅱ T3⑤：

---

① 湖北省文物考古研究所：《湖北宜昌县上磨垴周代遗址的发掘》，《考古》2000 年第 8 期。

② 湖北省博物馆江陵考古工作站：《1981 年湖北省秭归县柳林溪遗址的发掘》，《考古与文物》1986 年第 6 期。

③ 重庆市博物馆等：《巫山蓝家寨遗址发掘报告》，见重庆市文物局、重庆市移民局编：《重庆库区考古报告集 1998 卷》，科学出版社，2003 年。

④ 重庆市文化局、重庆市博物馆等：《巫山蓝家寨遗址发掘报告》，见重庆市文物局、重庆市移民局编：《重庆库区考古报告集 1999 卷》，科学出版社，2006 年。

⑤ 四川大学历史文化学院考古学系等：《重庆云阳李家坝东周墓地 1997 年发掘报告》，《考古学报》2002 年第 1 期。

⑥ 山东大学东方考古研究中心：《重庆市开县余家坝墓地 2002 年发掘简报》，《江汉考古》2004 年第 3 期。

⑦ 湖北博物馆三峡考古队第三组：《宜昌朱家台遗址试掘》，《江汉考古》1989 年第 2 期。

11)，时代为战国中晚期①。

上磨垴、柳林溪、蓝家寨的铁器时代都很早，有的可以早到春秋中期，属于楚国铁器方面的最早的资料。说明楚国很早就将铁器传播到峡江地区。战国时期铁器进一步向渝东地区传播，如云阳李家坝、开县余家坝均出土了战国铁器。铁器一般是生产工具，铁器的推广，大大提高了峡江地区的生产水平，客观上促进了巴人的生产发展和社会进步。

（三）陶器

战国早期：1997 年李家坝战国早期墓葬楚式陶器包括 A 型甗，鐎壶，AⅠ式罐，DⅠ、DⅡ式豆，Ⅱ式瓮（器物型式划分，采用 1997 年李家坝墓葬报告的分法，以下同）。

战国中期：1997 年李家坝战国中期前段墓葬中陶器中 AⅢ式豆，B 型豆，C 型豆，AⅠ、AⅡ式壶，AⅡ式罐，李家坝 1997 年战国中期后段乙群陶器中 AⅢ式壶，B 型壶，尊缶，AⅢ、CⅡ式罐，敦，AⅡ式壶，B 型豆，勺，B 型甗等，属楚文化因素，器物种类多，数量明显增多，说明楚文化对本地区的影响以战国中期最为突出。

战国晚期：2002 年开县余家坝 M122 出土成套的楚式器物鼎、敦、壶、豆，M129 出土楚式壶 3 件。楚文化因素减少。

秦及西汉初年：冬笋坝 M50、M33、M37 和宝轮院 M13 出土的陶壶属楚式器物。

四、结语

楚、巴两国相邻，文化交流频繁，楚国逐渐占领了巴国今忠县以东的长江沿岸地盘，曾经设立巫郡和黔中郡，这些地区楚文化占绝对优势。由于楚人和巴人交错杂居，因此楚文化吸收了巴文化的釜、鼎及花边口沿装饰等因素，形成了颇具特色的“楚文化峡区类型”。楚文化的辐射范围很广，渝东地区和嘉陵江流域巴人遗存中普遍存在着楚文化因素，包括楚式青铜器、铁器和陶器等器物，从楚文化因素的分布范围、各种器物的种类和数量来看，到战国中期，楚文化对巴文化的影响处于鼎盛时期。楚文化

---

① 四川联合大学历史系考古专业：《1994—1995 年四川云阳李家坝遗址的发掘》，四川大学考古专业：《四川大学考古专业创建三十五周年纪念文集》，四川大学出版社 1998 年。

和巴文化融合的程度相当高，巴人除了直接吸收楚式器物外，还改造了自己固有的器物，如1998年云阳李家坝（M9：2）、云阳故陵（M3：2）等出土的改装式剑，就是在柳叶形剑基础上，仿照了楚式剑的形制改造而成的；楚文化进入巴地后，也难免要烙上巴文化的印记，如新浦和老关庙出土的楚式鬲流行花边口沿。

到战国晚期，秦灭巴、蜀，楚人逐渐退出峡江地区，楚文化的影响日趋减弱。楚文化的西渐，客观上促进了巴人的生产发展和社会进步，加快了中华文明的一体化进程。

（本文原载《江汉考古》2008年第2期）

试论楚文化对晚期蜀文化的影响

根据历史文献记载，蜀与楚在长江沿岸有过直接的接触，《史记·楚世家》载："肃王四年（公元前377年），蜀伐楚，取兹方。于是楚为扞关以距之。"兹方在今天的松滋。在北部，汉中地区原为巴国地盘，后来巴、蜀、秦、楚四国在此角逐，蜀国曾一度占领该地，后被楚国据为己有，最后（公元前312年）转手于秦。那么，蜀与楚在汉中地区也肯定有过激烈的争夺。更有一段神话，把蜀、楚关系说得十分生动。《蜀王本记》载："望帝积百余岁。荆有一人名鳖灵，其尸亡去，荆人求之不得。鳖灵尸随江水上至郫，遂活，与望帝相见。望帝以鳖灵为相。时玉山出水，若尧之洪水，望帝不能治，使鳖灵决玉山，民得安处。鳖灵治水去后，望帝与其妻通，惭愧，自以为德薄不如鳖灵，乃委国授之而去，如尧之禅舜。鳖灵即位，号曰开明帝。"这段记载应不完全是向壁虚构，但也无法证实了。

古代文献记载毕竟很少，为了进一步研究蜀、楚文化之间的关系，还要依靠考古学为我们提供更多的历史信息。本文从铜器、陶器、漆器、葬俗等方面，探讨楚文化对晚期蜀文化的影响。晚期蜀文化指西周后期至战国晚期的蜀文化，在考古学上以新一村、上汪家拐遗址及同期蜀人墓葬等遗存为代表。因秦灭蜀以后，蜀遗民文化直至西汉早期仍保留着晚期蜀文化的特征，故本文所讨论的内容也包含该时期的遗存。

一、楚式器物对晚期蜀文化的影响

（一）铜器

1. 青铜器的分布与器类：

截至目前，出土楚式青铜器的墓葬地点有成都中医学院[①]、成都金

① 成都市博物馆考古队：《成都中医学院战国土坑墓》，《文物》1992年第1期。

沙巷[①]、成都三洞桥青羊小区[②]、成都西郊石人小区[③]、新都马家[④]、成都青羊宫[⑤]、绵竹清道[⑥]、成都羊子山[⑦]，荥经同心村[⑧]、荥经南罗坝村[⑨]、什邡城关[⑩]。以下所引资料不再加注。从楚式青铜器的出土地点来看，集中分布在成都平原，川南地区也较常见。蜀地出土的楚式青铜器中青铜礼器的种类有鼎、敦、壶、盉、盘、匜、尊、缶、盥、缶、鉴、炭、炉、甗、匕、勺，装饰品有带钩、桥形饰。楚式青铜礼器出土情况见表一（晚期墓葬有时出土早期铜器，此表以墓葬时代为准）：

2. **铜器的分期**

鼎

Ⅰ式：盖微凸，顶部有圆形捉手。子母口，附耳。腹直而深，圜底，三个兽蹄足。盖顶饰圆涡纹、云雷纹、索纹和蟠虺纹，上腹饰索纹和蟠虺纹。如三洞桥青羊小区所出的鼎（图一，1），器形与花纹接近襄阳山湾M15：1鼎，山湾M15时代为春秋中期[⑪]，故该鼎时代可能早至春秋中期，使用至战国早期下葬，这是成都平原所见的最早一件楚式鼎。

Ⅱ式：折沿，束颈，折肩，深腹，圜底，方形附耳，三个兽蹄足较矮，

---

① 成都市文物考古工作队：《成都市金沙巷战国墓清理简报》，《文物》1997年第3期。

② 成都市文物管理处：《成都三洞桥青羊小区战国墓》，《文物》1989年第5期。

③ 成都市文物考古研究所：《成都西郊石人小区战国土坑墓发掘简报》，《文物》2002年第4期。

④ 四川省博物馆等：《四川新都战国木椁墓》，《文物》1981年第6期。

⑤ 四川省博物馆：《成都西郊战国墓》，《考古》1983年第7期。

⑥ 四川省博物馆、王有鹏：《四川绵竹县船棺葬》，《文物》1987年第10期。

⑦ 四川省文物管理委员会：《成都羊子山第172号墓发掘报告》，《考古学报》1956年第4期。

⑧ 四川省文物管理委员会等：《四川荥经同心村巴蜀墓发掘简报》，《考古》1988年第1期；荥经严道古城遗址博物馆：《四川荥经县同心村巴蜀墓的清理》，《考古》1996年第7期；四川省文物考古研究所、荥经严道古城遗址博物馆：《荥经同心村巴蜀船棺葬发掘报告》，载四川省文物考古研究所：《四川考古报告集》，文物出版社，1998年。

⑨ 荥经严道古城遗址博物馆：《四川荥经南罗坝村战国墓》，《考古学报》1994年第3期。

⑩ 四川省文物考古研究所等：《什邡市战国秦汉墓葬发掘报告》，载四川省文物考古研究所：《四川考古报告集》，文物出版社，1998年。

⑪ 湖北省博物馆：《襄阳山湾东周墓葬发掘报告》，《江汉考古》1983年第2期，第7页及图版壹，3。

颈、腹饰蟠螭纹，肩部饰云纹，足上部饰饕餮纹。如羊子山 M172：1，三个足的下部都坏了重新修过，有一个足是用铁足补的，底部和腹部有数处补疤（图一，2），器形与曾侯乙墓出土的鼎近似①，蟠螭纹流行于战国早中期，此鼎可能铸于战国早期，使用至秦代下葬。

Ⅲ式：器身为盆形，弧腹，平底，长方形附耳，三个高兽蹄足，盖上部较平，中央有一龙形钮，上套一环，盖上有三立牛，盖、腹各饰两周凤鸟纹，如新都墓所出盖内有铭文的“邵之飤鼎”（图一，3），此墓另四件仿邵鼎盖隆起，盖饰三周蟠螭纹，上腹部饰两周蟠螭纹。与江陵望山 M1：T36 战国中期鼎时间相距不远②。

表一　楚式铜礼器出土情况统计表

期别	器形	鼎	敦	壶	盉	盘	匜	尊缶	盥缶	鉴	炭炉	甗	匕	勺
战国早期	中医学院		1											
	金沙巷		1	1		1								
	三洞桥	1												
	石人小区		2											
	合计	1	4	1		1								
战国中期	新都	5	2	5		2	2	5	2	2		2		2
	南罗坝					2								
	青羊宫	1	1	1			1	2						
	1987 同心村		1											
	合计	6	4	6		4	3	7	2	2		2		2
战国晚期	1985—1986 同心村					6	1	1						
	绵竹清道	4	3	3				1					5	5
	合计	4	3	3		6	1	2					5	5
秦代	羊子山	1			1	5	3		1			1		
	1985—1986 同心村					3								
	南罗坝 M11					1								
	合计	1			1	9	3		1			1		

① 湖北省博物馆：《曾侯乙墓》，文物出版社，1989 年，第 192 页，图九三。

② 湖北省文物考古研究所：《江陵望山沙冢楚墓》，文物出版社，1996 年，第 45 页，图二八，3。

Ⅳ式：器身为盆形，深腹，附耳，三个高兽蹄足。盖隆起，中部有一半环形钮，上套一环，周围有三立牛，盖中饰蟠虺纹，其外饰云雷纹和六周相间排列的圆点纹和蟠虺纹，腹上部饰一周蟠虺纹，如绵竹清道 M1：12 鼎（图一，4）的特征与战国中期偏晚的包山二号墓 M2：127 鼎近似①，时代可能为战国中期偏晚或战国晚期早段。

敦

Ⅰ式：盖与器身相同，球形，器身有三个小蹄足和二环耳，器盖有三个昂首兽钮和两个环耳，素面，如中医学院 M：2（图一，5）。此种铜敦与河南新郑李家村春秋晚期墓葬出土的敦相似②。在江陵雨台山楚墓中有类似的仿铜陶敦③。该敦时代为战国早期。

Ⅱ式：盖与器身形状相同，球形，体稍扁，器盖与器身各有三个昂首兽钮和两个环耳，素面。如新都墓出土的两件敦，通高 24 厘米，时代属战国中期（图一，6）。

Ⅲ式：盖与器身相同，扣合成球状，器体变高。器盖与器身各有五个昂首兽钮和两个环耳，盖、器腹部均饰两周蟠虺纹。如绵竹清道 M1：149 敦通高 27 厘米（图一，7）。时代属战国晚期。

壶　可分 A、B 两型。

A 型：铺首壶，短颈，鼓腹，圈足。

Ⅰ式：盖隆起，上有对称的四个仰角环钮，子口。壶身为侈口，短颈，鼓腹，较胖，平底，带圈足，肩部有对称的铺首衔环，腹最大径在中部。如金沙巷 M2：16（图一，8），与擂鼓墩二号墓出土的铜壶相似④，但圈足较矮，最大腹径偏下，擂鼓墩二号墓时代为战国中期，Ⅰ式壶应稍早，可能为战国早期。

Ⅱ式：盖顶稍平，有对称的四个仰角环钮，子口，短颈，口微侈，鼓腹变瘦，平底，圈足，肩部有对称的铺首衔环，最大径上移至肩部。如新

---

① 湖北省荆沙铁路考古队：《包山楚墓》，文物出版社，1991 年，第 101 页，图五八，3。

② 河南省文物研究所新郑工作站：《河南新郑县李家村发现春秋墓》，《考古》1983 年第 8 期，第 704 页，图二，2。

③ 湖北省荆州地区博物馆：《江陵雨台山楚墓》，文物出版社，1984 年，第 67 页，图五二，5。

④ 湖北省博物馆等：《湖北随州擂鼓墩二号墓发掘简报》，《文物》1985 年第 1 期，第 30 页，图四十，1。

都墓出土的五件Ⅱ式壶，其中三件尚存棕绳提梁，系于肩部两环，还用一短索将盖系于环上（图一，9）。

B型：提梁壶，长颈，垂腹，圈足。

Ⅰ式：口微侈，颈瘦长，鼓腹，最大径在下部，平底，圈足。颈及器身有四道辫索纹，具有地方特色，肩部有对称的铺首衔环，无提梁，但与提梁壶的一般形状相似，如青羊宫墓：3（图一，10）。

Ⅱ式：盖呈斗笠状，子口，口微侈，长颈，鼓腹，平底，矮圈足。颈上部有一对称的环耳，提梁由双首龙和“8”字形链条构成，盖饰四周细密花纹，间以索纹和弦纹，颈、腹分别饰三周蟠虺纹和一周由窃曲纹构成的三角形垂叶纹，如绵竹清道 M1：3（图一，11）。

盘

Ⅰ式：敛口，弧壁斜收，平底，近口沿处有一对称的环耳，上各衔一环，如金沙巷 M2：15（图一，12），与襄阳蔡坡战国早期 M4 所出的盘相似（M4：9），只是蔡坡所出的盘为侈口，有对称的四耳衔环①。该盘时代为战国早期。

Ⅱ式：敞口，折腹，平底，上腹有对称的双耳衔环，素面。如新都墓出土的两件盘（图一，13）。与战国中期偏晚的望山 M1：T49 相似②。

Ⅲ式：侈口，折沿，折腹，上直下斜，平底，颈部有对称的环耳衔环，1985—1986 荥经同心村 M21—B：9（图一，14）。

Ⅳ式：折沿或卷沿，直腹，平底，如羊子山 M172：24（图一，15）。

匜

Ⅰ式：体椭圆，平底，前有流，流口沿向上折，下壁呈斜直线，后有环耳衔环，如新都铜匜（图一，16）。

Ⅱ式：体椭圆，平底，前有流，流口沿与器口平齐，下壁内折，后有铺首衔环，如 1985—1986 荥经同心村 M21—A：56（图二十七，17）。

Ⅲ式：体圆，尖流，平口，流下壁内折，近平。如绵竹西汉 M2：11（图一，18）。

---

① 湖北省博物馆：《襄阳蔡坡战国墓发掘报告》，《江汉考古》1985 年第 1 期，第 12 页，图十四，3。

② 湖北省文物考古研究所：《江陵望山沙冢楚墓》，文物出版社，1996 年，第 48 页，图三〇，4。

尊缶

Ⅰ式：盖顶较平，有三个仰角环钮。高领，鼓腹，平底，肩部有对称的环钮，最大径在中部。素面，如新都出土的五件尊缶（原称Ⅰ式壶）（图一，19）。时代属战国中期。

Ⅱ式：盖隆起，上有对称的四个环钮，子口。尊缶为侈口，束颈，鼓腹，平底，矮圈足，最大径在腹上部，肩部有对称押个环耳。如青羊宫墓：1，较Ⅰ式略晚（图一，20）。时代属战国中期偏晚。

Ⅲ式：盖隆起，上有四环耳，子口，内有四枚曲尺形扣钉。器身敛口，平唇，短颈，鼓腹，平底，矮圈足，腹部有对称的四环耳。如绵竹清道M1：5，盖沿饰菱形纹，顶部内圈饰三条龙纹，外圈饰四组两两相对的龙纹。颈部饰三周纹饰，自上至下是折线窃曲纹、窃曲纹和六组两两相对的凤鸟纹。腹部四环耳之间有四个圆饼，其上各饰一条龙纹（图一，21）。器形虽仿楚器，但楚尊缶未有装饰如此繁褥之花纹者，具有地方特色。时代属战国晚期。

盥缶

Ⅰ式：盖顶有盘形钮，中间内凹，周围隆起。器身小口短颈，鼓腹，矮圈足，腹径与通高比约为5∶4。肩部有一对称的兽首形耳，各挂一环及两个“8”字形链条，链条下又挂一环。如新都出土的两件盥缶，盖、上腹部饰蟠螭纹，耳部饰饕餮纹，肩部有“”符号（图一，22）。

Ⅱ式：矮领小口，鼓腹平底，圈足，最大径在肩部，腹径与通高之比约为9：7。肩部两侧有一对称的兽首形耳，耳下挂一环，环下挂两个“8”字形链条，链条下又挂一环。肩部有五个圆饼，上饰涡纹，腹上饰三周花纹。如羊子山M172：15，肩上有“王”“”等符号，上有盖，报告作者认为是鼎盖，与此缶不是一套器物（图一，23）。

鉴

仅新都出土两件，折沿，束颈，鼓腹，平底，圈足。肩部有一对称的兽形耳衔环，颈及腹部饰蟠螭纹（图一，24）。

甗

Ⅰ式：仅新都出土两件，为分体式，鬲、甑分铸。一件甑近口沿处有两个辫索状环耳，腹饰几何纹，鬲肩部有两个方形立耳。另一件为方形立耳，饰云纹和索纹，鬲足很高。腹饰云雷纹、索纹和蟠螭纹（图一，25）。

Ⅱ式：分体式，上甑下鼎。下部为小口鼎，直口，矮领，鼓腹，平底，三个兽蹄足，肩部有两个铺首衔环。肩腹饰三周弦纹，弦纹之间饰几何形纹。甑平口鼓腹，斜收成柱状，下部带盖与鼎契合。肩部部有对称的铺首衔环，腹饰两周几何形纹。如羊子山 M172：34、35，与寿县楚幽王墓出土的甗相似（图 ，26）。

盉

仅羊子山 M172：49 一件，小口，鼓腹，平底，三上兽蹄足，有鸟首形的流。肩上有龙形提梁。盉上有盖，盖顶有圆钮，钮衔三边环与提梁相连（图一，27），与楚幽王墓出土的盉相似。

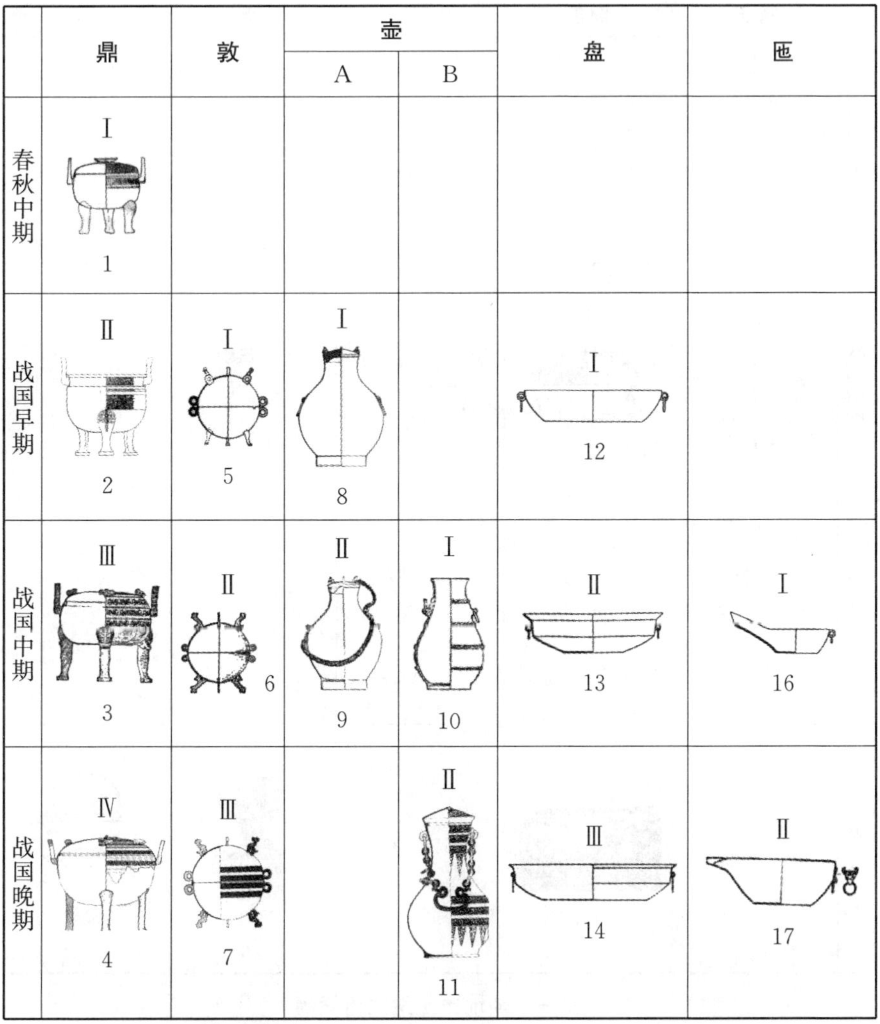

续表

	鼎	敦	壶		盘	匜
			A	B		
秦代					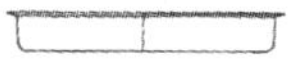 15	
西汉早期						Ⅲ  18

	尊缶	盥缶	鉴	甗	盉
战国早期	Ⅰ 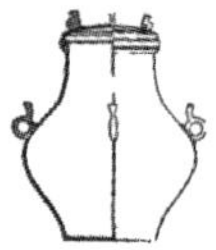 19				
战国中期	Ⅱ 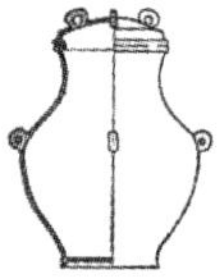 20	Ⅰ  22	 24	Ⅰ 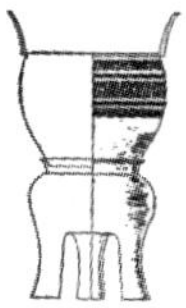 25	
战国晚期	Ⅲ 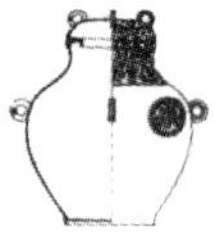 21				
秦代		Ⅱ 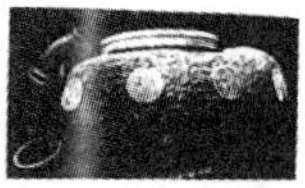 23		Ⅱ  26	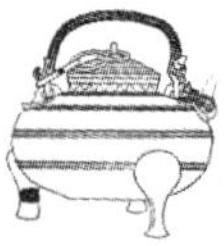 27

图一　蜀地出土楚式青铜器

带钩

带钩非蜀人发明的器物，可能也从楚国传入。根据带钩的形态特征，可分为A、B、C、D四型。A、B、C型带钩与楚式带钩形状相同，D型带钩具有蜀文化地方特色。同型带钩形状变化较小，装饰花纹发生了明显的变化。

A型：长条柱状。

Ⅰ式：鸟首钩，身为头细尾粗的圆柱，略弯曲，圆扣位于后部，有错金银的蝎纹图案。如新都墓所出的Ⅱ式带钩，因出于大墓，工艺特别精湛（图二，1）。

Ⅱ式：鸟首，细柱状，圆扣位于中部。如金牛区M1：12，素面（图二，2）。

Ⅲ式：鸟首，细柱状，圆扣位于中部。如羊子山M172：104，满身为错银的飞动旋涡纹（图二，3）。

Ⅳ式：鸟首，细柱状，圆扣位于中部靠前。如绵竹西汉墓M2：20（图二，4）。

B型：体短，鸟首，圆扣。

Ⅰ式：如新都墓出土的Ⅲ式带钩，圆扣表面有蜀式符号（图二，5）。

Ⅱ式：曲钩，身成圆形，圆扣，如大邑五龙M19：11，长3.2厘米（图二，6）。

C型：琵琶形。

Ⅰ式：鸟首，身似琵琶形，腹胖而长，圆扣位于后部。如新都Ⅰ式带钩上有错银几何形纹饰（图二，7）。

Ⅱ式：鸟首，琵琶形，腹变瘦变短，颈变长，圆扣仍在后部。如绵竹清道M1：54，上有错金卷云纹（图二，8）。

D型：象生式带钩，仿各种动物如蝉、兔、鸟、鹿、龙、犀等而铸成。

Ⅰ式：如战国早期什邡M69：15作鸟首，蝉身特胖，饰方格纹、卷云纹和窃曲纹（图二，9）。

Ⅱ式：战国中期什邡M5：1亦作鸟首蝉身，腹变瘦，饰方格纹和卷云纹（图二，10）。

Ⅲ式：战国晚期绵竹清道M1：53作鸟首、蝉身，饰错金云纹，大邑五龙M2：24作鸟身，饰云纹和斜线纹（图二，11）。战国末期什邡M50：22作鸟首，蝉身，有双翅，饰错银勾连卷云纹（图二，12）。

Ⅳ式：秦代羊子山 M172：58 为兽首，钩身较大的一端浮雕一兔，饰错银云纹，镶嵌有三角形、新月形和椭圆形的绿松石（图二，13）。

	A型	B型	C型	D型
战国早期				Ⅰ 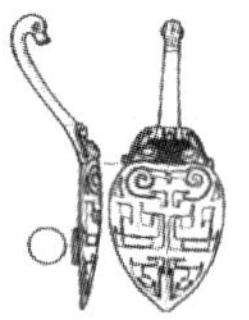 9
战国中期	Ⅰ 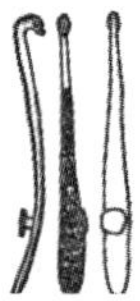 1	Ⅰ 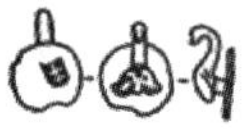 5	Ⅰ 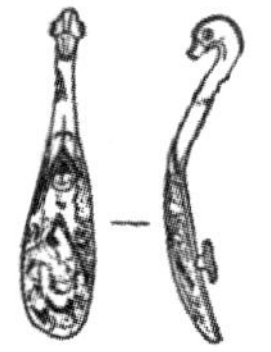 7	Ⅱ 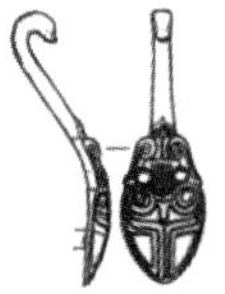 10
战国晚期	Ⅱ  2		Ⅱ 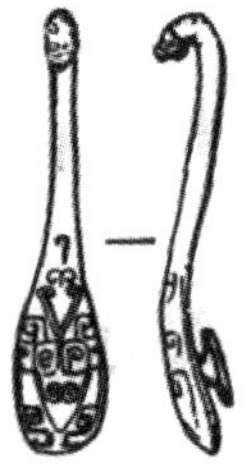 8	Ⅲ 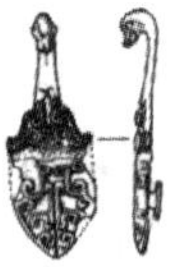 11  12
秦代	Ⅲ 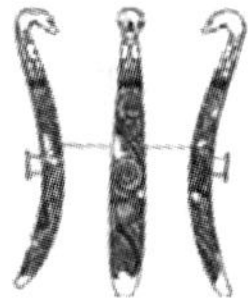 3	Ⅱ  6		Ⅳ  13

续表

	A型	B型	C型	D型
西汉早期	Ⅳ 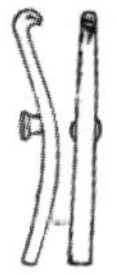 4			

图二　蜀地出土青铜带钩

根据以上类型学的研究，楚式青铜器可以分为六期即春秋中期、战国早、中、晚期、秦代、西汉早期。最早的青铜器时代为春秋中期，数量很少。战国时期出土的楚式青铜器数量较多，类型复杂。秦代和西汉早期，楚式青铜器越来越少见。楚文化对晚期蜀文化的影响主要体现在青铜器上，至迟在春秋中期，楚式青铜器对晚期蜀文化已经产生了影响。战国中期楚文化对晚期蜀文化的影响达到顶峰状态，新都木椁墓是其代表性的一例。新都马家木椁墓规格最高，腰坑内有 188 件铜器，组合非常有规律，有的器物成两套组合，有的器物成五套组合。五套组合是蜀国礼制的一项重要规定，从新都木椁墓的规模来看，五套组合标志着墓主人生前有高贵的地位。从文化因素来看，有蜀文化因素、楚文化因素和中原文化因素。单就铜容器数量来说，以楚式礼乐器数量居多，礼器总数为 56 件，楚式礼器占 27 件，占容器总数的 48.21%，勺 2、匕 5、编钟 5，不计在内。尤其是出土了“邵之飤鼎”，是楚式鼎，且由楚人铸造。中原式礼器 7 件，占礼器总数的 12.5%。蜀文化礼器 22 件，占礼器总数 39.29%。如果以腰坑铜器总数 188 件来计算比例，则楚式铜器占 20.75%，中原式铜器占 6.38%，蜀式铜器占 72.87%。笔者认为此墓属于蜀人墓葬，吸收了较多的楚文化和中原文化因素。秦灭蜀后，楚文化对晚期蜀文化的影响逐渐减弱。

综上所述，楚式青铜器在蜀地的分布范围广，影响时间长。秦灭蜀以前，在东周列国中，楚文化对晚期蜀文化的影响最大。但应指出的是，楚式青铜器都出自蜀人墓葬，任何一座墓中随葬品都是以蜀文化器物数量居多，楚式青铜器只占次要地位。

这些楚式铜器是在楚国铸造，通过贸易等方式输入蜀国呢？还是在蜀地仿造的呢？目前还没有解决这个问题，如果利用现代科学技术进行金相分析，将蜀国出土的楚式铜器与楚地铜器的成分进行比较，有希望得到一个比较满意的答案。有的器物可能是在楚地铸造的，如新都木椁墓出土的“邵之飤鼎”。

（二）陶器

蜀地出土的楚式陶器种类很少，只见陶尊缶一种，出土于什邡墓地。

Ⅰ式：有盖，盖上有四个环钮，子母口。颈较高，鼓腹，底内凹，肩部有四个对称环耳。如什邡 M25：3（图三，1）。

Ⅱ式：颈变短，腹变胖更鼓，肩部有四个环钮，其间饰四个圆涡纹，矮圈足。如什邡 M2：4（图三，2）。

Ⅲ式：有盖，盖上有三个环钮。短颈，垂肩鼓腹，高圈足。腹最大径下移至下部 。如什邡 M51：6（图三，3）。

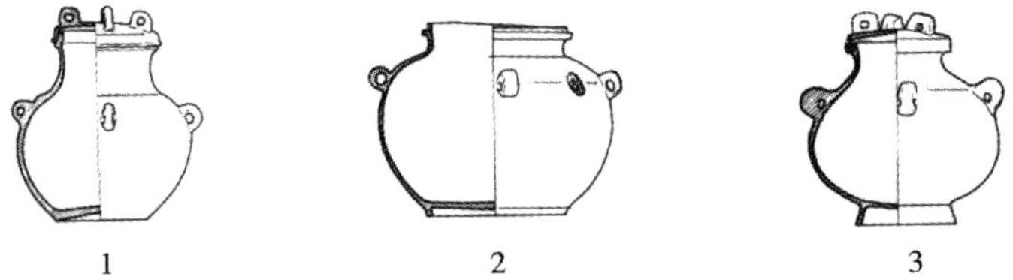

图三　　蜀地出土楚式陶器

（三）漆器

蜀国漆器原来出土很少。新都木椁墓发现漆耳杯 1 件，内髹红漆，耳和身均髹棕漆。耳杯内底有蜀式符号，另外还有残木弓 1 件，残漆木件数种①。2000 年，成都市文物考古研究所在成都市商业街发掘一座大型土坑竖穴合葬墓，时代为战国早期偏晚②。出土一批漆器，主要器物有篦子、耳杯、盒、盘、簋、俎、案、几、器座、鼓、鼓槌等。漆器均为木胎，黑漆底朱绘纹样，纹饰以龙纹和蟠螭纹为主，绘法多单线勾勒再加平涂。宋治民先生认为“商业街漆器可视为属于巴蜀文化的漆器。同时也应看到它

① 四川省博物馆等：《四川新都战国木椁墓》，《文物》1981 年第 6 期。

② 成都市文物考古研究所：《成都市商业街船棺、独木棺墓葬发掘报告》，《成都考古发现 2000》，科学出版社，2002 年。

们也受其它地区的影响”[1]。江章华、颜劲松先生认为商业街纹饰均仿自中原青铜器纹饰的风格，蜀文化深受中原文化的影响[2]。从器物的造型来看，这批漆器具有蜀文化的特点，如A型漆案（案面，2号棺：19；左案足，9号棺：14）案足为梯形座，其上插五根方柱（报告图二八B）。B型漆案（案面，2号棺：9；左右案足，2号棺：13、16）的足及其他3件漆案足（8号棺：25、2号棺：25）与A型漆案的足相似（报告图二九B、C、图三十）。漆盒（2号棺：28）盖与器身各分五格。漆盘（2号棺：30）柄矮而粗。这批漆器无疑是蜀人制造的，说明战国早期蜀国漆器已经具备了一定的基础，为秦汉时期蜀地制漆业的繁荣拉开了序幕。笔者认为这批漆器主要受到了楚文化的影响。如C型漆案从侧面看，呈H形，与曾侯乙墓出土的漆几相似[3]。漆盒、A、B型漆案、漆几、B型漆器座上装饰得龙纹系仿自楚国青铜器和漆器上的龙纹。如淅川下寺M2出土的铜缶（M2：51，原报告图一〇六、一〇七，彩版八，图版五三，1）的盖顶、盖沿、器肩、器腹用红铜各铸镶一周龙纹。头向向前，回首卷尾。另出一件铜鉌口（M2：54，原报告图一一五，图版五六，1、2），器盖和器腹部亦各铸镶一周龙纹[4]。曾侯乙墓出土的漆杯形器（E.159）腹部红漆为地，用金色、深红色勾绘两周龙纹，每周分为四组，每组两龙反首相对[5]。当阳曹家岗5号墓，时代为春秋晚期，该墓出土的漆瑟尾部绘有两条龙纹[6]。商业街漆器上的龙纹与上举各例上的龙纹酷似。这种龙纹也见于辉县甲乙墓出土的扁壶（126号）。而扁壶的时代晚于上举下寺M2、当阳曹家岗5号墓出土的各器。江文指出，漆器上的蟠螭纹也是仿自青铜器上的纹样，单线勾勒的蟠螭纹见于曾侯乙墓中的青铜器和漆器纹饰，如青铜钩形器（C.191）、陪葬棺（W.C.3）、漆豆圈足上的纹饰（E.118）[7]。这些都是蜀国漆器受楚文化影响的证据。楚文化与中原文化的关系非常密切，是中原文化的一个亚文

① 宋治民：《成都市商业街墓葬的问题》，《四川文物》2003年第6期。

② 江章华、颜劲松：《成都商业街船棺出土漆器及相关问题探讨》，《四川文物》2003年第6期。

③ 湖北省博物馆：《曾侯乙墓》，文物出版社，1989年。

④ 河南省文物研究所等：《淅川下寺楚墓》，文物出版社，1991年。

⑤ 河南省文物研究所等：《淅川下寺楚墓》，文物出版社，1991年。

⑥ 湖北省宜昌地区博物馆：《当阳曹家岗5号楚墓》，《考古学报》1988年第4期。

⑦ 河南省文物研究所等：《淅川下寺楚墓》，文物出版社，1991年。

化。楚文化是蜀文化与中原文化发生联系的主要中介。所以我们认为晚期蜀文化主要是受了楚文化的影响，而不是直接受了中原文化的影响。

二、楚国葬俗对蜀的影响

一般来讲，楚国盛行在墓葬中填充青膏泥的葬俗，是楚国葬俗的一大特色。青膏泥又黏又稠，可以达到密封绝氧的良好效果，即使常年水位较高，墓中棺椁和随葬品仍保存完好。江陵、长沙等地区之所以出土大量漆器、丝织品等物，青膏泥功莫大焉。

蜀地也有一些墓葬填充了青膏泥，如战国早期金沙巷 M1、M2 墓葬底部及四壁有较薄的青膏泥。成都商业街大墓填土第 2、3 层均填青膏泥，共深 2.4 米，船棺、漆器保存得相当好。战国中期新都墓、青羊宫墓、蒲江墓葬具底部及周围抹一层较薄的青膏泥。但从整体上看，蜀地使用青膏泥的情况并不普遍，据此推测，蜀地使用青膏泥的做法，可能是受了楚国葬俗的影响。

蜀地流行船棺葬，可分为多种类型。可是新都墓却使用了木椁，可能借鉴了楚国的葬俗。而棺材却是船棺，属当地葬俗。

三、结语

总之，秦灭蜀以前，在当时各列国中，楚文化对晚期蜀文化的影响最大。楚文化从多方面对晚期蜀文化产生了影响，从考古学上来看，以楚式青铜器对晚期蜀文化的影响为主，楚国漆器次之，陶器的影响微弱。楚国的部分葬俗也被蜀人所借鉴。

楚文化西渐的传播路线主要有两条，北路是经襄樊、郧阳、安康、汉中的汉水河谷地带，到达汉水中源漾水，从漾水源头越过低矮的山岭，即可进入嘉陵江支流黑水河上游河谷戴家坝一带。然后沿黑水河谷进入嘉陵江河谷，再经剑阁道即达成都平原。南路沿长江向西传播，然后又北上成都平原及其他地区。

（本文原载《江汉考古》2006 年第 2 期）

关于川渝地区船棺葬的族属问题

（一）关于船棺的命名及船棺葬的族属问题

1954年冯汉骥先生等人在调查和发掘巴县冬笋坝和昭化宝轮院墓群时，发现一种特殊的葬具，其形如一独木舟，系用楠木制成，将楠木上面削去一小半，底部削平成为船底，两端向上斜削上翘，如船之两头。船两头各凿两孔，以便吊棺下葬。船身正中挖空为船舱，放置尸体及随葬品。于是命名此种葬具为“船棺”。冯先生在报告中认为有的船棺中又有方形木棺，船棺就变成了“船椁”[①]。20世纪七八十年代，在成都平原的成都、绵竹、双流、郫县、彭县、蒲江、广汉等地也发现了用独木挖成的似船棺的葬具，这种棺材与昭化宝轮院两头翘的船棺存在差别，有的两头截齐，未砍出斜翘的头尾，有的一端截齐，一端上翘。有的学者认为这是船棺的新类型，称之为“独木舟式船棺”[②]。有的学者明确指出“蒲江东北公社两墓独木棺（即两端截齐者）不是船棺，不能纳入船棺葬系统，更不能以‘船棺葬’乃巴人特有葬俗，而把这两座墓视为巴人墓葬”[③]。有学者把成都平原出土的似船棺的葬具，统称为“独木棺”，将其与昭化宝轮院和巴县冬笋坝的船棺葬区别开来[④]。笔者认为以上几种棺材制作方式相似，都可视为船棺，船棺的形态之所以不同，既有时代方面的原因，也有地域方面的原因。现已发现船棺约110具（表一）。关于船棺葬的族属，学者之间存在不

---

① 四川省博物馆：《四川船棺葬发掘报告》，文物出版社，1960年，第8页。

② 四川省文管会、大邑县文化馆：《四川大邑五龙战国巴蜀墓葬》，《文物》1985年第5期。

③ 四川省文物管理委员会、蒲江县文物管理所：《蒲江县战国土坑墓》，《文物》1985年第5期。

④ 宋治民：《四川战国墓葬试析》，《成都平原文物》1990年第5期。

同看法，有的认为是巴人葬俗[①]，有的认为和蜀人关系很大[②]。有人认为既非巴人葬俗，又非蜀人葬俗，而是庸人被楚灭后，随开明氏入蜀的群蛮之一的葬俗[③]。笔者不揣浅陋，从成都平原和重庆等地的葬具、随葬品等方面进行比较，提出自己的一点看法。

表一　川、渝地区船棺葬具统计表

地区＼时代	战国早期	战国中期	秦举巴蜀至秦代	合计
成都平原	24	19	9	52
荥经地区			20	20
昭化			17	17
重庆			21	21
合计	24	19	67	110

（二）成都平原船棺的发展线索

大邑五龙 M4 为一坑合葬三棺，船棺两端截齐。如 1 号棺长 9 米，宽 1.36 米，深 0.22 米，两端截齐，未砍出斜翘的头尾，两舷很矮，中间挖成很浅很平的船舱。时代为战国早期，可以称之为 A 型Ⅰ式[④]。蒲江东北公社 M1、M2（两人合葬）出土三棺，船舱变深，棺两头分别有两个对称灼孔，以便下葬吊棺使用。M2 两棺有盖，盖系剖开的圆木的另一部分，时代为战国中期[⑤]。新都木椁墓的船棺，两端截齐，棺口有凸凹槽残痕，原有棺盖，时代也属战国中期[⑥]。蒲江、新都船棺可称之为 A 型Ⅱ式船棺。什邡共发现 36 座船棺葬，其中 22 具保存较好，报告作者将其分为 A、B、C

---

① 四川省博物馆：《四川船棺葬发掘报告》，文物出版社，1960 年，第 84—86 页。

② 四川省博物馆：《四川文物考古工作三十年》，载文物编辑委员会：《文物考古工作三十年》，文物出版社，1979 年。

③ 沈仲常、孙华：《四川船棺葬的族属问题》，原载《民族论丛》第 2 辑，后收入孙华：《四川盆地的青铜时代》，科学出版社，2000 年，第 217—226 页。

④ 四川省文物管理委员会、大邑县文化馆：《四川大邑五龙战国巴蜀墓葬》，《文物》1985 年第 5 期。

⑤ 四川省文物管理委员会、蒲江县文物管理所：《蒲江县战国土坑墓》，《文物》1985 年第 5 期。

⑥ 四川省博物馆、新都县文物管理所：《四川新都战国木椁墓》，《文物》1981 年第 6 期。

三型。A型形体巨大，制作讲究，舱舷俱深，棺底部略有弧度，两端中一端截齐，一端上翘。此型制法系用一圆木，将其劈去一半或一小半，底部稍加削平，一端由下向上斜削使其上翘以似船头，并在头尾两端凿出不规则形的大孔以便于吊棺下葬。在圆木中部挖成船舱。B型，浅舱矮舷，或一端截齐，一端上翘，或两端都微上翘。C型，两端截齐，平舱无舷，头尾明显高于舱部。什邡C型相当于上文所说的A型，什邡A、B两型可以合并为一型，称之为本文的B型。什邡C型所举墓例有M29、M30、M31、M58—1、2。其中M30时代为战国早期，M29无随葬品为战国时期，M31、M58时代为战国中期，分别相当于上文所说的A型Ⅰ、Ⅱ式。战国晚期尚未发现A型船棺，但在昭化宝轮院发现了A型船棺，如宝轮院M18船棺，两头截齐。战国晚期估计也应有A型船棺，暂称之为AⅢ式船棺，宝轮院M18为秦代墓，称此船棺为AⅣ式船棺。

什邡A、B型所举墓例有M23、M32、M7、M44、M1、M6、M11、M27、M35、M37、M41、M45、M55、M57、M63、M64。除M44、M6、M37、M57、M64因出土物少或无出土物，笼统地称为战国时代外，其他墓葬战国早期的有M11，战国中期的有M32、M35、M55、N23、M33、M7、M1、M27，战国晚期的有M41、M45、M63。战国早期的可称为本文的BⅠ式，战国中期的可称为BⅡ式，战国晚期的可称为BⅢ式，B型中已有两头上翘的船棺，可说是昭化宝轮院船棺的滥觞[①]。绵竹清道出土的船棺一端稍平齐，一端上翘，时代为战国晚期，属B型Ⅲ式船棺[②]。至秦代，蒲江鹤山镇M1的船棺一端截齐，一端上翘，可称之为BⅣ式[③]。

成都商业街M1（战国早期偏晚）出土AⅠ式船棺1具，BⅠ式船棺8具，最长达18.8米，另外出土5具长方形独木棺，棺身系用整木挖空而成，平底，两侧稍有弧度，四角各有一圆形把手。棺盖也系整木挖成，四角也有把手，盖顶略弧，与棺身有子母榫口相合，可称之为CⅠ式船棺，因为此类棺也是用独木挖成。还出土3具匣形棺，比CⅠ式船棺约短1米，

① 四川省文物考古研究所、什邡市文物保护管理所：《什邡市战国秦汉墓葬发掘报告》，载四川省文物考古研究所：《四川考古报告集》，文物出版社，1998年。

② 四川省博物馆、王有鹏：《四川绵竹县船棺葬》，《文物》1987年第10期。

③ 成都市文物考古工作队、蒲江县文物管理所：《成都市蒲江县船棺墓发掘简报》，《文物》2002年第4期。

棺身也用一块整木挖成，棺两端各有两块挡板以子母榫口与棺身相接，平底，两侧略弧，可称之为DⅠ式船棺[①]。1954年昭化宝轮院9座船棺墓均属秦代墓葬，所出船棺为两头翘的最典型船棺，可称为E型Ⅰ式船棺[②]。则船棺葬的发展线索可示意为（表二）：

表二　船棺发展序列表

AⅠ→	AⅡ→	AⅢ→	AⅣ
BⅠ→	BⅡ→	BⅢ→	BⅣ
CⅠ			
DⅠ			
			EⅠ

（三）重庆市长江沿岸地区葬具的发展线索

1997年在云阳李家坝发掘40座战国时代墓葬，仅M33可能为楚人墓葬，其他为巴人墓葬。属于战国早期的6座，战国中期的24座，战国晚期的10座。23座墓发现了木质葬具，其中3座为单棺单椁，2座为单棺，19座为单椁，无一例是船棺[③]。说明巴人早期不用船棺，冬笋坝晚期巴人墓的船棺是从蜀地传入的。晚期巴人使用船棺并不普遍，冬笋坝墓地虽有21座船棺，但还有狭长坑墓14座，狭长坑墓时代与船棺墓时代接近[④]。涪陵小田溪共发表8座墓的材料无一座墓葬为船棺墓[⑤]，这更说明船棺并不是巴文化的固有因素，而是从蜀地传入的外来文化因素。

（四）随葬品的比较

昭化宝轮院与成都平原墓葬出土的随葬品相比大同而小异。铜器中容

---

① 成都市文物考古研究所：《成都市商业街船棺、独木棺墓葬发掘报告》，载成都市文物考古研究所编著：《成都考古发现（2000）》，科学出版社，2002年。

② 四川省博物馆：《四川船棺葬发掘报告》，文物出版社，1960年。

③ 四川大学历史文化学院考古学系等：《重庆云阳李家坝东周墓地1997年发掘报告》，《考古学报》2002年第1期。

④ 四川省博物馆：《四川船棺葬发掘报告》，文物出版社，1960年。

⑤ 四川省博物馆等：《四川涪陵小田溪战国土坑墓清理简报》，《文物》1974年第5期。四川文物管理委员会等：《四川涪陵小田溪4座战国墓》，《考古》1985年第1期。四川省文物考古研究所等：《涪陵市小田溪9号墓发掘简报》，国家文物局三峡工程文物保护领导小组湖北工作站编：《三峡考古之发现（二）》，湖北科学技术出版社，2000年，第520—527页。

器均有釜、鍪、釜甑、盘，武器均有戈、矛、剑、钺，陶器中多见小口圜底罐、豆等。差别是宝轮院陶器组合中多配有盂、盆（或盘）一套，什邡墓群中则较少。小口圜底罐中多见垂腹圜底罐，什邡墓群中多见鼓腹圜底罐。宝轮院出土的平底罐也有地方特色。

冬笋坝与成都平原墓葬出土的随葬品相比，亦大同而小异。陶器皆为圜底罐、豆，铜器均有鍪、釜、釜甑、盘、钺、剑、矛、戈等。

从随葬品方面来看，各地船棺葬所出的随葬品没有特别大的地域差别，相似之处居多。昭化宝轮院和巴县冬笋坝的船棺葬比成都平原出现的时间要晚。

（五）船棺葬的族属

通过以上分析，成都平原船棺葬从战国早期至战国晚期有一条清晰的发展线索。巴人早期不用船棺，晚期巴人使用船棺并不普遍，涪陵小田溪共发表 8 座墓的材料无一座墓葬为船棺墓。冬笋坝墓地虽有 21 座船棺，出现的时间较晚，随葬品又与成都平原等地船棺葬出土的随葬品相似，所以冬笋坝晚期巴人墓的船棺可能是从蜀地传入的。另一种可能是秦灭蜀后，部分蜀遗民南迁到冬笋坝一带，留下了这批墓葬。笔者认为船棺葬还是蜀人的固有葬俗，后来对巴人产生了影响。

（六）昭化宝轮院船棺葬的族属

昭化宝轮院船棺葬属巴属蜀，历来争议很大，冯汉骥先生在《四川船棺葬发掘报告》中认为直接说“昭化宝轮院的船棺墓亦为巴人的，似有不合”。认为昭化宝轮院船葬是“为秦人戍守该地的巴人的墓葬”[①]。童恩正先生认为是苴人的墓葬[②]。属于苴人墓葬一说于文献有证，昭化一带史称葭萌，《华阳国志·蜀志》载：“蜀王别封弟葭萌于汉中，号苴侯，命其邑曰葭萌焉。”[③]说明苴人居住在今昭化一带，苴人是巴人的一支，《华阳国志·巴志》说：“其属有濮、賨、苴、共、奴、獽、夷、蜒之蛮。”[④] 秦灭蜀

① 四川省博物馆：《四川船棺葬发掘报告》，文物出版社，1960 年，第 84—86 页。

② 童恩正：《古代的巴蜀》，重庆出版社，1998 年，第 48 页。

③ 常璩撰、任乃强校注：《〈华阳国志〉校补图注》卷三，上海古籍出版社，1987 年，第 126 页。

④ 常璩撰、任乃强校注：《〈华阳国志〉校补图注》卷一，上海古籍出版社，1987 年，第 5 页。

之前，蜀王封弟葭萌于此，则此时苴地已纳入蜀的版图，蜀人船棺葬对其产生影响顺理成章，苴人还在吸收蜀人文化的基础上有所创造，将一端平齐，一端上翘和两头上翘不明显的船棺，改造为两头明显上翘的船棺，居住在冬笋坝一带的巴人同样受了蜀人葬俗的影响，也有类似的创造。笔者认为还有一种可能性，即不能完全排除是蜀人的墓葬，葭萌被封于此，同时随迁的可能有一批蜀人。

（本文原载《江汉考古》2005 年第 2 期及《四川文物》2005 第 3 期）

新石器时代黄河流域的气候变迁

中国的新石器时代上限距今约11000年，下限距今约4000年。探索新石器时代黄河流域的气候变迁，有助于复原该地区史前人类的社会生活，深化对原始文化的认识。早在20世纪70年代，竺可桢就著文认为从仰韶文化到安阳殷墟，大部分时间的年平均气温比现今约高2℃左右，1月平均温度大约比现在高3—5℃[①]。继竺可桢之后，许多学者继续探讨，如施雅风[②]、张丕远[③]在书中涉及该问题的研究，有的学者对钻孔资料进行孢粉分析，有的从考古学角度去研究，随着考古资料、孢粉资料等材料的积累，有必要进一步对新石器时代黄河流域各地区的气候进行探讨和复原。

一、青海地区的气候

青海柴达木盆地中部的察尔汗盐湖（在都兰、格尔木等地）湖水中含盐量及周围植被的演变反映出气候的变迁。据察尔汗盐湖西部别勒滩干盐湖101米深的钻孔取得的孢粉资料分析表明：约从距今11000年起，随着全球性气温回升，冰川消融，降水量增加，盐湖又趋淡化，荒漠植被有所减少，而温带蕨类水龙骨出现，水生沼生香蒲重新生长在淡化的湖沼边缘，木本科、蓼科等组成的杂类草则生长在盐渍化减弱地区，一些乔木树种重新出现。总的来看，当时气候较今潮湿、温暖[④]。

在青海的青海湖盆地和贵南盆地，在距今6000年左右，形成了厚约80—100厘米的古土壤层，其中孢粉组合显示出当时的植被是较湿润的草

① 竺可桢：《中国近五千年来气候变迁的初步研究》，《考古学报》1972年第1期。

② 施雅风：《中国全新世大暖期气候与环境》，海洋出版社，1992年。

③ 张丕远：《中国历史气候变化》，山东科学技术出版社，1996年。

④ 杜乃秋、孔昭宸：《青海柴达木盆地察尔汗盐湖的孢粉组合及其在地理和植物学的意义》，《植物学报》1983年第3期。

原环境。相应的年降水量也要比现在高出许多，这样才可使青海湖等湖泊的高湖面状况维持较长的时期①。

在接着而来的距今4000年前后的新冰期阶段，地带性森林从甘肃黄土高原南离，高原的绝大部分被草原和荒漠草原占据，古土壤发育明显减少或缺失。在北面，风沙活动再次活跃②。在西部的高山地带，山谷冰川开始向前推进③。

据有的研究者推断，距今4000年前后的这次寒冷期作用期间，年平均温度比现今约低1—2℃，持续时间约为200年左右。与前一阶段的高温朗气候相比，年平均气温下降幅度约为3—4℃，同时，年降水量也有明显减少。显然，这是一次十分剧烈的气候变化④。

在青海东部，湖泊水位大幅度下降，干燥度增加引起新沙丘发育：植被景观在贵南盆地为荒漠草原，孢粉组合小麻黄属激增到78.21%，禾本科只占17.36%⑤。

以上材料表明，青海地区在距今11000年左右，气候较今天温暖潮湿；距今6000年，气候较湿润，降雨量比现在高出许多；距今4000年，年平均温度比现今约低1—2℃。

二、甘肃地区的气候

甘肃地区的史前文化谱系为大地湾文化（公元前5900—前5000年）→庙底沟类型（公元前3900—前3600年）→石岭下类型（公元前3800—前3200年）→马家窑文化（公元前3100—前2700年）→半山文化（公元前2600—前2300年）→马厂文化（公元前2600—前2300年）→齐家文化（公元前2200—前1600年）。

---

① 胡双熙等：《青藏高原东北部边缘区栗钙土的形成与演化》，《生物地理和土壤地理研究》，科学出版社，1990年。

② 董光荣等：《由萨拉乌苏河地层看晚更新世以来毛乌素沙漠的变迁》，《中国沙漠》1983年第2期。

③ 陈吉阳：《中国西部地区全新世冰碛地层的划分及地层年表》，《冰川冻土》1987年9卷4期。

④ 任震球等：《行星运动对中国五千年来气候变迁的影响》，《全国气候变化学术论文集》，科学出版社，1981年。

⑤ 胡双熙等：《青藏高原东北部边缘区栗钙土的形成与演化》，《生物地理和土壤地理研究》，科学出版社，1990年。

李吉均等通过对中国西部的山地冰川、湖泊水位、孢子花粉组成状况、黄土中埋藏古土壤层位的分布时段等方面的综合考查，提出中国西部全新世气候变化呈现了一个“三部曲”的图式，即距今7500—3500年间的气候最适宜期及其两头的相对寒冷期。在三部曲的背景上，穿插了多次气候波动，以七个冰进时期为代表即距今8300、5700、4000、3000、2000、1000、200前后的七次冰进事件①。

有的研究者通过对甘肃北部的风沙堆积及沙漠化过程的考察研究发现，在全新世中期，各地沙丘趋于固定，广泛发育沙黑垆土。到全新世中晚期的距今4000年前后开始，风沙活动再次活跃，新沙丘广泛分布②。

葫芦河是渭河上游的一条支流，发源于宁夏南部山地，由北往南，在甘肃省天水市附近入渭河。从葫芦河流域的古文化分布状况的综合考察中也可看出，自仰韶晚期以后，开始了气候逐渐向干冷方向变化的过程。由于距今4000年前后这次气候变化在许多方面都有明确的反映，所以一般把它看作是全新世以来的新冰期或寒冷期③。

莫多闻等利用黏土矿物分析、碳酸钙含量分析、孢粉分析的方法，研究了葫芦河流域秦安县雒家川、静宁县番子坪、大地湾一级阶地三个剖面，从综合分析结果可知，本地区自距今8500年左右或更早的时期，气候开始由干凉转为温湿，至距今8000年以后，变为温暖湿润气候，温暖湿润的气候一直延续到距今6000年左右。距今6000年至5000年间气候有变干凉的趋势④。

从秦安大地湾遗址仰韶晚期房屋建筑中大量使用圆木的情况，可推知当时该地应有森林植被存在⑤。

在距今6000年以来的高温期中，中国西部大部分地区表现为湿热同步

---

① 李吉均：《中国西北晚更新世以来的环境演化模式》，《第四纪研究》1990年第3期；周尚哲等：《中国西部全新世千年尺度环境变化的初步研究》，《环境考古研究》第1辑，科学出版社，1991年。

② 董光荣等：《由萨拉乌苏河地层看晚更新世以来毛乌素沙漠的变迁》，《中国沙漠》1983年第3期。

③ 李非等：《葫芦河流域的古文化与古环境》，《考古》1993年第9期。

④ 莫多闻等：《甘肃葫芦河流域中全新世环境演化及其对人类活动的影响》，《地理学报》1996年第1期。

⑤ 李非等：《葫芦河流域的古文化与古环境》，《考古》1993年第9期。

的气候环境。这一时期在黄土高原地区，地带性森林一度逼近其东南边缘，高原内部的山地、高地和沟谷森林也获得了更优越的生长条件①。在兰州马衔山3560米高度剖面所采这一时期的孢粉样品组合显示，其中有较多种类的阔叶乔木花粉，特别是喜暖湿的椴树花粉明显增多，反映出由于气候暖湿，森林上界上升②。

根据天水市师赵村遗址、西山坪遗址孢粉样品分析结果，距今5700年前后天水地区有一短暂而明显的气温下降时期③。

在甘青地区的齐家文化农业经济开始衰落的阶段，即距今4000年前后。中国西部的气候和环境正是处在一个由温暖转向寒冷的新冰期开始阶段。

甘肃祖厉河、葫芦河、渭河上游、宁夏清水河流域等地普遍存在沼泽-湿地相地层，安成邦等人研究了甘肃秦安大地湾和定西苏家湾剖面，据碳14测年数据，该地层的形成时间为距今9000—3800年。距今9000年以前，黄土高原西部地区寒冷干旱。距今9000—7500年，乔、灌木植物花粉的含量快速增长，乔木成分以松为主，落叶阔叶树种零星出现，气候总体特征为温凉略湿。距今7500—6500年，乔木植物花粉占优势，以松为主，气候湿润。距今6500—5900年，落叶阔叶树迅速增加，形成松、云杉、冷杉和榆、桦、栋等的针阔混交林，同时，湿生、水生植物成分大量出现，说明气候温暖湿润。距今5900—5500年，针叶树花粉重新占据优势，湿生、水生植物花粉仍占有一定比例，说明气候温暖程度下降，仍然较为湿润。距今5000—3800年，木本植物成分的含量显著降低，乔木中的松逐步退缩，草本篙等扩展，水生、湿生植物花粉仍有出现，气候的湿润程度降低，但总体上仍然较为湿润④。距今4000年之前环境较为温暖湿润，距今4000年之后，孢粉中乔木成分含量降低，陆生草本的含量达到80%，有机质含量

---

① 唐少卿等：《历史时期甘肃黄土高原自然条件变化的若干问题》，《兰州大学学报(社科版)》1984年第1期。

② 汪世兰等：《马衔山地区全新世孢粉组合特征及古植被的演变规律》，《兰州大学学报（社科版)》1988年第2期。

③ 赵邠：《甘肃省天水市两个新石器时代遗址的孢粉分析》，周昆叔主编：《环境考古研究》第1辑，科学出版社，1991年，第100—104页。

④ 安成邦、冯兆东、唐领余：《黄土高原西部全新世中期湿润气候的证据》，《科学通报》第48卷21期，2003年。

出现谷值，粒度陡然升高，$CaCO_3$含量降低，炭屑含量出现低谷，说明甘肃中部在距今4000年气候开始变干变凉[①]。

总之，甘肃地区距今8500年，气候开始由干凉转为温湿；距今8000年，气候温暖湿润，这种气候一直持续到距今6000年；距今6000—5000年，气候渐趋干凉；距今4000年，气候变干变凉。

甘青地区在距今8000至4000年左右，是气候温暖湿润期，前期落叶阔叶树比较多，后期针叶树居多，很适合人类生存繁衍，这里生活着创造大地湾文化、马家窑文化的族群，以粟作农业为生，彩陶文化特别发达。但到了距今4000年左右，气候变冷，乔木减少，这时考古学文化为齐家文化，经济文化衰退，逐渐向半农半牧演变。

三、陕西关中地区的气候

关中地区的考古学文化序列为：老官台文化（公元前5900—前5000年）→仰韶文化（公元前5000—前3000年，现在学者们已经把仰韶文化分解为三个依次发展的文化，即半坡文化→庙底沟文化→西王村文化或半坡晚期文化）→庙底沟二期文化（公元前2900—前2600年）→客省庄二期文化（公元前2600—前2000年）。

陕西岐山五里铺全新世黄土剖面微量元素Pb、Cu、Zn、Cd、Mn含量研究表明，距今11000年，属末次冰盛期的干冷气候；距今11000—10000年，末次冰期干冷气候向全新世温暖环境的过渡时期；距今10000—6000年，气候温暖湿润，但中间出现过以干冷为特征的气候短暂恶化事件；距今6000—5000年，气候干冷；距今5000—3100年，气候温暖湿润[②]。

陕西扶风辛店村剖面的研究结论与前者相似，距今11500年，干旱寒冷；距今11500—8500年，转暖转湿；距今8500—6000年，最温暖湿润；距今6000—5000年，干旱阶段；距今5000—3100年，温暖湿润[③]。

1954年秋到1957年夏之间，中国科学院考古研究所对半坡遗址进行

---

① 安成邦等：《甘肃东部距今4000年前后气候干凉化与古文化变化》，周昆叔等主编：《环境考古研究》第3辑，北京大学出版社，2006年，第231—237页。

② 庞奖励、黄春长、张占平：《陕西五里铺黄土微量元素组成与全新世气候不稳定性研究》，《中国沙漠》2001年第2期。

③ 黄萍、庞奖励、黄春长：《渭北黄土台塬全新世地层高分辨率研究》，《地层学杂志》2001年第2期。

了五个季度的发掘，发掘面积约 10000 平方米。遗址属于仰韶文化时期。由动物骨骼遗迹表明，在猎获的野兽中有獐、竹鼠和貉等，因为獐和竹鼠是亚热带动物，而现在西安地区已不存在这类动物，推断当时的气候必然比现在温暖潮湿[①]。獐现在只分布于长江流域的沼泽地带。竹鼠以食竹笋、竹根为生，现在沿陕西省境内秦岭北麓一带，如华山县等地，还有竹林存在，但数量不多，陕西已经见不到竹鼠了。貉喜栖于河湖。这些动物指示了半坡时期的温和潮湿气候[②]。

临潼姜寨遗址时代距今 6500 年左右，出土了竹鼠等动物。花粉分析结果表明，乔木花粉中有冬青，冬青现在仅分布在长江以南。

仰韶文化时期也有过降温事件，孙建中对半坡遗址壕沟剖面孢粉分析表明，在剖面 2—3 米深度，乔木花粉数量虽较多，但阔叶树占的比例少，针叶树花粉占多数，尤以松树花粉居多，达 9.7%。在剖面 3.29—3.04 米处，针叶树花粉占多数，松占 9.7%，铁杉占 6.4%，云杉占 4.8%，冷杉占 0.5%。松树、铁杉、云杉、冷杉花粉的存在，说明气温曾一度下降[③]。

陕西扶风案板遗址位于扶风县城东南 4 公里处的案板村南一带，面临漳河，东傍美阳河，处于两河交汇处的黄土台塬上，高出漳河河床约 55—60 米。该地区现在的植被是以杨、栎为主的夏绿阔叶林，属暖温带气候，年平均气温 12.4℃。根据遗址西部的张家壕和南部的傍龙寺两个地点孢粉分析，可分为三个阶段：

第一阶段为升温期，其时间为 12000—8000 年前，为早全新世，相当于中石器时代和新石器时代早期。

第二阶段为温暖期，其时间为 8000—3000 年前，为中全新世，相当于新石器时代中、晚期，即老官台文化、仰韶文化和龙山文化时期。

第三阶段为降温期，其时间大约从西周初年开始，即 3000 年前至今，为晚全新世[④]。

---

① 中国科学院考古研究所、陕西省西安半坡博物馆：《西安半坡》，文物出版社，1963 年。

② 计宏祥：《从动物化石看古气候》，《化石》1972 年第 4 期。

③ 孙建中、赵景波等：《黄土高原第四纪》，科学出版社，1991 年。

④ 王世和、张宏彦、傅勇、严军、周杰：《案板遗址孢粉分析》，周昆叔主编：《环境考古研究》第 1 辑，科学出版社，1991 年，第 56—65 页。

综合以上材料可知，陕西关中地区在老官台文化时期，气温开始回升；在仰韶文化、客省庄二期文化期间，一直处于温暖期，属于亚热带气候，与现在长江流域一带气候相当，中间有过降温事件。

关中地区新石器时代气候为亚热带气候，植被为落叶阔叶树林，还广布着竹林，老官台文化、仰韶文化、客省庄二期文化一直持续发展，关中地区是仰韶文化的中心区之一，原始农业相当进步，西安半坡、临潼姜寨仰韶文化遗址较早地出现了大规模的环壕聚落，客省庄二期文化晚期还建造了超大规模的陕西神木石峁古城，面积400多万平方米。

四、河南地区的气候

河南地区的新石器时代文化序列为：裴李岗文化（公元前6200—前5500年）→仰韶文化（公元前5000—前3000年）→庙底沟二期文化（公元前2900—前2600年）→以王湾三期文化为核心的龙山时期文化（约在公元前2600—前1900年）。

在裴李岗文化遗址中采集的植物籽实中，农作物有粟和黍，其他有麻栎、榛、白榆、胡桃、梅、酸枣等树种。动物有鹿、獐、麂和野猪、獾、兔等。鱼类有鳖、龟和鳄鱼等。这些植物和动物多分布在温暖干旱或湿润地区，这个时期的气候环境是处于末次冰期转向大暖期的过渡阶段。

以贾湖遗址为例，裴李岗文化层下的下伏黄土层的孢粉组合中，虽有少量喜暖的因素如赤杨属、茜草科、大戟科、水龙骨科等，但未见榆，少见栎，耐旱的蒿属、菊科、藜科占绝对优势。表明末次冰期之后的气温已回升许多，但仍不很高，降水量也不大，仍很干旱，大体呈现出温干的气候特征，属于温和半干旱气候。

在下伏地层表面，即裴李岗人初来此活动时的地面上的孢粉组合中，喜暖的因素进一步增加，新出现榆属、枫香属、山毛榉属、水蕨属等，柳属和栎属比例也有所增加，环纹藻比例大增，而耐旱的蒿属等植物比例减少50%以上，呈现出蒿属草原面积缩小而湖沼面积扩大的趋势。反映的气候条件可能与现在相似或略暖湿一些，属温和半湿润气候。

裴李岗文化时期，出现了大量现今分布于长江流域及其以南地区的动物如鳄、闭壳龟、獐、麂等。环纹藻类比例更大，蒿属植物比例更小，反映出草原面积进一步缩小而湖沼面积进一步扩大的趋势，表明当时的气温和降水量都比现今这一地区高，呈现了温暖湿润的气候特征，与现在的长江流域气候特征相似。裴李岗文化时期的年平均气温要比现今这一地区高2—3℃，年降水量要高600毫米左右[①]。

仰韶文化时期的气候持续温暖湿润。竺可桢认为从仰韶文化到安阳殷墟，大部分时间的年平均气温比现今约高2℃左右，1月平均温度大约比现在高3—5℃[②]。

河南灵宝市西坡遗址属仰韶文化中期村落遗址，出土了竹鼠、豪猪、猕猴和獐等动物骨骼，均为喜温哺乳动物，见于今天的长江流域，但在黄河流域已经消失了，说明当时气候温暖湿润[③]。

严富华对郑州大河村遗址的孢粉分析表明，仰韶文化时期气候暖和湿润，气温可能较今高2—3℃左右。龙山文化时期气候温和稍干，大概与当地现今气候相仿[④]。

河南龙山文化时期的气候比仰韶文化时期略显干燥。驻马店杨庄遗址遗存共分为三期，即石家河文化，河南龙山文化，二里头文化二、三期。石家河文化时期气候以温暖湿润为主，河南龙山文化时期气候介于暖温带和半湿润气候类型之间，比前期略微干燥。二里头文化早期，本地区又进入温暖湿润的亚热带和暖温带过渡性气候期[⑤]。

河南地区在裴李岗文化时期，气候温暖湿润，与现在的长江流域亚热带气候特征相似。仰韶文化时期该地区仍属亚热带气候。到了龙山文化时代，气候略显干燥。

河南新石器时代气候亦属亚热带，裴李岗文化时期农业已经发展到了一定水平，粮食有较多剩余，仰韶文化时期更进一步，出现了郑州西山古城。龙山文化时期豫西地区成为华夏集团的中心，出现了以登封王城岗为代表的史前古城，在龙山晚期建立了中国历史上文献记载的最早的王朝——夏朝。

---

① 张居中：《环境与裴李岗文化》，周昆叔主编：《环境考古研究》第1辑，科学出版社，1991年，第122—129页。

② 竺可桢：《中国近五千年来气候变迁的初步研究》，《考古学报》1972年第1期。

③ 马萧林：《河南灵宝西坡遗址动物群及相关问题》，《中原文物》2007年第4期。

④ 严富华、麦学舜、叶永英：《据花粉分析试论郑州大河村遗址的地质时代和形成环境》，《地震地质》1986年第1期。

⑤ 北京大学考古系等：《驻马店杨庄》，科学出版社，1998年，第208页。

五、山东地区的气候

黄河下游地区文化区系以泰山为中心自成一体，其发展序列为后李文化（约在公元前 6300—前 5400 年）→北辛文化（约在公元前 5400—前 4200 年）→大汶口文化（公元前 4200—前 2600 年）→龙山文化（约在公元前 2600—前 2000 年）。

根据鲁东沿海的青岛胶州湾地区 20000 年以来孢粉组合分析结果，距今 11000—8500 年，气候温和略干；距今 8500—5000 年，气候温暖湿润；距今 5000—2500 年，气候温和略干；距今 2500 年至今气候转凉[①]。

鲁西北地区，距今约 8000 年，就有人类活动，最早的新石器时代文化遗存当属后李文化。后李遗址的孢粉分析结果主要是草本植物花粉居优势，约占 76.3%—91.1%。在草本花粉中，根据数量的多少，依次为蒿、禾本科、藜科及菊科，还有少量蓼草及香蒲等。木本植物花粉主要以针叶植物松居多数，最多可占孢粉总数的 12%，还有少量的桦、栎、榆及胡桃等阔叶植物花粉，蕨类植物孢子含量较少，有卷柏、水龙骨科等。孢粉分析结果表明，其植被具有明显的草原特征，气候环境温和稍干掺杂着暖湿，属于温带大陆性季风气候，可能比今高出 2—3℃[②]。

北辛文化是继后李文化兴起的一支原始文化。北辛遗址出土的动物骨骼有家猪、牛、梅花鹿、獐、麋鹿、貉、獾、鸡、鳖、龟、青鱼、丽蚌、中国圆田螺、鳄鱼残腹甲等。丽蚌现在只生存于长江下游以南的淡水湖泊中，标志着当时气候比较温暖。麋鹿是生活于沼泽湿地、芦苇草丛中的典型动物，适合于温暖湿润的气候条件。水牛和獐的发现，说明该地区有广阔的水域、河谷和湖沼，而且岸边芦苇茂密、杂草丛生，非常适宜上述野生动物的生存。孢粉鉴定有潮湿环境下的双星藻、同心环纹藻、水龙骨等。比较多的湿生植物孢粉和一些喜暖栎属花粉的存在，也证明七千年前山东的气候的确较现在潮湿，沼泽湖泊比现在扩大，气温高出当前约 2—3℃[③]。

---

① 王永吉、李善为：《青岛胶州湾地区 20000 年以来的古植被与古气候》，《植物学报》1983 年第 4 期。

② 严富华、麦学舜：《淄博临淄后李庄遗址的环境考古学研究》，中国第二届环境考古学术讨论会论文，1994 年。

③ 中国社会科学院考古研究所山东队等：《山东滕县北辛遗址发掘报告》，《考古学报》1984 年 2 期。

兖州的西桑园遗址北辛文化地层出土有鳄鱼残骸及骨板，均被焚烧过。

汶上县的东贾柏遗址北辛文化中、晚期地层中出土有鳄鱼头骨、腹甲、骨板，多被焚烧打碎弃置于垃圾坑中，并出土 5 个个体地平龟的遗骸。

兖州王因遗址在北辛文化晚期和大汶口文化早期地层均出土有：扬子鳄，计有皮下骨板及头骨残骸等，至少属于 20 个个体。它们也被烧、打碎，与其他食物垃圾弃置一起，证明是当地所产，是食物的一项来源。水牛，包括头骨及其他体骨。大量的淡水动物，如龟、鳖、鱼、蚌等。其中有现今生存在长江流域洞庭湖一带的长吻鮠、圆吻鲴、南方大口鲶等。还有数百公斤分属于 33 个种属的淡水软体动物的壳体，其中有丽蚌、楔蚌、尖嵴蚌等。根据该遗址的孢粉分析，有禾本科植物，可能为水稻的花粉；有亚热带蕨类的孢子，如蜈蚣草、海金沙、水龙骨、唐松草等①。

北辛、西桑园、东贾柏、王因四处遗址，都是北辛文化至大汶口文化早期遗址，都处于鲁中南汶、泗流域。北辛遗址地处东经 117°12′、北纬 34°62′。西桑园、王因遗址均在北纬 35°以北。这里出土的鳄鱼，无论从其个体数量抑或残骸被烧、被打碎后弃置的状况来分析，都说明它们是在这一区域生存的动物。大量的淡水软体动物中丽蚌、楔蚌、尖嵴蚌等，喜暖的鱼类、水牛。诸如双星藻、同心环纹藻、蜈蚣草、海金沙等，都说明当时这一地区较今日温暖湿润，附近有河流和湖泊等大面积的水域，水草茂盛，是宜于鳄鱼及流水型淡水蚌生存的环境。现代的扬子鳄生活在长江中游地区，它们所需要的生存环境是临近水域、林木杂草丛生、气候温暖湿润。

根据以上资料可知，北辛文化时期，以汶、泗流域为中心的鲁中南地区有着一个像现今长江流域洞庭湖一带一样的生态环境，只有这样，鳄鱼、丽蚌、楔蚌、尖嵴蚌、长吻鮠、圆吻鲴等才赖以繁衍生存。

广饶五村遗址的年代为大汶口文化中期阶段，距今约 5000 年。该遗址位于泰山东北的黄河下游，濒临莱州湾，东经 118°22′、北纬 37°5′。发掘的鱼类动物有毛蚶、青鱼、丽蚌、楔蚌和珠蚌等。楔蚌和丽蚌等主要分布在温暖湿润的南方以及与河流相通的湖泊中，说明鲁北地区气候较今日温暖，

① 高广仁、胡秉华：《王因遗址形成时期的生态环境》，《庆祝苏秉琦考古五十五年论文集》，文物出版社，1990 年。

年平均气温可能比现在高 4—5℃，应同现在南方各省区相似①。

泰安大汶口遗址中属大汶口文化晚期的第 10 号墓中随葬有 84 枚鳄鱼骨板以及地平龟。大汶口遗址位于汶水流域，在北纬 35°以北②。

大汶口文化中晚期阶段，枣庄建新遗址孢粉分析反映出的生态环境，具有偏旱的自然景观，很可能表明当时气温略有下降，湖沼收缩。当时生长的植物有栎、胡桃、榆等暖温带落叶乔木树种。同时出现了喜温干的松树以及中旱生的草本和小半灌木，如蓼、藜、豆科、蒿、禾本科、麻黄和生长于森林区及森林草原带的干燥山坡上呈匍匐状的中华卷柏。还有生长在潮湿林下或沟谷的草本状蕨类，如紫萁和中华里白等。

从植硅石分析结果来看，均属于禾草类，其中羊茅类禾草植硅石占优势，还有芦苇和竹子，形状有方形-矩形、棒形、扇形、芦苇扇形、尖形、圆形-椭圆形、哑铃形、竹类鞍形、颖片和叶片硅化表皮。另外，见到有水生藻类-环纹藻及松属、篙属、黎科、卷柏属的花粉。羊茅类禾草一般喜生长于较为湿润的土壤中，特别是芦苇和竹子的存在，一定程度上反映出当时的气候环境是较为湿润的③。

根据学者对沭河流域的孢粉分析结果，大汶口文化晚期，孢粉组合以乔木植物花粉为主，占 78.6%—90.4%；灌木及草本植物花粉次之，占 8.2%—14.6%；蕨类及藻类植物孢子较少，仅占 0.9%—8.8%。在乔本植物花粉中，以松为主的针叶植物花粉居多，占 43.7%—66.1%；阔叶植物花粉占 21%—35.4%，包括桦属、栎属、胡桃属、椴属、榆属等。灌木及草本植物花粉以榛属、蒿属、菊科、禾本科为最多，蕨类植物孢子出现了石松属、卷柏属、水龙骨科和真蕨纲。说明这里应是一个温和偏湿气候条件下的针叶树为主的针、阔混交林植被。气候比现在温暖湿润④。

根据以上资料可知，大汶口文化时期，山东地区应与现在长江中游一带的气候相似。

---

① 山东省文物考古研究所等：《广饶县五村遗址发掘报告》，《海岱考古》第 1 辑，山东大学出版社，1989 年。

② 山东省文物管理处等：《大汶口》，文物出版社，1974 年。

③ 何德亮：《山东史前时期自然环境的考古学观察》，《华夏考古》1996 年第 3 期。

④ 齐乌云：《山东沭河上游史前自然环境变化对文化演进的影响》，《考古》2006 年第 12 期。

沭河流域龙山文化时期的孢粉组合以乔木植物花粉为主，占 77.2%—91.7%；灌木及草本植物花粉次之，占 5%—20%；蕨类及藻类植物孢子较少，仅占 1.2%—6.7%。乔木植物花粉相对增多，以针叶树花粉为主，松属含量最多，占 45.3%—71.7%冷杉属占 1.4%—11.7%；其次为阔叶植物，有桦属、胡桃属、栎属、栗属等。灌木及草本植物花粉中，蒿属、藜科、禾本科含量最多，其他还有榛属、菊科、紫菀属、伞形科、蓼属等。藻类及蕨类植物孢子中，含少量石松属、卷柏属等，偶见几粒环纹藻、真蕨纲、水龙骨科等。该孢粉带明显的特征就是草本植物花粉含量超过了木本植物花粉。

龙山文化时期孢粉组合以乔木植物花粉为主，其中针叶植物花粉含量远远超过了阔叶植物花粉，与上期相比，阔叶林面积缩小，针叶林面积扩大，冷杉属含量相对增多。因此，此时是一个温凉偏湿气候条件下的以针叶树为主的针阔混交林植被。但是喜暖湿的栎属、胡桃属、椴属、榆属等落叶阔叶树种及低洼、沼泽地区分布的水龙骨、膜蕨属、真蕨纲、狐尾藻属等植物孢粉的出现，一定程度上反映了这一时期虽比上一时期干凉些，但还是有一定的湿度。当时在丘陵山地上分布着针阔混交林，而在池塘、河边、低洼地分布着藻类及蕨类植物。

在龙山文化结束时期，气候、植被曾一度有过明显变化，在龙山文化的温凉偏湿气候接近尾声时出现了冷凉干燥的森林草原植被。龙山文化时期的气候虽然比大汶口文化时期更凉、更干，但比现在仍较温暖湿润①。

泗水尹家城的一座龙山文化木椁墓葬中随葬有鳄鱼制品的残存成堆的鳄鱼骨板。尹家城位于泗水流域，在北纬 35°以北②。临朐朱封龙山文化 202 号墓中随葬两堆鳄鱼骨板，达数十枚。临朐朱封位于沂山北侧，东经 118°30′、北纬 36°32′③。这说明龙山文化时期，尹家城、朱封一带的气候还是比较温暖湿润的。

兖州西吴寺遗址的孢粉分析结果表明：龙山时期气候暖湿、植被较茂

---

① 齐乌云：《山东沭河上游史前自然环境变化对文化演进的影响》，《考古》2006 年第 12 期。

② 于海广：《山东泗水尹家城遗址第三次发掘简介》，《文史哲》1982 年第 2 期。

③ 中国社会科学院考古研究所山东队：《山东临朐朱封龙山文化墓葬》，《考古》1990 年第 7 期。

盛，生长着松、栎、榆、桑、漆树等科属的乔木和藜、蓼、篙等科的草，以及生长于静水或缓流湖泊、小溪中的环纹藻。还发现有丰富的禾本科植物和一定数量小麦（近似科）孢粉的存在①。

1930—1931 年，山东历城发掘龙山文化遗址时，在一个灰坑中找到一块碳化的竹节，有些陶器器形的外表也似竹节②。竹子的存在，说明气候是相当温暖的。

山东日照两城镇龙山文化遗址出土的木炭和木材标本有麻栎、辽东桤木、杜梨和刚竹等树种，现在刚竹林分布的最北界限在安徽滁州和江苏南京一带，说明山东地区龙山文化时期气候比现在温暖湿润③。

山东地区在后李文化时期，气候为温带大陆性季风气候。在北辛文化和大汶口文化时期，属亚热带气候，到大汶口文化中晚期，气温略有下降。龙山文化时期的气候虽然比大汶口文化时期变凉变干，仍然是亚热带气候。

山东地区新石器时代气候为亚热带气候，植被以阔叶落叶和针叶混交林为主，原始农业和社会文化发展水平较高，比较特殊的是山东海岸线较长，对山东地区居民的生活影响较大，如依靠海洋生物的居民形成的贝丘遗址就不见于内地，鱼盐资源丰富也是这里的优势。山东在大汶口文化、龙山文化时期出现了一批史前古城。这里的居民为东夷集团，在历史上具有重要的地位。

六、结语

新石器时代黄河中下游地区气候曾经历过几次大的变迁，距今10000—8000 年，气候开始变暖，较今天温暖潮湿。距今 8000—4000 年，黄河中下游地区为亚热带气候，中间曾有气候波动。亚热带与温带的分界线比现在的淮河—秦岭一线更为靠北，东部到山东北部，经河南北部到陕西关中地区。距今 4000 年，气候虽然变干变凉，但黄河中下游地区仍然为亚热带气候。

---

① 国家文物局考古领队培训班：《兖州西吴寺》，文物出版社，1990 年。

② 竺可桢：《中国近五千年来气候变迁的初步研究》，《考古学报》1972 年第 1 期。原注为：“龙山灰坑中发现一块碳化竹节，系根据当时参加遗址发掘的尹达同志的转达。龙山文化出土的一部分陶器器形似竹节，系夏鼐同志面告。”

③ 靳桂云、于海广、栾丰实等：《山东日照两城镇龙山文化（4600—4000 Cal yrBP）遗址出土木材的古气候意义》，《第四纪研究》2006 年第 4 期。

黄河上游的甘青地区与黄河中下游地区气候演变的大趋势是一致的，但由于纬度、海拔高度等原因，气候性质有所不同。青海地区在距今11000年左右，气候较今天温暖潮湿；距今6000年，气候较湿润，降雨量比现在高出许多；距今4000年，年平均温度比现今约低1—2℃。甘肃地区距今8500年，气候开始由干凉转为温湿；距今8000年，气候温暖湿润，这种气候一直持续到距今6000年；距今6000—5000年，气候渐趋干凉；距今4000年，气候变干变凉。

气候的变化对植被类型、人类活动、社会文化发展影响甚大，气候温暖湿润，为人类的发展提供了良好的条件。

（本文原载《中原文化研究》2018年第5期，《中国社会科学文摘》2019年第2期转载摘要）

论老牛坡商文化的分期及其文化特征

老牛坡遗址系陕西省商代一处重要遗址。西北大学考古专业从 1985 年至 1989 年，共进行了六次发掘。另外，1972 年，老牛坡遗址曾出土铜器 13 件，器类有斝 、戈、钺等①。1978 年，在袁家崖清理一座墓葬②。有关分期和文化特征问题，刘士莪先生、宋新朝先生已进行过初步的研究③，本文根据新发掘的材料，对老牛坡商文化的分期及文化特征，提出自己的一管之见。

一、老牛坡遗址商代文化的陶器分期

（一）老牛坡遗址的地层叠压关系

典型层位有如下几例，用→符号表示叠压或打破关系。

85ⅡT203③→T203④；87Ⅲ2T12③→T12H5；87Ⅰ2T16③→T16H12；88Ⅰ2T1H30→T2H18；88Ⅰ2T13H11→T13H6；88Ⅰ 2T10H25→T10H19

我们根据各单位出土的器物特点，可将以上各单位分成如下四期：

表一　典型层位关系表

第四期			87 Ⅰ2T1③ ↓	88 Ⅰ2T1H30	88 Ⅰ2T13H11	88 Ⅰ2T10H25 ↓
第三期		87ⅢT12③ ↓ H5	T16H12	↓	↓	T10H19

① 保全：《西安老牛坡出土商代早期文物》，《考古与文物》1981 年第 2 期。

② 巩启明：《西安袁家崖发现商代晚期墓葬》，《文物资料丛刊》第 5 辑。

③ 刘士莪：《西安老牛坡商代文化的发现与研究》，《周秦汉唐考古与文化国际学术会议论文集》，1988 年《西北大学学报》增刊；宋新潮：《试论老牛坡商文化分期》，1987 年硕士学位论文，本文引用的 1985 年材料依据此文，所引之处不再注明。

续表

第二期	85 Ⅱ T203③ ↓			T2H18	T13H6	
第一期	85 Ⅱ T203④					

我们将时代相同的层位列表如下（表二）。

表二　历年来层位分期表

第四期	87 Ⅰ 2 各方③层，T14H6－7，T10 H8－9，T5H10，88 Ⅰ 2H1－H5，H7－H17，H20－21，H23－25，H28－36
第三期	86 秋 Ⅰ 3T1②－⑤，T2②－⑤，T3②－⑤，T8②－⑤，T6②－③，T7②－③，T1H1，T2H2－3，T7H4，87 Ⅰ 2H11－12，H15－18，F4，T17④，87 Ⅱ F5、F6，87 Ⅲ 2 各方③层，H1－2，H5，H6，H7，Y1，88 Ⅰ 2H19，H22，26－27. 86 秋 Ⅲ Y1－Y3，86 春 Ⅲ Y1－2
第二期	85 Ⅱ T302、T303、T202、T203 第③层，H9－11. 88 Ⅰ 2T2H18，T13H6
第一期	85 Ⅱ T302，T303，T202，T203，第四层 H5－7

（二）器物的形态分析

现考察鬲、甗、大口尊、豆、罐（花边罐、折肩罐）瓮（敛口瓮、折肩瓮）、盆、大口缸、器盖等典型器物，来分析其演化轨迹。

鬲，绝大部分为夹砂灰陶，按唇部特点，将其分为 A、B 两型。

A 型：圆唇。

Ⅰ式：如 85 Ⅱ T303④：1，卷沿，圆唇，下腹微鼓，附加较高的锥状实足跟，足跟抹光，胎较薄，腹饰细绳纹，颈部绳纹一般抹去（图一，1）。

Ⅱ式：如 88 Ⅰ 2T2H18：43，侈口，圆唇，分裆，裆较高。附加三个高锥状足跟，颈部和足跟绳纹抹光，腹饰绳纹（图一，2）。

Ⅲ式：如 87 Ⅲ 2H5：1，折沿，圆唇，分裆，裆较低，呈长方体，足跟变矮，多数为小柱状足跟，跟部压平，颈部绳纹抹光，饰几周凹弦纹，足跟多抹光，腹饰绳纹（图一，3）。

Ⅳ式：如 88 Ⅰ 2T14H1：8，折沿，圆唇，沿内呈弧形，有的饰一周凹弦纹，分裆，裆更低，无附加足跟，颈部绳纹抹去，饰几周凹弦纹，足跟一般抹光，有少数绳纹至足跟（图一，4）。

B型：方唇。

Ⅰ式：如88Ⅰ2T13H6：3，折沿，宽方唇，分裆，裆较高，附加三个高锥状足跟，颈部和足跟绳纹抹光，有的在颈部印有同心圆纹。腹饰粗绳纹（图一，5）。

Ⅱ式：如87Ⅲ2T1H1：15，折沿，窄方唇，深腹，分裆，裆变低，小柱状足跟，足跟一般压平，颈部绳纹抹去，饰凹弦纹，有的刻划"↑"形符号，足跟抹光，腹饰绳纹（图一，6）。

Ⅲ式，如88T2T10H25：16，折沿，方唇，袋足肥大，分裆，裆更低，无附加足跟，颈部和足部绳纹一般抹光，腹部饰绳纹（图一，7）。

甗，均为夹砂陶，以灰陶为主，褐陶比例极小。亦按唇部特点，分为A、B两型。

A型：圆唇。

Ⅰ式：如85ⅡH7：2，侈口，敛颈，腹微鼓，其内侧有环形隔，胎薄，腹饰细绳纹（图一，8）。

Ⅱ式：如88Ⅰ2H18：44，侈口，平沿，圆唇近尖，腹斜收，腰内侧附加一环形隔，用以放置活箅，腹饰绳纹，足跟较高，下部已残（图一，9）。

Ⅲ式：如87Ⅲ2T16H7：9，折沿，圆唇，上腹微鼓，斜收，束腰，分裆，裆较低，矮足跟，压平，腹饰绳纹，颈部和足跟绳纹抹光（图一，10）。

Ⅳ式：如88Ⅰ2T10H25：17，分裆，裆更低，袋足肥大。无附加足跟，腹饰绳纹，足跟抹光（图一，11）。

B型：方唇。

Ⅰ式：如87Ⅲ2T1H1：22，夹砂灰陶和褐陶数量相当，折沿，方唇，腹微鼓，内收，分裆，裆较低，锥状矮足，颈部绳纹抹去，饰几周凹弦纹，有的腰部饰绳纹或附加锥纹，足跟绳纹一般抹光，腹饰绳纹（图一，12）。

Ⅱ式：如87Ⅰ2T16③：22，折沿，方唇，深腹微鼓，分裆，裆更低，上体长度约为下体的2倍，颈和足跟绳纹抹去，腹饰绳纹（图一，13）。

大口尊，均为泥质灰陶。

Ⅰ式：如85T202④：3，卷沿，圆唇，束颈，折肩，口径等于肩径或略小，胎薄，饰细绳纹（图一，14）。

Ⅱ式：如88Ⅰ2T2H18：61，敞口，圆唇，肩部起棱，深腹，斜壁，小平底。肩部饰一周素状附加锥纹，颈部绳纹抹光，腹饰绳纹（图一，15）。

豆，一般为泥质灰陶，陶质细腻，打磨光滑，少数为泥质褐陶和夹砂灰陶，按腹部特点，分为A、B两型。

A型：柄腹分界不明显，多数为不典型的假腹豆，豆柄粗而高。

Ⅰ式：如85ⅡT302④：1，平沿，方唇，腹壁近直，假腹，颈部饰几周凹弦纹（图一，16）。

Ⅱ式：如88Ⅰ2T2H18：48，口微侈，折沿，尖唇，盘腹斜收，粗柄，柄与腹尚能分清，只是不明显（图一，17）。

Ⅲ式：如88Ⅰ2T8H22：29，圆唇，浅盘，柄腹分界模糊，粗柄，素面（图一，18）。

Ⅳ式：如87Ⅰ2T18③：3，假腹，粗柄（图一19）。

B型：柄腹分界明显，一般腹部向内折收，粗高柄，素面。

Ⅰ式：如85ⅡT202H6：2，浅盘，折沿，尖唇，腹饰弦纹（图一，20）。

Ⅱ式：如88Ⅰ2T2H18：47，平沿，尖唇，浅盘，盘下腹微内收，粗高柄，有的圈足上饰“十”字形镂孔，柄部一般饰弦纹（图一，21）。

Ⅲ式：如87Ⅰ2T16H12：58，平沿，浅盘折腹，粗高柄，柄下部外撇成喇叭状，素面抹光，柄上一般饰风周凹弦纹（图一，22）。

Ⅳ式：如88Ⅰ2T10H25：22，平沿，浅盘，折腹，粗柄，柄上饰凹弦纹（图一，23）。

罐，花边罐和折肩罐演变线索清楚。

花边罐，一般为夹砂灰陶，在口沿处部饰一周附加锥纹花边。

Ⅰ式：如85ⅡT203④：4口微侈，矮颈内束，腹微鼓（图一，24）。

Ⅱ式：如85XLGⅠH2：7，侈口，短颈，鼓腹，小平底，口沿外饰一周索状花边，肩以下饰绳纹，（图一，25）。

Ⅲ式：如87Ⅰ2T7H11：42，直口，高颈，口沿外附加一周索状花边，身饰绳纹（图一，26）。

折肩罐，一般为泥质灰陶。

Ⅰ式：如88Ⅰ2T2H18：53，侈口，圆唇，折肩，深腹，腹壁斜收，平底，肩上部绳纹抹光，腹饰绳纹（图一，27）。

Ⅱ式：如87Ⅲ2Y6：5，侈口，方唇，束颈，折肩，深腹斜收，平底，饰绳纹（图一，28）。

Ⅲ式：如87Ⅰ2T6③：24，侈口，方唇（图一，29）。

瓮，一般为敛口瓮、折肩瓮、圆肩瓮三种，兹选择前两种来分析它们的形态变化情况。

敛口瓮

Ⅰ式：如85ⅡH7：5，泥质灰陶，折肩，肩部安有双耳，耳上部有两个乳钉纹，斜直壁，肩部和腹部饰弦纹（图一，30）。

Ⅱ式：如88Ⅰ2T2H18：66，一般为泥质灰陶，有少量泥质褐陶，敛口，折肩，深腹，斜直壁，平底，肩部安一对扁状耳，耳上部左右各饰一个乳钉纹，颈部饰弦纹，素面（图一，31）。

Ⅲ式：如87Ⅰ2T7H18：12，仍为泥质灰陶，敛口，广肩，素面抹光，肩部饰弦纹（图一，32）。

折肩瓮

Ⅰ式：如88Ⅰ2T2 H18：67，泥质灰陶，侈口，圆唇，束颈，折肩，深腹平底，体大胎较厚，肩上部绳纹抹光，肩部饰一周索状附加堆纹，腹饰绳纹和附加堆纹（图一，33）。

Ⅱ式：多数为夹砂灰陶，泥质灰陶也占一定比例。如87Ⅰ2T7H11：49，折沿，肩部绳纹抹去，饰凹弦纹（图一，34）。

Ⅲ式：如87Ⅰ2T16④：19，侈口，方唇，肩部绳纹抹去，饰凹弦纹，腹饰绳纹和凹弦纹，（图一，35）。

盆，一般为泥质灰陶

Ⅰ式：如85ⅡH7：3，沿微卷，圆唇，口微敛，折腹，胎薄，上腹饰方格纹，余均素面抹光（图一，36）。

Ⅱ式：如88Ⅰ2T2H18：57，侈口，圆唇，束颈，深腹，上腹微鼓，下腹内收，上腹绳纹抹光，饰凹弦纹，下腹饰绳纹（图一，37）。

Ⅲ式：如87Ⅰ2T16H17：27，折沿，圆唇，上腹近直，下腹斜收，下腹饰方格纹（图一，38）。

Ⅳ式：如87Ⅰ2T12③：9，折沿，圆唇，上腹近直，下腹斜收，素面抹光，腹中部饰凹弦纹（图一，39）。

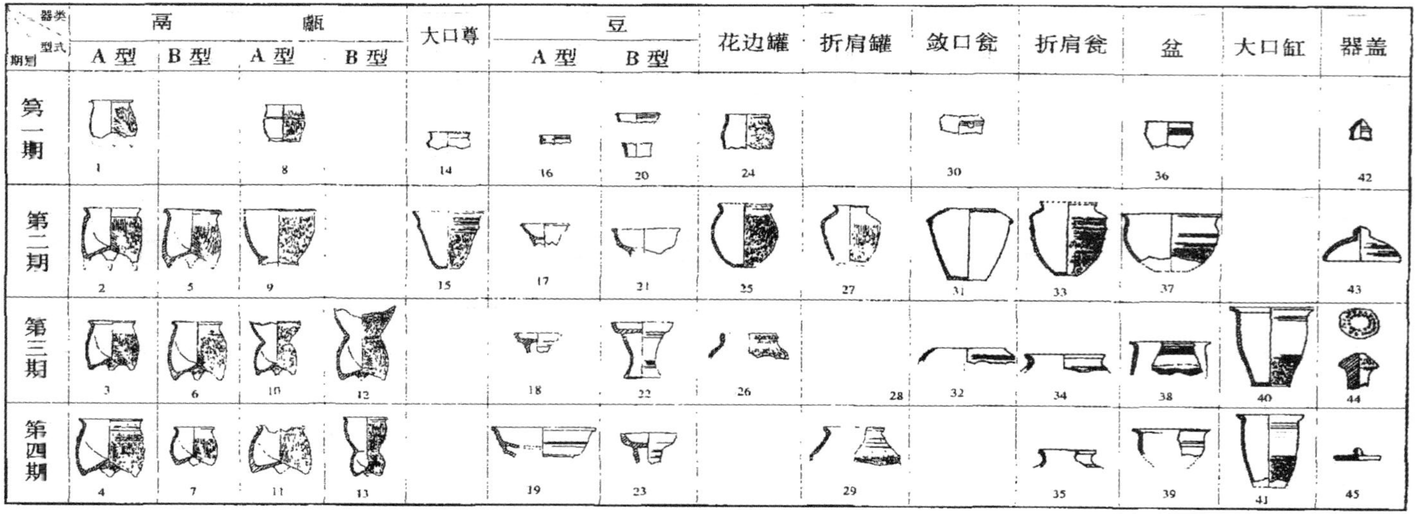

图一　老牛坡遗址分期表

1. 85ⅡT303④1　2. 88XLⅠ2T2H18:43　3. 87XLⅢ2T12H5:1　4. 88XLⅠ2T14GH1:8　5. 88XLⅠ2T13H6:3　6. 87XLⅢ2T1H1:15　7. 88XLⅠ2T10H25:16　8. 85ⅡH7:2　9. 88XLⅠ2T2H18:44　10. 87XLⅢ2T16H7:9　11. 88XLⅠ2T10H25:17　12. 87XLⅢ2T1H1:22　13. 87XLⅠ2T16③:22　14. 85ⅡT202④:3　15. 88XLⅠ2H18:61　16. 85ⅡT302④:1　17. 88XLⅠ2T2H18:48　18. 88XLⅠ2T3H22:29　19. 87XLⅠ2T18③:3　20. 85ⅡT202H6:2　21. 88XLⅠ2T2H18:47　22. 87XLⅠ2T16H12:58　23. 88XLⅠ2T10H25:22　24. 85ⅡT203④:4　25. 85XLG1H2:7　26. 87XLⅠ2T7H11:42　27. 88XLⅠ2T2H18:53　28. 87XLⅢ2Y1:5　29. 87XLⅠ2T6③:24　30. 85ⅡH7:5　31. 88XLⅠ2H18:66　32. 87XLⅠ2T7H18:12　33. 88XLⅠ2T2H18:67　34. 87XLⅠ2T7H11:49　35. 87XLⅠ2T16④:19　36. 85ⅡH7:3　37. 88XLⅠ2T2H18:57　38. 87Ⅰ2T16H17:27　39. 87XLⅠ2T12③:9　40. 87XLⅢ2T1H1:16　41. 88XLⅠ2T14H5:11　42. 85ⅡT303④:3　43. 88XLⅠ2T2H18:73　44. 86XLⅠ3T3③:1　45. 88XLⅠ2T5③:2

大口缸，这种器物数量特别多，与冶铸业有关，是一种颇具特色的器物，从大口缸腹部特点来看，可以细分为三型。

A型：一般分为泥质灰陶，敞口，宽折沿，圆唇、方唇并存，深腹，上腹近直，下腹斜收，平底，器体较大。

B型：一般为夹砂褐陶，宽折沿，深腹，腹壁斜直，口径大于通高，饰绳纹。

C型：泥质灰陶，敞口，宽折沿，深腹斜直壁，平底，腹饰附加堆纹。

以A型为例，分析其变化情况

Ⅰ式：如87Ⅲ2T1H1：16，宽折沿，圆唇，深腹，上腹近直，下腹斜收，平底，上腹素面抹光，饰凹弦纹，下腹饰绳纹（图一，40）。

Ⅱ式：如88Ⅰ2T14H5：11，折沿，方唇和圆唇并存，深腹，上腹近直，下腹斜收，平底上腹素面抹光，饰凹弦纹，下腹饰绳纹（图一，41）。

器盖，一般为泥质灰陶

Ⅰ式：如85ⅡT303④：3，盖呈菌状，顶部有一圆孔，素面，饰凹弦纹（图一，42）。

Ⅱ式：如88Ⅰ2T2H18：73，盖钮呈菌状，斜壁微鼓，素面，饰几组凹弦纹（图一，43）。

Ⅲ式：如86Ⅰ3T3③：1，钮呈菌状（图一，44）。

Ⅳ式：如88Ⅰ2T5③：2，盖身变平，蒜头状钮（图一，45）。

（三）分期与各期的特征

1. 分期

依据地层关系和器物形态的演变规律，我们将老牛坡遗址商文化分成四期，详细情况见表一、表二。

2. 各期特征

第一期

发现的遗迹仅有灰坑，形态不规整，分为长方形、椭圆形、多边形三种，灰坑比较浅，面积较小。

在遗物方面，陶器以夹砂灰陶为主，泥质灰陶次之，有极少数的黑陶和红陶，黑陶多为泥质，红陶多为夹砂陶，一般胎质比较薄。制法以轮制为主，以模制为辅。纹饰以细绳纹为主，器物以AⅠ式鬲、AⅠ式甗、Ⅰ式大口尊、AⅠ式豆、Ⅰ式盆、Ⅰ式敛口瓮、Ⅰ式花边罐、Ⅰ式器盖为代表。

第二期

遗迹只有少量灰坑，坑口以圆形为多，有的内部结构呈袋状，面积较一期变大。

在遗物方面，陶器的陶系以 88Ⅰ2T2H18 统计材料为例，泥质灰陶最多（62.04%），夹砂灰陶次之（24.4%），另有泥质红陶（8.05%），泥质褐陶（2.46%）、夹砂褐陶（1.43%）、夹砂红陶（0.64%）、泥质黑陶（0.16%）。制法仍以轮制为主。纹饰以粗绳纹为主，特别是 BⅠ式鬲绳纹最粗最具特色，弦纹和附加堆纹也盛行，另有方格纹、饕餮纹，另有少量的素面陶器。器物的腹部一般饰绳纹，弦纹一般起间隔绳纹的作用，附加堆纹多饰于大口尊和瓮腹部，陶索纹多饰于瓮、大口尊肩部和花边罐口部。陶胎变厚，器物以 AⅡ式鬲、BⅠ式鬲、AⅡ式甗、Ⅱ式大口尊、AⅡ式豆、BⅡ式豆、Ⅱ式盘、Ⅱ式花边罐、Ⅱ式器盖为代表。

第三期

遗迹有夯土基址、房基、陶窑、灰坑和墓葬。

老牛坡第三期已发掘两处夯土基址，在一、二号夯基上各发现一完整房基。置础的方法是先挖柱洞，在中间铺垫一块较大的自然卵石，平面朝上，周围支护 5—7 块小卵石，然后用土夯打填实，在该夯层上立柱①。在Ⅲ区共发现该期陶窑 6 座，是当时的一个制陶作坊区，陶窑由火门、火膛、窑箅、火眼、窑室几部分构成。灰坑面积都比较大，坑口呈不规则形和椭圆形，以前者为多。

在遗物方面，陶系以夹砂灰陶和夹砂褐陶居多，灰陶和褐陶数量相当，另有少量红陶，构成本期陶器的一个显著的特点。器物制法以轮制为主。纹饰中绳纹占绝对优势，绳纹呈稻粒状，不连贯，另有弦纹，附加堆纹和少量印纹如方格形、云雷纹、波折纹和乳钉纹等。也有一定数量的素面陶器。陶器以 AⅢ式和 BⅡ式鬲、AⅢ式和 BⅢ式豆，AⅢ式和 BⅠ式甗、Ⅰ式大口缸、Ⅱ式折肩罐为代表，大口尊消失，大口缸盛行。

第四期

在遗迹方面发现有灰坑和墓葬，灰坑坑口呈圆形、椭圆形、长方形和

---

① 刘士莪、岳连建：《西安老牛坡遗址第二阶段发掘的主要收获》，《西北大学学报（哲学社会科学版）》1991 年 3 期。

不规则形，一般面积较大。

在遗物方面，陶系以夹砂和泥质灰陶为主，也有少量的褐陶和红陶。陶器制法仍以轮制为主，以手制为辅。纹饰以较细绳纹为主，此期绳纹比较流畅，另有弦纹、附加堆纹、方格印纹、云雷纹、饕餮纹。器物以AⅣ式鬲、BⅢ式鬲、BⅡ式甗、Ⅱ式大口缸、AⅣ式和BⅣ式豆、Ⅲ式瓮、Ⅲ式折肩罐、Ⅳ式器盖为代表。

（四）各期绝对年代的推论

第一期，相当于郑州“二里岗下层”，时代为商代早期前段。

AⅠ式鬲（85ⅡT303④：1）与二里岗H17：18近似（图二，1，2）[①]；AⅠ式甗（85ⅡH7：4）与二里岗Ⅰ式甗（C9H118：24）相近（图二，3，4）[②]；Ⅰ式大口尊（85ⅡT202④：3）与二里岗Ⅱ式大口尊（H2甲：328）相似（图二，5，6）[③]；Ⅰ式敛口瓮与二里岗Ⅳ式瓮（H4：27）相同，（图二，7，8）[④]；Ⅰ式器盖与二里岗H4：19器盖相似（图二9，10）[⑤]；Ⅰ式

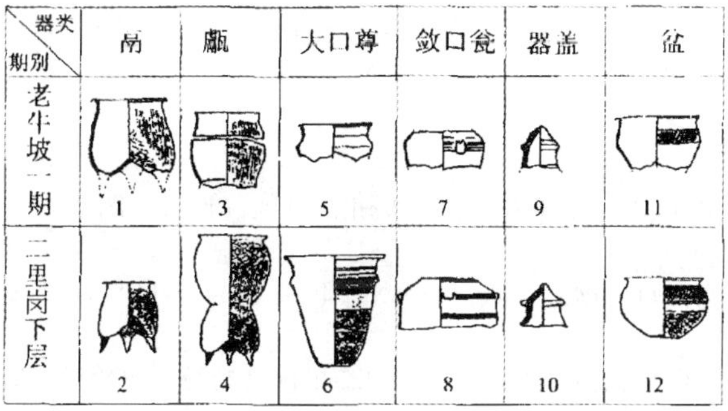

图二　老牛坡一期与二里岗下层陶器对比图

1. 85ⅡT303④：1　2. H17：18　3. 85ⅡH7：4　4. C9H118：24　5. 85ⅡT202④：3　6. H2甲：328　7. 85ⅡH7：5　8. H4：27　9. 85ⅡT303④：3　10. H4：19　11. 85ⅡH7：3　12. H9：354

---

① 河南省文化局文物工作队：《郑州二里冈（岗）》，图壹，2，科学出版社，1959年。

② 河南省文化局文物工作队：《郑州二里冈（岗）》，图肆，1，科学出版社，1959年。

③ 河南省文化局文物工作队：《郑州二里冈（岗）》，图拾贰，1，科学出版社，1959年。

④ 河南省文化局文物工作队：《郑州二里冈（岗）》，图拾伍，3，科学出版社，1959年。

⑤ 河南省文化局文物工作队：《郑州二里冈（岗）》，图拾陆，12，科学出版社，1959年。

盆与二里岗Ⅰ式盆（H9：354）相似（图二，11，12）①。

老牛坡一期陶器一般胎薄，饰细绳纹，这些特点与二里岗下层均相同。

第二期，相当于“二里岗上层”，时代为商代早期晚段．

BⅠ式鬲（88Ⅰ2T13H6：3，86ⅡG1H2：17）与二里岗Ⅴ式（H2乙：228）、Ⅳ式（H13：117）鬲相似（图三，1，2，3，4）②；Ⅱ式大口尊（88Ⅰ2T2H18：61）与二里岗Ⅲ式大口尊相似，（图三，5，6）③；Ⅱ式敛口瓮与二里岗Ⅵ式敛口瓮（C9T101：29）近似（图三，7，8）④；88Ⅰ2T2H1845簋与二里岗的簋（H1：21）器形相近，惟老牛坡簋腹部饰饕餮纹，口部无耳（图三，9，10）⑤；Ⅱ式盆（88Ⅰ2T2H18：57）与二里岗Ⅱ式盆（H13：20）相似（图三，11，12）⑥；88Ⅰ2T2H18：50浅腹盆与二里岗H2乙：208浅腹盆近似（图三，13，14）⑦；Ⅱ式器盖与二里岗Ⅱ式器盖（H1：41）相同（图三，15，16）⑧；老牛坡夹砂粗红陶缸（85ⅡG1H2：8）与二里岗Ⅰ式红砂粗陶缸（T18：66）相近（图三17，18）⑨；88Ⅰ2T12H18：4陶簋上的饕餮纹与二里岗T14：16，H2：244饕餮纹相同⑩。

---

① 河南省文化局文物工作队：《郑州二里冈（岗）》，图柒，2，科学出版社，1959年。

② 河南省文化局文物工作队：《郑州二里冈（岗）》，图壹，7，8，科学出版社，1959年。

③ 河南省文化局文物工作队：《郑州二里冈（岗）》，图拾贰，2，科学出版社，1959年。

④ 河南省文化局文物工作队：《郑州二里冈（岗）》，图拾伍，2，科学出版社，1959年。

⑤ 河南省文化局文物工作队：《郑州二里冈（岗）》，图陆，4，科学出版社，1959年。

⑥ 河南省文化局文物工作队：《郑州二里冈（岗）》，图柒，5，科学出版社，1959年。

⑦ 河南省文化局文物工作队：《郑州二里冈（岗）》，图捌，8，科学出版社，1959年。

⑧ 河南省文化局文物工作队：《郑州二里冈（岗）》，图拾陆，11，科学出版社，1959年。

⑨ 河南省文化局文物工作队：《郑州二里冈（岗）》，图拾玖，1，科学出版社，1959年。

⑩ 河南省文化局文物工作队：《郑州二里冈（岗）》，图叁拾壹，3，4，科学出版社，1959年。

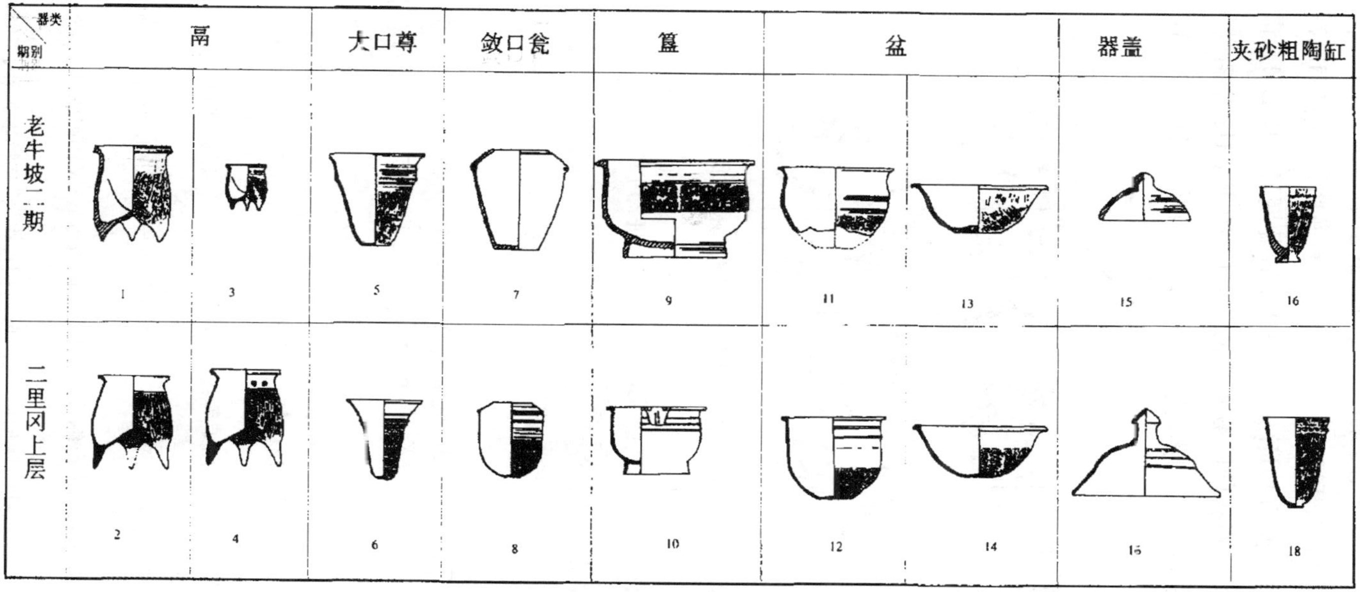

图三　老牛坡二期与二里岗上层陶器对比图表

1. 88XLⅡ2T13H6:3　2. H2 乙:228　3. 85ⅡG1H2:17　4. H13:Ⅰ17　5. 88XLⅠ2T2H18:61　6. H1:4　7. 88XLⅠ2T2H18:66　8. C9T101:29　9. 88XLⅠ2T2H18:45　10. H1:21　11. 88XLⅠ2T2H18:57　12. H13:20　13. 88XLⅠ2T2H18:50　14. H2 乙:208　15. 88XLⅠ2T2H18:73　16. H1:41　17. 85ⅡG1H2:8　18. T18:66

第三期，相当于殷墟一、二期，约当盘庚到祖甲时期

老牛坡BⅡ式鬲87Ⅲ2T1H1：15与殷墟苗圃一期Ⅱ式鬲SH317：29相似（图四，1，2）[①] 87Ⅲ3T16H7：7与殷墟苗圃Ⅱ期Ⅺ式鬲LMT1⑤B：25相近（图四，3，4）[②]；Ⅲ式甗同殷墟苗圃二期Ⅲ式甗PNH4：2相似（图四，5，6）[③]；Ⅲ式罐同殷墟苗圃一期Ⅳ式罐SH326：9相近（图四，7，8）[④]。

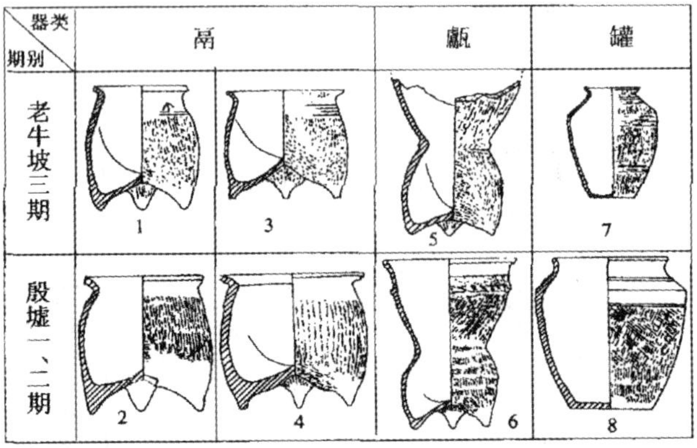

图四　老牛坡三期与殷墟一、二期陶器对比图

1. 87XL Ⅲ 2T1H1：15　2. SH317：29　3. 87XL Ⅲ 3T16H7：7　4. LMT1⑤B：25　5. 87XLⅢ2T1H1：22　6. PNH4：2　7. 87XⅢ2Y1：5　8. SH326：9

第四期，相当于殷墟三期和四期前段。约当廪辛、康丁、武乙、文丁、帝乙、帝辛早期。

BⅢ式鬲88Ⅰ2T10H25：16与殷Ⅻ式鬲GH401：7接近，后者裆更低（图五，1，2）[⑤]；AⅣ式鬲88Ⅰ2T14H1：8与殷墟后冈圆祭坑Ⅱ式鬲

---

① 中国社会科学院考古研究所编著：《殷墟发掘报告》，文物出版社，1987年，图九九，3，图版二九，4。

② 中国社会科学院考古研究所编著：《殷墟发掘报告》，文物出版社，1987年，图一〇〇，11。

③ 中国社会科学院考古研究所编著：《殷墟发掘报告》，文物出版社，1987年，图一〇二，3。

④ 中国社会科学院考古研究所编著：《殷墟发掘报告》，文物出版社，1987年，图一一三，5。

⑥ 中国社会科学院考古研究所编著：《殷墟发掘报告》，文物出版社，1987年，图一〇一，1。

HGH10：29 近似，后者裆部变低（图五，3，4）[1]；BⅢ式甗 87Ⅰ2T16③：22 与殷墟后冈圆祭坑 HGH10：30 相似，后者裆部较低（图五，5，6，）[2]；Ⅲ式折肩罐 87Ⅰ2T6③：24 与殷墟ⅩⅥ式罐 KBT21③：5 近似（图五，7，8）[3]；壶 88Ⅰ2T5H2：6 与殷墟三期Ⅲ式壶 PNH105：1 相似（图五，9，10）[4]。

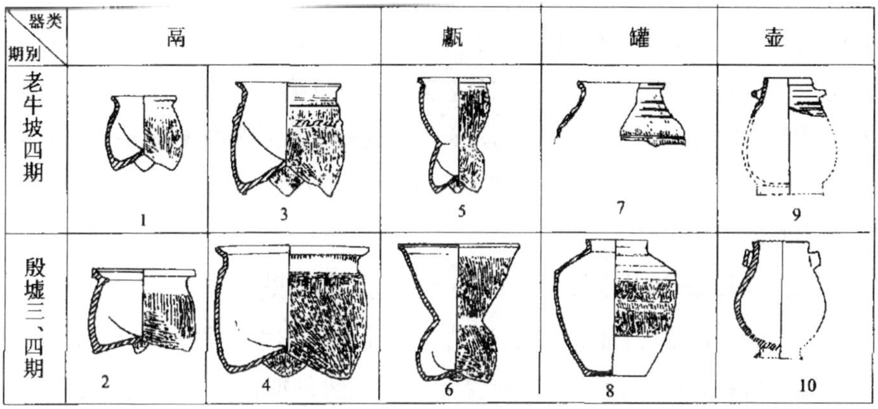

图五　老牛坡四期与殷墟三、四期陶器对比图

1. 88XLⅠ2T10H25：16　2. GH401：7　3. 88XLⅠ2T14H1：8　4. HGH10：29　5. 87XLⅠ2T16③：22　6. HGH10：30　7. 87XLⅠ2T6③：24　8. KBT21③：5　9. 88XLⅠ2T5H2：6　10. PNH105：1

第四期的下限就是老牛坡遗址商文化突然消失的时代，换句话说，就是先周文化兴盛之时。在沣西却发现有先周文化的遗物，如沣西马王村 H10 打破 H11，H10 时代属于商周之际，H11 属于先周文化较晚时期[5]。H11 正是文王“既伐于崇，作邑于酆”（《诗·大雅·文王有声》）之时周人

① 中国社会科学院考古研究所编著：《殷墟发掘报告》，文物出版社，1987 年，图二〇二，2，图版七六，7。

② 中国社会科学院考古研究所编著：《殷墟发掘报告》，文物出版社，1987 年，图二〇二，3，图版七七，1。

③ 中国社会科学院考古研究所编著：《殷墟发掘报告》，文物出版社，1987 年，图一一四，8。

④ 中国社会科学院考古研究所编著：《殷墟发掘报告》，文物出版社，1987 年，图一〇九，3。

⑤ 中国科学院考古研究所沣西发掘队：《陕西长安户调查与试掘简报》，《考古》1962 年 6 期。徐锡台：《早周文化的特点及其渊源的探索》，《文物》1979 第 10 期。

遗留下来的灰坑。老牛坡商文化第四期也就在此时突然销声匿迹。

二、老牛坡商代墓葬的分期

（一）历年来，老牛坡商代墓葬出土概况

1978 年袁家崖发现一座墓葬（YMI），出土铜爵、觚各一件，陶罐 3 件，鬲、簋、尊各一个。1985 年在Ⅰ区发掘墓葬 4 座。1986 年 3—7 月在Ⅲ区第二台地上发掘商代墓 38 座，马坑、车坑各一座①。1987 年春，在Ⅰ区第二地点发掘商代墓 6 座，在Ⅲ区第二地点发掘商代墓 3 座。1988 年春在Ⅰ区第二地点清理墓葬 3 座。1978 年，西安半坡博物馆曾在蓝田怀珍坊发掘商代墓葬 5 座②。因怀珍坊遗址距离老牛坡遗址很近，为了便于分期，故采用此批墓葬材料。

（二）墓葬与地层堆积的关系及墓葬分期

我们有了遗址分期的基础，再结合墓葬与地层之间的关系，可以更加准确地推断墓葬的时代。1986 年春发掘的三区墓群，存在几组打破关系，即 M27 打破 H22，M28 打破 H8，M29 打破 H6，M30 打破 H5、H17，以上灰坑所出的遗物均属老牛坡遗址三期，墓葬年代略晚于灰坑年代，但从类型学方面分析，M28 所出陶鬲与灰坑同类器物造型相似，因此，墓葬的时代仍然属于遗址第三期，该区商代墓葬皆属同一时代，仅 M44 略早。1987 年春Ⅰ区第二点 6 座墓葬，开口于第二层之下，晚于遗址第四期，三区第二地点 3 座墓葬开口于第三层之下，时代同前。1988 年春Ⅰ区第二地点 3 座墓葬开口于第二层之下亦晚于遗址第四期。

根据以上墓葬与地层的关系以及前面遗址分期结果，我们将老牛坡（含怀珍坊）墓葬分为三期，晚于遗址第四期的墓葬全为无随葬品的墓葬，本文不予讨论。

第一期，怀 MⅠ，M3－5。

第二期，怀 T1M2，老牛坡 85 Ⅰ M2－3，86 Ⅲ 2M1－2，M4－M30，M33－37，M40－44。

---

① 刘士莪、宋新潮：《西安老牛坡商代墓葬的发掘》，刘士莪：《西安老牛坡商代墓地初论》，均载于《文物》1988 年 6 期。

② 巩启明：《陕西省蓝田怀珍坊商代遗址试掘简报》，《考古与文物》1981 年 3 期。

第三期，仅 YM1 一例。

（三）器物的形态分析

1. 铜器

鼎，如 M10：1，立耳，折沿，方唇。腹微鼓，圜底，三柱足较矮，上粗下细，腹饰一周雷纹带（图六，1）。

觚，根据腰部形状和纹饰特点，分为三式：

Ⅰ式：如 M44：3，喇叭口，腹较粗矮，高圈足，腹足饰饕餮纹，以凸弦纹镶边。圈足上部有两个“十”字形镂孔（图六，2）。

Ⅱ式：如 M33：3，喇叭口，腹部变细，高圈足，腹部饰云雷统纹构成的饕餮纹，镶以两周凸弦纹，圈足饰两周凹弦纹和两个长方形镂孔（图六，3）。

Ⅲ式：如 YM1：觚，大喇叭口，腹变得更细，高圈足，颈部饰蕉叶纹，腹和足上各有四个扉棱，并饰饕餮纹，腹下部饰两周凹弦纹（图六，4）。

爵，根据底部，流部和爵柱等特点，分为三式。

Ⅰ式：如 M4：6，窄长流，短圆尾，圜底，鸟形单柱叉立于流折处，三足较矮外撇，横断面呈“丁”字形，腹部有带状半圆形，腹饰饕餮纹（图六，5）。

Ⅱ式：如 M33：4，窄长流，尾较短，流折处有两个菌状立柱，圜底，带状半圆形，三足变高，外撇，横截面呈三角形，腹部饰三周凸弦纹（图六，6）。

Ⅲ式：如 YMI：爵，窄长流，尖尾，流口之间立二菌状柱，圆底，带状半圆形。三足外撇，呈三棱形空心锥状足，柱顶饰圆涡纹，腹饰饕餮纹，内有铭文（图六，7）。

斝，如 M44：7，侈口，口沿上立有两个对称的菌状柱折腹，平底微凸，足断面呈“丁”字形，带状半圆形，与一足对应，腹部上下分别饰一周夔纹带，以连珠纹镶边（图六，8）。

戈，分直内戈、曲内戈、銎内戈三种。

直内戈，可分二式。

Ⅰ式：如 M44：2，三角援，中脊隆起部分较窄，直内呈长方形，其上有一圆穿，内与援之间有上下齿（图六，9）。

Ⅱ式：如 M10：7，三角援，中脊隆起部分较宽，直内呈长方形，末端呈圆弧形，内上有一圆穿（图六，10）。

曲内戈，如 M41：1，三角援，中脊突起，横截面呈菱形，有阑和上下齿，援与内上各有一个圆穿（图六，11）。

銎内戈，如 M21：1，三角援，中脊隆起，横截面呈菱形，内呈长方形，上有扁圆形銎孔（图六，12）。

2. **陶器**

各期陶器随葬品器类有鬲、罐、簋、豆、尊、盆等几种。

鬲，按口沿及口径腹径比例分为三型。

A 形，圆唇，口径小于腹径。

Ⅰ式：夹砂灰陶，侈口，圆唇，器呈长方体，深腹，分裆，裆变低，三个细柱状足跟，足跟压平，有的为锥状足跟，颈部绳纹一般抹去，腹饰绳纹，绳纹饰至足跟，如 M26：2 口沿内部刻划有“X”字符号。（图六，13）。

Ⅱ式：如 YM1：鬲，侈口，圆唇，裆更低，锥状足，颈以下饰绳纹，直至足跟（图六，14）。

B 型：方唇，口径小于腹径，以夹砂灰陶为主，有少量夹砂褐陶。

Ⅰ式：如怀 M4：3，折沿，方唇，腹微鼓，分裆，裆较高，胎较厚，颈部和足跟绳纹抹光，颈部饰两周凹弦纹（图六，15）。

Ⅱ式：折沿，方唇，深腹，呈长方体，分裆，裆较低，颈部绳纹一般抹去，饰几周凹弦纹，腹饰绳纹，直至足尖，少数鬲口沿内刻有“←”“⩽”形符号，如 M28：1（图六，16）。

C 型：口径与腹径相等，呈方体，侈口兼有方唇和圆唇，窄沿，腹壁近直，分裆，裆较低，足跟呈锥状或细柱状，颈部绳纹抹去，饰凹形弦纹，腹部饰绳纹直至足跟，如 M28：2（图六，17）。

折肩罐，可分两式

Ⅰ式：如 M28：3，侈口折肩，深腹，斜直壁，平底，通体饰绳纹（图六，18）。

Ⅱ式：YM1：Ⅰ式罐，折肩，腹斜收，平底，肩下饰两周凹弦纹（图六，19）。

簋，可分两式

Ⅰ式：如怀 M1：1，泥制灰陶，直口，平沿，壁近直，圜底，圈足，腹饰二周弦纹和绳纹，圈足有一周凸棱（图六，20）。

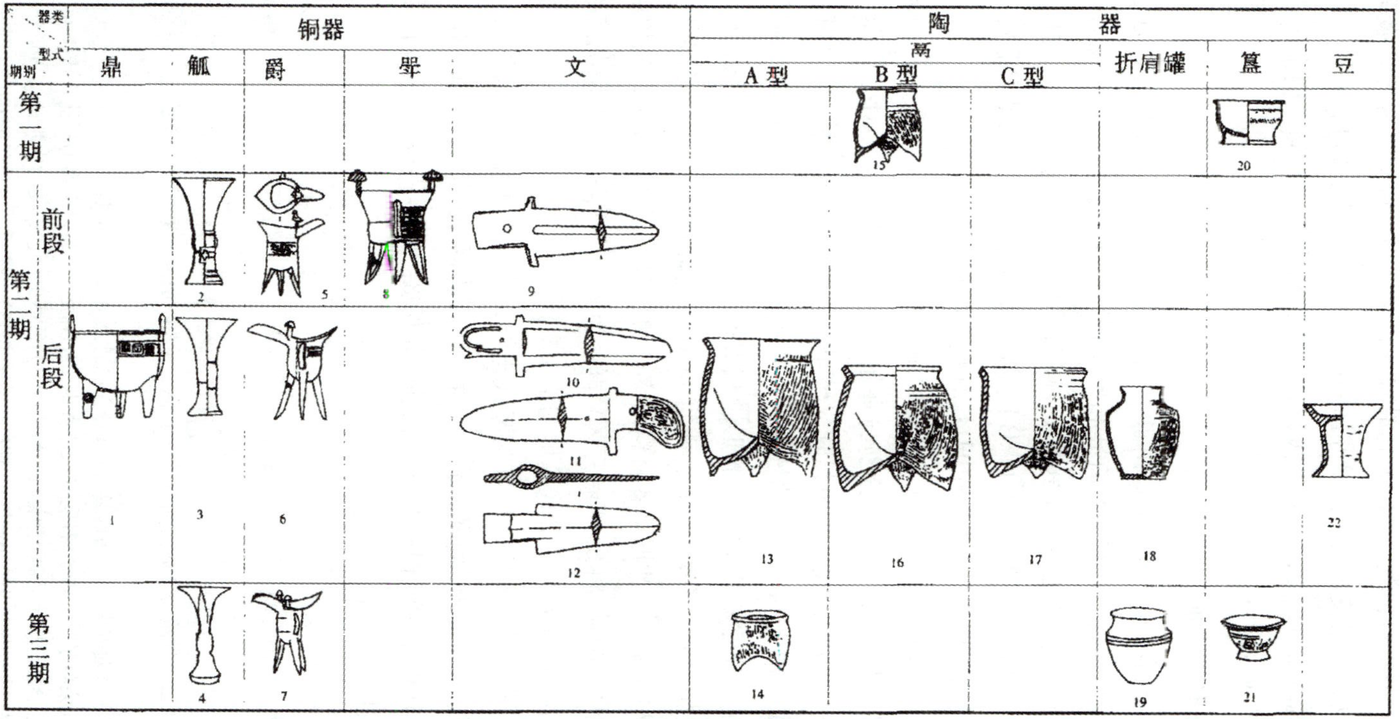

图六　老牛坡墓葬分期图

1. M10：1　2. M44：3　3. M33：3　4. YM1　5. M44：6　6. M33：4　7. YM1　8. M44：7　9. M44：2　10. M10：7　11. M41：1　12. M21：1　13. M25：2　14. YM1　15. 怀 T2M4：3　16. M28：1　17. M28：2　18. M28：3　19. YM1　20. 怀 T1M1：1　21. YM1　22. 85XLⅠM2：2

Ⅱ式：YM1：簋，泥制灰陶，唇沿较厚，深斜腹，矮圈足外撇，腹饰绳纹、凹弦纹和数组波折纹，内壁亦饰一周凹弦纹（图六，21）。

豆，如85XLIM2：2，平唇，浅盘，折腹，粗高柄，素面，柄上下部各饰两周凹弦纹（图六，22）。

（四）各期的特征

第一期，与老牛坡遗址第二期同时。仅发现几座小墓，墓坑为长方形竖穴，没有葬具，葬式兼有仰身直肢和俯身直肢两种方式：头向东北。随葬品很少，怀M1陶器组合为Ⅰ式簋1、碗1，M3组合为鬲1、甗1、豆1，M4组合为BⅠ式鬲1，罐1、盆1。BⅠ式鬲与老牛坡遗址第二期BⅠ式鬲近似，Ⅰ式簋与二里岗T21：1和H1：21陶簋相近[①]。

第二期，与遗址第三期同时。墓葬中出土的陶器与第三期遗址同类器物相似，铜器M44所出觚、斝分别与郑州白家庄M3：5觚，M2：7斝相似。爵为单柱，单层花纹，表明其时代较早，但底已变成圜底，二里岗上层只见平底爵，故M44时代约当殷墟一期早段，大致与小屯M232同时[②]。M33：4爵与安阳三家庄M3：1爵形制相似[③]，M10：1铜鼎与1959年武官M1：2鼎相似[④]，三家庄M3、武官59M1均属殷墟一期，那么M10，M33时代则与之相当。此期墓葬材料最多，根据墓口尺寸的大小，棺椁的有无和随葬品的多寡，将86年春三区墓群分为甲、乙两类。详细情况请参阅刘士莪先生《西安老牛坡商代墓地初论一文》[⑤]。

第三期，以YM1为例，墓坑为竖穴土坑，葬具为木棺，葬式为头向北，仰身直肢。铜器组合为觚、爵各1件，陶器为鬲1、簋1、罐3、尊1，觚与殷墟GM1572：1觚相似[⑥]。爵与殷墟GM793：10爵相似[⑦]，殷墟两器同属殷墟四期，YM1时代与之相当。

---

① 河南省文化局文物工作队：《郑州二里冈（岗）》，科学出版社，1959年，图陆，2，4。

② 李济：《记小屯出土之青铜器》，《中国考古学报》第3册，1948年。

③ 中国社会科学院考古研究所安阳工作队：《安阳殷墟三家庄东的发掘》，《考古》1983年第2期。

④ 刘士莪：《西安老牛坡商代墓地初论》，《文物》1988年6期。

⑤ 中国社会科学院考古研究所：《殷墟青铜器》图版二一二，文物出版社，1985年。

⑥ 中国社会科学院考古研究所·《殷墟青铜器》图版二一〇，文物出版社，1985年。

⑦ 杨育彬：《近几年来在郑州新发现的商代青铜器》，《中原文物》1981年第2期。

三、老牛坡遗址文化的特点。

1. 老牛坡一期与二里岗下层的比较

(1) 遗迹

仅有灰坑可资比较，二者均有长方形、椭圆形和不规则形灰坑。

(2) 遗物

陶器

陶质陶色两地相似，均以夹砂和泥质灰陶为主，有少数泥质黑陶和夹砂红陶，二里岗下层硬陶不见于老牛坡一期。纹饰二者均以细绳纹为主，两地都有弦纹，附加堆纹和打印的方格纹。老牛坡一期尚未发现二里岗下层的人字纹（《郑州二里冈（岗）》图贰玖 24H4：113)、云雷纹（同上图叁拾 16H9)。

陶器的种类两地相同的有鬲、甗、大口尊、豆、夹砂粗红陶缸、敛口瓮、器盖。AⅠ式鬲、AⅠ式甗、Ⅰ式大口尊、夹砂粗红陶缸、器盖、敛口瓮与二里岗下层的同类器相似。

二里岗下层的器类远较老牛坡一期丰富，如二里岗下层Ⅰ式斝（《郑州二里冈（岗)》图伍，3，H7：38)，Ⅰ式爵（图伍，7，H18：14)，盆形鼎（图贰，3，H17：132)，Ⅲ式仿铜鼎（图贰，6，H17：19)，Ⅱ式罐（图叁，6，H14：80)，Ⅰ式罍（图拾贰，5，H15：16）均不见于老牛坡一期。

铜器

二里岗下层确已出土过铜容器，如 1975 年郑州 C8M32，铜爵、斝与二里岗下层陶鬲、斝同出①。而老牛坡一期尚未发现铜器。

2. 老牛坡二期与二里岗上层的比较

(1) 遗迹

两地灰坑多为圆形，老牛坡二期不见二里岗上层长方形深穴灰坑。

老牛坡二期墓葬为土圹竖穴，葬式为仰身直肢和俯身直肢，器物组合为簋 1、碗 1 或鬲 1、甗 1、豆 1 或鬲 1，盆 1、罐 1，二里岗上层小型墓葬随葬品的组合为鬲 1、簋 1、豆 1、斝 1、爵 1 或鬲 1、簋 1、豆 1 等，两者存在显著的差别，如斝、爵的配套组合不见于老牛坡二期。

---

① 杨育彬：《近几年来在郑州新发现的商代青铜器》，《中原文物》1981 年第 2 期。

(2) 遗物

石器制造技术相同，如磨制、两面对钻的穿孔方法，二者如出一辙，老牛坡二期有斧、刀、镰，二里岗上层亦有，二里岗上层常见的锛、凿尚不见于老牛坡二期。

骨器，在工具方面，两地都有磨制光滑的骨匕，有的骨匕柄端对钻几个圆孔，老牛坡二期在匕柄上刻划“”形图案的做法（88T2H18：18）不见于二里岗上层。二里岗上层的骨铲在老牛坡二期尚未发现。在武器方面，二者都有骨镞，截面呈三角形、椭圆形，铤呈圆锥状，二里岗上层的Ⅳ式筒状三棱形镞不见于老牛坡二期。在装饰品方面，笄的造型一致，用小动物肢骨磨制而成，柄端呈圆柱形，尖端锐利。

蚌器，老牛坡二期蚌器很少，而二里岗上层常见蚌器器类齐全，有刀、镰、铲、镞等。

卜骨，老牛坡二期卜骨以牛骨为主，有少量的猪肩胛骨，二里岗上层卜骨亦然，只是二里岗上层发现的以肋骨和龟甲占卜的现象不见于老牛坡二期，两地卜骨的整治方法相同，保留骨臼，将肩胛冈削平，钻灼的方法都是有钻有灼，钻孔呈圆形，圜底，郑州二里岗发现有刻字的肋骨和肱骨，层位均不清楚，而老牛坡二期没有发现带字卜骨。

陶器均以泥质灰陶和夹砂灰陶为主，有少量的红陶和褐陶，老牛坡二期不见二里岗上层出土的釉陶。纹饰均以粗绳纹为主，弦纹和附加堆纹亦常见，都有打印的饕餮纹、云雷纹和方格印纹，但老牛坡二期印纹不如二里岗上层那样丰富多彩。器物种类大多相同，如鬲、仿铜鼎、甗、敛口瓮、罐、大口尊、深腹盆、簋、器盖等。二里岗上层的爵、深腹罐在老牛坡二期不见，敛口斝只发现一件。

两地的器物造型虽然在整体上具有一致性，也存在细微的差别。

鬲，老牛坡BⅠ式鬲与二里岗上层的鬲（H13：117、H2乙：228）相比，BⅠ式鬲足内敛，二里岗上层的鬲足外撇（图三，1—4）。仿铜鼎，老牛坡二期的仿铜鼎85ⅡGH2：13，口沿上立双环耳，盆形深腹，三锥足，腹饰云纹，二里岗仿铜鼎器形与前者相同。均为素面（所用属二里岗下层，仅供参考）。Ⅱ式大口尊、簋、Ⅱ式器盖、Ⅱ式敛口瓮与二里岗上层的同类器造型相同。老牛坡Ⅰ式折肩瓮不见于二里岗上层。二里岗上层的圆肩圜底大瓮亦不见于老牛坡二期。豆，二者均有假腹豆，也同有柄腹分界明显的豆，但老牛坡二期有一种柄腹分界模糊的豆不见于二里岗上层，如88Ⅰ2T2H16：46。

铜器

老牛坡二期发掘品仅有铜镞一类，另发现有镞范和戈范，镞双翼有铤，与二里岗上层的镞相似（《郑州二里冈（岗）》图贰伍，4），据调查，田王村出土的一件铜鬲①，实际上出土于老牛坡遗址，与郑州杜岭铜鬲②和盘龙城李M1：3铜鬲相似③，关中其他地区发现老牛坡二期铜器多件，铜鬲、圆鼎等与郑州二里岗上层同类器物相同，郑州杜岭④、向阳回族食品厂⑤出土四件大型方鼎，在关中不曾发现。

（二）老牛坡三、四期与殷墟晚商文化的比较

1. 老牛坡三期与殷墟一、二期的比较

（1）遗迹

夯基与房屋，两地均有大型夯基和房屋，置础方式亦相似，殷墟柱出也铺垫天然砾石，只是不见护础小卵石，老牛坡三期建筑技术应是从殷墟文化吸收而来。陶窑，在老牛坡三区发现一个三期的制陶作坊，共发掘出陶窑6座，连接成片，陶窑结构以87ⅢT16Y1为例，窑由火门、火膛、窑箅、窑膛构成，窑上有五个圆形火眼，与邢台曹演庄的2号陶窑结构相似⑥。

墓葬

从类型上讲，殷墟墓葬类别齐全，而老牛坡三期只发现中型以下的墓葬。两地墓葬均是土坑竖穴，大多设置腰坑，这是相同的一面，老牛坡中小型墓在腰坑之外另设头坑、脚坑、角坑、边坑，少数墓葬还设有边箱，

---

① 刘士莪：《西安老牛坡商代文化的发现与研究》，见《周秦汉唐考古与文化国际学术会议论文集》，1988年《西北大学学报》增刊；宋新潮：《试论老牛坡商文化分期》1987年硕士学位论文；陕西省考古研究所等：《陕西出土商周青铜器（一）》，文物出版社，1979年。

② 河南省博物馆：《郑州新出土的商代前期大铜鼎》图九，《文物》1975年6期。

③ 湖北省博物馆：《盘龙城商代二里冈（岗）期的青铜器》图三六，4，《文物》1976年第2期。

④ 河南省博物馆：《郑州新出土的商代前期大铜鼎》图九，《文物》1975年6期。

⑤ 河南省文物研究所等：《郑州新发现商代窖藏青铜器》，《文物》1983年第3期。

⑥ 云明：《邢台商代遗址中的陶窑》，《文物参考资料》1956年12期。

显示了老牛坡商文化的自身的特色。两地都盛行殉人之风，反映所处的社会阶段相同，都是奴隶制社会。老牛坡三期墓葬随葬品中陶器组合为鬲1—3件，或鬲1—3件，罐1件，不见殷墟（M33）陶觚、爵的组合。铜器组合为鼎（M10）或觚爵（M33）或觚、爵、斝（M44），与殷墟墓葬组合相似。

灰坑，两地灰坑的平面结构均为圆形、椭圆形和不规则三种①。

（2）遗物

石器

石斧，长柄石斧、石镰、石刀造型相似。老牛坡带三角石锤的穿孔厚重石斧不见于殷墟一、二期。在装饰品方面，两地均出土许多石璧。

骨器

在工具方面，骨锥用肢骨磨制而成，骨铲用牛牙床骨制成。两地从取料到生产工艺都是一致的。在武器方面，两地都用镞身呈三棱状，铤成圆锥形的骨镞。殷墟特别盛行镞身呈圆柱状的骨镞，却少见于老牛坡三期。在装饰品方面，老牛坡三期的骨笄呈圆锥形，不见殷墟“干”字形、“羊”字形等多种带帽的骨笄。

卜骨

老牛坡三期未见带字卜骨。这一点与殷墟有别，两地均以牛胛骨为主要占卜材料，卜骨的整治方法也相同，保留骨臼或去掉部分骨臼，削去肩胛冈，将钻孔面整平。殷墟卜骨钻、凿、灼兼施，老牛坡三期多施钻、灼，凿孔极少，殷墟出土龟甲材料甚多，老牛坡三期不见。

陶器

二者陶系有区别，老牛坡三期灰陶和褐陶所占比例相当，而殷墟以灰陶居多，老牛坡三期不见釉陶。在纹饰方面则是一致的。均以绳纹为主，弦纹，附加堆纹亦盛行。陶器的种类多数相同，如鬲、罐、豆等，相同的器类在具体的造型上仍然存在着明显的差别。鬲，从总体上讲，二者均为折沿，方唇，分裆，裆较低，锥状足或细柱状足，有少数陶鬲形状特别相近，这是相同的一面。殷墟一、二期有的鬲方唇上折，有的在鬲腹上部饰

---

① 安阳殷墟分期参照中国社会科学院考古研究所编著：《殷墟发掘报告》，文物出版社，1987年。

附加堆纹，大多数鬲接近方体，这些特征与老牛坡三期的鬲不同。甗，两地的特点相似，上腹微鼓，足跟呈锥状或细柱状。豆，老牛坡三期的豆多为平沿，浅盘，折腹，粗高柄，而殷墟一、二期的豆腹部浑圆，圈足粗而矮。两地互有为对方所不见的器物，老牛坡 AⅠ式大口缸不见于殷墟，殷墟的Ⅰ式圈足尊[①]、Ⅰ式罍[②]，不见于老牛坡三期。

铜器

老牛坡三期的铜容器有鼎、觚、爵，造型与殷墟一期同类器物相似，前文已作过比较。

车，三区一座车马坑（M27），保存完整，车为单辕，辕前有衡，一轴，双轮，一舆，和殷墟出土的商代车的结构相同。

2. 老牛坡四期与殷墟三、四期的比较

（1）遗迹

灰坑，两地的灰坑平面结构均分为圆形、椭圆形、长方形和不规则形。

墓葬，老牛坡四期墓葬 YM1 墓矿和铜器组合与殷墟四期相似，陶器组合则有地方特点。

（2）遗物

石器，二者都有长柄石斧和扁平梯形穿孔石斧，石镰，石凿的造型亦无区别。老牛坡四期出土的石璧亦见于殷墟三、四期。

骨器，两地都用牛牙床骨制造骨铲，有的在牙床骨中部穿一圆孔，以便安柄时用绳系牢，刃从一面磨制而成，老牛坡四期骨镞与殷Ⅱ至Ⅳ式镞造型相似，少见殷墟的工式镞[③]，老牛坡四期笄与三期相比，没什么变化，仍然不见殷墟三、四期造型别致的骨笄。

卜骨，老牛坡四期卜骨材料及整治方法与殷墟三、四期相同，只是钻凿灼兼施的卜骨很少见，仍未发现带字卜骨，也未发现龟甲。

陶器，陶系均以夹砂灰陶和泥质灰陶为主，另有少量的褐陶和红陶，

---

① 安阳殷墟分期参照中国社会科学院考古研究所编著：《殷墟发掘报告》图一一九，1，文物出版社，1987 年。

② 安阳殷墟分期参照中国社会科学院考古研究所编著：《殷墟发掘报告》图一一八，2，文物出版社，1987 年。

③ 安阳殷墟分期参照中国社会科学院考古研究所编著：《殷墟发掘报告》图一四三，文物出版社，1987 年。

殷墟的泥质灰陶所占的比例较大，而老牛坡四期的夹砂灰陶居多。在纹饰方面，两地均以绳纹为主，弦纹和附加堆纹也较常见。我们在确定老牛坡加四期的绝对年代时，已经比较过两地鬲、罐、壶的特点。它们的造型相近，但殷墟三、四期鬲唇上折或颈部饰附加堆纹的做法仍然不见于老牛坡四期，殷墟三、四期也不见老牛坡四期的大口缸，殷墟四期裆近平的鬲不见于老牛坡四期，这一点可能是时代因素所致。

铜器

YM1 出有铜爵、铜觚，爵上有铭文，带铭文的铜器在关中商代晚期铜器中少见。爵、觚造型与殷墟四期同类器物相似。

根据以上比较结果，我们认为老牛坡遗址商文化与郑州、安阳地区的典型商文化从总体上是一致的，相同的方面居多，说明商文化从二里岗下层时已渗透到关中地区，并且一直占着统治地位，但老牛坡遗址还保留了一些土著文化的特点。我们可以称之为商文化“老牛坡类型”，它可能是商代方国、崇国的遗存。

（本文原载《江汉考古》2003 年第 1 期，收入本集时增加了原稿中与郑州、安阳殷墟商文化比较的内容）

对儒家思想历史地位的认识

儒家思想从汉武帝“罢黜百家，独尊儒术”开始，在中国思想界占统治地位二千余年，这在中外思想史上都是罕见的。今天回过头来，做出认真的总结，找出它长期占统治地位的原因，并为它在当代意识形态领域安排一个恰当的位置，是有必要的。

儒家思想长期占统治地位主要有以下原因：

（一）封建的生产方式长期相对稳定

对中国古代史的分期，或以为从战国时期开始进入封建社会，到鸦片战争以前，延续二千多年；或以为自西周武王革命以后就进入封建社会，至鸦片战争，共计三千年左右。毛泽东在《中国革命和中国共产党》一文中认为，中国的封建制度“自周秦以来一直延续了三千年左右”，“中国自从脱离奴隶制度进入封建制度以后，其经济、政治、文化的发展，就长期地陷在发展迟缓的状态中”。尽管各家观点不一，但有一点是相同的，即中国封建社会长期处于相对稳定状态，作为反映封建生产方式的意识形态之一的儒家思想，也必然长期存在于意识形态领域里。

（二）因时损益，经权互补

儒家的创始人孔子是一个改良主义者，他主张继承传统的好的一面，损去过时的东西，增加新时代所需要的内容。《论语·为政》中有一段话可以说明孔子对古代文化所持的因时损益态度：“子张问：‘十世可知也?’子曰：‘殷因于夏礼，所损益可知也；周因于殷礼，所损益可知也；其或继周者，虽百世可知也。’”孔子的这一观点对后代儒家思想影响很大。儒学在汉代就进行了大的改造，形成了以三纲五常为中心，糅合法家及阴阳五行学说的董仲舒的儒学。魏晋至隋唐，又吸收了释、道二家思想。北宋又形成了适应新时代需要的理学。正是由于儒学因时损益，与时俱进，所以具有强大的经久不衰的生命力；只是近代西学东渐，在与资本主义思想比较下，才显示出了它的落后性。

儒家在践履经义方面，既能坚守经义，又能通权达变，我们可以称之为“经权互补”。经即既定的原则，权即通变之意，通权达变的最终目的还是维护经义，《孟子·离娄上》记述了一段对话：“淳于髡曰：‘男女授受不亲，礼与？’孟子曰：‘礼也。’曰：‘嫂溺，则援之以手乎？’曰：‘嫂溺不援，是豺狼也。男女授受不亲，礼也；嫂溺，援之以手者，权也。’”男女授受不亲是经义，但嫂溺又必须援之以手，就是权变。可见孟子对经义的理解并不是泥古不变的。董仲舒虽然说“道之大原出于天，天不变道亦不变”，但他仍然主张“更化”，以为“当更化而不更化，虽有大贤不能善治也”，“更化则可善治”（《汉书·董仲舒传》）。他还说：“夫权虽反经，亦必在可以然之域；不在可以然之域，故虽死亡，终弗为也。”（《春秋繁露·玉英》）。只要在可以然的范围内，他认为是可以权变的。正是由于儒家思想坚持因时损益、经权互补的观点，所以儒学能够“日日新，又日新”（《礼记·大学》）。

（三）统治阶级大力扶持

儒学坚持用仁义礼乐去治理国家，在春秋战国时期被视为“迂远而阔于事情”（《史记·孟子荀卿列传》），但是儒学对封建治世来说，却有利于稳定社会秩序，于是儒学经过董仲舒的一番改造之后，被汉武帝确定为官方的正统思想。从此以后，历朝政府均大力扶持儒教以维护自己的统治。扶持的措施之一是兴办学校，整理典籍，设立博士。如汉武帝在长安设太学，在郡国也设郡国学，建立了从中央到地方的教育系统，传播儒家经典。此后历代政府都利用学校作为宣传儒家思想的阵地。自秦始皇焚书、项羽烧秦宫室后，儒家经典荡然无存，到汉惠帝始除秦挟书律（藏书禁令），文景时期献书之路渐开，武帝设置写书官，国家收藏图书，儒家经典渐趋完备。以后历代政府都很重视儒家经典的搜集整理。唐太宗时，诏颜师古考定五经，又诏孔颖达等撰《五经正义》，全国士民都以官定经义和注释为标准，使经学达到高度的统一。到清乾嘉时期，学者们大多把毕生精力用于整理经书，有清一代集古代整理儒家经典之大成。所以马宗霍说：“清儒说经之书，前世莫与比盛。”（《中国经学史》，商务印书馆，1937年）

西汉文景时，开始设博士（即经师），传授儒家经典。至武帝建元五年（前136年）又设置五经博士、东汉初期置十四博士。博士有弟子，武帝时博士弟子五十人，成帝时三千人，东汉顺帝时达三万人。扶持的措施之二是政府以儒家思想为标准录用人才，以禄利相诱。为什么有这么多人学儒学呢?《汉书·儒林传赞》说得很明白："自武帝立五经博士，开弟子员，设科射策，劝以官禄，讫于元始，百有余年，传业者寖盛，支叶蕃滋，一经说至百万余言，大师众至千余人，盖禄利之路然也。"武帝元光元年（前134年）"初令郡国举孝廉各一人"（《汉书·武帝纪》），孝廉就是实践儒家思想的佼佼者，政府就征用他们去做官。隋唐发明科举制以后，官定经典及其注释就是学习者遵守的标准。至明清两代，考生只能以经书及朱熹的注释为唯一标准。历代政府采取以上措施，确立了儒学的统治地位。

（四）体系完备，切近实用

儒家的经典主要为《诗》《书》《易》《礼》《春秋》，这是儒生必须诵读的教材。这些经典涵盖的问题很多，体系完备。儒家认为仁义礼乐是主要的治国方略，但是也提到了其他学派所研究的问题。例如：孔子也谈到了法家强调的刑罚，他说；"道之以政，齐之以刑，民免而无耻；道之以德，齐之以礼，有耻且格。"（《论语·为政》）这一思想后来被荀子、董仲舒发展了。董仲舒主张治国应德刑并用，以德为主，以刑为辅，这就避免了法家残暴寡恩的过失。儒家讲"仁者爱人"，也吸收了墨家的思想，但儒家的仁爱是以礼为前提的，更合乎社会实际，不像墨家的兼爱过于理想化，不便实践。他如名家以正名实为务，儒家也重视正名。《论语·子路》载："子路曰：'卫君待子而为政，子将奚先?'子曰：'必也正名乎!'"可见儒家思想体系是很完备的，不像其他学派专研究某一方面的问题。儒学具有很强的包容性，正如冯友兰先生的《中国哲学史》所说："儒家之六艺……其中有多种思想之萌芽，易为人所引申附会，此富有弹力性之六艺对于不同之思想有兼容并包之可能，儒家独尊后，与儒家本来不同之学说，仍可在六艺之大帽下，改头换面、保持其存在，儒家既不必完全致别家之死命，别家亦不必竭力反对之，故其独尊之招牌，终能敷衍维持。"自辛亥革命特别是五四新文化运动以后，儒学地位一蹶不振。但到20世纪80年代中期以后，随着改革开放的进一步发展，学术空气更加宽松自由，国内兴起了儒学研究热和现当代新儒学研究热。1984年，中国孔子基金会成立。该会召集了四次大型儒学国际会议和多次中小型学术讨论会，出版了一系列儒学研究论著，并于1986年创办了《孔子研究》杂志，极大地推动了儒学研究工作。1985年以后，大陆学术界对现当代新儒学的研究也取得了很多成果，截至1993年初，除了陆续出版“现代新儒学思潮研究”课题组编撰的《现代新儒学研究》丛书、《现代新儒学研究论集》等书外，全国各地报刊上已发表现代新儒学研究的论文数百余篇，出版专著十余种。

儒学研究热起来后，不能不令人思考这样一个问题：儒学的前途将会怎样？即儒学应该占有怎样的地位？

关于这个问题，现当代新儒家明确地认为，中国应该复兴儒学，重新确立儒学的主导地位，恢复儒学道统，同时也吸收西方民主与科学，由内圣开出新外王来，实现儒学返本开新的目的。我国思想界也有个别人赞同这种观点，如蒋庆认为，“中国大陆当前最大的问题是复兴儒学的问题”，“儒学理应取代马列主义成为当今中国的正统思想”（见台湾《鹅湖》月刊1989年第170、171期）。不过胡绳同志曾撰文提醒历史学家、社会科学家，注意传统文化研究中的复古倾向，说“决不能搞复古主义”（见《如何建设中国新文化》，《历史研究》1995年第1期）。

我们认为，新儒家诸人复兴儒学的观点是错误的，在实践上也是不可能的。

首先，儒学赖以存在的封建生产方式已经消失。我们在研究儒家思想时，一定要遵循历史唯物主义的基本原理，承认一定的思想文化是一定时代社会存在的反映，新文化代替旧文化是历史的必然。恩格斯认为：“每一时代的理论思维，从而我们时代的理论思维，都是一种历史的产物，在不同的时代具有非常不同的形式，并因而具有非常不同的内容。”（《自然辩证法》）毛泽东也说：“一定的文化是一定的政治和经济在观念形态上的反映。”（《新民主主义论》）儒学是封建时代的产物。鸦片战争以后，中国已成为半封建的国家；辛亥革命后，封建社会制度不复存在，尤其“五四”新潮的冲击，早使儒学的统治地位被新学和马克思主义所取代。时至今日，马克思主义在大陆占统治地位已达四十余年，有人还侈谈复兴儒学，这是与时代需要格格不入的。我国大陆在马克思主义的指导下于1956年完成了社会主义改造任务，进入了社会主义社会。谁认为应该复兴儒学，就说明谁没有立足于大陆的社会实际。

其次，社会主义国家虽支持研究包括儒学在内的传统文化，但绝不至于“扶植”到让儒家思想取代马列主义毛泽东思想的地步。要知道我们支持研究儒学与过去封建政府扶植儒学的性质是截然不同的。中国孔子基金会在北京分别举行纪念孔子诞辰2540周年和2545周年纪念会时，江泽民总书记会见了部分与会学者，表示积极支持对孔子、儒学和中国传统文化的研究事业。1994年10月5日，副总理李岚清在后一个纪念会上发表讲话说："孔子是我国历史上伟大的思想家、教育家，是儒家学说的创始人和主要奠基者，他的思想和学说为中国文明做出了重大贡献。今天我们来纪念孔子，研究讨论他的思想和由他创立的儒家学说、就是要批判地继承和弘扬这笔宝贵的文化遗产，取其精华，让其在新的历史条件下，根据时代的需要，推陈出新，为建设有中国特色的社会主义精神文明发挥积极作用。"政府观点很明确，一是支持研究儒学等传统文化，二是指出研究的目的是剔除糟粕，吸收精华，丰富建设有中国特色的社会主义理论。

当然，儒学不能复兴，不能再居主导地位，但儒学特别是新儒学作为一个思想流派还是可以存在下去的。作为中国两千多年居正统地位的儒家学说不可能都是腐朽思想，有许多观点今天仍然值得批判继承，现举其荦荦大者。

(1) 民本主义传统。孔子提倡仁爱，主张统治者应该"节用而爱人，使民以时"(《论语·颜渊》)。孟子认为："民为贵，社稷次之，君为轻。"(《孟子·尽心下》) 荀子说："君者，舟也；庶人者，水也。水则载舟，水则覆舟。"(《荀子·王制》) 这些说明儒学思想家很早就看到了人民的伟大作用，提醒统治者应该合理利用民力，形成了民本主义传统。

(2) 见利思义，在义利有矛盾时舍利取义的思想。孔子重义，说："君子喻于义，小人喻于利。"(《论语·里仁》)"不义而富且贵，于我如浮云。"(《论语·述而》) 但他在义的基础上也言利。他说："富而可求也，虽执鞭之士，吾亦为之；如不可求，从吾所好。"(同上)"富与贵，是人之所欲也，不以其道得之，不处也。"(《论语·里仁》) 孟子说:"生，亦我所欲也；义，亦我所欲也。二者不可得兼，舍生而取义者也。"(《孟子·告子上》) 他把义看得比生命还贵重。儒学的这种义利观仍然具有现实意义。

(3) 修身齐家，心怀天下的社会责任感。孔子特别重视个人的道德修养，整部《论语》讲的都是修身之道，修身的目的是治国平天下。他说："苟正其身矣，于从政乎何有？不能正其身，如正人何？"(《论语·子路》)"其身正，不令而行；其身不正，虽令不行。"(《论语·子路》) 孟子也认为："其身正而天下归之。"(《孟子·离娄上》)《礼记·大学》一文系统地论述了修身与治国平天下的关系。其中言道：“古之欲明明德于天下者，先治其国。欲治其国者，先齐其家。欲齐其家者，先修其身，欲修其身者，先正其心，欲正其心者，先诚其意。欲诚其意者，先致其知。物格而后知致，知致而后意诚。意诚而后心正，心正而后身修，身修而后家齐，家齐而后国治，国治而后天下平。”这种注重个人修养的思想，正是我们这个时代应吸取的东西。

（4）推己及人的忠恕之道。孔子认为人与人之间应该将心比心：“己所不欲，勿施于人。”（《论语·颜渊》） “己欲立而立人，己欲达而达人。”（《论语·雍也》）人与人之间还应该以诚相待，讲信用，“人而无信，不知其可也”（《论语·为政》）。在建立社会主义市场经济体制的当今时代，吸收这一思想，有助于调整人与人之间的关系。

仅举几个方面就可看出，儒家有些思想至今仍然闪烁着光辉。我们一方面不能采取民族虚无主义的态度，对民族的传统文化一概否定，把儒学一棒子打死；另一方面，也不能采取民族狭隘主义的态度，对儒学文化估计太高，甚至错误地坚持恢复儒学的正统地位。正确的态度是以马列主义毛泽东思想为指导，对儒学进行认真的总结和研究，“剔除其封建性的糟粕，吸取其民主性的精华”（《新民主主义论》）。从而不断丰富马列主义毛泽东思想，不断丰富建设有中国特色的社会主义理论。

（本文原载华中师范大学《高等函授学报》1996年第2期）

封建时代儒家地位变化的特点及其原因

在封建时代，儒家思想基本上占统治地位，我曾著文探讨过儒家在历史上长期占统治地位的原因。但儒家地位并不是直线式地恒常地占着统治地位，在几千年的历史过程中，儒家地位也在发生大起大落的变化。这种变化的特点如何？原因何在？本文试加探讨。

我们经过对儒学发展史的纵向考察，认为儒学地位变化的特点是乱世抑儒，治世捧儒。

自孔子创立儒家学派以后，孔子到过许多国家，据史载，他到过齐、卫、陈、宋、郑、曹、蔡、楚等国。他也曾在鲁国为政，希望各国国君接受他的儒家思想。然而事与愿违，他的思想不能被统治者所容，自己反而被搞得很狼狈，多次被困于陈、蔡之间，差点儿性命难保。郑国人还骂孔子“累累如丧家之狗”（《史记·孔子世家》）。孔子对此感触极深，《史记·孔子世家》中记载的孔子与颜回的一段对话，反映了孔子在道不见容后满腹忧患的心态。请看：

> 孔子曰：“回，《诗》云：‘匪兕匪虎，率彼旷野。’吾道非耶？吾何为于此？”颜回曰：“夫子之道至大，故天下莫能容。虽然，夫子推而行之，不容何病？不容然后见君子！夫道之不修也，是吾丑也。夫道既已大修而不用，是有国者之丑也。不容何病？不容然后见君子！”孔子欣然笑曰：“有是哉，颜氏之子！使尔多财，吾为尔宰。”

春秋时期，儒学地位既如此，战国时代，儒学地位又如何呢？战国时代儒学代表人物孟子“游事齐宣王、宣王不能用。适梁，梁惠王不果所言，则见以为迂远而阔于事情”（《史记·孟子列传》），战国各国君王视儒学为“迂远而阔于事情”的学问，不切实用，因此孟子到处碰壁，可见儒学没有什么地位。

我们还可以举一个例子，刘邦对待儒学态度的变化也能说明儒家在乱世受抑，而天下一旦稳定，则又把儒学抬起来。史载：“沛公不好儒，诸客冠儒冠来者，沛公辄解其冠，溲溺其中。”刘邦召见儒生郦食其，郦食其来谒见时，他还坐在床上让两个女子为他洗脚，并且还骂郦食其为“竖儒”（《史记·郦生陆贾列传》）。叔孙通是一个善于变通的儒生，他穿着儒服去见刘邦时，刘邦讨厌他，于是他就把衣服换成楚式短衣。他深知刘邦急需替他争夺天下的将士，于是不谈儒术，专进“斩将搴旗之士 ”。刘邦当皇帝后，叔孙通向刘邦建议，说：“夫儒者难与进取，可与守成。臣愿征鲁诸生，与臣弟子共起朝仪”。叔孙通及儒生为刘邦制定了一套朝仪制度，刘邦很满意，说：“吾乃今日知为皇帝之贵也。”不仅封叔孙通为太常，还封叔孙通的许多弟子及其他儒生为郎。天下刚刚渐趋稳定，刘邦对儒生的态度就发生了根本变化，前后相比，判若两人（《史记·叔孙通列传》）。

其他战乱时期，儒学地位也存在明显下降的现象。最有代表性的就是魏晋南北朝时期，儒学衰落，玄学盛行。以下文献记载了儒学衰落及受攻击的情况。《文心雕龙 ·论说》载：“迄至正始，务欲守文。何晏之徒，始盛玄论；于是聃周当路，与尼父争途矣。”《晋书·王衍传》说：“魏正始中，何晏、王弼等祖述老庄立论。”《晋书·向秀传》载：“向秀字子期，河内怀人也。清悟有远识，少为山涛所知，雅好老庄之学。庄周著内外数十篇。历世方士，虽有观者，莫适论其旨统也，秀乃为之隐解，发明奇趣，振起云风，读之者超然心悟，莫不自足一时也。惠帝之世，郭象又述而广之，儒墨之迹见鄙，道家之言遂盛焉。”

玄学家一面宣传道家思想，一面攻击旧儒学。如嵇康攻击名教“仁义务于理伪，非养真之要术，廉让生于争夺，非自然之所出也”（《难自然好学论》）。阮籍在《大人先生传》一文中说：“汝君之礼法诚天下残贼危乱死亡之术耳，而乃目以为美行不易之道，不亦过乎!”

但是，儒家在社会稳定以后，便抬起头来。汉朝发展到汉武帝时，天下承平日久，为了巩固政治上大一统的局面，董仲舒建议在思想界“罢黜百家，独尊儒术”。汉武帝采纳了董仲舒的建议，儒学由与百家并存的一个学派变为独尊的官方哲学，其地位被提高到前所未有的高度。两汉时期，经学遂成为官方的正统学问。此后新的王朝一旦建立，就崇尚儒学，扶植儒学。所不同的只是对儒学做了一些改造，如隋唐宋时期的儒学吸收了释道二家思想成分，适应了社会潮流的变化。

为什么在封建时代，会出现治世捧儒、乱世抑儒的现象呢？

我们认为应从社会变化与儒学思想体系两方面去找原因。早期儒家思想的核心是“仁”“礼”，这是孔子为改造春秋社会而开的一副药方。仁主要是爱人，即“使民以时”（《论语·学而》）、“使民如承大祭”、“己所不欲，勿施于人”（《论语·颜渊》）之意。后来孟子阐释为“民为贵，社稷次之，君为轻”（《孟子·尽心下》）。荀子也说“君者，舟也；庶人者，水也。水则载舟，水则覆舟”（《荀子·王制》）。他还说：“有社稷者而不能爱民，不能利民，而求民之亲爱己，不可得也。民不亲不爱，而求为己用，为己死，不可得也。”（《荀子·君道》）

孔子的礼是在仁的思想指导下制定的礼仪制度。形式上是“克己复礼”（《论语·颜渊》），就我们的理解，实际上孔子并非完全想恢复周礼，只是相借周礼来表达他对未来世界的憧憬。未来世界并不是春秋这样战乱频仍的社会，它应该像周初那样天下一统，社会稳定，秩序井然，“君君、臣臣、父父、子子”的关系不能乱套，是“礼乐征伐自天子出”（《论语·季氏》）的有道之天下。

儒家这些思想的作用是什么？主要作用就是巩固统治秩序。这一点，古人已作了明确说明 。司马谈在《论六家要旨》中认为，儒家“列君臣父子之礼，序夫妇长幼之列，虽百家弗能易也”。荀子驳斥秦昭王“儒无益于国”的论点时说：“儒者法先王，隆礼仪，谨乎臣子而致贵其上者也。人主用之，则势在本朝而宜；不用，则退编百姓而悫，必为顺下矣。虽穷困冻馁，必不以邪道为贪，无置锥之地，而明于持社稷之大义。”（《荀子·儒效》）韩愈在论述儒家思想时说：“其位君臣父子，师友宾主，昆弟夫妇。”（韩愈《原道》）。宋代朱熹更进一步，他为封建伦理纲常找到了形而上的理论依据，认为“未有君臣，已先有君臣之理，未有父子，已先有父子之理”（《朱子语类》）。明代王守仁说：“（儒家）见于事也，则为父子之亲，为君臣之义，为夫妇之别，为长幼之序，为朋友之信。”（王守仁《尊经阁记》）儒家的这种作用正好与历代统治阶级的需要相符。因为不管哪一王朝建立了政权，都要在理论上和实践上重视民众的作用，为长治久安计，必须在一定程度上爱护下层民众，不能竭泽而渔；每一王朝的皇帝都希望自己及其子孙能一世、二世至于万世而为君，绝对不愿看到犯上作乱的事情出现，所以总是强调三纲五常，以求家庭和社会的稳定。因此，统治阶级都把儒学确立为官方哲学，通过各种手段来维护儒学的独尊地位。

儒学地位下降的原因比较复杂，大致有如下几种情况：首先是在战争环境下，急需军事人才，儒生所起的作用尚不明显，即叔孙通所说的“儒者难与进取，可与守成”。于是儒学就受到抑制。第二个原因是在变革时代，其任务就是要打破旧秩序，建立新秩序，替统治阶级维护秩序的儒家学说势必受到冷落。每次农民起义的口号即表达了农民建立新社会的愿望，对旧的统治阶级强烈不满，如东汉黄巾大起义时农民到处宣传：“苍天已死，黄天当立，岁在甲子，天下大吉。”这就是对旧秩序的否定。如果仍然坚信旧的君臣关系不能乱，刘氏或某氏天下不能反，怎么会有大小数百次的农民起义？第三个原因是学术思潮自身的演变导致儒学地位下降。如两汉经学到东汉时期已被谶纬化迷信化，完全成为统治阶级为所欲为的思想工具，儒学思想已完全被扭曲，引起了人们的普遍反感，于是从道家的角度解释儒家经典的玄学应运而生。以上三个原因，不能孤立地去看，它们是相互联系着发挥作用的。

（本文原载《襄樊教育学院学报》1996 年第 1 期）

国民阶级的晚出及其影响

侯外庐先生是著名的马克思主义史学家之一，他提出了一系列独特的见解。学者们重点研究了侯先生关于亚细亚生产方式、中国古代土地所有制、中国近代启蒙思想的理论观点[①]，而对侯先生关于国民阶级晚出的思想，却较少涉及。本文试对此问题进行探讨。

一、国民阶级的含义

什么是国民阶级？回答这一问题，首先应从侯先生研究思想史的理论基础和研究方法谈起。侯先生写作《中国古代社会史》一书时，理论上的主要依据是恩格斯《家庭私有制和国家的起源》《反杜林论》，马克思的《政治经济学批判》序言、《资本论》、《资本主义生产以前的各种形式》等经典著作。具体研究方法是中西比较，将亚细亚的古代与古典的古代（均指奴隶社会）对照研究，国民阶级这一概念就是在比较研究中提出来的。我们先分析古典的古代社会的阶级构成。以雅典为例，居民由公民和奴隶构成，“到了雅典全盛时代，自由公民的总数，连妇女和儿童在内约九万人，而男女奴隶为三十六万五千人，被保护民——外地人和被释放的奴隶为四万五千人”[②]。公民就是侯先生所谓的国民阶级。公民又分为贵族和平民两部分，这种贵族并不是氏族贵族，而是代替氏族贵族的新的土地所有者。“梭伦把公民按照他们的地产和收入分为四个阶级；五百、三百及一百袋谷物（一袋约等于四十一公升），为前三个阶级的最低限度的收入额；地产少于此数或完全没有地产的人，则属于第四阶级。只有三个上等阶级的人才能担任一切官职；只有第一阶级的人才能担任最高的官职；第四阶级只有在人民大会上发言和投票的权利。”[③] 雅典公民具有以下几个特征：在

---

① 吴长庚：《国际侯外庐学术讨论会综述》，《上饶师专学报》1994 年第 1 期。

② 恩格斯：《家庭、私有制和国家的起源》，见《马克思恩格斯选集》第 4 卷，人民出版社，1972 年，第 115 页。

③ 恩格斯：《家庭、私有制和国家的起源》，见《马克思恩格斯选集》第 4 卷，人民出版社，1972 年，第 111 页。

经济方面，公民是私有财产所有者，拥有多少不等的地产之类的不动产和货币、奴隶、商船等动产性质的财富。在政治方面，雅典是奴隶制共和制国家，公民具有选举权和被选举权，“国家公民的权利和义务，是按照他们的地产的多寡来规定的”[①]。在军事方面，“四个阶级都是新的军队组织的基础。前两个阶级提供骑兵，第三阶级提供重装骑兵，第四阶级提供不穿甲胄的轻装骑兵或在海军中服役”[②]。在文化方面，公民积极参与文化活动，在文学、艺术、哲学等许多方面都取得了重大成就，在人类文明史上写下了辉煌篇章。恩格斯说：“没有奴隶制，就没有希腊国家，就没有希腊的艺术和科学。”[③] 也可以说没有公民的积极参与，就没有希腊的艺术和科学。所以侯先生说：“没有希腊自由民，就不会产生希腊古代悲剧艺术，这是千真万确的命题。”[④]

侯先生根据以上雅典公民（国民阶级）的特征，研究了中国古代社会的阶级构成，指出中国古代存在与雅典公民相近似的国民阶级，他们包括：显族（富子）、国人。

显族就是取代氏族贵族的新兴土地私有者，即与平民相对的新兴贵族。侯先生说：“古代社会开始都是经过氏族贵族的阶段，周代亦没有例外。”所谓“天子建国，因生以赐姓，胙之土而命之氏，诸侯以字为氏，因以为族。在西洋这个阶段以后，便继以显族阶段。”[⑤] 由于宗法制的束缚，中国古代没有典型的显族阶段，走的是逐渐下移分化的路线，由诸侯而大夫，由诸侯而陪臣。不像雅典那样，彻底地由“宗子”而“富人”，而走着小宗子的“耦制”，小宗子就是非典型的显族（富子）。这种小宗子的“耦制”在春秋时期属普遍现象，如晋国韩、赵、魏，郑国共叔段，齐国陈氏，鲁国三桓季孙氏、叔孙氏、孟孙氏等就是非典型的显族（富子）。这时出现了“公子皆富”“私肥于公”“尾大不掉”“公室日卑”的社会现象，如鲁国三

---

① 恩格斯：《家庭、私有制和国家的起源》，见《马克思恩格斯选集》第 4 卷，人民出版社，1972 年，第 112 页。

② 恩格斯：《家庭、私有制和国家的起源》，见《马克思恩格斯选集》第 4 卷，人民出版社，1972 年，第 112 页。

③ 恩格斯：《反杜林论》，见《马克思恩格斯选集》第 3 卷，人民出版社，1972，第 220 页。

④ 侯外庐等：《中国思想通史》第 1 卷，人民出版社，1995 年，第 33 页。

⑤ 侯外庐：《中国古代社会史》，新知书店，1948 年，第 158 页。

桓“三分公室，而各有其一。季氏尽征之，叔孙氏臣其子弟，孟氏取其半焉，及其舍之也，四分公室，季氏择二，二子各一，皆尽征之，而贡于公”①。以至于季氏富于周公。齐国陈氏以家量贷，以公量收，无德于公而私有德于民，最后取代姜齐之政。

侯先生认为，“在贵贱有序的社会中，接近于“士”而未列等的一等人，叫“国人”。因为“国”既然是城市性质，则“国人”便无疑是市民，即自由民”②。国人具有一定的经济实力和号召力，能够出君弑君，议论国政，参与公族内乱，在政治生活中起着越来越重要的作用。因此，“‘国人’之为‘自由民’，乃无疑问的问题”③。通过比较研究，侯先生说：“国人、自由民在希腊社会是氏族贵族制崩坏以后的市民，后来被显族经济所侵吞，中国的自由民则是在显族难产的过程中逐渐取得社会地位。在春秋的族内战争中，有国人参加，显然不属于氏族贵族的一类，但他却因了贵族矛盾而可能成为不合法的小生产者。这种人到了战国，一部分大约转为文学之士或食客与策士，因其不属于贵族的宗统，所以说‘士无定主’。”④

二、国民阶级的晚出

雅典自进入文明时代，就出现了国民阶级、即公民；而中国古代社会在进入文明时代后氏族贵族长期专政，很久以后才产生了国民阶级。中国古代的显族出现于春秋早期，并且是非典型显族，走的是逐渐下移分化的路线，诸侯倒台了，大夫起来，大夫倒台了，陪臣起来，实行了小宗子的耦国制度。国人在西周时期数量还很少，如西周成王时簋载：“王命毛公以邦冢君、徒御、国人，伐东国戎。”宣王时代盨载：“邦人，正人，师氏人。”侯先生认为邦国同义，邦人即国人，国人的大量出现要推迟到西周晚期、春秋和战国时期，《诗经》《左传》《论语》《孟子》等书中多有记载。国人逐厉王于彘，表现了西周晚期国人在政治运动中的地位，到春秋时期，国人还能够立猛为悼王。凡国政大事，国人莫不参与，这是春秋到了半显族阶段的特色。战国时代，国人甚居重要地位，如《孟子·梁惠王下》载

① 《左传·昭公五年》。
② 侯外庐：《中国古代社会史》，新知书店，1948 年，第 220—225 页。
③ 侯外庐：《中国古代社会史》，新知书店，1948 年，第 220—225 页。
④ 侯外庐：《中国古代社会史》，新知书店，1948 年，第 220—225 页。

孟子对齐宣王说："国君进贤，如不得已，将使卑逾尊，疏逾戚，可不慎与……国人皆曰贤，然后察之；见贤焉，然后用之……国人皆曰不可，然后察之；见不可焉，然后去之……国人皆曰可杀，然后察之；见可杀焉，然后杀之。"

雅典国民阶级的产生与进入文明时代是同步的，而中国古代国民阶级的产生却比进入文明时代要晚。国民阶级晚出的原因在于古典的古代与亚细亚的古代走了不同的路径，古典的古代是正常发育的小孩，亚细亚的古代是早熟的文明小孩。"古典的古代'是由家族而私产而国家'，国家代替着家族；'亚细亚的古代'是由家族而国家，国家混合于家族，因而前者是新陈代谢，新的冲破旧的，后者是新陈纠葛，旧的拖住了新的这是维新的路线，前者是人惟求新（即跨入文明时代时出现了国民阶级），器亦求新，后者则是'人惟求旧（即氏族遗制保留在文明社会里，氏族贵族长期专政，国民阶段晚出），器惟求新'，前者是市民的世界，后者是君子的世界。"①

三、国民阶级晚出的影响

（一）对中国古代经济的影响

雅典在进入文明时代时，公民对土地的私有逐渐取代了氏族贵族土地所有制，梭伦改革沉重地打击了氏族贵族，打击了旧的氏族制度，"这样，在制度中便加入了一个全新的因素——私有财产，国家公民的权利和义务，是按照他们地产的多寡来规定的，于是，随着有产阶级（即国民阶级）日益获得势力，旧的血缘亲属团体也就日益遭到排斥，氏族制度遭到了新的失败"②。中国古代国民阶级晚出，没有产生与氏族贵族相抗衡的力量，因此形成了西周的土地国有制，即所谓"溥天之下，莫非王土；率土之滨，莫非王臣"。侯先生说："土地是西周的主要生产手段，这种生产手段之所有形态为'国有'或'曾孙田之'的贵族所有。"③ 侯先生进而认为中国封建社会也在古代社会基础上实行以皇族垄断为特征的土地国有制。如果说西周的土地国有或氏族贵族专有，形成了礼之专及即"刑不上大夫，礼不

① 侯外庐：《中国古代社会史》，新知书店，1948 年，第 61 页。

② 恩格斯：《家庭、私有制和国家的起源》，见《马克思恩格斯选集》第 4 卷，人民出版社，1972 年，第 112 页。

③ 侯外庐：《中国古代社会史》，新知书店，1948 年，第 61 页。

下庶人”的宗法制的话，那么封建土地国有制则是产生封建专制的经济根源。

（二）对中国古代政治的影响

在雅典，经过提修斯、梭伦、克里斯提尼三次改革，城市国家确立，“地域单位代替了氏族单位，因而国家行政机关代替了氏族宗教行政，国民（平民、自由民）参与国事。在人类新要素的意义上讲来，氏族旧人类被淘汰了，然而这不是一个自然的自成史，而是一串奋斗的历史。所以国民人类与氏族人类的历史战争中，产生了希腊古典的民主制”①。希腊的奴隶制共和制就是在国民阶级与氏族旧人的斗争基础上形成的。

而中国呢？由于国民阶级晚出，氏族贵族垄断政权，形成了“大宗维翰”“宗子维城”的氏族宗法制度，君统与宗统相结合，尊尊与亲亲相结合，产生了“氏所以别贵贱”“刑不上大夫，礼不下庶人”的周礼精神。这种宗法制对中国社会发展产生了深远的影响。

（三）对中国古代学术的影响

中国古代由于国民阶级晚出，国民阶级思想家也相应晚出。而雅典在土地私有制基础上建立了奴隶制共和制，经济发展，政治民主，“观念家与事业家，因社会分工的发展，亦由两者在氏族内部的统一中，分化而独立发展起来，而和事业家分离独立发展其个性的观念家，便是希腊哲人（或贤者）产生的历史原因”②。雅典一进入文明社会，国民阶级思想家（贤人）便分化独立出来了。中国由于国民阶级晚出，氏族贵族不仅垄断政权，而且垄断学术，学在官府，观念家与思想家是统一的，如春秋前期的管仲、子产既是思想家又是齐、郑两国的执政大夫。因“中国古代没有典型的显族，故贤人思想为晚出，到了礼贤制度，始颇表现出相对的古典共和；而诸子所以在‘尚贤’一题旨方面争论不休者，正说明了战国显族社会难产之‘证件’”③。中国迟至春秋末以至战国才出现了中国古代社会的哲人或贤者，即“文学之士”或“诸子百家”。孔子开创私学，是学术下私人的起点，他是中国古代最早的国民阶级思想家（贤人）。

① 侯外庐：《中国古代社会史》，新知书店，1948年，第249页。

② 侯外庐：《中国古代社会史》，新知书店，1948年，第249—250页。

③ 侯外庐：《中国古代社会史》，新知书店，1948年，第270页。

由于国民阶级晚出，氏族贵族垄断学术，中国古代（奴隶社会）的学术主要是维护宗法制度的社会伦理思想，这对晚出的国民阶级思想家也产生了极大的影响。侯先生认为，中国的贤人与希腊的智者同是国民阶级的思想代表。但他们探讨的学术领域侧重点不同。希腊早期思想家如泰勒士，一开始就提出了宇宙根源问题，主要从事认识自然的活动，这就是所谓的“智者气象”。而中国早期贤人如孔、墨，大部分重视道德论、政治论与人生论，其所研究的对象大都以人事为范围，这就是所谓的“贤人作风”。希腊到苏格拉底、柏拉图、亚里士多德时才出现“贤人作风”，中国在战国中叶“智者气象”才发达起来，由此奠定了中西文化各自的基础。

（本文原载《襄樊学院学报》1999 年第 6 期）

论秦汉文化整合的历史进程

春秋战国时期，各流派思想异彩纷呈，并且都形成了各具特色的思想理论体系，时至战国末年，已揭开了文化整合的序幕，秦汉时期，中华文化的第一次大整合成为历史发展的必然趋势。秦汉人是如何完成这一历史使命的？经历了怎样的过程？本文试对这些问题加以探讨。

一、秦始皇实行以法家取代百家的文化整合模式

秦始皇以武力统一六国，建立了历史上第一个统一的多民族的封建国家，“始皇自以为功过五帝，地广三王，而羞与之侔”①。伴随着政治上的统一，百家并存已成为政治的障碍，文化整合已是必然之势。据《史记·秦始皇本纪》载：“三十四年（公元前213年）……始皇置酒咸阳宫，博士七十人前为寿。丞相李斯曰：‘五帝不相复，三代不相袭，各以治，非其相反，时变异也，今陛下创大业，建万世之功，固非愚儒所知。且越言乃三代之事，何足法也？异时诸侯并争，厚招游学。今天下已定，法令出一，百姓当家则力农工，士则学习法令辟禁。今诸生不师今而学古，以非当世，惑乱黔首。丞相臣斯昧死言：古者天下散乱，莫之能一，是以诸侯并作，语皆道古以害今，饰虚言以乱实，人善其所私学，以非上之所建立。今皇帝并有天下，别黑白而定一尊。私学而相与非法教，人闻令下，则各以其学议之，入则心非，出则巷议，夸主以为名，异取以为高，率群下以造谤。如此弗禁，则主势降乎上，党与成乎下。禁之便。臣请史官非《秦记》皆烧之。非博士官所职，天下敢有藏《诗》、《书》、百家语者，悉以守、尉杂烧之。有敢偶语《诗》《书》者弃市。以古非今者族。吏见知不举者与同罪。令下三十日不烧，黥为城旦。所不去者，医药、卜筮、种树之书。若欲有学法令，以吏为师。’制曰：‘可。’”公元前212年，因“诸生在咸阳者……或为妖言以乱黔首”，秦始皇将“犯禁者四百六十余人，皆坑之咸

① 《史记·秦始皇本纪》。

阳”。以上是秦始皇以法家取代百家，企图实现文化整合的两段史料，秦始皇接受李斯建议，在整合文化时，至少有两方面的教训。其一就是解决文化问题的方法过于简单化，违背了文化发展的自身规律。他采取的措施一是焚书，“非《秦记》皆烧之”“天下敢有藏《诗》、《书》、百家语者，悉诣守、尉杂烧之”。二是监禁杀人。“以古非今者族。吏见知不举者与同罪。令下三十日不烧，黥为城旦。”粗暴地烧书杀人，用一家取代百家，用暴力手段而不是用文化手段去解决文化问题，结果事与愿违，并未达到文化整合的目的。教训之二就是秦始皇、李斯所信奉的法家有几大致命缺点。秦始皇非常推崇法家，《史记·老庄申韩列传》载：“人或传其（韩非）书至秦，秦王见《孤愤》《五蠹》之书，曰：‘寡人得见此人与之游，死不恨矣。’”正说明秦始皇特别崇拜法家。李斯也是法家的信徒和实践家，他与韩非“俱事荀卿 ”，《荀子》一书“法家气味是相当浓厚的。可以说在中国思想史上，他是最早把儒法结合起来的思想家之一”[①]。李斯把法家贯彻到实际政治活动之中。法家有如下两个缺点：

第一个缺点是“惨礅少恩”[②]。法家精于君人南面之术，玩弄权术，尔虞我诈，一般又主张轻罪重罚，“以刑去刑，刑去事成”[③]。法家实行恐怖统治，人们在心理上对这种思想难以接受。司马谈在《论六家之要旨》中评论说：“法家严而少恩，然其正君臣上下之分，不可改矣……法家不别亲疏，不殊贵贱，一断于法，则亲亲尊尊之恩绝矣，可以行一时之计而不可长用也，故曰严而少恩。若尊主卑臣，明分职不得相逾越。虽百家弗能改也。”[④] 班固也有相似的评价：“法家者流，盖出于理官，信赏必罚，以辅礼制，《易》曰：‘先王以明罚饬法。’此其所长也。及邪人为之，则无教化，去仁爱，专任刑法，而欲以致治，至于残害至亲，伤恩薄厚。”[⑤]

第二个缺点是法家排异性特别强。如韩非特别强调矛盾一方吃掉另一方的思想，认为法术之学与诸子之学，特别是儒墨之学，势不两立。主张彻底把儒墨之学吃掉，用行政的办法加以取缔，烧毁有关的书籍，直至消

① 刘泽华：《先秦政治思想史》，南开大学出版社，1984 年。
② 《史记·老庄申韩列传》。
③ 《商君书·靳令》。
④ 《史记·太史公自序》。
⑤ 《汉书·艺文志》。

灭肉体，达到以吏为师、言轨于法的目的[①]。我们认为这种不能容纳其他学派的思想理所当然地不宜作为一个社会的主导性思想。秦始皇并没有真正地实现文化的整合，文化整合的任务历史性地落在汉代统治者身上。

二、西汉前期实行统一于黄老之学的文化整合模式

汉初经济凋敝，“民亡盖藏，自天子不能具醇驷，而将相或乘牛车”[②]，恢复经济、巩固政权是当务之急。为适应汉初稳定政局、恢复经济的需要，汉朝统治者吸取秦亡教训，在文化领域采取了相对宽松的政策，改变秦朝用法家取代百家的整合模式，选择黄老之学为主导性思想。黄老之学有什么特征呢？历代思想家都不完全清楚其内容，这一学术史上的千古之谜到1974年马王堆汉墓出土《老子》甲、乙本和四篇古佚书时，才逐渐被人们解开。四篇古佚书分别是《经法》《十六经》《称》和《道原》，有的学者认为这四篇佚书就是黄老之学的经典著作之一——《黄帝四经》[③]。若此推测不误，黄老之学的学术观点主要有如下特征：(一) 以道为哲学本体，崇尚清静无为。(二) 主张德刑并用，先德后刑。如《十六经》载：“春夏为德，秋冬为刑。先德后刑以养生……先德后刑顺于天。”《经法·君正》载：“文武并行，则天下从矣。”(三) 吸收了阴阳家的学说，为尊卑有序、上下有别的人间伦理寻找形而上学的依据。(四) 主张生财富民，赋敛有度。黄老之学是一个复杂的思想体系，它以老子无为哲学为根本，“因阴阳之大顺，采儒、墨之善，撮名、法之要，与时迁移，应物变化，立俗施事，无所不宜”[④]。黄老之学的这种包容性开放性特点，在黄老派思想家司马谈和淮南王刘安的著述中体现得更为充分。司马谈在《论六家要旨》中能够辩证地评论名家学说，扬其所长，抑其所短。他说：“《易大传》：‘天下一致而百虑，同归而殊途。’夫阴阳、儒、墨、名、法、道德，此务为治者也，直所从言之异路，有省不省耳。偿窃观阴阳之术。大详而众忌讳，使人拘而多所畏，然其序四时之大顺，不可失也。儒者博而寡要，劳而少功，是以其事难尽从，然其序君臣父子之礼，列夫妇长幼之别，不可易也。墨者俭

① 刘泽华：《先秦政治思想史》，南开大学出版社，1984年。
② 《汉书·食货志》。
③ 张国华：《中国秦汉思想史》，人民出版社，1994年。
④ 《史记·太史公自序》。

而难遵，是以其事不可遍循，然其强本节用，不可废也。法家严而少恩，然其正君臣上下之分，不可改矣。名家使人俭而失真，然其正名实，不可不察也 。道家使人精神专一，动合无形，赡足万物。其为术也，因阴阳之大顺，采儒、墨之善、撮名、法之要，与时迁移，应物变化，立俗施事，无所不宜，指约而易操，事少而功多。儒者则不然，以为人主，天下之仪表也，主倡而臣和。主先而臣随，如此则主劳而臣逸，至于大道之要，去健羡，绌聪明，释此而任术，夫神大用则竭，形大劳则敝，形神骚动，欲与天地长久，非所闻也。”① 司马谈一反秦朝以法家取代百家的文化整合模式，转而倡导以黄老之学为主导思想去整合百家，这是文化史上的一大进步，是中华文化第一次大整合的历史进程中的重要一环。刘安身为诸侯王，“招至宾客方术之士数千人”，集体编著《淮南鸿烈》这部学术专著。它是黄老之学的一部代表作，其主旨以道为哲学本体，由天道而推演人事，崇尚清静无为，兼采儒、法、阴阳等学术观点，看似杂乱无章，实则形成了有机统一的思想体系。究其实质，《淮南鸿烈》与司马谈的《论六家要旨》一样，创立了一种以黄老之学整合百家的新的文化整合模式。如果说司马谈《论六家要旨》奠定了新的文化整合模式的基础的话，那么《淮南鸿烈》则是在这一时代思潮中实践这一思想的学术结晶。汉代前期实行的以黄老之学整合百家的文化整合模式，既是中华文化第一次大整合进程中的重要环节，也是西汉前期特殊的社会背景的产物。实践证明，实行这一文化整合模式，达到了应有的效果。从经济上讲，经过汉初的休养生息，到汉武帝时，“国家亡事，非遇水旱则民人给家足，都鄙廪庾尽满，而府库为余财。京师之钱累百矩万，贯朽而不可校。太仓之粟，陈陈相因，充溢露积于外，腐败而不可食。众庶街巷有马，仟佰之间成群，乘牝者摈而不得会聚”②。与汉初天子不能具醇驷的局面形成鲜明对比。在政治方面，适应了各阶级、各阶层的需要，有利于稳定社会秩序。在文化方面，虽然存在严重排儒的现象，但毕竟较秦朝又前进了一步，用黄老学整合百家之学，形成了复杂的庞大的思想体系。黄老之学崇尚清静无为，与汉代前期的社会背景是相合的。但随着汉朝中央力量的增强，无为哲学已经不能适应汉中

---

① 《史记·太史公自序》。
② 《汉书·食货志》。

叶的社会需要，中央王朝强烈要求加强中央集权和君主专制，要求刚健有为，于是一种新的文化整合模式就应运而生了。

三、汉武帝实行统一于儒家的整合模式

《汉书·武帝纪》载："元光元年（公元前134年）……五月，诏贤良曰：'……贤良明于古今王事之体，受策察问，咸以书对，著之于篇，朕亲览焉。'于是董仲舒、公孙弘等出焉。"《汉书·董仲舒传》载："武帝即位，举贤良文学之士前后百数，而仲舒以贤良对策焉。"董仲舒在对策中强烈抨击秦始皇的整合文化的模式，他说："至周之末世，大为亡道，以失天下。秦继其后，独不能改，以益甚之，重禁文学，不得挟书，弃捐礼谊，而恶闻之，其心欲尽灭先圣之道，而专为自恣苟简之治，故立为天子十四岁而国破亡矣。自古以来，未尝有以乱济乱，大败天下之民如秦者也。"① 他把秦朝文化政策的失误看作秦亡的重要原因之一，从而充分肯定仁义礼乐和教化的地位与作用，也就是极力抬高儒家的地位，主张用儒家思想去整合其他思想流派，以实现其大一统的理想境界。他分析当时的思想状况后，认为"《春秋》大一统者，天地之常经，古今之通谊也。今师异道，人异论，百家殊方，指意不同，是以上亡以持一统，法制数变，下不知所守，臣愚以为诸不在六艺之科，孔子之术者，皆绝其道，勿使并进，邪辟之说灭息，然后统纪可一，而法度可明，民知所从矣"。汉武帝采纳了董仲舒的建议，"罢黜百家，表章六经"，用董仲舒的儒学去整合其他流派，实际上董仲舒的儒学已经在先秦和汉初儒学基础上进行了重构，以儒学为本，同时吸收了道家、阴阳家、法家等思想，构成了一个博大精深的思想体系。由此看来，汉武帝选择儒学做主导性思想就不是偶然的了。从思想方面看，儒学自诞生起，就有它自身的几大优势。其一是主张刚健有为，宣传大一统思想。这种入世哲学正适合汉武帝的需要。其二是体系完备，和而不同，德刑并用。司马谈批评说："儒者博而寡要，劳而少功。"② 正说明儒家思想的博大精深，其经典著作《诗》《书》《礼》《易》《春秋》《论语》《孟子》《荀子》等，探讨的问题非常广泛，除其基本思想仁义礼乐之外，也谈到其他学派所研究的问题。如孔子也谈到了法家所强调的刑罚，他说："名不正

---

① 《汉书·董仲舒传》。

② 《史记·太史公自序》。

则言不顺，言不顺则事不成，事不成则礼乐不兴，礼乐不兴则刑罚不中，刑罚不中则民无所措手足。”[①] “道之以政，齐之以刑，民免而无耻；导之以德，齐之以礼，有耻且格。”[②] 孔子并非不重视刑罚，只是把刑罚排在仁义礼乐之后，将其放在次要的位置。孔子这一思想由荀子和董仲舒加以发展了，荀子把儒法结合起来，董仲舒也主张德刑并用，德主刑辅，这就避免了法家“惨礉少恩”的过失。儒家“仁者爱人”与墨家的兼爱相通，儒家的仁爱建立在礼的基础之上，比墨家更切合实际，墨家的兼爱过于理想化，不便于实践。至如名家以正名实为务，儒家也重视正名，《论语·子路》载：“子路曰：‘卫君待子而为政，子将奚先?’子曰：‘必也正名乎!”儒家的“达则兼济天下，穷则独善其身”的思想与道家思想也是能够相通的。可见儒家思想体系是很完备的，不像其他学派那样偏狭，专究某一方面的问题，因此儒家在文化观上自孔子起就主张“和而不同”。孔子说：“君子和而不同，小人同而不和。”[③] “‘同’是一种毫无差别的绝对等同”，“‘和’是对立的统一”[④]，“和而不同”就是指各思想流派在矛盾基础上的统一。在这种文化观的指导下，儒家对其他各家不是绝对排斥。汉武帝“罢黜百家，表章六经”以后也并未消灭百家。正如冯友兰先生所说：“儒家之六艺，本非一人之家学，其中有多种思想之萌芽，易为人所引申附会，此富有弹力性之六艺，对于不同之思想有兼容并包之可能。儒家独尊后，与儒家本来不同之学说，仍可在六艺之大帽子下，改头换面，保持其存在。儒家既不必完全致别家之死命，别家亦不必竭力反对之，故其独尊之招牌，终能敷衍维持。”[⑤] 著名史学家吕思勉先生认为：“近今论者，多谓自汉武帝以后，百家之学日就式微，多谓学术之盛昌，由于时君之奖厉，由于国势之阽危，故自嬴秦统一，竞争绝而学术遂衰，此言似是而实非。《汉书·艺文志》诸子十家，惟名、墨二家无秦汉人著述；《兵书略》中兵阴阳家及《数术略》《方技略》各四家，有无秦汉人著述不明；余率皆有，或颇多……然则即谓诸家中皆无秦汉人之书，而能传先秦人之书，即是能传先

① 《论语·子路》。
② 《论语·为政》。
③ 《论语·子路》。
④ 张岂之：《中国儒学思想史》，陕西人民出版社，1990 年。
⑤ 冯友兰：《中国哲学史》，中华书局，1984 年，第 488、489 页。

秦人之学矣。况其传授及好尚，见于《史》《汉》《三国志》者尚章章不可诬邪……秦汉之世，百家之学，见于《史》《汉》《三国志》纪、传者如此合《汉志》所载之书观之，诸学之未尝废绝，弥可见矣。安得谓一经汉武之表章罢黜，而百家之学，遂微不足道邪？”①

儒学的第三个优势是注重对文化传统的继承，祖述尧舜，宪章文武，这一点与法家割断历史联系的观点形成鲜明的对比。孔子说：“殷因于夏礼，所损益可知也；周因于殷礼，所损益可知也；其或继周者，虽百世可知也。”② 又说：“周监于二代，郁郁乎文哉！吾从周。”③ 说明孔子对待古代文化持因时损益的观点，主张继承传统的好的一面，损去过时的东西，增加新时代所需要的内容。孔子的这一思想为以后的儒家继承和发扬光大，至汉代，就形成了以三纲五常为中心，整合了黄老之学、法家、阴阳家等思想的董仲舒的新儒学体系。

儒学的第四个优势就是讲仁义，把亲亲与尊尊统一起来，为阶级压迫掩盖了一层温情脉脉的面纱，具有极大的欺骗性，易于为人们所接受，这是由中国古代宗法制社会的特性所决定的。侯外庐先生把“古典的古代”与“亚细亚的古代”做了比较，他说：“如果我们用‘家庭、私有、国家’这三项来做文明路径的指标，那末，古典的古代是从家族到私产再到国家，国家代替了家族；亚细亚的古代是由家族到国家，国家混合在家族里面，叫作‘社稷’。因此，前者是新陈代谢，新的冲破了旧的，这是革命的路线；后者却是新陈纠葛，旧的拖住了新的，这是维新的路线。前者是人惟求新，器亦求新；后者是人惟求旧，器维求新。前者是市民的世界，后者是君子的世界。”④ 侯先生的看法可谓真知灼见，由此我们可以明了儒学何以在中国社会这个温床里产生，并且经久不衰。

正因为儒学在思想上具有以上几大优势，所以汉武帝选择用儒学作为主导性思想去整合百家，创立了一个文化整合的新模式，即统一于儒家的文化整合模式。实践证明，这一模式在特定的社会环境里有其必然性、合理性和可实践性，为以后历代统治者所继承，使儒学在中国历史上占统治

---

① 吕思勉：《秦汉史》，上海古籍出版社，1983 年。

② 《论语·为政》。

③ 《论语·八佾》。

④ 侯外庐主编：《中国思想通史》第 1 册，人民出版社，1956 年。

地位长达两千余年。

四、结论

秦汉时期是中华文化第一次大整合的时代，这一次大整合前后经历了两个朝代，长达近百年时间。第一次文化大整合经历了漫长的摸索过程，就主导性思想而言，由法而道，由道而儒，创立了三个文化整合模式，其中秦始皇用法家取代百家的文化整合模式可以说是失败的尝试，其沉痛教训为汉代统治者所吸取；汉代前期惩秦之弊，实行统一于黄老之学的文化整合模式；随着经济、政治的发展，汉武帝在吸收黄老之学的基础上，又实行统一于儒家的文化整合新模式，至此完成了中华文化第一次大整合的历史使命，确立了中华文化的基本框架，为中华文化的第二次大整合即宋代理学的形成奠定了基础，至今仍在发挥其影响。

（本文原载《社会科学动态》1998 年第 11 期）

从中国文化发展的历史看文化自信

要探讨中国文化的发展道路，必须先了解中国社会的发展道路。

一、从中国的历史传统看中国未来的发展道路

回顾历史，中国社会所经历的发展道路可表示为：原始社会→中国进入文明时代的特殊道路亚细亚生产方式→中世纪的土地国有制、中央集权、专制主义→近代以来转益多师（君主立宪→民主共和）→苏联式社会主义和中国特色社会主义。历史经验表明，中华民族应该有所创造，独立自主地开辟一条既符合时代潮流又符合中国国情的道路。

关于亚细亚生产方式，我认为侯外庐先生的解释符合历史实际状况。他说："简单地说来，我断定'古代'是有不同路径的。在马克思恩格斯的经典文献上，所谓'古典的古代''亚细亚的古代'，都是指的奴隶社会。但是两者的序列却不一定是亚细亚在前。有时古典列在前面，有时两者平列，作为'第一种'和'第二种'看待的。'古典的古代'是革命的路径；'亚细亚的古代'却是改良的路径。前者便是所谓'正常发育'的文明'小孩'；后者是所谓'早熟'的文明'小孩'，用中国古文献的话来说，便是人唯求旧、器惟求新的'其命维新'的奴隶社会。旧人便是氏族（和国民阶级相反），新器便是国家和城市。"①

侯外庐对中国封建社会也有精辟的论述："中国中古封建是以皇族地主的土地垄断为主要内容，对土地私有权的法律观念是没有的。这里所谓法律观念是指着所有权在法律上的规定，至于在法律之外的事实如由于特权而得的占有权，是另外一回事。"②

---

① 侯外庐：《中国古代社会史论·自序》，河北教育出版社，2000年，第4页。

② 侯外庐：《中国封建社会史论》，人民出版社，1979年，第10页。

这里要弄清楚所有权、占有权、支配权、使用权等概念之间的区别。

中国历史道路既如上述，中国文化的发展之路与中国的历史之路密切关联，中国文化的发展之路经历了三次大的整合，第三次整合正在进行之中。

二、从中国的文化发展历史看未来中国的文化建设

（一）秦汉时期的第一次文化整合

第一次文化整合是在国内诸子百家基础上进行的文化整合，经历了三个时期的探索：秦朝的法家整合模式→汉初的黄老整合模式→汉中叶的儒家整合模式

由于法家的排异性极强，无法容纳其他各家思想流派，最后以秦国的灭亡宣告了第一阶段的整合以失败告终。

司马谈《论六家要旨》："法家严而少恩。然其正君臣上下之分，不可改矣。""法家不别亲疏，不殊贵贱，一断于法，则亲亲尊尊之恩绝矣，可以行一时之计，而不可长用也：故曰严而少恩。"

第二阶段为汉代早期，以黄老思想为主，整合百家，主要提倡无为而治，休养生息。

白奚先生认为："黄老之学是道家学派在战国时期出现的一个分支，它肇始黄帝，本宗老子，以热衷于探讨治国之道的鲜明特色而有别于约略同时出现的以庄子为代表的另一个道家分支。"①

白奚指出黄老学派的特征："道法结合，兼采百家。道家是其哲学基础，法家是其基本的政治主张，兼采百家时期政治主张的辅翼。"②

黄老思想符合汉初的社会实际需要，相比法家思想而言，包容性有所增强。但到西汉中期，黄老思想已经不能满足社会的需要，一种主张刚健有为的儒家思想就代替了黄老思想，汉武帝"罢黜百家，独尊儒术"，从此奠定了儒家在中国历史上两千余年的统治地位，至今儒家思想依然是中国传统文化的主要资源。

儒家思想能够统领百家，绝不是偶然的，除了历朝政府的推行外，在学理上确有其内在原因。我们认为儒家具有较强的包容性，举几个例子加

---

① 白奚：《学术发展史视野下的先秦黄老之学》，《人文杂志》2005年第1期。

② 白奚：《先秦黄老之学源流述要》，《中州学刊》2003年第1期。

以说明。

子曰："野哉！由也！君子于其所不知，盖阙如也。名不正，则言不顺；言不顺，则事不成；事不成，则礼乐不兴；礼乐不兴，则刑罚不中；刑罚不中，则民无所措手足。故君子名之必可言也，言之必可行也，君子于其言，无所苟而已矣。"（《论语·子路》）这段话说明儒家给予名家以重要地位。

"道之以政，齐之以刑，民免而无耻。道之以德，齐之以礼，有耻且格。"（《论语·为政》）《论语》这段话强调德和礼的重要性，把政和刑放在德、礼之下，给予法家一个适当的位置。

"穷则独善其身，达则兼济天下。"（《孟子·尽心章句上》）《孟子》这句话妥善地处理好了儒家和道家的关系，指出有其位就要兼济天下，不如意则独善其身。

（二）汉朝到宋明时期的第二次文化整合

刚刚完成第一次整合的中国文化，马上就遇到一个新问题，如何处理与南来佛教的关系。这次整合经历长期的过程：汉朝佛教东渐→唐朝的禅宗等派→宋明理学。

西汉晚期佛教开始传入中国，《魏书·释老志》："哀帝元寿元年，博士弟子秦景宪受大月氏王使伊存口授浮屠经。"

到唐朝时，形成了中国化的禅宗。侯外庐说："唐代中叶兴盛起来的禅宗，是佛学在长期变化中和道学间相衔接的链环。宋明道学号称儒学正宗，实际上和佛学中的禅宗一系是脉络相通的。不但苏轼、苏辙等的术学明显地以佛学相标榜，就是道学正统的程、朱、陆、王，他们的思想也多可溯源于佛教的各个宗派，特别是禅宗。"[①]

宋明理学就是在整合儒、释、道三家思想的基础上而形成的新儒学。历史证明，儒家思想以其包容性成功地完成了第二次文化整合的历史任务。

（三）明清以来的第三次文化整合

明清以来，中国文化又遇到了更为棘手的问题，一个以坚船利炮开道的西学开始东渐。这一次整合仍在进行之中，如何整合西学，截至目前，

① 张岂之主编：《侯外庐著作与思想研究》第13卷，长春出版社，2016年，第273页。

已经提出多套方案：西学东渐→洋务派的中体西用→胡适的全盘西化→未来中国文化即马中西模式。

明朝万历年间，西学开始东渐。万历十一年（1583 年）耶稣会士利玛窦和罗明坚进入广东肇庆，并在肇庆建立传教据点。此后耶稣会士竞相来华传教。耶稣会士来华，带来了西方文化。

洋务运动时期，“中体西用”观是一种时代思潮，许多人都有这种思想。1893 年，郑观应《盛世危言·西学》：“中学其本也，西学其末也。主以中学，辅以西学。”

1896 年 4 月，沈寿康在《匡时策》中说：“中西学问本自互有得失……宜以中学为体，西学为用。”

1896 年 8 月，孙家鼐在《遵义开办京师大学堂折》中说：“今中国创立京师大学堂，自应以中学为主，西学为辅，中学为体，西学为用；中学有未备者，以西学补之；中学有失传者，以西学还之；以中学包罗西学，不能以西学凌驾中学。”

1898 年 5 月，张之洞在《劝学篇·设学篇》中指出：“新旧兼学，四书五经、中国史事、政书、地图为旧学；西政、西艺、西史为新学，旧学为体，新学为用。”

胡适在 1929 年《中国今日的文化冲突》一文中，针对“选择折衷”的论调，提出“全盘西化”的观点，他认为这一论调的本质是“一种变相的保守论”“所以我主张完全的西化，一心一意的走向世界化的路”。

方克立先生在 2006 年提出未来中国的文化发展道路：“马学为魂，中学为体，西学为用，三流合一，综合创新。”

方克立先生接受《中国社会科学报》记者采访：“马学为魂，中学为体，西学为用”三句话讲的是马、中、西三“学”在中国现当代文化综合创新中的地位和相互关系。“马学为魂”之“马”，首先是指无产阶级认识世界和改造世界的科学世界观与方法论，即辩证唯物主义和历史唯物主义；其次是指坚持中国社会和文化发展道路的社会主义方向，坚持社会主义价值观和无产阶级只有解放全人类才能解放自己的价值立场。我认为这两点是马克思主义中最本质的东西，最具有“灵魂”意义的东西。有人把“马学为魂”之“马”曲解为某种具体的学说或某个人的思想，那不是我的观点。

我说的“中学为体”之“体”，不是“道体器用”之“体”，而是“器体道用”之“体”，不是作为精神指导原则之“体”，而是作为文化发展载体之“体”，讲的是民族文化的主体性。这就与清末张之洞等人以孔孟之道和“中国之伦常名教”为“体”的观点鲜明地区别开来了。我用“运作主体”“生命主体”“创造主体”“接受主体”四个概念集中阐明和论证“中学”（中国文化）的主体性，尤其是“接受主体”这个概念，它不仅是对西学而言的，也是对马克思主义这种外来文化而言的。如果没有中国文化这个接受主体，如果不被中国文化接受，再好的外来文化也不可能在中国发生任何作用，不但不能起“他山之石”的作用，更不可能起到引领时代思潮的指导作用。正如有的学者所指出的，“马魂、中体、西用”论最突出的特点就是强化了民族文化的主体性。

“西学为用”的意义比较明确。张岱年先生曾经指出：“中华民族是建设社会主义中国新文化的主体，而社会主义是中国新文化的指导原则。科学技术等都是为这个民族主体服务的，也都是为社会主义服务的。”他讲了两个“服务”，而我也讲到过“西学为用”的两重含义，指出它既是对于作为指导原则的马克思主义来说的，也是对于作为接受主体的中国文化来说的。对于指导原则来说，它是“应事之方术”，即原则的具体应用；对于接受主体来说，它是为我所用的“他山之石”。也就是说，它有“道体器用”之“用”与“器体道用”之“用”两重意义①。

我以为，未来文化为马、中、西的有机结合，非马非中非西，亦马亦中亦西。这里要作一点解释，因为马、中、西都是不断发展的，在发展中都会吸收对方成果，增添新的内容，如果以僵化的态度看问题，发展之后的马、中、西，那就是“非马非中非西”，如果以发展的眼光看问题，那就是“亦马亦中亦西”。

关于文化的交流与涵化问题，钱基博先生在《文物通论》一书中认为中国文化善于吸收外来文化，兼收并蓄，而不失自我。他说：“然而中国文化，不但积累之厚以深根不拔，抑尤善于吸收外来文化以远极于印度、波斯、希腊、罗马之地中海、大西洋一带，含英咀华而一炉共冶之以成其在

① 方克立：《“马魂、中体、西用”是我们的文化旗帜》，《中国社会科学报》2014年5月5日。

我。杜少陵诗：'转益多师是我师。'择善而从，无所不师，然而无所不择，推陈出新之中，自有我在；沉浸浓郁，而兼收并蓄，细大不捐，此中国文化之所以深而大、博而厚也。"到明清时期，西学东渐，"外来文化以渗透而成倒灌，以吸收而转侵掠；其始渗透之接受、不接受在我，及其转而侵略，喧宾夺主，乃不许我不接受，威我以军舰大炮，炫我以奇技淫巧。日本文化，则我之自出，不思反哺，而协以谋我。我亦震其国之富强，自惭形秽，轻其家丘，亦步亦趋以相追随。故以我四千年之历史，文化之粹美，沉浸醲郁，一时不能自拔，新故迭乘，相摩相荡，择善而从，含弘光大，新运渐开"。中西文化的交流与涵化需要一个更加长期的过程①。

三、文化自信

（一）文化自信不是抱残守缺

(1) 文化自信不是文化保守主义，更不是新儒家的道统主张，新儒家主张恢复儒家的道统地位，我们认为这是不合时宜的。马克思主义是在批判资本主义的基础上产生的崭新思想，其目标是要建立比资本主义更为公平合理、更为先进的社会主义和共产主义，这是人类奋斗的新方向，马克思主义的灵魂地位不可动摇。

(2) 中国文化不只是古代文化，儒、释、道被认为是传统文化的代表。

(3) 中国文化应包括古代文化、近现代至今的文化，尤其是近代以来与西方文化的交流与融合而产生的文化成就。近代以来各种思潮的激荡，一直存在着外来文化需要民族化、时代化、大众化的问题。

（二）建立未来的新文化才是真正的文化自信

新文化应该符合时代潮流和民族特色，至少具备以下特征：民族性、民主、科学、自由、平等、仁爱。

新文化应该海纳百川，气魄雄伟，更加具有包容性，是真的自信，而不是小家子气。

新文化似汉唐雄风再现，却比汉唐雄风更加伟大，内涵更加丰富，形式更加多彩。因为汉唐乃农业社会，而今为后工业时代。过去的世界格局

---

① 钱基博著，黄尚明、王玉德、李金凤校订：《文物通论》，华中师范大学出版社，2016年，第2页。

与今天的世界格局大不一样。

第三次文化大融合超过了以往任何一次文化融合的深度和广度，并且难以取舍，时有反复，考验我中华民族心胸气量是否博大，因此第三次大融合任务更加艰巨。道路依然漫长，需要许多代人的艰苦努力。

（载马敏、李子林、张执均主编：《坚定文化自信　助推文化兴盛——新时代文化自信研讨会论文集》，武汉大学出版社，2019 年）

诸葛亮成才的社会背景和个人素质

诸葛亮是三国时期著名的政治家、军事家，他少年时期就随叔父从动荡不安的山东来到富庶安宁的襄阳避难，毫不夸张地说，是襄阳这一方富饶的水土养育了这样一位名垂千古的历史人物。

一、荆州社会稳定、教育发达是诸葛亮成才的前提条件

荆州所辖区域共有八郡。初平元年（公元 190 年），刘表被任命为荆州刺史，中庐（今南漳）人蒯越为刘表谋划时说："荆州八郡可传檄而定。"①司马彪《续汉书·郡国志》载荆州有南阳、南郡、江夏、零陵、桂阳、武陵、长沙七郡，按永和五年（公元 140 年）的人口统计结果，七郡户数共有 1399394 户，人口共 6265952 人，汉末荆州人口应当超过这个数目。《资治通鉴》卷五十九注说"《汉官仪》以章陵足为八郡"，荆州"南接五岭，北据汉川，地方数千里，带甲十余万"②。诸葛亮在《隆中对》说："荆州北据汉、沔，利尽南海，东连吴会，西通巴、蜀。"荆州地域异常广大，刘表单马到宜城后，在宜城、襄阳、南漳等地大族的支持下，"招诱有方，威怀兼洽，其奸猾宿贼更为效用，万里肃清，大小咸悦服之"。刘表拥兵自重，以观时变。终表之世，近二十年内，除袁术和孙坚联合攻打刘表以外，基本上无大的战事发生，经济发展，社会稳定。荆州接纳了大量的北方流民，其中"关西、兖、豫学士归者盖有千数，表安慰赈赡，皆得资全"。荆州一时英才云集，于是刘表"遂起立学校，博求儒术，綦毋闿、宋忠等撰立《五经章句》，谓之后定。爱民养士，从容自保"③。这些云集荆州的学者，形成了以宋忠、司马徽为中心的颇具风格的荆州学派，他们冲破汉末

---

① 《三国志·刘表传》引司马彪《战略》。
② 《后汉书·刘表传》。
③ 《后汉书·刘表传》。

烦琐经学的束缚，倡导务实的学风，崇尚事功，主张经世致用。如司马徽就非常鄙视俗儒，他说："儒生俗士，岂识时务？识时务者在乎俊杰。此间自有伏龙、凤雏。"[①] 在司马徽看来，诸葛亮深受荆州学派的影响，是荆州学派的后起之秀，其学问紧贴现实，是识时务的俊杰。宋忠的学说也与传统经学有别，重在阐发义理，如他的《太玄解诂》和易学不取象数之说，着重发挥《周易》的哲学思想，受到了守旧学者的批判，如陆绩说："玄之大义，揲蓍之谓，而仲子失其指归，休咎之占，靡所取定，虽得文间义说，大体乖矣。"[②] 荆州学派开放务实的学风，使诸葛亮受益良多。诸葛亮少年时期已来到襄樊，这正是受教育的关键时期，荆州相对稳定的社会环境和良好的教育条件，是诸葛亮得以健康成长的前提条件。

二、诸葛亮结交荆州望族和名士，为成才创造了和谐的人际关系

诸葛亮的叔父诸葛玄与荆州牧刘表关系很好，这为他结交荆州望族和名士奠定了基础。诸葛亮通过婚姻关系，与政界要人和荆州望族打成一片。诸葛亮的妻子是沔南名士黄承彦的女儿。《襄阳耆旧记》载："黄承彦，高爽开朗，为沔南名士。谓孔明曰：'闻君择妇，身有丑女，黄头黑面，才堪相配。'孔明许，即载送之。时人以为笑乐，乡里为之谚曰：'莫作孔明择妇，正得阿承丑女！'"[③] 而"诸葛亮少有逸群之才，英霸之器，身长八尺，容貌甚伟，时人异焉"[④]。他找了个黄头黑面的丑姑娘，其目的就不言而喻了。《襄阳耆旧记》又载："汉末，诸蔡最盛，蔡讽姊适太尉张温，长女为黄承彦妻，小女为刘景升后妇，瑁之姊也……（蔡）瑁，刘表时为江夏、南郡、竟陵太守，镇南大将军军师；魏武从事中郎、司马，长水校尉、汉阳亭侯。"[⑤] 荆州望族蔡瑁就是诸葛亮的妻舅，荆州牧刘表就成了诸葛亮的姨父。诸葛亮的小姐嫁给荆州名士庞德公的儿子庞山民，与庞德公的关系就更深了一层。他的大姐嫁给了中庐（今南漳）望族蒯祺[⑥]。在宗法制根

---

① 《三国志·诸葛亮传》引《襄阳记》。
② 范望：《太玄注》引陆绩《述玄》。
③ 黄惠贤：《〈襄阳耆旧记〉校补》卷一，中州古籍出版社，1987 年，第 23 页。
④ 《三国志·诸葛亮传》。
⑤ 黄惠贤：《〈襄阳耆旧记〉校补》卷一，中州古籍出版社，1987 年，第 13 页。
⑥ 黄惠贤：《〈襄阳耆旧记〉校补》卷一，中州古籍出版社，1987 年，第 8、52 页。

深蒂固的中国古代社会，在门阀制度正在形成的东汉末年，诸葛亮与荆州望族处理好关系，为日后出人头地奠定了基础。

诸葛亮的出仕与荆州名士的极力举荐是分不开的。这还得从两汉的人才选拔制度谈起。汉武帝创立了察举制度，由公卿、郡国举荐孝廉、茂才、贤良方正、文学等人才，这一制度被东汉继承下来，到东汉后期，出现了一种品评人物的风气，称为“清议”。善于清议的名士对人物的褒贬，在很大程度上左右着乡闾舆论，从而控制了人才的选举权，直接影响着士人的前途。例如名士李膺的名望很高，士人与他交游，被誉为“登龙门”。郭泰、许劭也是著名的人物批评家，“天下言拔士者咸推许、郭”[①]。“泰之所名，人品乃定，先言后验，众皆服之”[②]。许劭和他的从兄许靖“俱有高名，好共核论乡党人物，每月辄更其品题，故汝南俗有月旦评焉”[③]。唐长孺先生如实地评价了名士的作用，他说：“东汉后期，名士的活动对于当时政治起了相当大的作用，对于选举几乎起决定性的作用。当时的选举注重乡里清议，而主持清议操纵乡论的多是大姓名士，掌握选举权的州郡功曹往往即由他们充当。不仅地方官辟举属僚、岁举秀孝，大姓名士有巨大乃至决定性作用，而且作为最高政府机构的公府辟举也得征求以至取决于他们的意见。”[④] 庞德公、司马徽、黄承彦等就是在荆州非常活跃的名士，他们也掌握着举荐人才的实权，诸葛亮与他们相处得特别融洽。《襄阳耆旧记》载：“诸葛孔明每至（庞德）公家，独拜公于床下，公初不令止。司马德操尝造公，值公渡沔祀先人墓，德操径入堂上，呼德公妻子，使速作黍。徐元直向言：‘有客即来就我与庞公谈论。’其妻子皆罗列拜于堂下。须臾，德公还，直入相就，不知何者是客也。德操少德公十岁，以兄事之，呼作庞公也……《先贤传》云：‘乡里旧语，目诸葛孔明为卧龙，庞士元为凤雏，司马德操为水镜，皆德公之题也。’”[⑤] 这段材料反映了诸葛亮与荆州名士频繁交往的情况，他的“卧龙”称号，就是庞德公对他的高度评价。《三国志·诸葛亮传》引《襄阳记》说：“刘备访世事于司马德操。德操曰：

---

① 《后汉书·许劭传》。
② 《后汉书·郭泰传》。
③ 《后汉书·许劭传》。
④ 唐长孺：《魏晋南北朝隋唐史三论》，武汉大学出版社，1993 年。
⑤ 黄惠贤：《〈襄阳耆旧记〉校补》卷一，中州古籍出版社，1987 年，第 7、8 页。

‘儒生俗士，岂识时务？识时务者在乎俊杰。此间自有伏龙、凤雏。’备问为谁？曰：‘诸葛孔明、庞士元也。’”刘备屯兵新野，徐庶前往力荐诸葛亮，说：“诸葛孔明者，卧龙也，将军岂愿见之乎？”并且说：“此人可就见，不可屈致也。”① 由于司马徽、徐庶极力推荐诸葛亮，才有刘备三顾茅庐事件的发生，为诸葛亮的出仕提供了难得的机遇。

三、不同寻常的个人素质是诸葛亮成才的根本条件

以上所谈两大方面都是诸葛亮健康成长的外部环境，诸葛亮能否成才，关键取决于他的个人素质，史书中有关这方面的材料比较少，综合各种材料，其素质大致有如下几个方面：

（一）“少有逸群之才，英霸之器”

这句话是陈寿对诸葛亮的恰如其分的评价。《三国志·诸葛亮传》引《魏略》说：“亮在荆州，以建安初与颍川石广元、徐元直、汝南孟公威等俱游学，三人务于精熟，而亮独观其大略。每晨夜从容，常抱膝长啸，而谓三人曰：‘卿三人仕进可至刺史郡守也。’三人问其所至，亮但笑而不言。”石广元、徐元直、孟公威三人的学风带有东汉烦琐经学的特点，而诸葛亮则从总体思想上把握经学，这是其聪明过人之处。诸葛亮不仅有知人之智，而且有自知之明。《三国志·诸葛亮传》载：“亮躬耕陇亩，好为《梁父吟》。身长八尺（约 1.84 米），每自比于管仲、乐毅，时人莫之许也。惟博陵崔州平、颍川徐庶元直与亮友善，谓为信然。”诸葛亮认为己与管仲、乐毅一样，既有经世之才，又有用武之略，这就是陈寿所说的“英霸之器”。

（二）学综百家，各取其长，务实为上

诸葛亮身处乱世，深明取舍去就、富国强兵乃治学之大事，因此他一反东汉时期学者固守家学的学风，从实际需要出发，学综百家，各取其长。在经学占统治地位的情况下，由于他的父亲诸葛珪担任泰山郡郡丞，家境还算不错，其兄诸葛瑾曾“少游京师，治《毛诗》《尚书》《左氏春秋》”②。想必他自幼也受到了良好的儒学教育，儒家修身、齐家、治国、平天下的

---

① 《三国志·诸葛亮传》。
② 《三国志·诸葛瑾传》。

思想，对他产生了深远的影响，所以他始终志存高远，关注现实，提出了复兴汉室的政治理想，立志建立一个“礼乐征伐自天子出”的有道之天下。他后来之所以出山辅佐刘备，是他凭借理性审慎选择的结果，他将实现政治抱负的希望寄托在刘备身上。他对王朝兴衰有独到的见解，他说：“亲贤臣，远小人，此先汉所以兴隆也；亲小人，远贤臣，此后汉所以倾颓也。先帝在时，每与臣论此事，未尝不叹息痛恨于桓、灵也。”[①] 在曹操挟天子而令诸侯、孙权称霸江东已历三世的情况下，他从历史角度又为刘备打出了一面复兴汉室的旗帜。他能够娴熟地运用历史知识为政治服务，著有《论前汉事》这样的专门历史著作[②]。他对诸子百家也有深入的研究，他认为“老子长于养性，不可以临危难。商鞅长于理法，不可以从教化。苏、张长于驰辞，不可以结盟誓”[③]。在诸子之学中，尤其重视学习掌握兵家、法家之学。他说：“孙、吴所以能制胜于天下者，用法明也。”[④] 不仅自己孜孜研习兵家、法家学说，还为刘禅抄写了《申子》《韩非子》《管子》《六韬》这几部法家、兵家的经典著作。诸葛亮后来著有《诸葛亮兵法》《八阵图》等军事专著，这与他青少年时期的学习和研究是分不开的。另外，他在文学、书法、绘画、音乐等方面，都有深厚的素养和突出的成就。

综上所说，诸葛亮的思想是一个开放的体系，以儒学为体，以百家为用，他所学的这些知识为以后治国用兵打下了坚实的基础。诸葛亮治国治军最突出的特点就是法治，陈寿评价说：“科教严明，赏罚必信，无恶不惩，无善不显，至于吏不容奸，人怀自厉，道不拾遗，强不侵弱，风化肃然也。”“诸葛亮之为相国也，抚百姓，示仪轨，约官职，从权制，开诚心，布公道；尽忠益时者虽仇必赏，犯法怠慢者虽亲必罚；服罪输情者虽重必释，游辞巧饰者虽亲必戮；善无微而不赏，恶无纤而不贬；庶事精练，物理其本，循名责实，虚伪不齿；终于邦域之内，咸畏而爱之，刑政虽峻而无怨者，以其用心平而劝戒明也。”[⑤] 诸葛亮从严依法治国治军，目的还是

---

① 《出师表》。

② 《隋书・经籍志》。

③ 李伯勋：《诸葛亮集笺论》，陕西人民出版社，1997 年，第 298 页。

④ 《三国志・马谡传》裴注引《襄阳记》。

⑤ 《三国志・诸葛亮传》。

为了实现其兴复汉室的远大政治抱负。

从诸葛亮的内在气质、知识结构、社会背景来看，他后来成为著名的政治、军事家就不是偶然的了。

（本文原载丁宝斋主编：《诸葛亮成才之路》，武汉大学出版社，2000 年）

蜀汉政治思想探索

蜀汉自公元221年立国，至公元263年降魏，前后共经四十三年。已有学者论及蜀汉的经学或蜀汉学术。笔者在前人研究的基础上，对蜀汉的政治思想进行研究，认为蜀汉政治思想有如下几个特点：

一、诸子之学兴起，打破儒学独尊局面，其中刑名、兵家之学为一时显学

东汉末年，今文经学谶纬化，已经走向末路。由于战乱频仍，学术氛围宽松，学风也为之一变，注重经世致用，诸子之学由此兴起，打破了儒学独尊的局面。诸葛亮对诸子之学就有深入研究，他说："老子长于养性，不可以临危难。商鞅长于理法，不可以从教化。苏、张长于驰辞，不可以结盟誓。白起长于攻取，不可以广众。子胥长于图敌，不可以谋身。尾生长于守信，不可以应变。王嘉长于遇明君，不可以事暗主。许子将长于名臧否，不可以养人物。此任长之术也。"[①] 庞统为刘备策划占领益州时说："权变之时，固非一道所能定也。"[②] 当时知识分子具有融汇百家的自觉意识，李权认为"仲尼、严平，会聚众书，以成《春秋》《指归》之文，故海以合流为大，君子以博识为弘"[③]。张裔"治《公羊春秋》，博涉《史》《汉》"[④]。李譔"五经、诸子，无不该览，加博好技艺，算术、卜数、医药、弓弩、机械之巧，皆致思焉"[⑤]。孟光"博物识古，无书不览"[⑥]。

在诸子之学中，刑名、兵家之学最为重要。《三国志·蜀志·先主传》裴注引"《诸葛亮集》先主遗诏敕后主曰：'……可读《汉书》《礼记》，闲

---

① 李伯勋：《诸葛亮集笺论》，陕西人民出版社，1997年，第298、299页。
② 《三国志·庞统传》。
③ 《三国志·秦宓传》。
④ 《三国志·张裔传》。
⑤ 《三国志·李譔传》。
⑥ 《三国志·孟光传》。

暇历观诸子及《六韬》《商君书》，益人意智。闻丞相为写《申》《韩》《管子》《六韬》一通一毕，未送，道亡，可自求闻答。'" 皇帝要求太子读诸子，并且诸葛亮还特为刘禅抄写《申》《韩》《管子》《六韬》等书，可见其对刑名之学的重视。诸葛亮治国治军以法治著称，曾主持制定《蜀科》，又"作《八务》《七戒》《六恐》《五惧》，皆有条章，以训厉臣子"①。陈寿所编的《诸葛氏集》目录中收录有《兵要》《法检》《科令》《军令》等军事著作。有人对诸葛亮厉行法治不理解，如法正对诸葛亮说："昔高祖入关，约法三章，秦民知德，今君假借威力，跨据一州，初有其国，未垂惠抚；且客主之义，宜相降下，愿缓刑弛禁，以慰其望。"诸葛亮却回答道："君知其一，未知其二。秦以无道，政苛民怨，匹夫大呼，天下土崩，高祖因之，可以弘济。刘璋暗弱，自刘焉以来有累世之恩，文法羁縻，互相承奉，德政不举，威刑不肃；蜀土人士，专权自恣，君臣之道，渐以陵替。宠之以位，位极则贱；顺之以恩，恩极则慢。所以致弊，实由于此。吾今威之以法，法行则知恩；限之以爵，爵加则知荣；荣恩并济，上下有节。为治之要，于斯而著。"② 诸葛亮依法治国治军取得了很好的效果。陈寿说诸葛亮"立法施度，整理戎旅，工械技巧，物究其极，科教严明，赏罚必信，无恶不惩，无善不显，至于吏不容奸，人怀自厉，道不拾遗，强不侵弱，风化肃然也"③。又在评传中说："诸葛亮之为相国也，抚百姓，示仪规，约官职，从权制，开诚心，布公道；尽忠益时者虽仇必赏，犯法怠慢者虽亲必罚，服罪输情者虽重必释，游辞巧饰者虽亲必戮；善无微而不赏，恶无纤而不贬；庶事精练，物理其本，循名责实，虚伪不齿；终于帮域之内，咸畏而爱之，刑政虽峻而无怨者，以其用心平而劝戒明也。可谓识治之良才，管、萧之亚匹矣。"④ 由于诸葛亮的提倡和实践，刑名、兵家之学在蜀汉备受重视。

二、儒学各派并立于朝，仍是占统治地位的思想

汉末谶纬化的儒学虽然走向了末路，但不能说儒学已经退出了历史舞

① 《三国志·诸葛亮传》裴注引《魏氏春秋》。
② 《三国志·诸葛亮传》裴注引"郭冲五事"其一。
③ 《三国志·诸葛亮传》。
④ 《三国志·诸葛亮传》。

台。儒学经过改造，出现了多种学派并存的局面，并且谶纬化的儒学在蜀汉还占有比较重要的地位。根据蜀汉学者的师承关系、治学风格可将蜀汉儒学分为如下几派：

（一）今文经学派

《三国志·蜀志·尹默传》载："益部多贵今文而不崇章句。"说明汉末今文经学派在益州地区仍然影响很大，以孟光、胡潜、张裔为代表。孟光，洛阳人，献帝时入蜀，加入刘焉集团，刘备占领益州后，又成为刘备集团的重要人物，与南阳同乡许慈等共同主持制定蜀汉制度。"博物识古，无书不览，尤锐意三史，长于汉家旧典。好《公羊春秋》而讥呵《左氏》"，其学术务精务实。他在指导郤正如何教太子读书时说："今天下未定，智意为先，智意虽有自然，然亦可力强致也。此储君读书，宁当效吾等竭力博识以待访问，如博士探策讲试以求爵位也！当务其急者。"①

张裔，蜀郡成都人，"治《公羊春秋》，博涉《史》《汉》"。原属刘璋集团的人物，曾抵抗张飞入蜀，后加入刘备集团②。

（二）谶纬化的今文经学派

谶纬化的今文经学派，因其大讲图谶纬书，所以在此另立一派以与一般今文经学派相区别。这一派人主要是杨厚、任安、董扶的弟子或再传弟子，也有的自学成才。大多是蜀汉本地人，原来已经在刘璋政权中任职，后来加入刘备集团。其中有些人对蜀汉政权并非死心塌地地拥护，见风使舵，关键时刻还散布政治谣言，谯周到最后甚至积极主张投降曹魏。

杨厚，字仲桓，广汉新都人，活动于东汉安帝至桓帝时期。继承家学传统，精于图谶和天文。教授门生，上名录者多达三千余人③。任安字定祖，广汉绵竹人，"少游太学，受孟氏《易》，兼通数经。又从同郡杨厚学图谶，究极其术。时人称曰：'欲知仲桓问任安。'又曰：'居今行古任定祖。'学终，还家教授，诸生自远而至"。建安七年（公元 202 年）去世，时年七十九岁④。

---

① 《三国志·孟光传》。
② 《三国志·张裔传》。
③ 《后汉书·杨厚传》。
④ 《后汉书·儒林列传·任安传》。

董扶，广汉绵竹人，“少游太学，与乡人任安齐名，俱事同郡杨厚，学图谶”。汉灵帝时，董扶对刘焉说：“京师将乱，益州分野有天子气。”刘焉求得益州牧，董扶被任命为蜀国都尉，一起入蜀。后来刘备称天子于蜀，人家认为应验了董扶的预言。诸葛亮曾向秦密打听董扶和任安的特长，秦密回答说：“董扶褒秋毫之善，贬纤介之恶。任安记人之善，忘人之过。”①

任安的主要成就是终生从事教学工作，培养了大批学生，其中杜微、何宗、杜琼最为知名，他们是蜀汉谶纬化经学派的代表人物。杜琼，“少受学于任安，精究安术。刘璋时辟为从事。先主定益州，领牧，以琼为议曹从事。后主践祚，拜谏议大夫，迁左中郎将、大鸿胪、太常”②。

杜微“少受学于广汉任安。刘璋辟为从事，以疾去官。及先主定蜀，微常称聋，闭门不出。建兴二年，丞相亮领益州牧，以秦宓为别驾，五梁为功曹，微为主簿。微固辞，舆而致之”。杜微仍然以疾病为由要求回家，诸葛亮再三挽留，拜为谏议大夫③。

《三国志·杨戏传》所录杨戏《季汉辅臣赞》说：“何彦英名宗，蜀郡郫人也。事广汉任安学，精究安术，与杜琼同师而名问过之。刘璋时为犍为太守。先主定益州，领牧，辟为从事祭酒。后援引图谶，劝先主即尊号。践祚之后，迁为大鸿胪。建兴中卒。”

周群、张裕、谯周等人也属于谶纬经学家一类。周群的父亲周舒师从广汉杨厚，周群“少受学于舒，专心候业”④。“蜀郡张裕亦晓占候，而天才过群”⑤。其师承关系不明。谯周的父亲谯岍“治《尚书》，兼通诸经及图纬”⑥。谯周自幼丧父，勤奋自学，“诵读典籍，欣然独笑，以忘寝食。研精六经，尤善书札。颇晓天文，而不以留意；诸子文章非心所存，不悉遍视也”。秦宓是益州著名的学者，谯周小时候多次去向他请教。谯周也常常向杜琼问学（表一）。

---

① 《后汉书·方术列传·董扶传》。
② 《三国志·杜琼传》。
③ 《三国志·杜微传》。
④ 《三国志·周群传》。
⑤ 《三国志·张裕传》。
⑥ 《三国志·谯周传》。

表一　蜀汉地区谶纬经学代表人物籍贯

人名	籍贯	现在的地望
杨厚	广汉新都人	今四川新都区
任安	广汉绵竹人	今四川绵竹市东南
董扶	广汉绵竹人	今四川绵竹市东南
杜微	梓潼涪人	今四川绵阳市
何宗	蜀郡郫人	今四川郫县
杜琼	蜀郡成都人	今四川成都市
周群	巴西阆中人	今四川阆中市
张裕	蜀郡	郡治在今成都
谯周	巴西西充国人	今四川阆中市南

谶纬经学家特别关心时势，用谶纬解释政治，其中依附蜀汉者，受到蜀汉政府的重用。公元 220 年，曹丕称帝，何宗、杜琼、张爽、尹默、谯周及众大臣将领，上书劝刘备即帝位。其依据就是谶纬和占星术，引用《河图》《洛书》，五经谶纬，如引用《洛书甄耀度》《洛书宝号命》《洛书录运期》《孝经钩命决录》《孝经援神契》等谶纬书籍，为刘备即帝位奠定理论基础①。

有的在政治上倾向于曹魏的人，也利用谶纬散布不利于蜀汉的言论，影响很大。如周群的父亲周舒解释《春秋》谶中“代汉者当途高”的意思时说：“当途高者，魏也。”（《周群传》）谯周向杜琼请教，问周舒为什么说当途高是魏的意思，杜琼回答道：“魏，阙名也，当途而高，圣人取类而言耳。”又说：“古者名官职不言曹，始自汉已来，名官尽言曹，此殆天意也。”谯周依此类推，认为“先主讳备，其训具也；后主讳禅，其训受也，如言刘已具矣，当授与人也”。景耀五年（公元 262 年），宫中大树无故折断，谯周在柱上写道：“众而大，期之会；具而授，若何复？”陈寿解释道：“言曹者众也，魏者大也，众而大，天下其当会也，具而授，如何复有立者乎？蜀既亡，咸以周言为验。”② 后来邓艾入蜀，谯周力主投降。张裕也曾说：“岁在庚子，天下当易代，刘氏祚尽矣。主公得益州，九年之后，寅卯

---

① 《三国志·先主传》。
② 《三国志·杜琼传》。

之间当失之。”①

（三）古文经学派

古文经学派在东汉末年复兴，以纠儒学谶纬化之弊端。一般来讲，古文经学家对今文经学也有很深的研究。蜀汉古文经学派以许慈、来敏、尹默、李譔、向朗等为代表。这些学者学问都很渊博，尤精于文字训诂。如许慈“治《易》《尚书》《三礼》《毛诗》《论语》”②。来敏因其姊夫黄琬是刘璋祖母之侄，在刘璋时就入蜀，加入了刘璋集团，后来刘备占领益州，又成为刘备集团的一员。“涉猎书籍，善左氏《春秋》，尤精于《仓》《雅》训诂，好是正文字”③。

尹默“皆通诸经史，又专精于左氏《春秋》，自刘歆条例，郑众、贾逵父子、陈元、服虔诸注说，咸略诵述，不复按本”④。

李譔“著古文《易》《尚书》《毛诗》《三礼》《左氏传》《太玄指归》，皆依准贾、马，异于郑玄。与王氏殊隔，初不见其所述，而意归多同”⑤。贾、马指贾逵和马融。王氏即王肃，王肃“年十八，从宋忠读《太玄》，而更为之解”“肃善贾、马之学，而不好郑氏，采会同异，为《尚书》《诗》《论语》《三礼》《左氏》解，及撰定父朗所作《易传》，皆列于学官”⑥。李譔与王肃在学术上都服膺贾逵和马融，学术旨趣相近。

蜀汉古文经学派学者具有不同的学术渊源，其中一派源于司马德操（司马徽）、宋仲子（宋忠），如诸葛亮、向朗、尹默、李譔等。

诸葛亮虽然师从司马德操、宋忠，其治学方法与古文经学的考证路径还是有一定的差别，它主要关注时政，从宏观上把握经典的精神实质。《三国志·诸葛亮传》注引《魏略说》：“亮在荆州，以建安初与颍川石广元、徐元直、汝南孟公威等俱游学，三人务于精熟，而亮独观其大略。每晨夜从容，常抱膝长啸，而谓三人曰：‘卿三人仕进可至刺史郡守也。’三人问其所至，亮但笑而不言。”石广元、徐元直、孟公威三人的学风带有东汉繁

① 《三国志·周群传》。
② 《三国志·许慈传》。
③ 《三国志·来敏传》。
④ 《三国志·尹默传》。
⑤ 《三国志·李譔传》。
⑥ 《三国志·王朗传附王肃传》。

琐的古文经学特点，而诸葛亮则从总体上把握经学，这是其聪明过人之处。

向朗“少师司马德操，与徐元直、韩德高、庞士元皆亲善”①。尹默“远游荆州，从司马德操、宋仲子受古学”②。李譔的父亲李仁“与同县尹默俱游荆州，从司马徽、宋忠等学，譔具传其业”③。

另一派如许慈“师事刘熙，善郑氏学”④。刘备曾师事卢植，卢植与郑玄又同是马融的弟子，刘备在学术渊源上与郑玄有一定的联系，刘备在处理大赦的问题时说：“吾周旋陈元方、郑康成之间，每见启告治乱之道备矣，曾不语赦也。”⑤

古文经学派的学者或政治家从师承关系来看，来自荆州学派的司马德操、宋忠和中原地区的郑玄、贾逵、马融。他们的籍贯比较复杂，主要是随刘备集团入蜀的一批人。尹默和李譔虽是蜀地人，但他们是在荆州（今襄阳）学成回去的（表二）。

表二　蜀汉古文经学代表人物籍贯

人名	籍贯	现在的地望
刘备	涿郡涿县人	今河北涿州
诸葛亮	琅琊阳都人	今山东临沂
向朗	襄阳宜城人	今襄阳宜城
尹默	梓潼涪人	今四川绵阳
李譔	梓潼涪人	今四川绵阳
许慈	南阳人	今河南南阳
来敏	义阳新野人	今河南新野

今古文经学之间争论颇为激烈，蜀汉政府将其并立于朝，共同为蜀汉服务。许慈与胡潜“更相克伐，谤讟纷争，形于声色，书籍有无，不相通借，时寻楚挞，以相震撼。其矜己妒彼，乃至于此”⑥。孟光“好《公羊春

① 《三国志·向朗传》注引《襄阳记》。
② 《三国志·尹默传》。
③ 《三国志·李譔传》。
④ 《三国志·许慈传》。
⑤ 常璩：《华阳国志·刘后主志》，巴蜀书社，1984年。
⑥ 《三国志·许慈传》。

秋》而讥呵《左氏》，每与来敏争此二义，光常诡诡欢咋”[①]。刘备使“慈、潜并为学士，与孟光、来敏等典掌旧文”[②]。并且把许慈与胡潜争论一事排成节目，搬上舞台，让官员观看，以化解学派之争。

三、两汉史具有特殊的意义

刘备以帝室之胄的身份，打着兴复汉室的旗号，起兵讨逆。曹丕称帝，刘备又以奉承大统自居，建立了蜀汉政权。两汉史学在蜀汉政治中占有重要地位。刘备在临终前给刘禅开列的书目中，《汉书》居于首位。诸葛亮对两汉历史也有深入的研究，并著有《论前汉事》一卷[③]，《汉书音》一卷[④]，诸葛亮经常引用两汉史事作为行政依据，如在《前出师表》中说：“亲贤臣，远小人，此先汉所以兴隆也；亲小人，远贤臣，此后汉所以倾退也。先帝在时，每与臣论此事，未尝不痛恨于桓灵也。”[⑤] 公元219年，诸葛亮等人拥立刘备为汉中王，也是想重演汉高祖以汉中王建立帝业的旧戏。并在给汉献帝的上奏中说：“汉兴之初，割裂疆土，尊王子弟，是以卒折诸吕之难，而成太宗之基。”以汉初史事作为自立为汉中王的依据[⑥]。公元221年，群臣劝刘备即帝位，刘备没有答应，诸葛亮又举出光武帝这面旗帜说：“昔吴汉、耿弇等初劝世祖即帝位，世祖辞让，前后数四，耿纯进言曰：‘天下英雄喁喁，冀有所望。如不从议者，士大夫各归求主，无为从公也。’世祖感纯言深至，遂然诺之。今曹氏篡汉，天下无主，大王刘氏苗族，绍世而起，今即帝位，乃其宜也。士大夫随王久勤苦者，亦欲望尺寸之功如纯言耳。”[⑦] 于是刘备称帝，建立蜀汉政权。蜀汉经学家对历史尤其是两汉历史了如指掌，如孟光“尤锐意三史，长于汉家旧典”[⑧]。刘备建立蜀汉以后，许慈、孟光等主持制定了礼仪制度。尹默“皆通诸经史，尤专精于《左氏春秋》”[⑨]。郤正“性澹于荣利，而尤耽意文章，自司马、王、扬、班、

---

① 《三国志·孟光传》。
② 《三国志·许慈传》。
③ 魏征：《隋书·经籍志二》，中华书局，1973年，第954页。
④ 欧阳修：《新唐书·艺文志二》，中华书局，1975年，第1454页。
⑤ 《三国志·诸葛亮传》。
⑥ 《三国志·先主传》。
⑦ 《三国志·诸葛亮传》。
⑧ 《三国志·孟光传》。
⑨ 《三国志·尹默传》。

傅、张、蔡之俦遗文篇赋，及当世美书善论，益部有者，则钻凿推求，略皆寓目”[①]。张裔“治《公羊春秋》，博涉《史》《汉》”[②]。陈寿“少受于散骑常侍谯周，治《尚书》《三传》，锐精《史》《汉》”[③]。以上说明两汉史学是蜀汉政权的重要政治工具，上层人物尤需熟悉两汉史实。

四、结语

蜀汉政治思想带有鲜明的时代特征和地域特征。三国时期是思想解放时期，随着东汉帝国的解体，儒学独尊的局面也被动摇，曹魏兴起了以《老》《庄》阐释儒学的玄学，蜀汉虽无玄学，但诸子之学兴起，在政治军事中刑名、兵家之学起了非常重要的作用；儒学仍然是占统治地位的思想，派别复杂，由于处在特殊的历史时期，儒学各派之间虽有激烈论争，但并立于朝，政府对学术的政策还是相对宽容的，当然前提是要为蜀汉政权服务；蜀汉以正统自居，两汉史学对蜀汉政权来说是必不可少的政治工具，具有重要的现实意义。

（本文原载《襄樊学院学报》2011年第10期）

---

① 《三国志·郤正传》。
② 《三国志·张裔传》。
③ 常璩：《华阳国志·后贤志》，巴蜀书社，1984年。

习凿齿的生卒年月

习凿齿，字彦威，襄阳人，东晋时期的著名史学家。关于其生卒年月，《晋书·习凿齿传》没有明确记载。目前有以下几种说法：

《辞源》习凿齿条目，没有生年，卒年为公元384年。

张林川、舒焚认为习凿齿的生年大约在西晋怀帝司马炽、愍帝司马邺（分别于公元306—313年、313—316年在位）时期，卒年是东晋孝武帝司马曜太元九年（公元384年）①。

1986年版的《新余县地名志》载他“生于晋成帝咸和三年戊子（公元328年）八月十三日，卒于更始九年（公元413年）”。习根珠在论文中采纳这种说法②。吴直雄认为习凿齿生于咸和三年戊子（公元328年）八月十三日午时。殁于义熙八年壬子（公元412年），享寿八十有余③。

黄惠贤、柳春新认为习凿齿卒年当不晚于孝武帝太元十八年（公元393年），习氏卒年似在六十八岁左右。那么生年约为公元325年④。

熊明认为习凿齿生于晋愍帝建兴三年（公元315年）之后的一二年间，卒于晋孝武帝太元九年（公元384年），故其享年当近七十岁⑤。

哪种说法比较接近历史的真实呢？我们分析各位学者所依据的史料。黄惠贤、柳春新从“心斋十种本”《襄阳耆旧记》残本推测，习凿齿的卒年不晚于公元393年。黄惠贤《校补襄阳耆旧记》卷五《牧守》记载的最后一位人物朱序于太平十八年（公元393年）卒，如果此条朱序的卒年为习凿齿原书内容，则习凿齿在这一年还活着，他的卒年在公元393年左右。

---

① 张林川、舒焚校注：《襄阳耆旧记校注》前言，湖北人民出版社，1999年。

② 习根珠：《东晋史学家习凿齿考略》，《新余高专学报》2007年第4期。

③ 吴直雄：《习凿齿及其相关问题考辨》，《南昌大学学报》（人文社会科学版）2009年第4期。

④ 黄惠贤、柳春新：《〈晋书·习凿齿传〉述评》，《魏晋南北朝隋唐史料》，2008年。

⑤ 熊明：《习凿齿及其杂传创作考论》，《沈阳师范大学学报（社会科学版）》2008年第6期。

张林川、舒焚主张习凿齿卒于公元 384 年，于是认为朱序卒年一句是后人补上去的。

熊明在考证习凿齿的生年时，首先引用《世说新语·文学》：“习凿齿史才不常，宣武甚器之，未三十，便用为荆州治中。”习凿齿还不满三十岁，当上了荆州治中，如果考证出桓温提拔习凿齿担任荆州治中的时间，就能大致推定习凿齿的生年。于是又引用了《晋书》卷八《穆帝纪》云：“永和元年……庚辰，以辅国将军、徐州刺史桓温为安西将军，持节，都督荆、司、雍、益、梁、宁六州诸军事。”唐余知古《渚宫旧事》卷五《晋代》亦云：“桓温，穆帝永和元年，自徐州刺史代庾翼为荆州征西将军，都督荆、雍、梁、益六州，辟习凿齿为西曹主簿。”桓温出任安西将军，持节，都督荆、司、雍、益、梁、宁六州诸军事的时间是永和元年，即公元 345 年。据《晋书》本传，“荆州刺史桓温辟为从事，江夏相袁乔深器之，数称其才于温，转西曹主簿，亲遇隆密”。《世说新语·文学》刘孝标注引《续晋阳秋》云：“凿齿少而博学，才情秀逸，温甚奇之。自州从事，岁中三转至治中……”熊明认为桓温在永和元年将习凿齿连提三级，从州从事提拔为西曹主簿，再提拔为治中。于是往前推三十年，认为习凿齿的生年为公元 315 年之后一二年间。此时为西晋愍帝司马邺建兴三年。

熊明依据的史料时间早，可信度高，推论方法也正确，只是搜集的资料还欠全面，对史料的理解还有分歧。

黄惠贤、柳春新在《〈晋书·习凿齿传〉述评》一文中，引用了下面几段材料：

《世说新语·言语》注引何法盛《晋中兴书》载：“习凿齿，字彦威，襄阳人。少以文称，善尺牍。桓温在荆州，辟为从事，历治中、别驾。”

《北堂书钞》卷七十三《设官部·别驾》“所在任职”条注引《晋中兴书》：“习凿齿，字彦威，荆州刺史桓温辟齿为别驾，温出征伐，齿或从或守，所在任职，每处机要，莅事有绩，善尺牍论议。温甚器遇之，在职十年。后忤温旨，左迁户曹参军。”

《世说新语·文学》载：“习凿齿史才不常，宣武（桓温）甚器之，未三十，便用为荆州治中。凿齿谢笺亦云：‘不遇明公，荆州老从事耳！”注引《续晋阳秋》曰：“凿齿少而博学，才情秀逸，温甚奇之。白荆州从事，岁中三转至治中。”

黄惠贤、柳春新认为习凿齿在荆州任职前后十年，“岁中三转至治中”，当为“十岁中三转至治中”。我们认为这一看法正确，在十年内，习凿齿由从事升为治中、别驾，至于在哪一年升为治中、别驾，史料并没交代清楚。习凿齿的谢笺说：“不遇明公，荆州老从事耳！”由此可知，习凿齿担任从事的时间比较长，因此，能得到桓温的赏识和提拔，习凿齿非常感激。因此熊明把岁中的岁理解为永和元年，是不完全准确的。岁中三转的时间当在永和元年至永和十年之间，即公元345—354年。则习凿齿的生年处于公元315到324年之间。

习凿齿的卒年在《晋书·习凿齿传》中没有记载，东晋至南朝的史书中也没有提及。熊明依据的史料之一是：唐许嵩所撰《建康实录》卷九《晋烈宗孝武皇帝》于“太元九年”下载：“冬十月辛亥朔，日有食之。己丑，以玄象乖度，大赦天下。中书侍郎车胤上表，议立明堂、辟雍事。庚午，伪秦青州刺史苻朗来降。是月，前荥阳太守习凿齿卒。”晋孝武帝太元九年即公元384年。据《四库全书总目》卷五十考证，许嵩为唐肃宗时人，《建康实录》成书的时间为唐肃宗时期，唐肃宗李亨在位时间为756—762年。《建康实录》所记史事始自吴，起汉兴平元年（公元194年），终于陈末祯明三年（公元589年）。虽然该书体例不纯，史料价值却比较高，受到许多史家的重视。所以该书记载的习凿齿卒年不应轻易否定。

熊明所举的其他证据也比较有力。《晋书·习凿齿传》记载：“及襄阳陷于苻坚，坚素闻其名，与道安俱舆而致焉。既见与语，大悦之，赐遗甚厚。又以其蹇疾，与诸镇书：‘昔晋氏平吴，利在二陆；今破汉南，获士裁一人有半耳。’俄以疾归襄阳。寻而襄、邓反正，朝廷欲征凿齿，使典国史，会卒，不果。”苻坚攻破襄阳以后，习凿齿曾被俘至前秦，因有足疾，很快又回到襄阳。东晋收复襄阳时，朝廷征用他主修国史，恰巧在此时去世。据《晋书》卷九《孝武帝纪》载：“（太元）四年……二月戊午，苻坚使其子丕攻陷襄阳，执南中郎将朱序。”《晋书》卷一一三《载记第十三·苻坚上》亦云：“太元四年，晋兖州刺史谢玄率众数万次于泗，将救彭城。苻丕陷襄阳。”则苻丕攻取襄阳的时间是太元四年（公元379年）。又据《晋书》卷九《孝武帝纪》载：“（太元）九年，四月己卯……使竟陵太守赵统伐襄阳，克之。”则晋重新夺回襄阳在太元九年（公元384年）四月。这几条史料与《建康实录》的记载可以互相参证。

在没有更早更可靠的史料出现之前，习凿齿卒于太元九年一说，就是最可靠的了。

吴直雄所依据的史料是清代乾隆十二年丁卯十月（公元 1747 年）修的《梅田习氏族谱》，其“世系总图”记载：“凿齿字彦威，号半山。博学洽闻。著《汉晋春秋》五十四卷。为荥阳侯。生咸和三年岁戊子（公元 328 年）八月十三日午时。因秦王苻坚寇晋，屡以书征辟之。正直自处，不肯从召。遂偕其妻、子隐寓于万载书堂山，而卜居梅田。殁义熙八年壬子（公元 412 年）。享寿八十有余。葬分宜枣木山梅仙洞下大金星海螺形亥山巳向。”该族谱印行的时间是清代乾隆十二年，对于考定习凿齿的生卒年月具有一定的参考价值，但是相对于《建康实录》和《晋书》而言，其史料价值就差多了，不足凭信。

笔者认为习凿齿的生年处于永和元年至十年即公元 315 到 324 年之间，卒年为太元九年即公元 384 年，以此计算，习凿齿享年 60 余岁。

（本文原载《汉晋春秋今注今译》附录二，中国文史出版社，2011 年，第 214—218 页）

《汉晋春秋》的写作背景、史学思想及其影响

目前已有几篇论文研究习凿齿的史学思想，如刘静夫的《习凿齿评传》[①]、陈国灿的《论习凿齿的史学思想》[②]、张承宗的《〈汉晋春秋〉在史学上的影响》、[③] 赵海旺的《从〈晋承汉统论〉看习凿齿的正统史观》[④]、郑先兴的《习凿齿史学思想简论》[⑤]、习根珠的《东晋史学家习凿齿考略》[⑥]、黄惠贤、柳春新的《〈晋书·习凿齿传〉述评》[⑦]，研究生学位论文有方圆的《论习凿齿之史学》[⑧]。现借鉴以上诸篇文章研究成果，参以己意，对习凿齿的史学思想作一介绍。

一、习凿齿撰写《汉晋春秋》的背景

《晋书》卷八十二《习凿齿传》记载了《汉晋春秋》的写作背景："是时桓温觊觎非望，凿齿在郡著《汉晋春秋》以裁正之，起汉光武，终于晋愍帝。于三国之时，蜀以宗室为正，魏武帝虽受汉禅晋，尚为篡逆，至文帝平蜀，乃为汉亡而晋始焉。引世祖讳炎兴而为禅受，明天心不可以势力强也。凡五十四卷。"

《晋书·习凿齿传》认为习凿齿写《汉晋春秋》的目的就是抑制桓温的

---

① 刘静夫：《习凿齿评传》，载《魏晋南北朝史论文集》，齐鲁书社，1991 年。

② 陈国灿：《论习凿齿的史学思想》，载《成长中的新一代史学——1991 年全国青年史学工作者学术会议论文集》，陕西人民教育出版社，1995 年。

③ 张承宗：《〈汉晋春秋〉在史学上的影响》，《史学史研究》1996 年第 2 期。

④ 赵海旺：《从〈晋承汉统论〉看习凿齿的正统史观》，《甘肃理论学刊》2006 年第 4 期。

⑤ 郑先兴：《习凿齿史学思想简论》，《许昌学院学报》2006 年第 1 期。

⑥ 习根珠：《东晋史学家习凿齿考略》，《新余高专学报》2007 年第 8 期。

⑦ 黄惠贤、柳春新：《〈晋书·习凿齿传〉述评》，《魏晋南北朝隋唐史资料》24 辑，《武汉大学文科学报》编辑部，2008 年。

⑧ 方圆：《论习凿齿之史学》，湖南师范大学硕士学位论文，2009 年。

篡逆之心，这个看法最早是由南朝宋檀道鸾提出来的。《世说新语》卷二《文学》：“习凿齿史才不常，宣武甚器之。未三十，便用为荆州治中。凿齿谢笺亦云：‘不遇明公，荆州老从事耳。’后至都见简文，返命，宣武问见相王何如，答云：‘一生不曾见此人。’从此忤旨，出为衡阳郡，性理遂错，于病中犹作《汉晋春秋》，品评卓逸。”《世说新语》一书为南朝宋临川王刘义庆（403—444）所著。梁刘孝标注引《续晋阳秋》曰：“凿齿少而博学，才情秀逸，温甚奇之。从州从事，岁中三转至治中。后以忤旨，左迁户曹参军、衡阳太守，在郡著《汉晋春秋》，斥温觊觎之心也。”《续晋阳秋》由南朝宋永嘉太守檀道鸾所撰，檀道鸾第一次明确提出习凿齿写《汉晋春秋》的意图是“斥温觊觎之心”，被《晋书》作者所采纳。

桓温之所以有觊觎之心，是东晋政治长期发展的结果。西晋怀帝永嘉五年（公元311年），镇东大将军司马睿在江东承旨署置官司，改易长吏，江州刺史华轶拒不受命，巴蜀流民又在杜弢的率领下发动起义。永嘉六年（公元312年）四月征南将军山简死后，司马睿以王敦为都督征讨诸军事，假节，率陶侃、甘卓、周访等将领平乱。甘卓等斩杀了江州刺史华轶，陶侃大破杜弢，平定杜弢以后，“（王）敦以元帅进镇东大将军、开府仪同三司，加都督江、扬、荆、湘、交、广六州诸军事、江州刺史，封汉安侯。敦始自选置，兼统州郡焉”“建武初，又迁征南大将军，开府如故。中兴建，拜侍中、大将军、江州牧……寻加荆州牧”⑨。王敦通过平叛，实力大增，控制长江中游的荆、江二州。东晋政权建立前夕，早就形成了荆、扬之争的格局。东晋政权就是在这样的背景下，在南迁大族王导、王敦等人的支持下建立的。东晋元帝司马睿一开始就显得软弱，王导、王敦控制了中央实权。《晋书・王敦传》载：“帝初镇江东，威名未著，敦与从弟导等同心翼戴，以隆中兴，时人为之语曰：‘王与马，共天下。’”《资治通鉴》第九十一卷晋元帝太兴三年也有类似的记载：“帝之始镇江东也，敦与从弟导同心翼戴，帝亦推心任之。敦总征讨，导专机政，群从子弟布列显要。时人为之语曰：‘王与马，共天下。’”

王敦控制长江中游，不把皇帝放在眼中。《晋书・王敦传》载：“初，敦务自矫厉，雅尚清谈，口不言财色。既素有重名，又立大功于江左，专任阃外，手控强兵，群从贵显，威权莫贰，遂欲专制朝廷，有问鼎之心。帝畏而恶之，遂引刘隗、刁协等以为心膂。敦益不能平，于是嫌隙始构矣。"

元帝深深感到王敦对自己皇位的严重威胁，每次酒后吟诵曹操的《短歌行》："老骥伏枥，志在千里。烈士暮年，壮心不已。"一边吟诵，一边用如意敲打唾壶，把唾壶口沿敲打得全是缺口。

晋元帝不甘心做一个傀儡皇帝，采取了一系列加强皇权的措施。首先是任命叔父谯王司马承担任湘州刺史，以牵制王敦。当时湘州刺史甘卓被调到梁州，移镇襄阳，王敦想让自己的亲信陈颁接替甘卓任湘州刺史（《晋书·王敦传》作陈颁，《晋书·宗室闵王承传》作沈充），晋元帝毅然否定了王敦的意见。

其次是重用刘隗、刁协、戴若思等人，培植一批亲信，扩充军队，增强实力。太兴四年（公元 321 年），晋元帝下诏，征发扬州大族的奴客为兵，免除其奴客身份，分配到刘隗、戴若思的军府之中，两军府各配兵士达万人以上。任命刘隗为镇北将军，驻守淮阴；戴若思为征西将军，驻守合肥。外表上以讨胡为名，实际上防止王敦叛乱。

永昌元年（公元 322 年）王敦以诛刘隗为名，从武昌（今湖北鄂州市）起兵，进逼建康。元帝将戴若思、刘隗召回建康，自己亲披战甲巡视军队。王敦未遇任何抵抗，兵临石头城下。右将军周札开城门让叛将杜弘进城，刘隗投奔石勒，朝廷其他军队被王敦打败，戴若思、刁协、司马承、周顗等人均被杀。王敦自为丞相、都督中外诸军事、录尚书事，封武昌郡公，邑万户。王敦又以其堂弟司空王导为尚书令，以其兄王含为卫将军。因长江中游形势复杂，王敦还镇武昌。永昌元年闰月己丑，元帝忧愤而死。庚寅，明帝即位。太宁元年（公元 323 年），王敦准备再次叛乱，夺取皇位，于是移镇姑熟（今安徽当涂）。太宁二年，王敦病重，派遣其兄王含率兵五万逼近建康，明帝亲率六军，最后平定了叛乱。

太宁三年（公元 325 年），陶侃都督荆、雍、益、梁州诸军事，领护南蛮校尉、征西大将军、荆州刺史，晋明帝派他去担任这样重要的职务，是因为他看中了陶侃的寒门身份，容易控制，以免重蹈王敦尾大不掉的覆辙。陶侃本为鄱阳人，后迁至寻阳。其父亲陶丹为吴扬武将军，过早去世。因此，陶侃的家境贫寒，有一次鄱阳孝廉范逵从他家门路过，家里无钱款待客人，陶侃的母亲割下头发，卖后买回酒肴，招待范逵。后经范逵举荐，庐江太守张夔安排他担任督邮，后升为主簿。张夔推荐陶侃为孝廉，到首都洛阳做官，因出身寒门，被人轻视。张华开始瞧不起他，后来与之交谈，觉得他是个人才，任他为郎中。豫章国郎中令杨晫与陶侃为同乡，对他评价很高，并与其乘同一辆车去拜访中书郎顾荣，吏部郎温雅说："奈何与小人共载?"杨晫说："此人非凡器也。"吏部令史黄庆推荐他出任武冈（今湖南武冈市）令，因与邵陵太守吕岳有矛盾，弃官回家。

恰巧刘弘出任荆州刺史，启用陶侃为南蛮长史，镇压了张昌起义，显示出卓越的军事才能，受到刘弘的赏识，提升为江夏太守，加鹰扬将军，成为一个有影响的人物。永嘉之乱后，陶侃先投靠江州刺史华轶，担任扬武将军，驻守夏口（今武汉市）。很快升为龙骧将军、武昌（今湖北鄂州市）太守。因华轶与司马睿有矛盾，陶侃又改投王敦，平定了杜弢，被王敦提拔为荆州刺史、南蛮校尉。王敦自已想控制长江中游，如果不是顾虑到驻守豫章的周访是陶侃的亲家，差一点就杀了陶侃。建兴三年（公元315年），命陶侃为广州刺史，一去就是十年，到太宁三年才又回来担任荆州刺史。

咸和二年（公元327年）十月，历阳内史、流民帅苏峻发动叛乱。驻守武昌（今湖北鄂州市）的江州刺史温峤和从建康逃出的庾亮共同推举陶侃为盟主，咸和四年（公元329年）二月平定了苏峻之乱。陶侃回到江陵，因功升任侍中、太尉，改封长沙郡公，加都督交、广、宁七州诸军事，都督的地盘由四州扩大为七州。都督治所由江陵东迁到巴陵（今湖南岳阳）。

温峤病逝以后，其军司刘胤代之。驻守寻阳的属后将军郭默矫诏杀害刘胤，自代江州刺史，朝廷予以默认。陶侃上表讨伐郭默，并质问王导："郭默杀方州，即用为方州；害宰相，便为宰相乎?"陶侃兵不血刃，就擒杀了郭默。皇帝下诏陶侃都督江州，领刺史。至此，陶侃都督八州，任荆州刺史和江州刺史，所统地盘，超过了王敦。陶侃将都督治所从巴陵迁到了武昌（今湖北鄂州市）。陶侃虽然位极人臣，统领八州，他与朝廷大臣庾亮、王导也有矛盾，但是陶侃始终保持克制，没有兵戎相见，咸和九年（公元334年）陶侃因病重上表卸职，皇帝派左长史殷羡奉送所假节麾、幢曲盖、侍中貂蝉、太尉章、荆州刺史印传棨戟，实现了权力的平稳交接。尚书梅陶这样评价陶侃："陶公机神明鉴似魏武，忠顺勤劳似孔明，陆抗诸人不能及也。"

陶侃死后，庾亮都督江、荆、豫、益、梁、雍六州诸军事，领江、荆、豫三州刺史，进号征西将军、开府仪同三司、假节。都督治所设在武昌

（今湖北鄂州市）。庾亮是晋成帝的舅舅，属于南迁的颍川庾氏家族。荆州依然对朝廷构成威胁，具体表现就是庾亮与王导之间存在着尖锐的矛盾，庾亮想率军废除王导，因郗鉴不同意而作罢。咸康六年（公元340年）正月，庾亮去世，其弟庾翼继任其职。永和元年（公元345年）七月，庾翼又去世，年仅四十二岁。颍川庾氏在荆州统治了十一年。庾翼临终前上表让自己的第二子庾爰之担任辅国将军、荆州刺史，但朝廷却派桓温出镇荆州。

桓温是一个有胆略有野心的政治人物，很早有人就看出了这一点。《晋书·庾翼传》载庾翼对晋成帝说："桓温有英雄之才，愿陛下勿以常人遇之，常婿畜之，宜委以方召之任，必有弘济艰难之勋。"但是也有人指出，桓温有政治野心，难以驾驭。如《晋书·刘惔传》载刘惔对晋成帝说："温不可使居形胜地，其位号常宜抑之。"

永和二年十一月，桓温力排众议，率军征蜀，一举歼灭成汉，声名大振。回到江陵，因灭成汉之功，提升为征西大将军，开府，封临贺郡公。桓温的前任陶侃、庾亮都曾积极备战灭成汉。《晋书·陶侃传》载陶侃在病重时上表中说："臣间者犹为犬马之齿尚可小延，欲为陛下西平李雄，北吞石季龙，是以遣毌丘奥于巴东，授桓宣于襄阳。良图未叙，于此长乖！"《晋书·庾亮传》载庾亮也曾上疏要准备北伐："蜀、胡二寇凶虐滋甚，内相诛锄，众叛亲离。蜀甚弱而胡尚强，并佃并守，修进取之备。襄阳北接宛许，南阻汉水，其险足固，其土足食。臣宜移镇襄阳之石城下，并遣诸郡罗布江沔。比及数年，戎士习练，乘衅齐进，以临河洛。大势一举，众知存亡，开反善之路，宥逼胁之罪，因天时，顺人情，诛逋逆，雪大耻，实圣朝之所先务也。愿陛下许其所陈，济其此举。淮泗寿阳所宜进据，臣辄简练部分。乞槐集参议，以定经略。"但都没有实质性进展。因此桓温敢于深入蜀境，灭掉成汉，充分显示出过人的胆识和谋略。

桓温做的第二件大事就是北伐，他在任职期间，进行了三次北伐。

永和五年（公元349年）二月，石虎死，桓温想借此良机北伐，但朝廷对他的上疏没有答复。此时抚军大将军、会稽王司马昱倚重殷浩，与桓温抗衡。桓温对殷浩也很熟悉，并不怕他。桓温这时已经比较狂妄，《晋书·桓温传》载："虽有君臣之迹，亦相羁縻而已，八州士众资调，殆不为国家用。"朝廷为了赢得政治上的优势，派遣征北大将军褚裒从京口北伐，但只是虚张声势，没有进展。后又派殷浩北伐，殷浩却屡战屡败。

永和七年（公元351年）十二月，桓温上表北伐，却率着四五万军队顺流东下，进驻武昌（今湖北鄂州市）。朝廷上下惊慌不安，殷浩想离职避祸，相王司马昱给桓温写信，劝桓温以社稷大计为重，桓温才率军回到江陵。

永和十年（公元354年）一月，桓温逼迫朝廷废扬州刺史殷浩为庶人，《晋书·桓温传》载："时殷浩至洛阳修复园陵，经涉数年，屡战屡败，器械都尽。温复进督司州，因朝野之怨，乃奏废浩，自此内外大权一归温矣。"朝廷废除殷浩，为桓温扫清了前进道路上的障碍，桓温控制了朝廷的内外大权。

于是，永和十年二月，桓温率领四万大军，从江陵出发，开始了第一次北伐。水军从襄阳乘舟走汉水至均口（今湖北丹江口西），再到南乡（今淅川西南）。然后从淅川经武关道，直逼关中。同时命令梁州刺史司马勋从子午道进攻关中。东西两路北伐军遇到前秦苻健、苻雄所率军队的激烈抵抗，桓温军英勇作战，一直打到霸上（今西安市东），关中百姓持牛酒慰劳军队，老者感动得流泪说："不图今日复见官军！"后因军粮不济，桓温匆匆撤军，带回百姓三千余人。桓温上表疏十余次，要求修复西晋皇帝陵园，移都洛阳，未获批准。桓温因北伐有功，提拔为征讨大都督、督司冀二州诸军事，并委以专征之任①。

桓温的西征、北伐，均取得成功，自己的军事实力大大增强，政治地位日益提高，他的野心也越来越大。《晋书·习凿齿传》载："时温有大志，追蜀人知天文者至，夜执手问国家祚运修短。答曰：'世祀方永！'温疑其难言，乃饰辞云：'如君言，岂独吾福，乃苍生之幸。然今日之语自可令尽，必有小小厄运，亦宜说之。'星人曰：'太微、紫微、文昌三宫气候如此，决无忧虞。至五十年外不论耳。'温不悦，乃止。异日，送绢一匹、钱五千文以与之。星人乃驰诣凿齿曰：'家在益州，被命远下，今受旨自裁，无由致其骸骨。缘君仁厚，乞为标硧棺木耳。'凿齿问其故，星人曰：'赐绢一匹，令仆自裁，惠钱五千，以买棺木耳。'凿齿曰：'君几误死！君尝闻于知星宿有不覆之义乎？此以绢戏君，以钱供道中资，是听君去耳。'星

① 《晋书》卷九十八《桓温传》。

人大喜，明便诣温别。温问去意，以凿齿言答。温笑曰：‘凿齿忧君误死，君定是误活。然徒三十年看儒书，不如一诣习主簿。’”

《晋书》所此故事取材于南朝宋永嘉太守檀道鸾的《续晋阳秋》。《北堂书钞》卷七十三《设官·主簿·凿齿亲遇隆密》条注引檀道莺《晋阳秋》云：“习凿齿者，为桓温主簿，亲遇隆密。”同书同卷《设官·主簿》“三十年看儒书，不如诣习主簿”条，注引檀道莺《晋阳秋》云习凿齿为桓温主簿，令如蜀致星人。既至，问国家柞运修短之期。答曰：“世纪方永。”温不悦。明晚，送绢一匹、钱五千文以与之。驰诣凿齿；问何故，具以事答。习笑曰：“君几误死。君尝闻乎知星宿有不覆之义乎？”明日，诣温别。温笑曰：“君言误死，定是误活。然三十年看儒书，不如一诣习主簿。”

桓温请人看天象，想从自然角度找到取代晋朝的证据，但是星人却没有按照他的旨意给出一个满意的答复。星人感到自己的生命难保。桓温看在习凿齿的面子上，免其一死。

另据《晋书·习凿齿传》载：“时清谈文章之士韩伯、伏滔等并相友善，后使至京师，简文亦雅重焉。既还，温问：‘相王何似？’答曰：‘生平所未见。’以此大忤温旨，左迁户曹参军。”习凿齿对司马昱的过高评价，委婉地表达了自己忠于朝廷的愿望，桓温当然容不下他了，正所谓道不同不相为谋，于是桓温将他降职为户曹参军。

以上几条材料说明桓温在第一次北伐后想当皇帝的野心已经昭然若揭。

永和十二年（关于356年）七月，桓温自己率军从江陵出发，开始了第二次北伐，经过金城，看见自己年轻时栽的柳树已经长成十围的大树，感慨地说：“树犹如此，人何以堪！”边说边攀枝执条，泫然流涕。八月，在伊水大败姚襄，占据洛阳，修复晋诸帝陵寝，置守陵官吏。桓温派将领守卫洛阳，然后自率大军南还，不久，司、豫、青、兖四州得而复失。

也就在此时，习凿齿被桓温任命为荥阳（或衡阳）太守，在任职期间，写下了《汉晋春秋》这部史学著作。其写作意图之一，就是要以历史为鉴，劝诫桓温不要称帝。这种说法最早源于南朝宋永嘉太守檀道鸾的《续晋阳秋》。《世说新语》卷二《文学》：“习凿齿史才不常，宣武甚器之，未三十，便用为荆州治中。凿齿谢笺亦云：‘不遇明公，荆州老从事耳！’后至都见简文，返命，宣武问：‘见相王何如？’答云：‘一生不曾见此人。’从此忤旨，出为衡阳郡，性理遂错，于病中犹作《汉晋春秋》，品评卓逸。”刘孝标注引《续晋阳秋》曰："凿齿少而博学，才情秀逸，温甚奇之，自州从事岁中三转至治中。后以忤旨，左迁户曹参军、衡阳太守，在郡著《汉晋春秋》，斥温觊觎之心也。"

后来的事态发展，说明桓温并没有接受习凿齿的建议，他不想安分地做一个晋朝大臣，称帝的野心日益膨胀。桓氏家族成员身居要职，控制着东晋的大部分地盘。桓温的大弟桓云任江州刺史，都督司豫二州军事、领镇蛮护军、西阳太守、假节。桓温命二弟桓豁督沔中七郡军事、建威将军、新野义成二郡太守。桓温移镇赭圻、姑熟时，桓豁监荆扬雍州诸军事、领护南蛮校尉、荆州刺史、假节。后又加监宁益军事。桓温的三弟桓祕为辅国将军、宣城内史。桓温的小弟桓冲随桓温破姚襄有功，接替桓云被提拔为振威将军、江州刺史、领镇蛮护军、西阳谯二郡太守。

升平四年（公元 360 年），桓温被封为南郡公，其弟桓冲被封为丰城县公，其子济被封为临贺县公。兴宁元年（公元 363 年）五月，桓温加侍中、大司马、都督中外诸军事、录尚书事、假黄钺。兴宁二年五月，桓温又被任命为扬州牧，录尚书事。五月壬申，朝廷征桓温入相，桓温没有同意。七月，再次征桓温入相。八月，桓温真来了，进至赭圻（今安徽芜湖西南），朝廷又慌忙派尚书车灌阻止，于是桓温在此筑城驻扎，遥领扬州牧。兴宁三年（公元 365 年）春，桓温又移镇姑孰（今安徽当涂），一步步逼近中枢。

太和四年（公元 369 年）桓温第三次北伐，准备消灭前燕，要求朝廷给他加九锡之礼，顺理成章地取晋而代之。但这次出兵，并没有前两次那样顺利，在枋头被打得大败，于是威名顿挫。咸安元年（公元 371 年），桓温废海西公，立简文帝。咸安二年，简文帝死。宁康元年（公元 373 年），桓温病倒后，要求朝廷给他加九锡之礼。侍中王坦之、吏部尚书谢安听说他已经病重，故意拖延。宁康元年七月，使持节、侍中、都督中外诸军事、丞相、录尚书、大司马、扬州牧、平北将军、徐兖二州刺史、南郡公桓温死，年六十二。直至桓温死时，王坦之和谢安的锡文还没写成，桓温最终没有圆九锡之梦①。

---

① 以上参考牟发松：《湖北通史·魏晋南北朝卷》，华中师范大学出版社，1999 年，第 65—173 页。

二、习凿齿的史学思想

（一）首次提出了以晋继汉、崇汉抑魏的正统史观，肯定统一，反对分裂

在习凿齿之前，陈寿的《三国志》认为曹魏受汉禅，以魏为正统，曹魏皇帝为本纪，吴、蜀汉皇帝降为传。习凿齿反对陈寿的观点，首次提出了以晋继汉、崇汉抑魏的观点。习凿齿在临终上疏中陈述了自己提出这一观点的理由：

第一，三国时期，曹魏没有实现统一大业，属于乱世，乱世是不能算作一个朝代的，而司马氏却统一了天下。司马懿在曹操活着时，迫于形势，暂时屈居在曹操门下，“晦明掩耀，龙潜下位”。曹操死后，司马懿开始大显身手，“始南擒孟达，东荡海隅，西抑劲蜀，旋抚诸夏，摧吴人入侵之锋，扫曹爽见忌之党，植灵根以跨中岳，树群才以翼子弟”。正始十年（公元 249 年）司马懿消灭曹爽集团，曹魏的军政大权落入司马懿手中。嘉平三年（公元 251 年）司马懿死，司马师继续辅政。

嘉平六年（公元 254 年），齐王芳与中书令李丰、光禄大夫张缉等人密谋，以太常夏侯玄代替司马师辅政。司马师知道后，逮捕夏侯玄、张缉等人，株连三族。废除皇后张氏，然后又废除齐王芳，改立高贵乡公曹髦为帝。

正元二年（公元 255 年），司马师亲自出征，镇压了矛头指向司马氏的镇东大将军毌丘俭、文钦的兵变。同年司马师死，司马昭继续执政。

甘露三年（公元 258 年），司马昭又杀了诸葛诞，剪除了亲曹魏的实力派人物。甘露五年（公元 260 年），刺杀高贵乡公曹髦，立曹奂为帝。魏景元四年（公元 263 年），司马昭派邓艾、钟会灭蜀。

咸熙二年（公元 265 年），司马昭死，子司马炎为丞相、晋王，旋即废掉曹奂，自立为皇帝，国号晋。晋太康元年（公元 280 年），晋灭吴，实现了国家的统一。习凿齿说：“至于武皇，遂并强吴，混一宇宙，乂清四海，同轨二汉。除三国之大害，静汉末之交争，开九域之蒙晦，定千载之盛功者，皆司马氏也。而推魏继汉，以晋承魏，比意唐虞，自托纯臣，岂不惜哉！”

按照习凿齿的观点，曹魏还是汉末乱世的延续，不是一个统一的王朝，曹魏没有做过天下共主。司马氏如果称自己是乱世曹魏的忠臣，太可惜了，

司马氏在曹魏任职，只是暂时屈节，韬光养晦，并非从道义上真正服膺曹魏的统治，做曹魏的忠臣。晋完成了统一大业，只有直接上承统一的汉朝，才能突显其重大意义。曹魏是一个名分不正的割据政权，如果说自己继承曹魏政权，一是降低了自己的地位，二是可能开启混乱。

第二，曹氏不具备称王的王道，“魏武超越，志在倾主，德不素积，义险薄冰”。既然没有王道，也就没有做过一日天下的共主。如果无德，即使如共工称霸九州、秦政平定华夏，也不能列在帝王之列，更何况曹魏仅仅控制数州，那能称为一个朝代吗？

第三，西汉王朝虽然是在秦朝灭亡的基础上建立的，秦末农民起义建立了张楚政权，还立过楚怀王。但是汉朝建立以后，既不说自己受命于怀王，也没有承认自己继承于秦朝，而是认为自己是继承周朝而建立的王朝。汉朝继承周朝的说法，为晋朝继承汉朝的观点提供了历史依据。

基于这样一种史观，《汉晋春秋》一书叙述史事，起于东汉光武帝，至晋愍帝。以蜀汉为正统，历史年代以蜀汉年号纪年。蜀汉灭亡之时，正是西晋开始兴起之时。《晋书·习凿齿传》载：“于三国之时，蜀以宗室为正，魏武虽受汉禅晋，尚为篡逆，至文帝平蜀，乃为汉亡而晋始兴焉。”

书名《汉晋春秋》，直接表明了习凿齿的史观，晋朝直接继承汉朝，否定了曹魏作为一个朝代的合法性。

《襄阳耆旧记》一书卷一《人物》属周、汉两个时期，卷二《人物》、卷五《牧守》均为汉、晋时期，也不承认曹魏是一个朝代。

（二）秉笔直书

习凿齿对人物的行为秉笔直书，如实记录。他虽然以蜀为正统，但是并不袒护蜀汉君臣的缺点。如他对刘备做的几件事就提出了中肯的批评。一是认为刘备夺取刘璋的地盘，违背道义，从根本上失去了民心。《三国志》卷三十七注引习凿齿说：“夫霸王者必体仁义以为本，仗信顺以为宗。一物不具，则其道乖矣。今刘备袭夺璋土，权以济业，负信违情，德义俱愆。虽功由是隆，宜大伤其败，譬断手全躯，何乐之有？”

二是刘备娶了刘焉的儿子刘瑁的妻子吴氏，刘瑁在辈分上是刘备的侄子，习凿齿认为刘备的做法不合乎伦理道德。《三国志》卷三十四注引习凿齿说：“夫婚姻，人伦之始，王化之本，匹夫犹不可以无理，而况人君乎！晋文废礼行权，以济其业，故子犯曰：‘有求于人，必先从之，将夺其国，何有于妻。'非无故而违礼教也。今先主无权事之逼，而引前失以为譬，非导其君以尧舜之道者。先主从之，过矣。"

写刘禅时，把刘禅写得形象更差，如《三国志》卷三十三注引《汉晋春秋》曰："司马文王与禅宴，为之作故蜀技，旁人皆为感怆，而禅喜笑自若。王谓贾充曰：'人之无情，乃可至于是乎！虽使诸葛亮在，不能辅之久全，而况姜维邪？'充曰：'不如是，殿下何由并之？'他日，王问禅曰：'颇思蜀否？'禅曰：'此间乐，不思蜀。'郤正闻之，求见禅曰：'若王后问，宜泣而答曰：先人坟墓远在陇、蜀，乃心西悲，无日不思，因闭其目。'会王复问，对如前。王曰：'何乃似郤正语邪？'禅惊视曰：'诚如尊命。'左右皆笑。"

刘禅做了四十年的皇帝，不至于愚蠢到这个程度，只是为了本能地求生存，被逼无奈，强颜欢笑而已。

习凿齿虽然十分崇拜诸葛亮，但是对诸葛亮挥泪斩马谡一事，也提出了批评，认为当时正是用人之时，人才难得，杀害俊杰，等于帮助敌人。马谡确实是个人才，刘备却说不可大用。诸葛亮没有采纳刘备的意见，重用马谡，是自己用才不当。《三国志》卷三十九注引习凿齿说："诸葛亮之不能兼上国也，岂不宜哉！夫晋人规林父之后济，故废法而收功；楚成暗得臣之益己，故杀之以重败。今蜀僻陋一方，才少上国，而杀其俊杰，退收驽下之用，明法胜才，不师三败之道，将以成业，不亦难乎！且先主诫谡之才不可大用，岂不谓其非才也？亮受诫而不获奉承，明谡之难废也。为天下宰匠，欲大收物之力，而不量才节任，随器付业；知之太过，则违明主之诫，裁之失中，即杀有益之人，难乎其可与言智者也。"

习凿齿对待晋朝的重要人物如司马懿、司马昭等人，也写得比较客观。如《三国志》卷三十五注引《汉晋春秋》："杨仪等整军而出，百姓奔告宣王，宣王追焉。姜维令仪反旗鸣鼓，若将向宣王者，宣王乃退，不敢逼。于是仪结阵而去，入谷然后发丧。宣王之退也，百姓为之谚曰：'死诸葛走生仲达。'或以告宣王，宣王曰：'吾能料生，不便料死也。'"习凿齿没有极力美化司马懿，而是如实记载百姓的谚语，"死诸葛走生仲达"，突出了诸葛亮的超人智慧。

司马懿消灭曹爽集团，司马昭杀高贵乡公曹髦，习凿齿没有隐晦其辞，没有为尊者讳，为研究司马氏一步步取代曹魏政权，提供了准确的历史资料。关于司马昭杀曹髦一事，陈寿《三国志》仅记“五月己丑，高贵乡公卒。年二十”。详细过程不得而知。《汉晋春秋》记载得生动翔实。《三国志》卷四注引《汉晋春秋》曰：“帝（曹髦）见威权日去，不胜其忿。乃召侍中王沈、尚书王经、散骑常侍王业，谓曰：‘司马昭之心，路人所知也。吾不能坐受废辱，今日当与卿自出讨之。’王经曰：‘昔鲁昭公不忍季氏，败走失国，为天下笑。今权在其门，为日久矣，朝廷四方皆为之致死，不顾顺逆之理，非一日也。且宿卫空阙，兵甲寡弱，陛下何所资用，而一旦如此，无乃欲除疾而更深之邪！祸殆不测，宜见重详。’帝乃出怀中版令投地，曰：‘行之决矣。正使死，何所惧，况不必死邪！’于是入白太后，沈、业奔走告文王，文王为之备。髦遂帅僮仆数百，鼓噪而出。文王弟屯骑校尉伷入，遇帝于东止车门，左右诃之，伷众奔走。中护军贾充又逆帝战于南阙下，帝自用剑。众欲退，太子舍人成济问充曰：‘事急矣，当云何？’充曰：‘畜养汝等，正为今日。今日之事，无所问也。’济即前刺帝，刃出于背。文王闻，大惊，自投于地曰：‘天下其谓我何！’太傅孚奔往，枕帝股而哭，哀甚，曰：‘杀陛下者，臣之罪也。’”

（三）提倡儒家伦理，臧否历史人物

习凿齿以儒家的伦理道德为标准，表彰践履儒家伦理道德的典型人物，否则就加以贬斥，以达到彰善惩恶的目的。

刘备在当阳长坂被曹操打败，没有抛弃民众而只身逃跑，习凿齿对刘备这种讲仁义、爱百姓的行为大加赞美。《三国志》卷三十二注引习凿齿说：“刘玄德虽颠沛险难而信义愈明，势偪事危而言不失道。追景升之顾，则情感三军；恋赴义之士，则甘与同败。观其所以结物情者，岂徒投醪抚寒，含蓼问疾而已哉！其终济大业，不亦宜乎！”

习凿齿对诸葛亮、周瑜、鲁肃的不同评价，反映了习凿齿的忠君思想。习凿齿认为周瑜、鲁肃是小人，鲁肃不劝孙权以江东之地，尊奉东汉皇帝，而是一见孙权，就向孙权提出称帝东吴的策略。习凿齿对诸葛亮却评价极高，认为刘备是汉高祖的后代，诸葛亮辅佐刘备，其目的就是要兴复汉室。《太平御览》卷四百四十七引《汉晋春秋》载：

客问曰：“周瑜、鲁肃何人也？”主人曰：“小人也。”客曰：“周瑜奇孙策于总角，定大好于一面，摧魏武百胜之锋，开孙氏偏王之业，威震天下，名驰四海。鲁肃一见孙权，建东帝之略。子谓之小人，何也?”主人曰:“此乃真所以为小人也。夫君子之道，故将竭其忠直，佐扶帝室，尊主宁时，远崇名教。若乃力不能合，事与志违，躬耕南亩，遁迹当年，何由尽臣礼于孙氏，于汉室未亡之日邪?”客曰:“诸葛武侯翼戴玄德，与瑜、肃何异?而子重诸葛，毁瑜、肃，何其偏也!”主人曰:“夫论古今者，故宜先定其所为之本，迹其致用之源。诸葛武侯龙蟠江南，托好管、乐，有匡汉之望，是有宗本之心也。今玄德，汉高之正胄也，信义著于当年，将使汉室亡而更立，宗庙绝而复继，谁云不可哉!”

高堂隆敢于向魏明帝曹睿直言进谏，习凿齿对他也有极高的评价。《三国志》卷二十五注引习凿齿说:“高堂隆可谓忠臣矣。君侈每思谏其恶，将死不忘忧社稷，正辞动于昏主，明戒验于身后，謇谔足以励物，德音没而弥彰，可不谓忠且智乎!《诗》云:‘听用我谋，庶无大悔。’又曰:‘曾是莫听，大命以倾。’其高堂隆之谓也。”

司马昭策划杀害高贵乡公曹髦时，王经因站在曹髦一边，被司马昭处死，王经是一个忠臣，王经的母亲也不怕死，慷慨陈词，支持儿子的正确选择，也被牵连处死。王经的忠烈义举，得到人们的同情，向雄冒死哭于东市。钟会在平定蜀汉以后，发动叛乱，被诛。向雄作为钟会的功曹，又去收尸并安葬钟会。习凿齿充分肯定向雄的为人，为了义而将自己的生死置之度外。《三国志》卷二十八注引习凿齿曰:“向伯茂可谓勇于蹈义也，哭王经而哀感市人，葬钟会而义动明主，彼皆忠烈奋劲，知死而往，非存生也。况使经、会处世，或身在急难，而有不赴者乎?故寻其奉死之心，可以见事生之情，览其忠贞之节，足以愧背义之士矣。王知礼而遣，可谓明达。”

自汉末以来，社会动荡不安，权臣或挟天子以令诸侯，或擅自废立，君不像君，臣不像臣。更有甚者，以下犯上，取而代之，演出一幕幕禅让活剧。东晋时期，君弱臣强，刚建立政权不久，王敦就发动叛乱，东晋政权岌岌可危。陶侃和庾亮也与中央政权存在尖锐的矛盾，桓温更明显地表现出取代东晋的野心。习凿齿站在东晋政权一边，心忧天下，在《汉晋春秋》一书中，鞭挞乱臣贼子，不承认曹魏是一个朝代，也就是说，如果桓温取代东晋，在历史上照样得不到承认，希望桓温能有所醒悟。诸葛亮、高堂隆、王经忠于朝廷，死而后已，是人们学习的楷模。习凿齿希望重振儒家伦理，恢复社会秩序，这是他写《汉晋春秋》的主要目的之一。

三、习凿齿的史学对后世的影响

习凿齿的史学对后世产生了深远的影响，他的著作受到历代学者的重视。南朝宋裴松之注《三国志》，大量引用《汉晋春秋》的记载，以补《三国志》之不足。据张承宗统计，裴松之注用“《汉晋春秋》曰”的形式，补充史料70条，又用“习凿齿曰”的形式，提供史论16条，合计达86条。重要的内容如：卷一注引许攸说袁绍事，卷六注引审配献袁谭书，卷六及卷三十二注引刘备劝刘表袭击许都，卷六注引袁绍与公孙瓒书，卷十三注引曹操向王朗问江东事，卷十四注引曹操问蒋济孙权是否会救辽东，卷十七注引张郃弃袁投曹原委，卷二十一注引傅嘏劝司马师东征，卷二十八注引夏侯霸降蜀，卷三十三注引刘湛自杀及刘禅乐不思蜀，卷三十五注引诸葛亮七擒孟获，派陈震出使江东庆贺孙权称帝，围祁山招鲜卑轲比能及“死诸葛走生仲达”，卷四十四注引钟会阳怀异图与姜维结交，卷四十八注引司马昭与孙皓书，卷五十三注引孙休向薛珝问蜀政得失，卷五十四注引吕范劝孙权扣留刘备，卷五十八注引羊祜增修德信以怀吴人，卷六十四注引李衡使蜀联络姜维北伐，等等，都可以补《三国志》之不足，而起到条其异同与互相印证的作用[①]。

唐宋时期，各种类书引用了习凿齿的《汉晋春秋》，如《群书治要》《艺文类聚》《北堂书钞》《初学记》《开元占经》《白孔六贴》及《太平御览》等。史注中引用《汉晋春秋》的，有李贤为《后汉书》所作注，此外《文选》李善注亦有所引用。其中以《太平御览》引用最多。据统计，《太平御览》保存了习氏《汉晋春秋》中的史料共计19条。

《襄阳耆旧记》的不少内容也为史家引用。黄惠贤先生为《校补襄阳耆旧记》作序时说：辑补该书时，“计从《三国志裴注》中辑出二十条；《后汉书注》、《续汉志注》中辑出八条；《世说新语注》中辑出二条；《水经注》中辑出一条；《初学记》十条；《艺文类聚》十一条；《北堂书钞》二十六条；《昭明文选注》三条；《白孔六帖》三条；《太平广记》二条；《太平御览》四十九条；《太平寰宇记》四条；《类说》十一条；《山谷诗内集·任渊注》一条；《职官分纪》三条；《墨娥漫录》三条；《舆地纪胜》四条”[②]。由

---

① 张承宗：《〈汉晋春秋〉在史学上的影响》，《史学史研究》1996年第2期。

② 黄惠贤：《校补襄阳耆旧记》之《校补襄阳耆旧记序》，中州古籍出版社，1987年，第6页。

此可知各时期史家对《襄阳耆旧记》的重视程度。

唐朝刘知几对习凿齿史学的评价较高。习凿齿提出的以晋继汉、崇汉抑魏的正统史观，刘知几给予充分肯定。他认为陈寿"曲称曹美，而虚说刘非""习凿齿之撰《汉晋春秋》，以魏为伪国者，此盖定邪正之途，明逆顺之理尔"①。他认为司马迁、班固、荀悦之后，史家的史论大多"华多于实，理少于文""必择其善者，则干宝、范晔、裴子野是其最也，沈约、臧荣绪、萧子显抑其次也，孙安国都无足采，习凿齿时有可观"②。

刘知几对习凿齿敢于秉笔直书大加赞美。他说："当宣、景开基之始，曹、马构纷之际，或列营渭曲，见屈武侯，或发仗云台，取伤成济。陈寿、王隐咸杜口而无言，干宝、虞预各栖毫而靡述。至习凿齿，乃申以死葛走生达之说，抽戈犯跸之言。历代厚诬，一朝始雪。考斯人之书事，盖近古之遗直者欤?"③ 陈寿、王隐、干宝、虞预都不敢记载司马懿、司马师、司马昭等人夺权的真实过程，而习凿齿做到了这一点，实属难能可贵。

刘知几对习凿齿也有所批评，认为习凿齿在史料的取舍上存在不足的地方。他说："自战国已下，词人属文，皆伪立客主，假相酬答。至于屈原《离骚》辞，称遇渔父于江渚；宋玉《高唐赋》，云梦神女于阳台。夫言并文章，句结音韵。以兹叙事，足验凭虚。而司马迁、习凿齿之徒，皆采为逸事，编诸史籍，疑误后学，不其甚耶!"④

北宋司马光在写《资治通鉴》时，虽然不主张以战乱时期的任何一个割据政权为正统，但对三国历史的处理，还是继承陈寿的思想，以曹魏为正统，反对习凿齿以蜀汉为正统的观点。司马光说："臣愚，诚不足以识前代之正闰，窃以为苟不能使九州合为一统，皆有天子之名而无其实者也。虽华夏、仁暴、大小、强弱，或时不同，要皆与古之列国无异。岂得独尊奖一国谓之正统，而其余皆为僭伪哉……是以正闰之论，自古及今，未有能通其义，确然使人不可移夺者也。臣今所述，止欲叙国家之兴衰，著生民之休戚，使观者自择其善恶得失以为劝戒，非若春秋立褒贬之法，拨乱世反诸正也。正闰之际，非所敢知。但据其功业之实而言之，周、秦、汉、

① 刘知几:《史通》卷七《探赜第二十七》。
② 刘知几:《史通》卷四《论赞第九》。
③ 刘知几:《史通》卷七《直书第二十四》。
④ 刘知几:《史通》卷七《直书第二十四》。

晋、隋、唐皆尝混壹九州，传祚于后，子孙虽微弱播迁，犹承祖宗之业，有绍复之望，四方与之争衡者，皆其故臣也，故全用天子之制以临之。其余地丑德齐，莫能相壹，名号不异，本非君臣者，皆以列国之制处之。彼此均敌，无所抑扬，庶几不诬事实，近于至公。然天下离析之际，不可无岁时月日，以识事之先后。据汉传于魏，而晋受之。晋传于宋以至于陈，而隋取之。唐传于梁以至于周，而大宋承之。故不得不取魏、宋、齐、梁、陈、后梁、后唐、后晋、后汉、后周年号，以纪诸国之事，非尊此而卑彼，有正闰之辨也。昭烈之于汉，虽云中山靖王之后，而族属疏远，不能纪其世数名位，亦犹宋高祖称楚元王后，南唐烈祖称吴王恪后，是非难辨，故不敢以光武及晋元帝为比，使得绍汉氏之遗统也。"①

司马光虽然没有采纳习凿齿的正统史观，但在《资治通鉴》中多次引用习凿齿的史论，如卷六十五引用习凿齿论曰："刘玄德虽颠沛险难而信义愈明，势逼事危而言不失道。追景升之顾，则情感三军；恋赴义之士，则甘与同败。终济大业，不亦宜乎！"此卷又引习凿齿论曰："昔齐桓一矜其功，而叛者九国，曹操暂自骄伐，而天下三分，皆勤之于数十年之内，而弃之于俯仰之顷，岂不惜乎！"

卷六十七引习凿齿论曰："阎圃谏鲁勿王，而太祖追封之，将来之人孰不思顺！塞其本源而末流自止，其此之谓欤！若乃不明于此而重燋烂之功，丰爵厚赏止于死战之士，则民利于有乱，俗竞于杀伐，阻兵仗力，干戈不戢矣。太祖此封，可谓知赏罚之本矣。"

卷七十二引习凿齿论曰："昔管仲夺伯氏骈邑三百，没齿而无怨言，圣人以为难。诸葛亮之使廖立垂泣，李严致死，岂徒无怨言而已哉！夫水至平而邪者取法，鉴至明而丑者忘怒，水、镜之所以能穷物而无怨者，以其无私也。水镜无私，犹以免谤，况大人君子怀乐生之心，流矜恕之德，法行于不可不用，刑加乎自犯之罪，爵之而非私，诛之而不怒，天下有不服者乎！"

卷七十六引习凿齿论曰："司马大将军引二败以为己过，过消而业隆，可谓智矣。若乃讳败推过，归咎万物，常执其功而隐其丧，则上下离心，贤愚解体，谬之甚矣！君人者，苟统斯理而以御国，行失而名扬，兵挫而

---

① 司马光：《资治通鉴》卷六十九。

战胜，虽百败可也，况于再乎。”

卷七十七引习凿齿曰：“君子谓司马大将军于是役也，可谓能以德攻矣。夫建业者异道，各有所尚，而不能兼并也。故穷武之雄毙于不仁，存义之国丧于懦退。今一征而禽三叛，大虏吴众，席卷淮浦，俘馘十万，可谓壮矣。而未及安坐，赏王基之功，种惠吴人，结异类之情；宠鸯葬钦，忘畴昔之隙；不咎诞众，使扬土怀愧。功高而人乐其成，业广而敌怀其德，武昭既敷，文算又洽，推此道也，天下其孰能当之哉！”

南宋时期理学家朱熹赞同习凿齿的正统史观，他在编写《资治通鉴纲目》一书时，批评司马光的观点。例如朱熹说：“三国当以蜀汉为正，而温公乃云某年某月，诸葛亮入寇，是冠履倒置，何以示训？缘此遂欲起意成书，推此意，修正处极多。若成书，当亦不下《通鉴》许多文字。”①

朱熹是理学大家，他的影响越来越大，所以他的正统史观也传播极广。与朱熹的《资治通鉴纲目》同时或之后，有不少作者，写了一系列宣传正统史观的史学著作。如与朱熹同时期的张栻作《经世纪年》，萧常作《续后汉书》，持论并同。南宋黄震依据朱熹的正统史观，写了《古今纪要》一书②。

南宋陈亮撰《三国纪年》一卷，“是书大旨主于右蜀而贬魏、吴，名为纪年，实史家论断之体”③。元赵居信撰《蜀汉本末》三卷，“是书宗《资治通鉴纲目》之说，以蜀为正统，起桓帝延熹四年昭烈之生，终晋泰始七年后主之亡，末有总论一篇……前序一篇，不知谁作。称朱子出而笔削《纲目》，有以合乎天道，而当乎人心。信都赵氏复因之，广其未备之文，参其至当之论”④。

元朝郝经所著《续后汉书》九十卷，根据《三国志》改编而成，同时参考了裴松之注文和《资治通鉴》等书，将刘备、刘禅列入本纪，魏、吴之君降为列传。从其自序看，郝经是在习凿齿、朱熹的影响下，在狱中发愤完成的这部史书。他在自序中写道：“汉建安末，曹氏废汉自立称魏，孙氏据江左僭号称吴，昭烈以宗子继汉，即位于蜀，讨贼恢复，卒莫能相一，

---

① 《朱子语类》卷一百零五。

② 《四库全书总目》卷五十，别史类，《古今纪要》十九卷。

③ 《四库全书总目》卷八十九，史评存目一，《三国纪年》一卷。

④ 《四库全书总目》卷五十，别史类存目，《蜀汉本末》三卷。

而折入于晋。晋平阳侯相陈寿，故汉吏也，汉亡仕晋，作《三国志》，以曹氏继汉，而不与昭烈，称之曰蜀，鄙为偏霸僭伪，于是统体不正，大义不明，紊其纲维，故称号论议皆失其正。哀帝时荥阳太守习凿齿著《汉晋春秋》，谓三国蜀以宗室为正，魏虽受汉禅晋，尚为篡逆，蜀平而汉始亡。上疏请越魏继汉以正体统，不用。宋元嘉中，文帝诏中书侍郎裴松之采三国异同凡数十家，以注寿书，补其阙漏，辨其舛错，绩力虽勤而亦不能更正统体。历南北隋唐五季七百有余岁，列诸三史之后，不复议为也。宋丞相司马光作《通鉴》，始更蜀曰汉，仍以魏纪事而昭烈为僭伪。至晦庵先生朱熹为《通鉴》作《纲目》，黜魏，而以昭烈章武之元继汉，统体始正矣。然而本史正文犹用寿书。”

明谢陛撰《季汉书》五十六卷，“其书遵朱子《纲目》义例，尊汉昭烈为正统，自献帝迄少帝，为本纪三卷，附以诸臣为内传。吴、魏之君则为世家，而以其臣为外传。复以董卓、袁绍、袁术、公孙瓒、公孙度及吕布、张邈、陶谦诸人为载记。凡更事数姓与依附董、袁诸人者则为杂传。又别作兵戎始末人物生殁二表，以括一书之经纬”①。

在文学创作方面，《三国演义》就是受正统史观影响的作品，它以蜀汉为正统，褒刘贬曹。因其情节生动，朗朗上口，在中国影响甚大，《三国演义》中描写的许多历史故事可谓妇孺皆知。各种戏剧也将曹操丑化为白脸奸臣。

为了还曹操的本来面目，近现代学者章太炎、胡适、陈寅恪、鲁迅、郭沫若、吕思勉、翦伯赞、周一良、田余庆等人都对曹操有客观公正的评价。

（本文原载《华中师范大学学报（人文社会科学版）》2012 年第 3 期）

---

① 《四库全书总目》卷五十，别史类存目，《季汉书》五十六卷。

鄂西北抗日战场取胜的原因

1938年10月，武汉陷落，抗日战争进入战略相持阶段。日寇为了守住南北交通线，巩固武汉外围，多次对鄂西北地区（原属第五战区所辖防地）发动大规模军事进攻，妄图一举歼灭我抗日力量。然而，至抗日战争结束，除随县县城、老河口城被日军占领外，其他地区全部被我军固守。鄂西北战场的获胜原因何在？本文试加分析。

一、中国共产党倡导建立的抗日民族统一战线是取胜的基本前提

1938年11月，第五战区司令长官部迁到樊城。为了争取五战区爱国官兵继续坚持抗战，许多共产党员和文化界人云集襄阳，利用周恩来和中共中央长江局与李宗仁的上层统战关系，在襄阳积极开展统战工作，巩固和发展了抗日民族统一战线。

统战的形式多种多样，第一种形式，就是成立统一战线组织。影响较大的有：五战区文化工作委员会。1938年11月，经李宗仁同意，在长官部内成立文化工作委员会，由共产党员钱俊瑞担任主任，成员有胡绳、孟宪章、李伯余、刘江凌、臧克家、张佐化、李相符、陈北鸥、夏石农、孙林等，大部分是地下共产党员。文委会接办了《鄂北日报》（后改为《阵中日报》）；还在鄂西北各地建立了基层组织文化站，文化馆、战地服务队。钱俊瑞、李相符还配合中共鄂西北区党委在桐柏山发动和组织抗日武装。文委会在鄂西北掀起了轰轰烈烈的抗日救亡活动，影响很大。

五战区鄂豫边抗敌工作委员会。为了进一步加强与五战区司令长官部的联系，1938年11月，由钱俊瑞、李相符出面请示，李宗仁同意，在随县均川成立了“五战区鄂豫边抗敌工作委员会”，由国民党湖北省第三专员公署石毓灵任主任委员。进步人士李范一为副主任委员，另有委员范文澜、李相符、陈超三人。陶铸同志以公开的共产党员身份被聘为名誉顾问，抗委会统辖鄂豫边区各县游击指挥部游击支队。

行政院农产品促进委员会鄂北手纺织训练所。1939年4月，经进步人士李范一、杨显东和共产党员吴显忠商请五战区司令长官部同意，在谷城茨河创办了“行政院农产品促进委员会鄂北手纺织训练所”。杨显东任所长，吴显忠任主任，内设中共特别支部。该所培训了200多名抗日骨干，因而被誉为“鄂北抗大”。

军民合作大饭店。1938年底，中共荆当远中心县委书记曾霞（志）等人决定，与33集团军合作在荆门共同开办了一个“军民合作大饭店”，该饭店成为共产党的活动基地。

统战的第二种形式是在国共合作名义下建立由共产党员领导的敌后抗日游击队，主要有如下几支。

桐柏山区七七工作团和179师师部搜索队。1938年10月，我党与33集团军77军副军长兼179师师长何基沣结成了良好的统战关系。建立“桐柏山区七七工作团”，共产党员朱军（大鹏）任团长。1939年10月，中共荆当远中心县委与179师合作建立了“179师师部搜索队”，这支部队由共产党员周正任队长。在荆门、当阳、远安、钟祥一带开展抗日游击活动。

国民革命军第22集团军政治部特派员办公室特工总队（简称“特工总队”）。1939年4月，我党与22集团军45军副军长兼127师师长陈离合作建立了“特工总队”，特派员陈烈贻兼任总队长，共产党员郑绍文、夏忠武分别担任副总队长，在大洪山一带开展游击战争。

统战的第三种形式是吸收国民党官兵加入中国共产党，争取爱国人士对抗战的支持。

三十三集团军副总司令张克侠，77军副军长兼179师师长何基沣均被发展为中共特别党员。张自忠的部队中，许多中下级干部和士兵是中国共产党党员。

一批爱国将领和国民党政府官员与共产党建立了深厚的情谊，如张自忠、陈离、何基沣、戴焕章等，其中戴焕章为五战区右路游击纵队副司令，曾为新四军接送干部、收集情报，运送弹药。共产党员朱明达领导的襄北抗日游击队就曾以该纵队下属大队的名义进行抗日斗争。曾任南漳、襄阳县县队长的蒋元也同情共产党，设法帮助共产党员曾志（陶铸夫人）、马识途、朱明达等脱离险境。

以上仅举荦荦大端，已充分体现出共产党的统战工作做得非常成功。

团结了各党派和所有的爱国军民，使全民族同仇敌忾，一致抗日，这是鄂西北抗日战场能够取胜的先决条件。

二、中国共产党领导的抗日游击队是鄂西北敌后抗日战场的中坚力量

中国共产党领导的抗日游击队达百余支。重要的有襄北抗日游击队、随枣抗日游击总队（又名鄂北抗日游击队）、随县常备第五中队、大洪山抗日游击队、特工总队、鄂豫边区抗日游击第三支队、三合店抗日游击大队、桐柏山抗日游击队、随南抗日游击支队、随南独立团、随北独立团。

1940 年 6 月初，司令员李先念、政委任质斌率领豫鄂挺进纵队进军白兆山，在当地游击队的配合下，一举攻克随南洛阳店，创立了白兆革命根据地。1941 年 1 月 28 日，豫鄂挺进纵队整编为新四军第五师，李先念任师长兼政治委员，刘少卿任参谋长、任质斌任政治部主任，4 月 5 日，李先念等在洛阳店九口堰新四军五师司令部驻地通电就职，全师兵力达 15300 余人。后来发展到 5 万余人。李先念领导各抗日游击队先后抗击了 15 万日军和 8 万多伪军。毙、伤、俘和投降的日伪军达 43772 人，还多次击退国民党顽固派的反共浪潮。事实证明，中共领导的抗日游击队英勇作战，建立敌后抗日根据地，是敌后抗战的中流砥柱，是鄂西北战场取胜的一个重要原因。

三、第五战区爱国将士在正面战场抗击日寇是鄂西北战场取胜的重要原因之一

第五战区部队是一个杂牌部队，论其历史渊源有桂系、西北军、东北军、川军等，它的装备和作战能力自然要比中央系军队差得多。可是由于李宗仁推心置腹，知人善任，使各军将士士气大振。1938 年 3 月底至 4 月初，取得了震惊中外的台儿庄战役的重大胜利，日军伤亡在 2 万以上，沉重地打击了日寇的嚣张气焰，鼓舞了中国军民抗战的勇气。1938 年 10 月，武汉失守。1938 年 11 月，第五战区司令长官部迁到樊城。次年 6 月迁到老河口。1945 年 2 月，重庆卫戍区司令部刘峙接任五战区司令长官后，将长官部迁至均县草店。第五战区在鄂西北达六年之久，其间主要与日军进行了三次大会战：

随枣会战：1939 年 5 月 1 日，日军企图解除五战区的威胁，由第十一

军司令官冈村宁次率10余万人向随县、枣阳发起进攻。准备占领襄阳、樊城和南阳。10日，日军各部已汇集在唐白河畔。李宗仁兵分五路防守，5月15日转入反攻，激战三昼夜，日军不支，被迫撤退，至18日，会战结束。除随县县城被日军占领外，其他被占地区全部光复。日军伤亡13000余人。在此会战之初，汤恩伯一意保存实力，将全军迅速撤退至豫西舞阳一带。李宗仁在回忆录中说："此时汤恩伯兵团如接受我的命令，自桐柏山侧面出击，必可将敌人包围，获至与台儿庄相埒的战果。"

枣（阳）宜（昌）会战。1939年底至1940年春，李宗仁曾给予日军沉重打击。为解除五战区对武汉的威胁，5月1日，日军集中15万兵力，在海、空军的配合下，以闪电战术向襄阳、宜昌进攻，主要目标是襄阳。敌于5月8日，冲入枣阳，与我掩护主力撤退的一七三师发生激战，师长钟毅及部下大半殉国。5月10日，李宗仁组织反攻，敌军向东南撤退。5月16日，右集团军总司令（辖二十九集团军、三十三集团军、五十五军）兼三十三集团军总司令张自忠率总司令部直属的特务营和七十四师的两个团，在宜城南瓜店附近将敌军截为两段，敌万余人如潮涌而来。张自忠英勇抵抗，誓将敌军拖住以便主力反攻，当时部下劝他撤退，他说："今天的事有我无敌，有敌无我，一定要血战到底！"他率部与敌血战竟日，牺牲殆尽，张将军身受重伤倒地，对他身边的卫士说："对国家、对民族、对长官、良心平安，大家要杀敌报仇！"说罢遂壮烈殉国。张自忠将军是抗战八年中，集团军总司令督战殉国唯一的一人。此次会战至6月底结束，历时两个月，李宗仁部投入兵力35万余人，伤亡63127人，日军伤亡45914人。

鄂北会战：1945年2月，刘峙任五战区司令长官，他与李宗仁相比起来就逊色得多，为了照顾自己的安全，遂于1945年3月将长官部迁至草店。

由于中美联合空军以老河口飞机场为基地，连续不断地向华北、华中日军及其主要交通干线进行空袭，有力地支援了地面军队的对日作战。1945年3月，日军兵分两路向襄阳和老河口进攻。准备消灭老河口国军，占领飞机场。刘峙命令所属部队分路抗击日寇的进攻。老河口守军125师和127师将士奋勇抗敌。固守老河口城达十三昼夜，击毙日军两千多人。后来，两师奉命撤到汉水西岸。老河口城被占领。其余地区均恢复战前态势。

第五战区爱国将士在正面战场有效地抵抗了日军的多次进攻，消灭了大量日军，守住了川陕的门户鄂西北地区。粉碎了日军速战速决的梦想。五战区爱国将士的英勇抗战是鄂西北战场获得重大胜利的一个至关重要的因素。

四、广大群众积极支援抗战是鄂西北战场取胜的坚强后盾

广大群众积极支援抗战，其方式多种多样，主要有：

纳粮捐献，承担征役。第五战区几十万部队的吃饭问题，主要由豫南鄂西北各县解决，任务十分艰巨。征粮总数不得而知，在此仅举数例：如光化、老河口人民除向国家交纳田赋外，还积极地认购了大量的军包粮，1941—1945 年，光、河人民交售军粮 8.4 万余大包（1693 万斤），军米 6 万余大包（1324 万斤）。还向驻军提供大量的副食马干。如襄阳县从 1944 年至日本投降的一年半时间里，供应麻油 100 万斤，黄豆 500 万斤，麸皮豆料 500 万斤。

广大群众还捐献了大量资金物资。如 1939—1945 年，光化、老河口人民五次献出航空建设费 500 万元。1936 年至 1937 年献飞机捐 87.5 万元，并向抗日战士献鞋 10 万双，袜 4.5 万余双，寒衣 2530 件，还认购了大量公债和基金。

战争时期的征役是很繁重的，如光化、老河口人民为各项工程提供民工达 413 万余人次。

积极应征入伍。许多青年积极应征入伍，到前线抗击日寇的侵略。如光化、老河口青年就有 19511 人入伍，另外还有参加义勇队保卫家乡的人达 3400 余人。

民众自发地抗击日军。民众组织起来抵抗日军的事迹比较多，在此略举数例：

随县北部农村有个叫“黄学会”的民间组织，虽带有封建迷信色彩，但抗日爱国，会众达两千余人。由 189 师师长凌压西组训后，多次配合军队抗击日军，冲锋陷阵，勇往直前。曾得到五战区司令长官部的嘉奖。

1940 年 6 月 21 日，襄阳县薛集、石桥、吴家楼的民众在薛大友、吴新三等领导下，击毙日军 30 余人，也受到五战区司令长官部的嘉奖。

1945 年 4 月底，襄阳东北唐白河之间夹河套一带的尚寨民众在绅士尚万红、尚随合领导下，用猎枪击毙日军数人。5 月 25 日，在保卫尚寨的战

斗中尚随合等人阵亡，日军40余人被击毙。

至于各地民众零星打死日本侵略者的英雄事迹则比比皆是，不胜枚举。鄂西北人民在民族存亡危急时刻，以民族利益为重，为鄂西北抗战争做出了很大的牺牲和奉献。

鄂西北抗日战场是全国抗日战争的一个重要组成部分，广大爱国军民在抗战中作出了巨大牺牲，取得了重大胜利。他们不屈不挠，英勇抗敌的精神将永垂史册。

参考资料：

李宗仁：《李宗仁回忆录》，广西师范大学出版社，1980年。

冯锡宽、李治和、王明华、杜继红：《襄樊简史》，内部发行，1992年。

襄樊政协文史资料研究委员会编：《襄樊文史资料》第4、6辑及《五战区在襄樊地区抗日史料专辑》。

胡久明、张子强主编：《襄樊革命简史》，湖北人民出版社，1995年。

中共襄阳县委党史办：《襄阳革命风云录》，1985年。

湖北省政协文史资料研究委员会编：《湖北文史资料》第5辑，湖北人民出版社，1982年。

张永安主编：《湖北革命史》，湖北科学技术出版社，1994年。

（本文原载《襄樊教育学院学报》1995年第2期）

后 记

本书是我几十年来在考古和历史方面撰写的四十一篇论文的结集，因大多数文章探讨的对象为荆楚文化及相关问题，故将书名定为《荆楚文化探研》，其中有几篇论文涉及黄河流域地区，为了反映我的学术探索之路，也一并收入。

论文探讨的问题比较广泛，如石家河古城的选址背景，长江中游文明中心的变迁，楚国的都城丹阳地望与早期楚文化，楚人的公族婚姻、筮数易卦、祭祀用玉制度、纪年方法、灵魂信仰，曾侯世系，曾国贵族的婚姻，鄂国地望，巴、濮的地望，面具的功能，楚人西进三峡及其对峡区环境的适应，楚文化与吴越、巴蜀的文化交流，楚、秦文化的比较，川渝地区船棺葬的族属，史前时期黄河流域的气候变迁，老牛坡商文化的分期与特征，儒家历史地位问题，秦汉文化整合的历程，诸葛亮的成才之路，习凿齿的生卒年月，《汉晋春秋》的有关问题，鄂西北的抗战历史等等。之所以写这些论文，与我的求学经历和工作环境有关。1986 年我本科毕业于武汉大学考古专业，在襄樊博物馆工作三年，主要在野外发掘古遗址、古墓葬，积累了一定的考古工作经验，后来发表了一些考古简报，未收入本书。1989 年到西北大学考古专业求学，师从刘士莪、徐锡台两位先生，1992 年获得考古学硕士学位，对周、秦、汉、唐遗存有了更多的了解。1992 年至 2003 年，在襄樊教育学院、襄樊学院从事教育工作，工作性质有了很大的变化。其中 2000 年在职到武汉大学考古学系攻读考古学博士学位，师从杨宝成先生，2003 年获得考古学博士学位。同年到华中师范大学历史文化学院楚学研究所、文化学系工作至今，主要从事教学和商周考古、楚文化、巴蜀文化研究工作，也做了一些古籍整理的事情。本科毕业以后走了不少弯路，但一直想改变一下工作环境，于是南征北战，东奔西突，终于在华中师范大学安顿了下来。本书所收论文多偏重考据性质，坚持一分材料说一分话，将考古材料与文献史料相结合，尽量利用新材料得出比较可信的结论。但也有些观点值得推敲和争论，请读者多提意见。

本书的出版得到了华中师范大学历史文化学院一流学科建设经费和省级示范实习基地经费的资助，在此表示由衷的感谢！也向我的三位导师和所有教过我的老师以及给予我帮助的人表示诚挚的感谢！华中师范大学出版社张忠同志、责任编辑张建英和各位审校专家为本书出版付出了辛勤的劳动，在此深表谢忱！